청소년을 위한 한국 근현대사

개화기에서 현대 사회까지

청소년을 위한 한국 근현대사

개화기에서
현대 사회까지

백유선 지음

Humanist

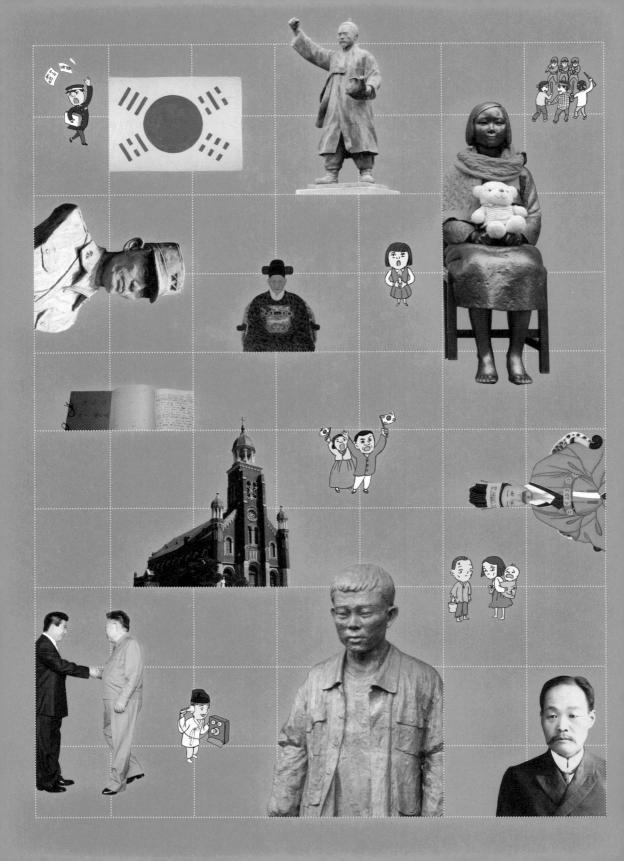

올바른 근현대사의
이해를 위하여

역사는 어렵고 재미없다는 청소년들의 반응을 극복하기 위해 이미 필자는 《청소년을 위한 한국사―선사 시대에서 조선 후기까지》를 펴낸 바 있다. 이 책은 과분한 반응을 얻으며 스테디셀러로 오랫동안 자리매김했다.

전권에 이어서 빠른 시일 안에 근현대사를 내야겠다고 생각했지만, 바쁘다는 핑계와 게으름으로 많은 시간이 흐르고 나서야 《청소년을 위한 한국 근현대사》를 출간하게 되었다. 한편으로는 2015년 지금 이 시점에 이 책을 출간하게 된 것을 다행이라고 생각한다.

최근 들어 한국은 안팎으로 큰 어려움을 겪고 있다. 안으로는 해방 후 지금까지 분단의 문제를 극복하지 못한 채, 남과 북의 적대 관계가 계속되고 있다. 밖으로는 미국과 중국 등 강대국의 각축전이 계속되는 가운데 한국이 나아가야 할 길을 찾는 데 어려움을 겪고 있다. 그러면서도 국내 정치는 정치 세력 간의 대립이 계속되어 혼미한 상황이다.

이런 가운데 최근에는 일제 식민 통치를 미화하거나 역사적 사실에 대한 평가를 획일화하려는 바람직하지 못한 시도가 계속되고 있다. 이는 근현대사의 객관적인 사실에 대한 이해가 얼마나 중요한 일인가 하는 것을 새삼 일깨워 준다.

역사는 과거와 현재를 이해하고 미래의 길을 찾는 데 중요한 역할을 하는 학문이다. 그런 만큼 안팎으로 복잡한 현재 우리 사회의 문제를 해결하고 미래를 향해 나아가기 위해서는 과거 역사에 대한 이해가 필수적이다. 무엇보다 현재에 직접 영향을 끼친 근현대사를 살펴보는 것은 중요하다.

한국 근현대사 관련 서적이 많이 나와 있지만 쉽고 재미있는 책을 찾기는 쉽지 않다. 이 점을 염두에 두고 이 책은 청소년을 비롯한 근현대사에 관심이 있는 사람들이 무엇보다 쉽게 읽을 수 있도록 서술했다. 그러면서도 역사적 사실을 객관적으로 서술해 독자들이 스스로 역사적 의미를 평가할 수 있도록 했다.

중·고등학교 한국사 교과서의 내용을 포괄하면서도 설명하듯 풀어써서 누구나 읽기만 하면 근현대의 역사상이 파노라마처럼 스쳐갈 수 있도록 서술했다. 이 과정에서 필자가 《중학교 역사》 교과서와 《고등학교 한국사》 교과서의 집필에 참여한 경험은 큰 도움이 되었다.

《청소년을 위한 한국사》를 펴내면서도 언급한 적이 있지만 역사는 그 현장에서 공부하는 것이 매우 중요하다고 생각한다. 나 역시 국내외 곳곳을 답사하며 우리 역사를 몸으로 느끼며 공부해 왔다. 역사의 현장에 남겨진 작은 흔적들은 오늘을 사는 우리에게 많은 생각을 할 수 있는 기회를 준다. 그 느낌을 공유하기 위해 이 책에 실은 사진도 가급적 필자가 답사하며 직접 촬영한 사진을 소개했다.

답사를 하며 우리나라 곳곳에 세워져 있는 3·1 운동 기념비를 보면 3·1 운동이 거족적인 투쟁이었음을 새삼 실감했고, 한국 전쟁에 참가한 각 나라의 참전 기념비 앞에서는 전쟁의 아픔은 물론 그 나라와 이어온 관계의 변화를 되돌아볼 수 있었다. 양양에 세워진 8·15 해방 기념비는 그곳의 주민들이 힘을 합쳐 세운 작은 것이지만, 그것을 통해서 해방을 맞아 환호하는 마을 사람들의 함성소리가 가슴 벅차게 들려오는 듯하다. 그만큼 현장에서의 역사 학습은 중요하다. 이 책에 역사의 현장과 관련된 사진을 많이 실은 것은 이 같은 이유 때문이다.

근현대사는 시기 구분이 분명해서 크게 세 시기로 구분하고 있다. 따라서 각 단원의 내용이 많아 호흡이 길어질 수 있다는 단점이 있다. 이같은 단점을 극복하기 위해 주제별로 하나씩의 소단원을 구성해 집필했다. 경우에 따라서는 꼭 시간의 흐름에 따르지 않고 흥미로운 주제에 따라 읽어도 문제가 없도록 완결성을 갖추었다.

좀 더 설명이 필요한 것은 날개에 '보충설명'을 두었고, 각 소단원의 끝에는 쉬어 가며 읽을 수 있는 내용을 두어 본문에서나 또는 교과서에서 얻기 어려운 흥미로운 주제를 뽑아 한두 쪽씩 구성했다. 본문의 긴 흐름의 지루함을 다소나마 덜어 줄 수 있을 것으로 생각한다. 아울러 여백 사이사이에 삽화를 넣었는데, 전체적으로 지루하지 않게 하려는 의도도 있지만, 꼭 짚고 넘어가야 하거나 이해하기 다소 어려운 대목을 그림으로 형상화해서 독자의 빠른 이해를 돕기 위해서였다. 전권의 장점 중 하나로 많은 독자가 좋아했기에 이번 책에서도 이를 살렸다.

끝으로, 이 책의 기획과 편집의 모든 과정에서 애쓴 휴머니스트 편집부, 이 책의 원고를 검토하고 아낌없는 조언을 주신 보성 중학교 송창헌 선생님께 진심으로 감사의 마음을 전한다. 아무쪼록 이 책이 학생들의 한국 근현대사에 대한 접근과 이해에 큰 도움이 되기를 기대한다.

2015년 10월
백유선

차 례

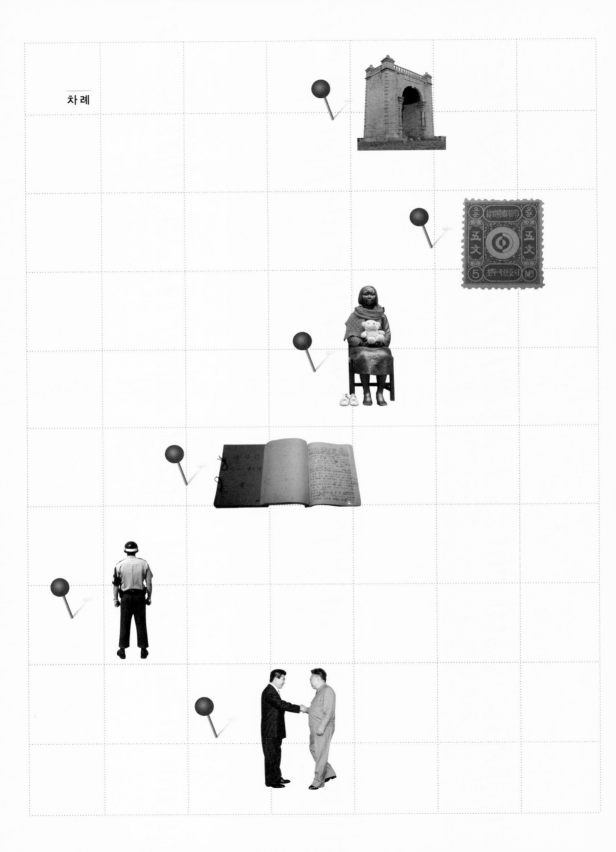

· 머리말 **올바른 근현대사의 이해를 위하여** 5

1부 근대 국가 수립 운동

01 흥선 대원군의 개혁 정치   16
쉬어가기 ― 흥선 대원군의 사치 풍조 개혁 · 25

02 프랑스와 미국의 침략   26
쉬어가기 ― 광성보 전투에서 조선군은 어떻게 싸웠을까? · 37

03 강화도 조약과 문호의 개방   39
쉬어가기 ― '조미 수호 통상 조약'은 어떤 내용일까? · 48

04 개화 정책과 그에 대한 반발   49
쉬어가기 ― 태극기는 언제 처음 사용했을까? · 57

05 근대화를 위한 노력, 갑신정변   58
쉬어가기 ― 일본으로 망명한 김옥균은 어떻게 되었나? · 65

06 갑신정변 이후의 정세 변화   66
쉬어가기 ― 국제 문제가 된 거문도 사건 · 73

07 동학 농민 운동   74
쉬어가기 ― 동학 농민군의 무기와 일본군의 무기 · 84

08 갑오개혁과 을미사변   85
쉬어가기 ― 양력을 사용한 후 어떤 변화가 생겼을까? · 95

09 아관 파천과 독립 협회의 설립 　　　　96
쉬어가기 — 서재필은 어떤 활동을 했을까? · 101

10 대한 제국의 성립과 독립 협회의 활동 　　　　102
쉬어가기 — 초기의 근대적인 은행의 모습 · 110

11 대한 제국의 멸망 　　　　112
쉬어가기 — 헤이그 특사의 활동은 어떠했을까? · 120

12 항일 구국 운동의 전개 　　　　121
쉬어가기 — "학교를 세워 나라를 돕는다" · 129

13 근대 교육과 문예, 종교 활동의 변화 　　　　130
쉬어가기 — 최초의 여학교, 이화 학당 이야기 · 140

14 신문물의 전래와 사회생활의 변화 　　　　141
쉬어가기 — 여성의 생활은 어떻게 달라졌을까? · 149

2부　민족 독립운동의 전개

01 1910년대 일제의 식민 통치 정책 　　　　152
쉬어가기 — 일제로부터 작위를 받은 자의 대부분은 '노론' · 160

02 1910년대 국내외 항일 독립운동 　　　　161
쉬어가기 — '노블레스 오블리주'를 실천한 이회영과 이상룡 · 168

03 거족적인 독립 투쟁, 3·1 운동 　　　　169
쉬어가기 — 3·1 운동의 현장, 탑골 공원 · 178

04 대한민국 임시 정부의 수립과 활동 　　　　179
쉬어가기 — 대한민국 임시 정부 헌법과 대한민국 헌법 · 185

05 **1920년대 일제의 통치 정책** 186
쉬어가기 — 관동 대지진과 조선인 학살 · 192

06 **1920년대 국내의 항일 운동** 193
쉬어가기 — 백정의 신분 해방 운동, 형평 운동 · 202

07 **민족 연합 전선, 신간회** 203
쉬어가기 — 근우회의 여성 해방 운동 · 211

08 **1920년대의 무장 독립 투쟁** 212
쉬어가기 — 김원봉과 의열단 · 218

09 **1930~1940년대 일제의 통치 정책** 219
쉬어가기 — 창씨개명의 강요와 거부 운동 · 227

10 **1930~1940년대 국내의 항일 투쟁** 228
쉬어가기 — 여운형과 일장기 말소 사건 · 234

11 **1930년대 중국 본토에서의 독립운동** 235
쉬어가기 — 윤봉길이 두 아들에게 남긴 유서 · 240

12 **1930~1940년대 무장 독립 투쟁과 건국을 위한 준비** 242
쉬어가기 — 김구의 항일 투쟁 · 249

13 **민족 문화 수호 운동** 250
쉬어가기 — 전형필의 민족 문화 사랑 · 257

14 **일제 식민 통치하 사회생활의 변화** 258
쉬어가기 — 신여성 나혜석의 사랑 · 263

15 **식민 통치의 유산, 친일 문제** 265
쉬어가기 — 친일파 노덕술의 해방 전후 행적 · 271

3부 현대 사회의 전개

01 **8·15 해방과 남북의 분단** 274
쉬어가기 — 38도선 이남에 선포된 '미군 총사령부 포고령 1호' · 281

02 **대한민국 정부의 수립** 282
쉬어가기 — 신탁 통치는 소련이 먼저 제의했다? · 293

03 **조선 민주주의 인민 공화국 정부의 수립** 294
쉬어가기 — 북한에 주둔한 소련군 스티코프의 포고문 · 299

04 **민족의 비극, 한국 전쟁** 300
쉬어가기 — 중국은 왜 한국 전쟁에 참전했나? · 309

05 **이승만 독재 체제의 수립** 310
쉬어가기 — '못 살겠다 갈아 보자' · 316

06 **김일성 1인 체제의 성립** 317
쉬어가기 — 북한 농업의 사회주의화 · 322

07 **4·19 혁명과 장면 정부** 323
쉬어가기 — 오빠와 언니는 왜 총에 맞았나요 · 328

08 **5.16 군사 쿠데타와 박정희 정부** 330
쉬어가기 — 만주국 군관이 되기를 원했던 박정희 · 336

09 **유신 체제와 민주화 운동** 338
쉬어가기 — '막걸리 보안법' · 343

10 **5·18 민주화 운동과 전두환 정권** 344
쉬어가기 — 보도 지침과 땡전 뉴스 · 350

11 **6월 민주 항쟁과 노태우, 김영삼 정부** 351
쉬어가기 — 1987년 제13대 대통령 선거 · 358

12 **민주주의의 진전과 새로운 위기**   360
쉬어가기 — 한국군의 작전 통제권 문제 · 371

13 **북한 정치의 변화**   372
쉬어가기 — '고난의 행군' · 382

14 **한국 경제의 성장**   383
쉬어가기 — 독일로 간 광부와 간호사 · 390

15 **북한 사회주의 경제의 변화**   391
쉬어가기 — 시장 기능을 허용한 '7·1 경제 관리 개선 조치' · 399

16 **산업화에 따른 사회와 문화와 변화**   400
쉬어가기 — 장발 단속과 미니스커트 단속 · 410

17 **남북 관계의 변화와 통일을 위한 노력**   411
쉬어가기 — 남북 관계의 진전을 보여 주는 자료 · 423

· 참고 문헌 425

· 자료 제공 및 소장처 427

· 찾아보기 428

1부

- 1863년 고종 즉위, 흥선 대원군 집권
- 1866년 병인양요
- 1871년 신미양요
- 1876년 강화도 조약 체결
- 1882년 임오군란
- 1884년 갑신정변
- 1885년 거문도 사건
- 1894년 동학 농민 운동, 갑오개혁
- 1895년 을미사변
- 1896년 아관파천
- 1897년 대한제국 성립
- 1905년 을사조약
- 1907년 고종 강제 퇴위
- 1910년 국권 피탈

근대 국가 수립 운동

19세기에 들어 순조, 헌종, 철종 3대에 이르는 60여 년간 안동 김씨, 풍양 조씨 등이 중심이 된 세도 정치가 행해졌다. 세도 정치 아래에서는 붕당은 물론 정치 집단 사이의 경쟁적인 구도마저 무너짐으로써 세도 가문을 견제할 세력이 없었다. 특히 세금 행정인 삼정이 문란해짐으로써 농민들의 생활은 피폐했으며, 각지에서 농민 봉기가 이어졌다.

01

흥선 대원군의 개혁 정치

조선 시대의 대원군
조선 시대에는 왕이 자식이 없이 죽는 경우 왕실의 종친 중에서 왕위를 계승했다. 이때 새로운 왕의 아버지에게 주어지던 칭호가 대원군이다. 조선 시대에는 4명이 대원군에 봉해졌는데, 선조의 아버지 덕흥 대원군, 인조의 아버지 정원 대원군, 철종의 아버지 전계 대원군, 그리고 흥선 대원군이다. 정원 대원군은 원종으로 추존되어, 실제 대원군의 호칭을 가진 사람은 3명뿐이다. 그 중 흥선 대원군은 유일하게 생전에 대원군에 봉해졌다.

19세기에 들어 순조, 헌종, 철종 3대에 이르는 60여 년간 안동 김씨, 풍양 조씨 등이 중심이 된 세도 정치가 행해졌다. 세도 정치 아래에서는 붕당은 물론 정치 집단 사이의 경쟁적인 구도마저 무너짐으로써 세도 가문을 견제할 세력이 없었다. 이에 따라 정치가 문란해져 부정부패가 극에 달했다. 특히 세금 행정인 삼정이 문란해짐으로써 농민들의 생활은 피폐했으며, 각지에서 농민 봉기가 이어졌다.

이런 가운데 세도 정치 아래에서 왕 노릇을 제대로 하지 못하고 허수아비처럼 지내던 철종이 1863년 33세의 나이로 세상을 떠났다. 이에 왕족이었던 고종이 왕위에 즉위하자, 고종의 아버지인 흥선 대원군이 권력을 장악하게 되었다.

흥선 대원군의 집권 과정
이하응이 집권하기 전 철종 때에는 안동 김씨에 의한 세도 정치가 이루어지고 있었다. 세도가들의 세력은 왕족을 능가했으며, 왕족이라 하더라도 마음에 들지 않으면 제거할 만큼 그 권력이 강했다.

이에 이하응은 스스로를 보호하기 위해 일부러 어리석은 사람처럼 행동하고 다녔다. 시정잡배들과 어울려 술 마시고 노는 것이 일상적인 일이었고 노름판에 끼어들기도 했다. 시중에서는 그를 '궁도령'이라 비아냥거렸으며 때로는 '상갓집 개'라고 조롱했다.

그러나 이하응은 행동과는 달리 마음속으로는 큰 야망을 가지고 있었다. 그는 대왕대비로 왕실의 가장 큰 어른인 신정왕후 조씨(조대비)와 몰래 연락을 주고받으며, 장차 자신의 아들이 철종의 뒤를 이어 임금이 될 수 있도록 약속을 하고 있었다. 조대비 역시 안동 김씨 세력과는 사이가 좋지 않았기 때문에 이하응과 뜻을 같이했다. 아울러 이하응은 세도가들의 눈을 피해 한심한 사람처럼 행동하면서도 자신의 아들 명복에게는 장차 임금이 될 지도력을 갖추도록 가르쳤다. 또한 민심을 비롯해 세상 돌아가는 형편도 하나하나 살펴보고 있었다.

1863년 철종이 죽자 조대비의 명에 의해 이하응의 둘째 아들 명복이 왕위에 올랐다. 자신의 아들이 왕이 되자, 이하응은 임금의 아버지로서 흥선 대원군으로 추대되었다. 이때 흥선 대원군의 나이 44세였다.

흥선 대원군 초상화
흥선 대원군의 초상화는 시기에 따라 많이 남아 있는데, 이 초상화는 권력을 장악하고 개혁 정치를 실시할 때의 모습을 그린 것이다. 서울 용산구 국립 중앙 박물관 소장

세도가의 축출과 정치 제도의 개혁

고종이 즉위한 후 형식적으로는 조대비가 수렴청정을 했으나 흥선 대원군은 임금의 아버지로서 사실상 권력을 장악했다. 그는 궁궐에 자신의 전용 출입문을 만들어 수시로 드나들었다. 이후 물러날 때까지 10년간은 흥선 대원군의 시대였다.

흥선 대원군이 세도 정치로 인한 여러 가지 문제를 해결하기 위해 가장 먼저 염두에 두었던 것은, 허수아비에 불과했던 왕권을 강화하고 여러 가지 제도를 개혁하여 정치를 바로 세우는 일이었다. 그는 "나는 천리千里를 끌어들여 지척咫尺으로 삼고자 하며, 나는 태산을 깎아 평지로 만들고자 하며, 나는 남대문을 높여 삼층으로 만들고자 하오."라며 정치 개혁 의지를 밝혔다.

천리를 지척으로 삼겠다는 것은 왕실 종친들의 위엄을 끌어올려 어려운 처지에 있던 왕족들의 권위를 회복하겠다는 의지였다. 태산을 평지로 만들겠다는 것은 세도 권력가들인 노론을 끌어내리겠다는 뜻이며, 남대문을 3층으로 만들겠다는 것은 소외된 정치 세력인 남인을 등용하겠다는 의미였다.

흥선 대원군은 우선 자신과 친했던 일부를 제외한 안동 김씨들을 권

운현궁 노안당
운현궁은 흥선 대원군의 집이었다. 노안당은 그가 주로 거처했던 사랑채 건물로, 이곳에서 인사 정책, 서원 철폐 같은 주요 개혁 정책들이 논의되었다. 서울 종로구 소재

력에서 몰아내거나 관직에서 축출했다. 또 세도 정치에 빌붙어 부정을 저지르던 이들에게도 가혹하게 철퇴를 휘둘렀다. 반면에 자신의 세력을 뒷받침하기 위해 왕실의 종친을 비롯해 자신과 가까웠던 세력, 그리고 안동 김씨와 대립적인 관계에 있었던 조대비 세력 등을 발탁했다. 아울러 노론 세력에 의해 핍박받은 이들을 과감하게 등용했다. 즉 신분이나 당파를 가리지 않고 능력이 있는 이들을 등용함으로서 3대 60여 년 동안 이어져 오던 세도 정치가 드디어 막을 내리게 되었다.

또한 흥선 대원군은 기본적인 정치 제도의 개편을 단행했다. 조선 후기 이래 사실상 최고 의결 기구 역할을 한 비변사*를 폐지하고 의정부를 본래의 자리로 되돌려 놓았다. 이로써 조선의 정치 제도는 비로소 본래의 모습을 되찾게 되었다. 아울러 삼군부를 부활시켜 군사의 최고 기관으로 삼았다. 그리고《대전회통》과《육전조례》등을 편찬하여 법령 체계를 재정비함으로써 정치 기강을 확립하려 했다.

삼정의 문란을 해결하기 위한 조세 제도의 개혁

흥선 대원군은 세도가들을 몰아내는 한편, 민생의 안정을 꾀하기 위해 여러 가지 개혁적인 정책을 과감히 추진했다. 그중 가장 대표적인 것이 삼정의 문란을 해결하기 위해 조세 제도를 개혁하는 일이었다.

흥선 대원군은 전정의 문란을 바로잡기 위해 일부 양전 사업을 실시하고, 토지 대장에 누락된 토지를 찾아내어 세금을 징수했으며, 각종 잡세의 징수를 금지했다.

아울러 군정*의 폐단을 시정하기 위해 군포를 개인이 아닌 호(집) 단위로 부과하는 호포제를 실시했다. 호포제가 실시되면서 이제는 양반도 군포를 내야 했다. 즉, 신분에 관계없이 군포를 내게 함으로써 그동안 양반에게 군포를 부과하지 않았던 특권을 없앤 것이다. 당연히 양반들은 거세게 반대했다. 그들은 군포에 대한 부담보다도 평민들과 같이

●비변사
비변사는 본래 비상시의 군사 행정을 위해 설치된 임시 기구였으나, 조선 후기에는 국정 전반을 의논하는 최고 통치 기구의 역할을 했다.

●군정
군포를 거두는 행정으로 군포는 군역을 대신하여 베(옷감)를 세금으로 내는 것을 말한다. 조선 후기에 들어 군정이 문란해져 어린아이나 죽은 사람에게까지 군포를 거두는 등 폐단이 극에 달했다. 더구나 양반은 물론 조금이라도 힘이 있는 이들은 면제를 받았기 때문에 그 부담은 고스란히 농민들에게 돌아갔다.

삼정의 문란
삼정이란 조선 후기 국가 재정의 근간을 이루었던 전정, 군정, 환곡 세 가지의 세금 행정을 일컫는 말이다. 세도 정치로 부정부패가 극심해져 관리들은 삼정을 통해 백성을 수탈했다. 삼정의 문란은 조선 후기에 자주 발생한 농민 봉기의 주요 원인이 되었다.

흥선 대원군의 글씨
흥선 대원군은 글씨와 그림에도 능했던 것으로 알려져 있다. 사진은 그의 아버지인 남연군의 묘비에 쓰인 흥선 대원군의 글씨이다. 충남 예산 소재

군포를 내는 것이 자신들의 체면을 깎는 것이라고 생각했다.

또한 흥선 대원군은 백성들의 원성을 산 환곡●의 폐단을 바로잡고자 했다. 삼정의 문란 중에서도 농민들에게 가장 큰 고통이 되었던 것이 바로 환곡이었다. 흥선 대원군은 이 문제를 개선하기 위해 사창제를 실시했다. 사창제란 마을 단위로 창고를 마련하여 거기에 곡식을 저장하고 마을 주민들이 자치적으로 운영하는 제도였다.

조세 제도가 개혁되면서 관리들의 수탈이나 부정부패가 어느 정도 사라지고 국가의 재정 수입도 늘어났으며, 무엇보다도 농민의 숨통이 트이게 되었다. 농민들은 조세 제도가 개혁되는 모습을 보며 흥선 대원군을 크게 환영했으며, 이에 따라 흥선 대원군의 권력 기반이 강화될 수 있었다.

흥선 대원군은 관리들에게는 부정을 저지르지 말 것과 자신이 맡은 일에 충실할 것을 거듭 강조했다. 국가 재정과 농민들의 생활이 어려워진 것은 모두 관리들의 부정부패에서 비롯되었다고 보았기 때문이다. 아울러 부정을 저지른 관리에 대해서는 엄격하게 다스렸다.

농민을 수탈하던 서원의 철폐

서원 철폐는 흥선 대원군의 개혁 정책 중에서 적극적으로 이루어졌다. 서원은 학문과 덕을 겸비한 유명한 학자들에게 제사하고 유생의 교육을 담당하는 사설 교육 기관이었다. 이 무렵 서원의 수는 전국적으로 약 1,000여 개에 달했던 것으로 추정된다.

조선 후기 들어 서원은 지방 양반들의 근거지로서 붕당의 소굴이 되어가고, 제사를 명목으로 지역 농민을 수탈하는 등 본래의 취지와는 크게 벗어나 농민들의 원성을 사고 있었다. 이미 영조 때부터 서원 철폐 정책이 추진되었고, 정조와 철종 때에도 서원을 규제하고 철폐하기 위

●환곡
춘궁기에 가난한 백성들에게 곡식을 빌려주었다가 추수한 이후에 약간의 이자를 붙여 거두어들이는 제도였다. 본래는 가난한 농민을 구제하기 위한 좋은 취지에서 실시되었다. 그러나 관리들이 부정부패를 일삼아 규정보다 훨씬 많은 이자를 받거나, 심지어 강제로 빌려주기까지 했다. 환곡이 마치 관리들의 고리대처럼 이용되었던 것이다.

한 정책을 추진했으나 큰 성과를 거두지 못했다. 특히 19세기 세도 정치 아래에서 서원의 횡포는 더욱 심해졌다.

홍선 대원군은 먼저 전국의 서원과 사당 등의 재산 관계에 대해서 상세히 조사하여 보고하게 했다. 보고에 따르면 불법을 저지르지 않은 서원이 없을 정도였다. 마침내 홍선 대원군은 서원을 대대적으로 철폐하라는 명령을 내렸다. 전국의 서원 중에서 사액 서원˙ 47개만을 남겨 두고 모두 헐어 버리도록 했다.

즉 서원 철폐는 단순히 서원의 문을 닫는 정도에서 그친 것이 아니라, 모두 헐어 버리는 등 매우 적극적으로 이루어졌다. 서원 때문에 고통을 당하던 수많은 농민은 크게 환영했으며 이를 적극적으로 지지했다. 반면에 유생들과 서원을 근거로 하고 있던 노론의 일파는 홍선 대원군을 적으로 생각하게 되었다. 수많은 유생이 상소를 올리거나, 궁궐 앞으로 몰려가 엎드려 울며 저항했다.

그러나 홍선 대원군은 "진실로 백성에게 해가 된다면, 공자가 다시 살아서 와도 결단코 들어줄 수 없다. 하물며 서원에서 지난

●사액 사원
임금이 이름을 지어서 새긴 현판을 내린 서원을 말한다. 흔히 서적, 토지, 노비 등도 동시에 하사했으며, 조선 명종 때 주세붕이 세운 백운동 서원에 '소수 서원'이라 사액한 것이 그 시초다.

백성에게 해가 된다면 공자가 다시 살아서 와도 결단코 들어줄 수 없다.

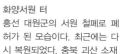

서원 철폐

화양서원 터
홍선 대원군의 서원 철폐로 폐허가 된 모습이다. 최근에는 다시 복원되었다. 충북 괴산 소재

훌륭한 유학자에게 제사 지내게 했는데, 이제 도둑의 무리로 변하여 공자에게 거듭 죄를 지었으니 어찌 내버려 둘 수 있는가.”라고 하며 서원 철폐의 의지를 분명히 했다.

홍선 대원군이 실시한 여러 가지 개혁 정책 가운데 서원 철폐가 가장 과감하고도 적극적으로 시행되었으며 실질적으로도 큰 성과를 거두었다. 그만큼 자신의 정치적인 반대 세력도 많아져 정치적 부담은 커져갈 수밖에 없었다.

왕실의 권위 회복을 위한 경복궁 중건

홍선 대원군이 개혁 정책을 추진하면서 목표로 삼았던 것 중의 하나가 왕권을 강화하고 왕실의 권위를 되찾는 것이었다. 이를 위해 심혈을 기울여 추진한 정책이 바로 임진왜란 때 불타 버린 경복궁●을 다시 세우는 일이었다.

홍선 대원군은 왕조 중흥의 대업을 이룬다는 명분 아래 경복궁의 중건을 추진했다. 공사가 시작되자 여기저기에서 성금이 모여들었고, 왕실의 종친들도 수만 냥의 돈을 내놓았다. 그뿐만 아니라 백성들도 자발적으로 공사를 돕겠다고 나섰다. 이처럼 홍선 대원군의 개혁 정치와 왕조 중흥의 목표가 어느 정도 지지를 받았던 것이다.

경복궁 중건 공사는 순조롭게 시작되어 그 성과가 드러나기 시작했다. 그러나 날씨가 추워지면서 문제점이 드러났다. 특히 여러 건물이 뼈대를 갖추어 갈 무렵 발생한 두 차례의 화재로 공사는 어려움에 직면하게 되었다.

공사 비용이 대폭 늘어나게 되면서 경비 마련을 위한 대책들이 무리하게 수립되었다. 어렵게 짜낸 방법 중의 하나가 문세를 거두는 것이었다. 한성의 출입문에 군사들이 배치되고, 문 안으로 들어가는 사람은 선비나 장사꾼을 가리지 않고 누구나 통행세를 내야 했다. 물론 문세가

● 경복궁
조선의 건국과 함께 세워져 정궁으로 사용되었으나 임진왜란으로 불에 탄 후 폐허로 남아 있었다. 임진왜란 이후에는 창덕궁을 확장하여 조선의 정궁으로 사용했다. 이후 여러 임금이 경복궁의 중건을 꿈꾸었지만, 막대한 경비에 대한 부담 때문에 그 뜻을 이루지 못했다.

경복궁 중건만을 위한 것은 아니었으나, 많은 사람은 이런 식의 통행세에 대해 가혹하다고 생각했다.

또 하나의 방법은 원납전이었다. 원납전이란 말 그대로 자발적으로 내는 돈이라는 뜻으로, 일종의 성금이었다. 그러나 실제로는 일정 액수를 배당하는 등 거의 강제적으로 돈을 거두었다. 때로는 원납전을 내면 벼슬을 주기도 했다. 사람들은 원납전을 '원망하며 내는 돈'이라는 뜻으로 풀이하며 비웃었다.

이와 함께 당백전이 발행되었다. 당백전은 당시 통용되던 상평통보의 100배에 해당하는 돈이라는 의미에서 붙여진 이름이다. 그러나 당백전의 실질 가치는 상평통보의 5~6배에 불과했다. 짧은 기간에 막대한 양의 돈이 발행되자, 물가가 크게 뛰어 오르는 등 경제 질서에 큰 혼란이 일어나 백성들의 생활이 더욱 어려워지게 되었다.

경복궁 전경
흥선 대원군은 왕실의 권위 회복을 위해 경복궁을 복원했다. 일제 식민지 시기에 훼손되었다가 최근에 일부가 복원되었다. 서울 종로구 소재

당백전에 대한 백성들의 불만은 원납전의 경우보다 훨씬 컸다. 그동안 흥선 대원군의 개혁 정책에 지지를 보내던 상인과 농민 조차도 그를 외면하기 시작했다. 흥선 대원군의 반대 세력이 양반에서부터 시작하여 이제는 상민들에게까지 확대된 것이다. 결국 당백전은 몇 개월 동안 사용되다 그치고, 회수하여 무기 재료로 쓰였다.

민심이 흥선 대원군을 떠난 상황 속에서 우여곡절 끝에 경복궁이 완성되었다(1868). 고종은 경복궁으로 옮겨 갔고 이후 경복궁은 조선의 정궁으로서의 역할을 다시 하게 되었다.

흥선 대원군의 사치 풍조 개혁

19세기 세도 정치 아래에서 세도가들을 중심으로 한 양반 부호들 사이에는 호화 생활과 사치를 일삼는 풍조가 널리 퍼져 있었다.

흥선 대원군은 사치 풍조를 막기 위해서 갓의 크기와 도포의 소매, 심지어 담뱃대의 길이까지도 새로 정했다. 양반들은 갓에 온갖 장식을 달고 양태(차양 부분)가 어깨를 덮을 정도로 넓은 갓을 쓰고 다녔다. 자신의 신분이나 부를 과시하기 위해서였다. 또한 소매가 축 늘어질 정도로 넓은 도포를 입고 다녔다. 이에 흥선 대원군은 갓에 부착하는 여러 가지 장식을 없애고 양태를 일정한 크기 이내로 제한했으며, 도포의 소매 폭도 줄이도록 규정을 만들었다. 오늘날 한복 두루마기 정도의 소매가 된 것은 이때부터라고 할 수 있다. 또, 담뱃대의 길이도 1m 이상 되는 것들도 많았다. 손이 닿지 않아서 담배를 피울 때는 하인이 불을 붙여 주곤 했다. 이 역시 과시용이었으며, 이때에 이르러 담뱃대의 길이를 줄이게 되었다.

흥선 대원군은 이를 실천하기 위해 사람들이 많이 다니는 길목이나 나루터 등에 포졸들을 배치하여 단속하게 했다. 포졸들은 규정에 어긋나는 것을 발견하면 갓을 벗겨 짓밟거나 담뱃대를 부러뜨리기도 했다.

그런가 하면 서양에서 들어오는 옷감의 수입과 판매를 금지했으며, 고급술을 만들지 못하도록 했고, 소를 몰래 도살하지 못하도록 했다. 이러한 정책은 세도 정치 이래 잘못된 사회 풍조를 바로 잡으려는 흥선 대원군의 의지에서 실시된 것이었다.

작가 미상, 〈기방 풍경〉(부분)
양반의 풍류를 그린 이 그림에는 양반과 기생이 긴 담뱃대로 담배 피우는 모습이 그려져 있다. 조선 후기에 긴 담뱃대가 유행했음을 알 수 있다.

02

프랑스와 미국의 침략

조선은 원칙적으로 외국과의 통상을 제한하고, 청과 일본 두 나라만을 외교의 대상으로 여겼다. 특히 조선 후기에 천주교가 들어오고 서양 열강의 통상 요구가 빗발치자 이 같은 정책은 더욱 강화되었다.

1842년 청은 아편 전쟁에서 패하여 영국과 강제로 통상 관계를 맺고, 이어 1860년에는 영국과 프랑스의 연합군에 의해 베이징을 점령당했다. 또일본도 1854년 미국의 압력에 의해 문호를 개방했다.

청과 일본이 서양 열강에 굴복한 가운데, 서구 열강의 침략적인 접근에 어떻게 대응할 것인가 하는 것이 조선의 당면 과제로 떠올랐다.

서양 세력의 위협과 천주교 탄압

이미 흥선 대원군이 집권하기 전부터 조선의 주변 바다에는 수많은 서양의 배들이 다가왔다. 그들은 육지를 살피거나 지형을 조사하거나 해안을 측량하기도 했다. 서양의 배는 그 모양이 조선의 배와는 달랐기 때문에 이양선이라고 불렸다. 서양의 배들이 조선에 요구했던 것은 통상이었다. 문호를 개방하지 않고 있던 조선과의 무역을 통해 이익을 얻으려는 것이었다.

이 무렵 조선에 직접적인 위협이 되는 세력으로 떠오른 나라는 러시아였다. 러시아가 동아시아에서 본격적으로 세력 확대에 나서게 된 것은 1860년 청과 영국, 프랑스 사이의 베이징 조약을 주선한 대가로 연해주*를 차지하면서부터였다. 연해주는 두만강을 통해 조선과 마주하고 있어서 조선으로 진출할 수 있는 손쉬운 통로가 될 수 있었다.

러시아는 한반도의 영흥만이나 남쪽의 거문도를 주목하며 수시로 동해 일대에 군함을 보내는 한편, 두만강을 건너 조선에 사람을 보내 통상을 요구하기도 했다. 러시아와는 국경을 마주하고 있었기 때문에 조선이 직접적으로 위협을 느낄 수밖에 없었다.

한편, 이 무렵 조선에서는 천주교가 교세를 넓혀가고 있었다. 흥선 대원군은 집권 초기에는 천주교에 대해 방관하는 정책을 취했다. 당시 조선에는 베르뇌를 비롯한 프랑스인 신부들이 몰래 들어와 활동했는데, 이들은 포교 활동은 물론이고 조선의 정치 변화에도 관심을 기울였다. 상대적으로 탄압이 느슨한 가운데 1864년 무렵에는 전국의 천주교도가 2만여 명에 이르렀다. 심지어 흥선 대원군의 부인인 민씨도 천주교에 관심을 가질 정도였다.

흥선 대원군은 러시아를 견제하기 위해 프랑스 선교사들을 통해 프랑스와 교섭하려 했다. 그러나 베르뇌 등 프랑스 신부는 교섭에 소극적인 태도를 보였다. 결국 청에서 천주교를 탄압했다는 소식이 전해지고 국내에서도 천주교를 금해야 한다는 요구가 거세지자, 흥선 대원군은 천주교를 대대적으로 탄압하기 시작했다.

베르뇌를 비롯한 프랑스인 신부들과 천주교도들이 잡혀와 재판 절차도 거치지 않고 처형되었다. 곳곳에서 천주교 관련 서적이나 십자가,

서양 세력의 통상 요구
서양의 배가 조선에 들어와 통상을 요구한 것은 1832년 영국의 로드 암허스트Lord Amherst 호가 처음이었다. 로드 암허스트호는 영국 동인도 회사 소속의 무장 상선으로 충청도 홍주의 고대도(지금의 충남 보령)에 정박하여 정식으로 교역할 것을 요구했다. 그러나 현지 관리들의 완강한 거부로 뜻을 이루지 못하고 물러갔다.

● 연해주
러시아의 영토로 두만강 위쪽 동해에 인접해 있는 지역이다. 러시아는 이곳에 블라디보스토크('동방을 지배하라'는 뜻)를 건설하고 남하 정책을 위한 전진 기지로 삼았다.

병인박해(1866)

천주교 박해는 1801년 신유박
해, 1839년 기해박해 등이 있
었으나, 병인박해 때 가장 많
은 희생자가 발생했다. 특히
프랑스의 침략으로 병인양요
가 발생하자 이들과 내통한 혐
의로 천주교도를 대거 처형했
다. 병인박해는 정치, 종교적
인 이유뿐만 아니라 서양 세력
에 대한 대항이었다는 점에서
이전의 박해와는 다소 차이가
있다.

마리아상 등이 압수되어 불태워졌다. 그러던 중 프랑스군이 쳐들어와
병인양요가 발생하자, 천주교도들이 서양 세력과 내통했다며 탄압이
더욱 거세졌다.

이렇게 시작된 1866년의 천주교 탄압을 이 해가 병인년이기 때문에
병인박해라고 한다. 당시에 희생된 천주교인의 숫자는 프랑스 신부 9명
을 포함하여 약 8,000여 명에 이르는 것으로 추정된다. 이후 흥선 대원
군이 집권하고 있는 동안에는 천주교에 대한 탄압이 계속되었다.

프랑스의 침략, 병인양요

천주교에 대한 탄압으로 프랑스 신부와 천주교도들이 처형될 무렵, 충
청도 일대에서 활동하던 프랑스 신부 리델은 청으로 탈출했다. 리델이
프랑스 동양 함대 사령관인 로즈에게 조선의 천주교 탄압 사실을 전하
자, 로즈는 "우리 국민을 죽인 그날이 조선 국왕의 최후가 될 것이다."
라며 조선을 침략했다. 이 사건을 '병인년에 서양인이 일으킨 소요'라

양헌수 전승비
강화도 정족산성에서 프랑스군
을 물리친 양헌수의 승리를 기
리는 비이다. 인천 강화 전등사
소재

고 하여 병인양요라고 한다.

프랑스가 무력을 동원해 조선에 쳐들어오면서 구실로 내세운 것은 자국 신부들과 천주교에 대한 탄압이었다. 그러나 이는 구실일 뿐 서양 열강의 식민지 확대를 위한 전쟁인 셈이었다. 즉, 침략의 본질적인 목적 은 무력으로 조선의 문호를 개방시킴으로써 통상을 보장받는 것이었다.

로즈가 이끄는 프랑스의 군함은 강화도 근처에 도착한 뒤, 일부 군함 을 한강의 양화진과 서강 일대까지 보내 정찰을 하고 돌아갔다. 1차로 정찰을 마친 로즈는 다시 군함 7척에 600여 명의 군인을 태우고 또다 시 조선을 침략했다. 프랑스 함대는 강화도에 상륙하여 강화도의 중심 인 강화성으로 쳐들어왔다. 강화성은 조선의 군사들이 대항을 포기하 고 도망가는 바람에 점령되고 말았다.

흥선 대원군은 프랑스군과 결전을 치르기로 결정하고, 민심을 불러일 으키기 위해 서양 물건을 거두어 불태우기도 했다. 조선군은 강화도 입 구의 문수산성에 진을 치고 방어망을 갖추었다. 이때 순무천총●이었던

● 순무천총
전쟁이나 지방에서 반란이 일 어났을 때 이를 수습하기 위해 임시로 설치된 군영을 순무영 이라 한다. 천총은 순무영의 직책으로 대장, 중군 다음에 해당하는 자리다.

외규장각
프랑스군이 강화도에서 물러가
면서 불을 질러 전각이 소실되
었으며, 외규장각의 책들은 약
탈되었다. 지금은 새로 복원되
어 있다. 인천 강화 고려궁지
소재

양헌수가 프랑스군에 직접 맞설 생각으로 500여 병사를 이끌고 어두운 밤을 이용하여 강화도로 들어갔다. 양헌수가 이끄는 조선군은 정족산성으로 이동하여 산성을 방어하며 프랑스군과의 결전을 준비했다.

조선군을 얕보았던 프랑스 함대의 사령관 로즈는 겨우 160여 명의 군사만을 보내 정족산성을 공격했다. 성 위에 있던 조선군이 총으로 일제히 공격하자 프랑스군은 부상자가 속출하고 전사자가 생겨나 후퇴할 수밖에 없었다. 정족산성 전투에서의 패배로 프랑스군은 점차 전투 의욕을 잃어 가고 있었다.

썩 물러가!
서양과는
통상 못해!

프랑스군은 통상 요구에 굴하지 않고 항전을 계속하는 조선군의 모습을 보면서 자신들의 뜻을 이룰 수 없다는 것을 깨닫고 결국 철수를 결정했다. 철수하던 프랑스군은 강화성 안의 여러 건물에 불을 지르고 약탈을 자행했다. 특히 이때 프랑스군은 외규장각을 약탈해 왕실의 서적과 보물을 가져갔다. 이 책들은 최근에야 비로소 임대 형식으로 반환되었다.

오페르트의 남연군 묘 도굴 사건

프랑스의 침략이 있은 지 2년 후, 서양 세력에 대해 적대적인 감정을 키우는 또 하나의 사건이 발생했다. 다름 아닌 오페르트에 의한 남연군 묘 도굴 사건이었다. 오페르트는 유대계 독일 사람으로 두 차례나 조선에 와 통상을 요구했으나 거절당한 적이 있었다.

오페르트는 상하이에 들어온 조선인 천주교도로부터 흥선 대원군의 아버지인 남연군의 무덤이 충청도 덕산에 있다는 사실을 알게 되었다. 오페르트는 남연군 묘의 시신을 확보한 뒤에, 그것을 빌미로 조선에 통상을 요구하고 자유롭게 천주교를 믿을 수 있도록 요구하면 통할 것이라고 생각했다.

1868년 미국인 자본가와 프랑스인 신부의 지원을 받은 오페르트의 기선은 상하이를 출발하여 충청도에 상륙했다. 먼저 덕산 관아를 공격하고 곧바로 남연군 묘로 향했다. 이때 일부 조선인 천주교도들이 길잡이 역할을 했다. 남연군 묘를 도굴하는 데에는 생각보다 많은 시간이 걸렸다. 결국 이들은 도굴을 포기하고 배로 돌아가는 수밖에 없었다.

이 도굴 사건은 여러 가지 측면에서 병인양요보다도 조선에 더 큰 충격을 주었다. 왕의 할아버지이자 최고 집권자의 아버지 묘를 도굴한 일은 조선 왕조의 체면과도 관련된 일이었기 때문이다. 조선 정부에서는 이들을 놓치게 되자 이 일에 협조한 천주교도들을 가혹하게 처형했다. 이 사건으로 흥선 대원군의 서양 세력에 대한 배척 의지는 더욱 강해질 수밖에 없었다.

시신을 담보로 통상을 요구해야지.

남연군 묘
오페르트가 도굴하려다 실패한
흥선 대원군 아버지의 묘다. 풍
수지리상 명당으로 알려진 곳
이다. 충남 예산 소재

미국의 침략, 신미양요

프랑스가 조선에 쳐들어온 지 몇 년 지나지 않아 이번에는 미국이 쳐들
어왔다. 미국 역시 프랑스와 마찬가지로 통상을 요구할 목적이었다. 몇
년 전 미국의 상선 제너럴셔먼호가 조선에서 불타 침몰한 것이 침략의
구실이었다.

제너럴셔먼호가 평안도 앞바다에 나타난 것은 병인양요가 일어나기
직전이었다. 이 배는 상선이라고는 하나 대포가 설치되어 있었으며, 장
총과 권총 등으로 중무장을 하고 있었다. 이 시기 서양 열강의 상선들
은 대체로 이와 같이 중무장을 하고 작은 나라에 압박을 가해 왔다.

조선의 관리들이 물러갈 것을 명령했으나 이들은 통상을 요구하며
거부했다. 제너럴셔먼호는 대동강을 거슬러 올라와 평양 근처에 상륙
하여 약탈 행위를 했다. 화가 난 평양의 군민들은 모두 대동강가로 몰
려가 이들과 결전을 벌였다.

평안도 관찰사인 박규수는 불을 이용해 공격할 것을 결정하고, 작은

배 여러 척을 서로 묶어 짚과 나뭇가지를 실어서 불을 붙인 후 제너럴 셔먼호를 향해 띄워 보냈다. 결국 제너럴셔먼호는 불이 붙어 침몰했으며, 일부 선원들은 강가로 헤엄쳐 나왔으나 분노한 군민들에 의해 죽임을 당하고 말았다(제너럴셔먼호 사건, 1866).

나중에 이 사건이 미국에 알려지자 미국 역시 침략적인 본성을 드러냈다. 결국 미국의 함대 사령관 로저스는 군함 5척에 군사 1,230명을 태우고 일본을 출발해 조선을 침략했다.

흥선 대원군은 어재연을 책임자로 삼아 군사 수백 명을 강화도로 보내어 침략에 대비했다. 어재연은 초지진과 광성보 [●] 등에 군사를 배치하고 포대를 정비하는 등 결전을 준비했다.

미군은 먼저 대포로 초지진을 공격한 후 상륙하여 초지진을 점령했다. 이어 미군은 덕진진을 거쳐 광성보를 수륙 양면에서 공격했다. 조선군의 책임자였던 어재연과 병사들은 목숨을 걸고 육탄전을 벌였으나 결국은 패하고 말았다. 이 전투에서 어재연을 비롯 350여 명이 전사했다.

전투에서 승리한 미국은 본래의 의도대로 조선에 통상을 요구했다.

● 광성보
조선 시대에 강화도의 해안선을 지키기 위해 설치한 보다. 보는 진과 진 사이에 설치하며 진보다 규모가 작다. 광성보는 강화 해협을 지키는 중요한 요새였다.

광성보 용두돈대
광성보에 소속되어 있는 돈대 중의 하나로, 강화 해협을 향해 용머리처럼 돌출한 자연 암반을 이용해 쌓았다. 신미양요 때 치열한 전투가 벌어진 곳이다. 인천 강화 소재

그러나 조선 정부는 이에 전혀 응하지 않았고 결국 미국은 퇴각할 수밖에 없었다. 죽음을 무릅쓰고 끝까지 항전하는 조선군의 모습을 보면서 뜻을 이루기가 어렵다는 것을 깨달았기 때문이다. 이 사건이 일어난 1871년은 신미년이어서, 이 사건을 신미양요라고 한다.

통상 수교 거부 정책의 강화와 척화비의 건립

프랑스와 미국의 침략, 이 두 차례의 전투를 거치면서 조선은 온통 흥분과 분노 속에 들끓었다. 일부는 산골로 피난을 가기도 했으나, 사람들 대다수는 서양 사람들에 대한 적개심으로 분노했다. 특히 일부 양반 유생들은 상소를 통해 짐승과 같은 서양 오랑캐들과 절대 대화해서는 안 된다고 주장했다.

당시 흥선 대원군의 서원 철폐 같은 여러 개혁 정책이 양반 유생들의 반대에 부딪혔음에도 불구하고, 서양 세력과 통상해서는 안 되며 이들을 배척하자고 한 생각만큼은 모두가 같았다. 흥선 대원군은 여러 개혁 정책에 대한 반발 때문에 정치적으로 어려운 처지에 놓인 상황을 뒤집기 위해 병인양요와 신미양요를 기회로 삼았다.

그리하여 그가 추진한 것은 척화비를 세우는 일이었다. 한성을 비롯한 전국 각지에 척화비를 세우고 서양 배척의 의지를 강하게 드러냈다. 심지어는 화친을 말하는 자는 법으로 다스리겠다고까지 했다. 척화비에는 "서양 오랑캐가 침범해 오는데 싸우지 않으면 곧 화친하는 것이니, 화친을 주장하는 것은 나라를 팔아먹는 것이다."라고 써서 많은 사람에게 경고의 뜻을 전했다. 당시 사람들은 누구나 이 구절을 외울 정도로 서양 배척에 대한 의지를 키워 갔다.

흥선 대원군이 강력하게 추진한 통상 수교 거부 정책으로 조선은 서양 세력의 침략을 일시적으로 저지하는 데에는 성공했다. 그러나

척화비
흥선 대원군의 통상 수교 거부 정책을 잘 보여 주는 비다. 병인양요와 신미양요를 겪은 후 온 국민에게 외세의 침입을 경계하기 위해 1871년 4월부터 서울을 비롯하여 전국 각지에 세웠다. 임오군란 때 흥선 대원군이 청나라에 납치된 후 대부분 철거되었다. 서울 마포 절두산 순교지 소재

근대 사회를 향해 나아가고 변화하는 세계정세에 주체적으로 대응하지 못했다는 한계가 있었다.

흥선 대원군의 실각과 외척 민씨 세력의 대두

흥선 대원군은 세도 정치를 몰아내고 왕권을 강화하면서 또다시 외척 세도 정치가 이루어지는 것을 막기 위해 고종의 왕비 선택에 심혈을 기울였다.

흥선 대원군이 고종의 왕비로 눈길을 두었던 이는 자신의 처가인 여흥 민씨 집안의 처녀로, 여덟 살의 어린 나이에 부모를 여읜 고아였다. 형제도 없고 외로운 집안의 딸이어서 외척 세력이 권력을 장악하여 세도를 부리는 일은 절대 없을 것이라고 생각했기 때문이다.

1866년 혼례를 치를 당시 고종은 열다섯 살, 왕비 민씨는 열여섯 살이었다. 흥선 대원군에 의해 선택된 그녀는 이후 조선 정치의 한 축을 담당하게 되었다. 흥선 대원군은 그녀가 장차 자신을 배척하게 될 정치 세력으로 성장할 줄은 전혀 상상하지 못했다.

이후 후궁의 아들인 완화군의 세자 책봉 문제와 왕비 민씨가 낳은 아들의 죽음 문제로, 흥선 대원군과 왕비 민씨 사이의 대립이 본격화되기 시작했다. 왕비 민씨는 자신의 집안사람들을 조정에 불러들이고, 흥선 대원군에게 소외받은 사람들을 자신의 세력으로 끌어들여 자신의 권력을 형성하기 위해 노력했다.

고종이 스무 살이 되자 왕비 민씨는 고종에게 친정을 하라며 재촉했다. 아울러 왕비 민씨는 흥선 대원군의 정책에 대해 반발이 컸던 최익현을 부추겼고, 최익현은 상소를 통해 흥선 대원군의 정책에 대한 비판과 아울러 고종의 친정을 강력하게 주장했다.

이를 계기로 고종이 친정을 선포함으로써 흥선 대원군은 하루아침에 권력에서 밀려나게 되었다(1873). 고종의 친정이 시작된 뒤 왕비 민씨

왕비 민씨의 호칭
흔히 민비라고도 불린다. 조선 시대에는 왕비의 성을 붙여 호칭하는 것이 일반적이었다. 따라서 왕비 민씨, 민비 등의 표현은 비하해서 부르는 호칭이 아니다. 왕비 민씨는 죽은 후에는 명성황후(이후 명성태황후)로 추존되었다. 종묘 영녕전의 위패에는 '명성태황후 민씨'라고 되어 있다.

흥선 대원군과 왕비 민씨의 대립
고종이 후궁 이씨에게서 아들 완화군을 낳자, 흥선 대원군은 완화군을 세자로 책봉하려 했다. 이 문제로 왕비 민씨와 흥선 대원군의 사이가 벌어지게 되었다. 왕비 민씨도 곧 아들을 낳았으나 시름시름 앓다가 흥선 대원군이 내려준 약을 달여 먹고 곧 죽었는데, 이 사건으로 왕비 민씨는 흥선 대원군을 더욱 미워하게 되었다.

명성황후 생가
왕비 민씨(1851~1895)는 죽은 뒤에 명성황후로 추존되었다. 이곳은 왕비 민씨가 태어나서 여덟 살까지 살던 집이다. 생가 바로 앞에 기념관이 있으며 동상도 제작되어 있다. 경기 여주 소재

는 조선 정치에서 중요한 역할을 담당했다. 민씨 척족⁕이 대거 정치에 등용되었으며, 이에 따라 흥선 대원군이 등용했던 세력은 권력에서 쫓겨났다. 아울러 흥선 대원군의 폈던 여러 정책도 폐기되었다.

외척 세력이 다시 권력의 중심에 나서면서 예전 세도 정치와 같은 부정부패가 다시 일어나는 등 문제점이 생겨났다. 매관매직이 성행하여 민씨 척족 권력자의 집에는 뇌물을 실은 수레들이 문전성시를 이루었다.

● 민씨 척족
왕실의 외척인 민씨 세력

광성보 전투에서 조선군은 어떻게 싸웠을까?

신미양요 때 가장 치열한 싸움이 벌어진 것은 광성보 전투에서였다. 조선군의 책임자였던 어재연과 병사들은 목숨을 걸고 육탄전을 벌였으나 패하고 말았다. 조선군의 용맹스러움은 당시 참전한 미군의 기록을 비롯해 여러 기록에 전하고 있다.

조선군은 근대적인 무기를 한 자루도 보유하지 못한 채 노후한 전근대적인 무기를 들고서 근대적인 화기로 무장한 미군에 대항하여 용감히 싸웠다. 조선군은 그들의 진지를 사수하기 위해 용맹스럽게 싸우다가 모두 전사했다. 아마도 우리는 가족과 국가를 위해 그토록 치열하게 싸우다가 죽은 국민을 다시는 볼 수 없을 것이다.

— 슐레이(W. S. Schley), 《Forty-Five Years Under the Flag》, 1904

신미순의총
광성보 전투에서 장렬하게 전사한 조선군의 무덤이다. 전사자 중 신원을 알 수 없는 병사 51명의 시신을 7기의 무덤에 합장해 순절을 기리고 있다. 인천 강화 광성보 소재

조선군은 비상한 용기를 가지고 응전하면서 성벽에 올라 미군에게 돌을 던졌다. 그들은 칼과 창으로 미군을 상대했는데, 그나마도 없는 적수공권의 병사들은 맨손으로 흙을 쥐어 미군의 눈에 뿌렸다. 모든 것을 각오한 채 그들은 한 걸음 한 걸음 포위해 다가오는 적군을 상대로 죽기를 다해 싸웠다. 그리하여 마침내 사살당하는가 하면 물속으로 떨어져 죽기도 했다. 부상당한 자는 거의 투신자살을 감행하는데 개중에는 먼저 스스로 제 목을 찌른 다음 물속으로 뛰어들기도 했다. …… 광성보에서의 전투는 처참해서 100명에 가까운 조선군이 백병전에 쓰러졌지만 부상당해 포로가 된 병사는 없었다.

— 그리피스, 《은자의 나라 한국The Hermit Nation Corea》, 1882

늠름한 충성과 용기가 마치 그 사람들을 직접 눈으로 보는 듯하다. 몸소 칼날을 무릅써 흉악한 적들을 격살하다 수많은 총알을 고슴도치의 털처럼 맞아서 마침내 순직했으니, 그 혁혁한 절개는 적의 간담을 떨어뜨릴 만하고 …… 죽은 진무중군 어재연에게 특별히 병조판서와 지삼군부사를 추증하고 …… 의논하여 시호를 정하도록 하라.

— 《고종실록》, 고종 8년(1871) 4월 28일

03

강화도 조약과 문호의 개방

흥선 대원군은 무력을 앞세운 프랑스와 미국의 통상 요구를 모두 막아 냈다. 그가 물러나고 고종이 친정에 나선 후에도 조선의 통상 수교 거부 정책에는 큰 변화가 없었다. 그러나 이 과정에서 문호를 개방하여 서양 문물을 받아들여야 한다는 통상 개화론이 대두했다.

한편, 1854년 미국 함대의 압력으로 문호를 개방한 일본은 메이지 유신(1868)으로 에도 막부가 무너지고 천황 중심의 정치 체제가 수립되었다. 일본은 근대화를 위해 본격적인 개혁을 추진하면서 조선 침략을 계획하게 되었다.

개화사상의 성립

서양 열강이 조선에 통상을 요구하며 쳐들어오던 흥선 대원군 시절은 물론이고 조선이 본격적인 개항에 나설 무렵에도, 조선의 관리나 유생을 비롯한 사람들 대부분은 조선 밖의 세계에 대해서는 아는 것이 거의

박규수의 개국론
"지금 우리는……자주적으로
개국해야 합니다. 일본과의 외
교 교섭에서 우리나라가 주도
권을 잡고 능동적으로 개국하
지 않는다면 일본이 무력으로
개항을 요구할 것이고, 그러면
조선은 굴복하게 되어 국가적
으로 큰 위험에 부딪히게 될
것입니다."
—박규수, 《환재집》

없었다.

그런 가운데 문호를 개방해 서양 문물을 수용하는 것이 조선이 발전할 길이라고 생각한 이들이 등장했다. 즉, 서양 문물의 수용을 주장하는 개화사상이 새로이 싹트기 시작한 것이다. 북학파 실학자인 박지원의 손자 박규수와 중인 출신의 역관 오경석이 개화사상을 형성한 초기의 중심인물이었다.

박규수는 1860년 사신으로 청에 갔을 때, 청이 서양 열강에 무참히 당하는 모습을 목격했다. 이를 계기로 하여 박규수는 조선이 살기 위해서는 문호를 개방하고 서양 문화를 받아들여야 한다고 생각하게 되었다. 아마도 박규수는 통상 개화의 필요성을 깨달은 최초의 인물이었을 것이다. 그러나 흥선 대원군의 통상 수교 거부 정책이 추진되고 있던 상황이었기 때문에 이런 생각을 드러내고 주장하기는 어려웠다.

오경석은 청을 왕래하면서 서양 문물을 접하고 세계정세에 대한 견문을 넓히면서 개화사상에 관심을 갖기 시작했다. 그는 서양 문물을 소개한 책을 조선에 가지고 들어와 중인 출신인 유홍기에게 전했으며, 유홍기 역시 이 책들을 연구하면서 개화사상에 눈을 떴다.

초기 개화 사상가들은 조선 왕조가 서양 세력의 침략적 접근 때문에 위기에 직면해 있다고 보았다. 이러한 위기에서도 정치는 부패하고 조선의 사회·경제와 기술은 매우 뒤떨어져 있다고 생각했다. 이러한 위기를 타개하기 위해서는 국정 전반에 걸친 혁신을 일으켜야 하며, 하루빨리 서양의 선진 과학 기술을 받아들여야 나라를 부강하게 만들 수 있다고 주장했다.

이들은 양반 세력가의 자제들을 모아 청에서 가져온 서양 문물을 소개하는 책들을 읽히며 개화만이 조선이 살 길이라는 것을 가르쳤다. 김옥균, 박영효, 서광범, 김홍집 등은 이렇게 해서 서양 문물과 세계정세에 대한 새로운 지식을 얻어 형성된 개화 세력의

박규수 영정
박규수는 통상 개화의 필요성을 깨달은 최초의 인물로 청년들에게 개화의 중요성을 가르쳤다.

주요 인물들이었다.

한편, 1873년 최익현의 상소를 계기로 흥선 대원군이 물러나면서, 조선에서는 점차 통상 개화의 주장이 힘을 얻어 종래의 외교 정책에 변화가 나타나기 시작했다.

일본의 조선 침략, 운요호 사건

메이지 유신으로 천황 중심의 새로운 정치 제제를 수립한 일본은 이런 사실을 알리기 위해 조선에 외교 문서를 보냈다. 임진왜란 이후 수립된 조선과 일본의 관계에서 늘 있던 일이었다.

그러나 조선은 일본 외교 문서의 접수를 거부했다. 일본 측 외교 문서에 '천황', '칙서' 같은 표현이 사용되고 있었기 때문에, 조선에서는 이를 무례한 태도로 여겨 받아들이지 않았다. 일본은 이후 다시 여러 차례 조선에 외교 문서를 보내 접수를 요청했지만, 조선 정부는 모두 거절했다.

이에 일본 정부의 일부에서는 조선을 침략해 응징해야 한다는 '정한

정한론의 대두
메이지 유신 후 제기된 정한론은 중앙 권력을 강화하려는 정치적인 의도와, 서양 열강에 앞서 조선에 진출하려는 야심에서 비롯된 것이었다. 강경파는 군사 행동을 주장했고, 온건파는 내부 개혁이 시급하다면서 당장의 군사 행동에 반대했다.

론'이 대두되었다. 하지만 일본 내의 여러 정치 사정으로 처음에는 정한론이 크게 주목을 받지 못했다. 그러나 자신들의 근대화를 위해서는 반드시 주변 국가를 정복해 서양 열강처럼 강해져야 한다는 견해가 점차 확산되었다.

일본은 조선을 강제로 개항시키기 위한 여러 가지 준비 작업을 진행했다. 먼저 청과는 '청일 수호 조규(1871)'를 체결하여 일본이 청과 대등한 관계라는 것을 확인했다. 러시아와도 교섭을 벌여 사할린 섬을 주는 대신 쿠릴 열도를 차지함으로서 국경을 확정했다. 이로써 일본은 주변 국가와 큰 문제없이 조선 문제에 집중할 수 있게 되었다.

결국 일본은 자신들이 미국에 당했던 것과 똑같은 방법으로 조선에 압력을 가해 왔다. 일본은 신식 군함인 운요호를 조선에 보내 동해안, 남해안을 돌며 무력시위를 벌여 조선에 불안감을 조성했다. 운요호는

초지진의 초지돈대
신미양요 때 미국에 의해 함락된 적이 있으며, 운요호 사건 때 일본군이 이곳에 상륙하려다 조선군의 저지를 받았다. 인천 강화 소재

강화도까지 올라와 식수를 구한다는 핑계로 군인들을 작은 보트에 태워 초지진 포대에 접근시켰다. 초지진은 강화 해협의 길목에 있어서 예전 미국의 군함들과 전투를 벌였던 요새였다.

정체를 알 수 없는 배가 해안까지 침범해 온 것을 본 초지진에서는 대포를 쏘아 저지했다. 그러나 운요호는 발포를 기다렸다는 듯이 초지진을 향하여 대대적인 포격을 시작했다. 이미 서양의 문물을 받아들여 근대화한 일본 대포의 성능을 따를 수 없었던 조선군은 일방적으로 당할 수밖에 없었다.

곧이어 운요호는 인천 앞바다로 방향을 돌려 영종도에 병력을 상륙시켰다. 조선군은 근대식 대포와 소총을 휴대한 일본군을 대적하지 못하고 패배했다. 일본군은 약탈과 방화를 일삼는 만행을 저지른 후 철수했다. 이를 운요호 사건(1875)이라고 한다.

일본과의 수교, 강화도 조약 체결

운요호 사건으로 자신들의 위력을 과시한 일본은 이 사건은 오히려 조선이 적대 행위를 한 것이라며 억지 주장을 했다. 아울러 이를 구실로 무력을 동원해 통상 조약을 체결하려 했다. 1876년 일본 사신 일행은 군함을 비롯한 5척의 배에 400여 명의 병력을 거느리고 강화도 갑곶에 상륙하여 협상을 강요해 왔다.

일본의 위협에 놀란 조선은 어쩔 수 없이 일본과의 회담에 응했다. 물론 조선에서도 흥선 대원군이 물러나면서 개항을 하자는 주장이 점차 힘을 얻고 있었다. 회담 장소인 강화도의 연무당 주변에는 일본 군인들이 배치되어 위협적인 분위기 속에서 회담이 진행되었다. 일본은 과거 자신들의 외교 문서를 거부했던 것과 운요호 사건을 집중적으로 문제 삼으며 조약 체결을 요구했다.

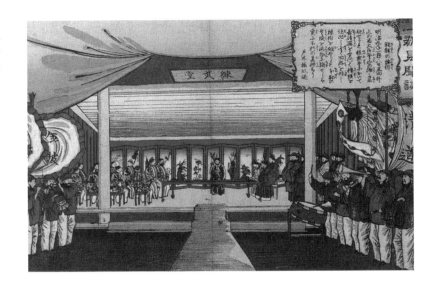

강화도 조약 체결 장면 기록화
강화도 조약은 강화부의 군사
훈련을 위한 조련장인 연무당
에서 체결되었다. 그림에서 연
무당이란 글씨가 보인다.

　　조선은 일본이 요구한 12개 항의 조약 내용을 대부분 받아들일 수밖
에 없었다. 결국 조선과 일본 사이에 통상 조약이 정식으로 체결되었
다. 이를 '조일 수호 조규(1876)'라고 하며 강화도에서 체결되었기 때문
에 흔히 '강화도 조약'이라고 한다. 이 조약으로 조선은 문호를 개방하
게 되었다. 다음은 조약의 주요 내용이다.

　　제1조 조선은 자주국이며 일본과 똑같은 권리를 갖는다.
　　제4조 조선국 부산은 오래전에 양국 백성의 통상 지구가 되었다. 이 외에
2개의 항구를 개항하여 통상하도록 허가한다.
　　제7조 조선국 연해의 섬과 암초를 조사하지 않아 매우 위험하다. 일본국
항해자가 자유로이 해안을 측량하도록 한다.
　　제10조 일본국 인민이 조선국이 지정한 각 항구에서 죄를 범했을 경우
모두 일본국에 돌려보내 심리하여 판결한다.

　　　　　　　　　　　　　　　　　　　　　—《고종실록》, 고종 13년(1876) 2월 3일

연무당 옛터
연무당은 강화성의 서문 안쪽
에 있었다. 이곳에서 1876년
일본과 강화도 조약이 체결되
었는데 지금은 그 터만 남아 있
다. 인천 강화 소재

제1조에는 조선은 자주국이라고 되어 있어서 강화도 조약이 마치 평등하게 이루어진 것처럼 되어 있다. 그러나 이는 청의 간섭을 차단하려는 일본의 의도가 반영된 조항이었다. 나머지 다른 조항들 대부분은 조선의 주권을 침해하는 내용으로 이루어져 있었다.

강화도 조약은 서양 열강이 약소국에 강요한 불평등 조약의 내용들을 고스란히 담고 있었다. 즉, 강화도 조약은 조선이 최초로 맺은 근대적 성격의 조약이지만, 또한 최초로 맺은 불평등 조약이었다.

제4조에서 항구를 열어 통상을 하게 함으로써 이후 일본 상인이 조선에 마음대로 진출할 수 있게 되었다. 제7조에서 해안 측량을 허용한 것은 일본으로 하여금 별 문제없이 조선의 군사적인 내용을 포함한 여러 정보를 수집할 수 있게 만든 것이었다. 제10조에서 일본인이 조선에서 범죄를 저질러도 조선이 처벌할 수가 없는 치외법권●을 인정한 것은 대표적인 불평등 조항이다. 이제 조선에 있는 일본인에 대해서는 조선이 사법권을 행사할 수 없게 되었다.

강화도 조약이 체결된 지 몇 달 후 일본은 또다시 함대를 보내 조약

● 치외법권
외국인은 원칙적으로 체류하는 국가의 통치권에 따라야 하지만, 치외법권은 그 통치권에서 면제를 받는 권리다. 즉, 외국인이 범죄를 저질러도 체류하는 나라의 재판을 받지 않는 권리를 말한다.

에 대한 후속 조치로서, 새로이 '조일 수호 조규 부록'과 '조일 무역 규칙'을 다시 강압적으로 체결했다. 이로써 조선의 개항 영역에서 일본인이 자유롭게 여행을 하고, 일본 화폐를 자유로이 통용할 수 있게 되었다. 심지어 일본산 수입품에 대해서는 관세를 면제●한다는 내용이 들어 있어, 조선은 시장을 보호할 수 있는 방법을 잃게 되었다. 이를 통해 일본은 조선에 대한 경제적 침략의 기반을 마련했다.

강화도 조약에 따라 조선은 부산에 이어 원산(1880), 인천(1883) 등의 항구를 차례로 개항해야 했다. 이는 일본이 조선 침략을 개시하는 첫 단추였다. 조선이 일본의 침략적인 본질을 깨달은 것은 한참 뒤인 일본에 의해 식민지가 될 무렵이었다.

서양과의 수교

조선이 일본에 의해 문호를 개방하고 개화 정책을 추진하게 되자, 조선에 대한 일본의 영향력이 커졌다. 이에 청은 조선을 자신들의 영향권 아래 붙잡아 두기 위해, 조선으로 하여금 다른 나라들과도 외교 관계를 맺도록 적극적으로 주선하기 시작했다.

이러한 청의 의도는 1880년 김홍집이 일본에 수신사로 다녀오면서 가져온 황준헌이 쓴《조선책략》에 반영되어 있었다. 러시아의 남하 정책에 맞서려면 조선이 '친중국, 결일본 그리고 연미국'을 해야 한다는 것이었다. 즉, 중국과는 전통적인 관계를 계속 유지하며, 일본과 힘을 합하고, 미국과 손을 잡아야 한다는 것이 이 책의 요지였다.

이에 따라 조선은 청의 알선으로 미국과 수교하여 '조미 수호 통상 조약'을 체결했다(1882). 이 조약은 조선이 서양 국가와 맺은 최초의 조약이었는데, 이 역시 치외법권과 최혜국 대우●를 규정한 불평등 조약

● 관세의 면제
'조일 무역 규칙'에 "일본국 소속의 선박은 항세를 납부하지 않는다"라는 내용이 있는데, 이는 관세를 면제한다는 뜻이다.

● 최혜국 대우
이미 조약을 체결한 나라가 이후 상대국이 또 다른 나라와 맺은 조약에 자국보다 유리한 내용이 있을 경우 자동으로 그 내용을 적용받게 되는 규정을 말한다.

이었다. '조미 수호 통상 조약'이 체결된 지 1년 뒤에 미국 공사가 조선에 부임해 왔으며, 고종은 그 답례로 전권 대사 민영익 일행을 보빙사로 미국에 파견했다. 보빙사는 조선에서 서양의 국가로 파견된 첫 사절단이었다.

이후 조선은 영국, 독일과 잇달아 조약을 체결했으며(1883), 러시아와는 청의 알선 없이 직접 수교했다(1884). 그 외에도 이탈리아(1884), 프랑스(1886) 등과도 통상 조약을 체결했다. 이들 모두 미국과의 조약과 마찬가지로 불평등한 조약이었다. 이로써 조선은 특별한 준비 없이 세계 질서에 편입되었다.

한미 수교 100주년 기념탑
한국 전쟁 이후 강화된 한미 동맹의 정치적 성격을 강조하듯 거대한 크기로 만들어져 있다. 조약이 체결된 인천의 화도진 공원에도 작은 기념비가 있다. 인천 중구 자유 공원 소재

'조미 수호 통상 조약'은 어떤 내용일까?

조선은 김홍집이 가져온 《조선책략》의 영향으로 서양과의 수교 정책으로 방향을 전환했다. 즉, 미국과의 수교는 러시아를 견제하려는 청의 알선으로 추진되었다. 그러나 청은 알선의 수준을 넘어 조약 체결 과정에 깊숙이 관여했다.

'조미 수호 통상 조약'의 가장 큰 특징은 이른바 거중 조정, 관세 자주권, 최혜국 대우 등이었다. 다음 조항은 각각 이 내용을 담고 있다.

> 제1관 대조선국 군주와 대미국 대통령 및 그 인민들은 각각 모두 영원히 화평하고 우애 있게 지낸다. 만약 타국이 어떤 불공평하고 경멸하는 일을 일으켰을 때는 일단 확인하고 서로 도와주며, 중간에서 잘 조정하여 두터운 우의를 보여 준다.
>
> 제5관 미국 상인과 상선이 조선에 와서 무역할 때 입출항하는 화물은 모두 세금(관세)을 바쳐야 하며, 그 수세권은 조선이 자주적으로 가진다.
>
> 제14관 조약을 체결한 뒤에 통상, 무역, 상호 교류 등에서 본 조약에 부여되지 않은 어떠한 권리나 특혜를 다른 나라에 허가할 때에는 자동적으로 미국 관민에게도 똑같이 주어진다.
>
> —《고종실록》, 고종 19년(1882) 4월 6일

제1관은 거중 조정에 대한 것으로, 거중 조정은 양국 중 한 나라가 제3국의 압박을 받을 경우 서로 돕고 조정한다는 것이었다. 거중 조정에 대해서 미국은 의례적인 표현으로 생각했으나, 조선은 미국과의 동맹으로까지 확대하여 받아들였다. 이에 제14관의 최혜국 대우까지 해 주었다. 이후 조선은 청의 내정 간섭, 청일 전쟁, 러일 전쟁, 을사조약 등 어려움을 겪을 때마다 미국에 거중 조정을 요구했지만, 미국은 협조하지 않았다.

제5관은 관세 자주권에 대한 내용을 담고 있다. 이 조항은 다음 해에 체결된 일본과의 '조일 통상 장정'(1883)에서 관세 자주권을 일부 회복하는 계기가 되었다.

04

개화 정책과 그에 대한 반발

1876년 체결된 강화도 조약은 조선에 큰 충격을 주었다. 동아시아에서는 사실상 유일하게 서양 열강의 통상 압력에 맞서며 통상 수교 거부 정책을 지켜오던 조선이, 서양 세력이 아닌 일본의 압력에 굴복하여 문호를 개방했기 때문이다.

이는 조선이 그동안 세계정세를 얼마나 모르고 있었는지 깨닫는 계기가 되었다. 강화도 조약으로 문호를 개방하게 되면서 조선은 세계정세와 국가 간의 관계가 힘의 논리에 의해 전개된다는 사실을 알았다. 이제는 조선도 문호를 넓히고 서양 문물을 수용하는 길로 나갈 수밖에 없었다.

개화 정책의 추진

개화 정책을 추진하기 위해서는 먼저 서양과 또 그 영향을 받은 일본을 통해 근대 문물에 대해 이해하는 것이 필요했다. 이에 정부는 김기수를 비롯해 76명 규모의 수신사를 일본에 파견했다(1876). 수신사는 메이 조사 시찰단을 파견할 당시에 개화에 대한 반대 주장이 거세게 대두되고 있어서, 시찰단으로 파견할 사람들을 동래 암행어사로 임명하여 부산에 모이게 한 후 비밀리에 파견했다. 조사와 수행원 60여 명으로 구성된 시찰단은 각기 분담된 전문 분야에 대해 자세히 시찰하고 보고서를 제출했다.

조사 시찰단 어윤중의 보고서
"조선의 과제는 하루속히 부강의 도를 얻어 행하여 자강을 실현하는 것입니다. 부강의 도가 근대적 개혁이며, 만일 이 방법에 의하여 부강을 이루지 못하면 이웃 국가의 수모를 받을 위험이 매우 큽니다."

김홍집
김홍집은 제2차 수신사로 파견되어 황준헌의 《조선책략》을 가지고 돌아왔다. 뒤에 갑오개혁을 주도했으며, 아관 파천 후 성난 백성들에게 살해되었다.

지 유신 이후에 근대화한 일본의 제도와 문물을 살펴보는 것이 목적이었다. 과거 일본에 파견했던 통신사는 문화를 전달해 주는 역할을 했으나, 이제는 그것이 뒤바뀌게 되었다.

수신사가 일본 측이 제공한 기선을 타고 부산을 출발하여 시모노세키에 도착하기까지는 불과 하루정도 밖에 걸리지 않았다. 일본에서 처음 타 보는 기차는 신기할 따름이었다. 도착 후에는 정부 기관이나 산업 시설 등 근대화된 모습을 살펴보았다. 일본에서는 이들을 성대하게 대접하여 자신들의 근대 문물 수용이 성공한 것이라는 것을 알리려 했다.

수신사 일행은 조선으로 돌아와 고종에게 일본의 기술이 매우 발달했으며 곧 일본이 부강해질 것이라며 근대화 수준을 보고했다. 이에 따라 고종은 좀 더 자세하게 일본의 내부 사정을 살펴보기 위해 다시 수신사를 파견했다.

두 번째로 파견된 수신사의 대표는 김홍집이었다(1880). 김홍집은 일본의 문물을 살펴보고, 일본에 있던 청의 외교관 황준헌을 만나 국제 정세에 대해 대화를 나누었다. 황준헌은 김홍집에게 자신의 견해를 담은 《조선책략》을 주었는데, 이 책은 이후 조선의 대외 정책에 큰 영향을 끼쳤다.

두 차례에 걸쳐 파견된 수신사 일행은 일본의 근대화된 모습을 보고 이를 배워야 한다고 주장했다. 이에 또다시 약 50여 명으로 구성된 조사 시찰단을 비밀리에 소집하여 다시 일본에 파견했다(1881). 이들은 일본의 정부 기관은 물론 학교, 공장, 조선소 등을 시찰하고 돌아왔다. 이들은 보고서를 제출하여 이후 정부의 개화 정책 추진에 중요한 역할을 담당했다.

한편, 청에도 영선사 김윤식을 대표로 하여 유학생들을 파견했다(1881). 청에는 서양 문물을 수용하기 위한 양무운동●의 결

과로 근대화된 공장들이 가동되고 있었기 때문이었다. 유학생들은 군수 공장에서 주로 신식 무기를 만드는 기술을 배웠다. 비록 정부의 재정 사정으로 1년 만에 돌아왔으나, 이후 조선에 기기창이라는 근대적인 무기 공장을 설립하는 데 큰 역할을 했다.

일본과 청으로부터 근대화의 성과를 배운 조선은, 개화 정책을 효과적으로 집행하고 이를 통괄하기 위한 기구로서 통리기무아문(1880)을 설치했다. 통리기무아문에서는 외교와 통상, 외국어 교육 등 개화와 관련된 여러 가지 업무를 담당했다.

그런가 하면 기존의 군대와는 별도로 새로운 부대를 만들어 별기군(교련병대, 1881)이라고 했다. 특별히 선발된 별기군은 일본군 교관 호리모토를 초빙하여 신식 복장과 신식 무기, 신식 군사 훈련법으로 교육을 받았다. 조선 최초의 근대적 신식 군대인 별기군은 급료나 군복 지급 등 모든 대우가 구식 군대보다 월등했으므로, 구식 군인들의 불만이 커져 갔다. 당시 민중은 일본인 장교가 별기군의 훈련을 담당하고 있었기 때문에 이들을 '왜별기'라고 조롱했다.

개화에 대한 반발, 위정척사 운동

조선 왕조는 기본적으로 정치, 경제, 사회 모든 면에서 성리학이 중심

● 양무운동
19세기 후반 청에서 일어난 근대화 운동으로, 서양의 문물을 수용해 부국강병을 이루려 했다. 중체서용中體西用이라 하여 중국의 전통적인 가치는 그대로 두고 서양의 과학 기술만을 받아들이려 했다.

● 양명학
명나라의 왕수인이 주창한 유학의 한 계통으로, 지식과 행동의 일치를 중시했다.

이항로 사당 노산사
위정척사를 주장한 대표 인물인 이항로의 사당이다. 경기 양평 소재

이 되는 사회였다. 즉, 조선에서는 공자, 맹자, 주자 등의 학문을 정학正學, 즉 유일한 올바른 학문으로 보았다. 반면에 양명학●이라든가 불교, 도교는 물론 조선 후기에 전래한 서학(천주교)은 사학邪學, 즉 바르지 못한 학문이라 하여 배척했다.

19세기 중엽 이후 서양 세력의 침략적인 위협이 계속되자, 조선 전통의 성리학은 바른 것이니 지켜야 하며, 새로 들어온 서양의 학문과 문물은 사악한 것이니 배척해야 한다는 생각이 굳어지게 되었다. 즉 서양 세력을 배척해야 할 '악'으로 여겼다. 양반 유생 대부분이 갖고 있었던 이 같은 생각을 위정척사론衛政斥邪論 또는 척사론이라고 한다.

흥선 대원군의 대외 정책 역시 위정척사론이 바탕이 되었다. 그의 대외 정책은 오직 서양 세력 배척만이 전부였을 뿐 타협이란 있을 수 없었다. 이 시기 위정척사론의 바탕을 형성한 대표적인 인물이 이항로, 기정진 같은 유생이었다. 이들은 프랑스가 병인양요를 일으키자, 그들의 요구를 들어주어서는 안 된다며 끝까지 저항했다. 흥선 대원군이 전

국에 척화비를 세운 것은 바로 이 같은 논리에 바탕을 둔 것이었다.

흥선 대원군이 물러나고 고종의 친정이 이루어진 가운데, 일본의 강요로 강화도 조약이 추진되자 척사론을 바탕으로 한 유생들의 반발이 더욱 거셌다. 최익현은 광화문 앞에 도끼를 들고 엎드려 강화도 조약 체결 반대 상소를 올렸다. 최익현과 뜻을 같이한 유생 대부분은 당시 최고의 유학자로 알려진 이항로의 제자들이었다. 이들은 서양을 짐승과 다를 바 없는 야만족으로 생각했으며, 서양 문물을 받아들인 일본도 똑같이 취급했다.

정부의 개화 정책이 본격적으로 추진되고 미국과의 수교가 거론되자, 이만손을 중심으로 한 경상도 유생 1만여 명이 '영남만인소'라는 상소를 올렸다. 이들은 정부의 개화 정책을 극렬히 반대했으며, 이들의 뒤를 이어 경기도, 충청도 등 각 지역의 유생들도 정부의 개화 정책에 대한 반대 상소를 올렸다.

유생 대부분이 중심이 된 위정척사파의 이런 태도에 대해서는 상반되는 평가를 하고 있다. 이들이 서양의 침략적인 본질을 깨닫고 조선을 위기로부터 구하려고 했다는 점에서 외세에 반대한 민족주의의 형태를 갖춘 것으로 평가하기도 한다. 그러나 이들은 세계정세의 흐름을 전혀 파악 하지 못했다. 세계는 자본주의를 축으로 근대 사회를 향해 발전하고 있었지만 위정척사를 주장한 유생들은 이런 정세 변화에 대처할 수 있는 대안을 제시하지 못했다. 이들은 여전히 전근대적인 성리학의 테두리에 머물러 공자, 맹자, 주자만이 최고라고 외치고 있었던 것이다.

최익현 영정
최익현은 강화도 조약에 반대했으며, 을사조약이 체결되자 전라도에서 의병을 일으켰다. 체포된 후 쓰시마 섬에 유배되었다가 그곳에서 죽었다. 충남 청양 모덕사 전시

군인들의 폭동, 임오군란

개항 이후 일본으로 곡물 반출이 빈번해지자 조선에서는 식량이 부족하고 곡물값이 치솟아 민중들의 생활이 몹시 어려웠다. 고종의 친정 이후 권력의 핵심으로 떠오른 민씨 척족의 부정부패는 민중들의 불만을 더욱 키웠다. 이는 결국 정부의 개화 정책에 대한 반발로 이어졌다.

특히 민씨 척족의 부정부패로 군사 경비는 바닥나 군기마저 엉망이었다. 심지어 하급 군인들은 제때에 봉급마저 받지 못한 경우가 많았다. 그런데 1881년에 편성된 신식 군대 별기군은 특별 대우를 받았기 때문에, 구식 군인들의 불만은 커져 갔다. 더구나 군사 제도 개편 과정에서 일부 군인들이 해임되어 정부에 대한 불만은 클 수밖에 없었다.

당시 군인들의 봉급 지급을 담당하는 기관은 선혜청이었다. 선혜청의 책임자는 민씨 척족의 핵심 인물 중의 한 사람인 민겸호였다. 그는 군인들에게 지급해야 할 곡식을 왕실의 잔치 비용으로 바치거나 사리사욕을 채우는 데 사용하여, 창고가 바닥나 있는 상태였다.

1882년 미국과 통상 조약이 체결되자 척사 운동이 더욱 거세지는 등 나라 안이 떠들썩했다. 더구나 봄에는 가뭄이 들어 민중들의 생활은 몹시 어려웠다. 이런 분위기 속에서 13개월 만에 군인들에게 한 달 분의 봉급이 지급되었다. 그러나 지급받은 쌀에는 겨와 모래가 섞여 있거나 물에 불어 썩어 있었으며, 그나마 양도 얼마 되지 않았다.

결국 쌀을 받아든 군인들의 불만이 폭발하여 민겸호의 집을 습격함으로써 폭동이 시작되었다. 이들은 무기고로 몰려가 무기를 갖추어 들고 포도청과 의금부를 습격했다. 이 과정에서 위정척사 운동으로 잡혀간 사람들이 풀려나기도 했다.

이후 군인들은 별기군의 훈련장으로 몰려가, 별기군 교관 호리모토를 잡아 죽였다. 또 일본 공사관을 공격하자, 일본 공사는 간신히 탈출하여 인천을 통해 도망쳤다. 이처럼 일본이 타격 대상이 된 것은 개화 정책에 대한 반감과 그 배후에 일본이 있다고 생각했기 때문이었다. 이제 시위대는 군인들뿐만 아니라 한성 변두리의 빈민들까지 가세하여 그 수가 더 불어났다.

다음날, 군인들과 합세한 시위대는 왕비 민씨와 민씨 척족의 핵심 세력들을 찾아 처단하기 위해 창덕궁으로 달려갔다. 이 과정에서 궁궐에 피해 있던 민겸호는 처참하게 죽임을 당했다. 왕비 민씨는 궁녀 차림으로 변장한 뒤 간신히 궁궐을 빠져나가 도망쳤다. 또한 시위대는 민씨 척족을 비롯한 악질적인 관료들과 일본인들을 습격하고 집을 불태웠다.

폭동이 일어난 나흘 동안 일본인 13명이 죽었고, 권력을 누리던 자의 집 300여 채가 파괴되었으며 고위 관료 4명이 처단되었다. 이 폭동이 일어난 1882년이 임오년이기 때문에 이 사건을 임오군란이라고 한다.

장춘단비
장춘단은 본래 명성황후 시해 사건 때 희생된 사람들을 제사 지내기 위한 제단으로 만들었던 것인데, 뒤에는 임오군란과 갑신정변 때 희생된 사람들도 이곳에서 제사를 지냈다. 지금은 비만 남아 있으며, 비의 글씨는 순종이 태자 시절에 쓴 것이다. 서울 중구 장충 공원 소재

임오군란 이후의 정세

고종은 더는 폭동을 진압하기 어렵다고 보고 흥선 대원군에게 사태 수습을 위임했다. 10년 만에 다시 권력을 장악한 흥선 대원군은 통리기무아문과 별기군을 없애고 삼군부와 5군영을 부활시켰다. 이로 인해 그동안 정부가 추진했던 개화 정책이 좌절된 가운데, 영선사로 청에 가있던 김윤식 등은 청에 파병을 요청했다.

청은 조선에서 영향력을 행사할 수 있는 좋은 기회라 생각하고 3,000여 명의 군사를 출동시켰다. 조선에 온 청군은 흥선 대원군을 군란 책임자로 지목하여 톈진으로 납치해 갔다. 이로써 흥선 대원군의 재집권

은 1개월여 만에 막을 내렸다. 그러자 또다시 민씨 척족이 권력의 중심으로 돌아왔다.

이후 청은 조선에 군대를 계속 주둔시켜 조선에 대한 내정 간섭을 본격화했다. 또한 '조청 상민 수륙 무역 장정'을 체결하여 조선이 청의 '속방'이라는 것을 명문화하고, 다른 열강에 비해 유리한 조건으로 통상 관계를 맺었다. 그리고 마건상과 독일인 묄렌도르프를 고문으로 파견하여 조선의 내정과 외교에 깊이 관여했다.

한편, 일본은 조선에 군함을 파견하여 배상 조약을 강요했고, 결국 제물포 조약이 체결되었다. 이로써 조선은 엄청난 배상금을 물어야 했고, 공사관을 경비한다는 구실로 일본군이 한성에 주둔하게 되었다. 또 조선은 사과 사절을 일본에 보내야 했다.

태극기는 언제 **처음** 사용했을까?

조선은 본래 국기가 없었다. 조선과 일본이 통상 조약의 체결을 논의하는 과정에서, 일본 측은 "운요호에는 일본의 국기가 게양되어 있었는데 왜 포격을 가했는가?"라고 트집을 잡았으나, 당시 조선에서는 국기가 무엇인지도 몰랐다.

조선의 국기 문제가 최초로 거론된 것은 1880년 일본에서 김홍집이 가져온 황준헌의 《조선책략》에서였다. 여기에서는 중국 용龍기를 국기로 사용하도록 권고하기도 했다. 이후 국기의 도안에 대한 문제가 계속 논의되었다.

그런 가운데 1882년 임오군란 후 일본에 사과 사절로 가던 박영효 일행이 배 안에서 태극과 사괘가 그려진 태극기를 처음 만들었다고 하는 것이 정설이다. 이들 일행은 고베에 도착해 숙소를 정하고 이 건물에 태극기를 내걸었는데, 이것이 태극기를 사용한 첫 사례로 알려져 있다.

그러나 당시 일본에서 발행된 신문 기사에 따르면, 고종이 직접 태극과 사괘를 도안하고 색깔까지 지정했다고 한다. 박영효는 고종의 명에 따라 태극기를 그렸을 뿐이라는 것이다. 그런가 하면 미국과의 수교 때 처음으로 태극기를 사용했다는 주장도 있다.

언제 처음 만들었는지에 대해서는 견해가 다양하지만, 태극기는 1883년 공식적으로 조선의 국기로 채택되었다. 이때부터 공공건물에 국기를 내걸었고, 이를 태극기라고 불렀다.

데니의 태극기
고종이 미국인 외교 고문 데니O. N. Denny에게 하사한 것으로 알려진 태극기로, 현재 전하는 가장 오래된 태극기다. 서울 용산구 국립 중앙 박물관 소장

05

근대화를 위한 노력, 갑신정변

개항 이후 조선 정부는 일본에 수신사를 파견하고, 통리기무아문과 별기군을 설치하는 등 부분적으로 개화 정책을 추진했다. 그러나 일부 유생들은 정부의 개화 정책에 반발하여 위정척사 운동을 전개했다. 또한 구식 군인들은 개화 정책과 민씨 척족의 부정부패에 맞서 임오군란을 일으켰으나 청군의 개입으로 진압되었다.

이후 조선의 개화 정책은 집권 세력의 소극적인 태도로 어려움을 겪게 되었고, 조선에는 청군이 계속 주둔함으로써 청의 내정 간섭이 본격화되었다. 개화 세력의 일부는 이런 상황을 위기로 느꼈다.

개화파의 분화와 급진 개화파의 대두

개항 후 정부의 개화 정책이 추진되면서 본격적으로 개화 세력이 형성되기 시작했다. 개화 세력은 서양의 선진적인 문물을 수용함으로써 조선의 발전과 부국강병을 이룰 수 있다고 확신했다.

개화 세력의 일부는 자신의 생각을 실현하기 위해 정부의 개화 정책에 적극 참여했다. 개항 이후 조선 정부는 청의 양무운동과 같은 점진적인 개혁을 추진했다. 이는 전통적인 유교 사상을 유지하되 서양의 발달된 기술만을 수용하는 것이었다. 외교적으로는 청과의 전통적인 관계를 중시했다. 이 같은 견해를 동도서기론*이라고 하며 김홍집, 김윤식, 어윤중이 중심이 되었다. 이들은 흔히 온건 개화파라고 한다.

1882년 임오군란 때 조선에 군대를 파견한 청은 조선에 대한 간섭을 노골적으로 시작했다. 당시 조선에서 권력의 핵심에 있던 민태호, 민영익 등 민씨 척족들은 청 세력과 결탁하여 자신들의 권력을 유지하고 있었다. 당시에는 이들을 수구파 또는 사대당이라고 불렀다. 개화 정책은 상대적으로 지지부진해졌다.

청의 노골적인 내정 간섭이 계속되는 가운데, 일부 청년들은 청과 손을 잡은 집권 세력의 정책에 불만을 가졌다. 이들은 청과의 사대 관계를 청산할 것을 주장하며, 일본의 메이지 유신을 모델로 서양의 기술뿐만 아니라 사상, 제도까지도 적극적으로 도입하는 급진적인 개혁을 주장했다. 이들을 급진 개화파라고 하며 흔히 개화당이라고 한다. 김옥균, 홍영식, 박영효, 서광범 등 젊은 양반 관료들이 대표적인 인물들이었다.

개화당은 임오군란 이후 개화 정책이 지지부진해지자 적극적인 개화 정책을 펼 것을 정부에 요구했다. 아울러 각 분야에서 자신들의 생각을 실현하기 위해 노력했다. 홍영식은 우정국 총판이 되어 신식 우편 제도를 실시했고, 박영효는 근대적인 신문의 발간을 준비했으며, 일본인 장교를 초빙하여 신식 군대를 새로 조직하고 훈련시켰다.

김옥균은 외무아문에서 일하면서 개화 정책 추진을 위해 외국으로부터 차관을 얻기 위해 노력했다. 또 1883년 초에는 청년 수십 명을 일본에 유학생으로 파견해 개화 세력을 양성하기도 했다. 아울러 고종을 자

● 동도서기론 東道西器論
조선의 전통적인 유교적 가치관과 질서를 유지하면서 서양의 기술만을 수용하여 국가의 자강을 이루자는 주장이다. 청의 중체서용·中體西用과 비슷한 내용이다.

조선과 청의 관계
조선과 청의 사대 관계는 의례적인 것으로 내정에는 간섭하지 않는 것이었다. 그러나 임오군란 이후 청군이 조선에 주둔하면서 청의 내정 간섭이 본격화되었다. 심지어 1882년 체결한 '조청 상민 수륙 무역 장정'에는 조선이 청의 속방(속국)이며 조선 국왕이 청의 북양대신과 대등한 지위라는 것을 명시하기까지 했다.

3일 천하 김옥균
급진 개화파의 중심인물로 갑
신정변을 주도했다. 갑신정변
실패 후 일본으로 망명했다가
1894년에 중국 상하이에서 자
객 홍종우에게 살해되었다.

주 만나 개혁의 필요성을 강조하며 왕을 설득하기 위해 노
력했다.

이렇듯 미약하나마 개혁을 위한 작업들이 진행되고 있었
다. 그러나 이와 같은 개화당의 활동은 집권 세력의 방해로
성과를 거두기가 어려웠다. 김옥균의 차관을 얻기 위한 노
력도 실패했으며, 군대 양성, 신식 학교 설치 같은 사업들
도 박영효가 파면됨으로써 모두 헛일이 되고 말았다.

이런 상황 속에서 집권 세력에 대한 개화당의 불만은 더
욱 커졌으며 이들 두 세력 간의 대립도 날로 심각해졌다.
이에 개화당은 자신들이 추구하는 개혁을 위해서는 정변을
통해 집권 세력을 제거하고 권력을 장악하는 것이 필수적인 일이라고
생각하게 되었다.

개화당의 쿠데타, 갑신정변

개화당이 정변을 꾀하는 가운데, 1884년 들어 국내외 정세가 개화당에
유리한 방향으로 전개되었다. 청이 베트남을 사이에 두고 프랑스와 전
쟁을 시작하여 청군의 일부가 조선에서 철수했기에(청프 전쟁), 세력이
약한 개화당(급진 개화파)은 일본 공사의 병력 지원을 약속받아 정변을
계획했다.

그러나 당시 개화당의 정변 준비는 사실 그다지 보잘것없는 정도였
다. 개화당이 양성한 사관생도 10여 명과 신식 군대 출신의 하급 군관
들, 100여 명 내외의 병사들, 그리고 궁궐 내의 일부 내시와 궁녀 등이
그들 세력의 전부였다.

김옥균, 박영효, 홍영식, 서광범, 서재필 등 개화당은 1884년 10월
(음력) 우정국 개설 축하연을 계기로 정변을 일으켰다. 개화당은 창덕
궁으로 달려가 고종과 왕비 민씨를 경우궁●으로 옮기게 했다. 고종이

●경우궁
정조의 후궁이자 순조의 생모
인 수빈 박씨의 사당으로,
1824년 종로구 계동에 지었다.

개화당의 수중에 들어오게 되자 모든 권력은 개화당이 장악하게 되었다. 이날 밤 국왕의 명령으로 경우궁을 찾은 집권 세력의 핵심 인물들을 제거했다.

이튿날 개화당은 새로운 정부의 구성을 발표했다. 물론 개화당 인사들이 주요 요직을 차지했다. 개화당 정부는 조선이 청과의 관계를 끊고 완전한 독립국임을 선포하는 등 개혁 정책들을 발표했다. 문벌 폐지와 인민 평등권 확립, 능력에 따른 관리 임명, 조세 개혁 등의 내용이었다. 다소 부족하나마 근대적인 국가 체제를 지향하는 내용으로 이루어져 있었다.

왕비 민씨를 비롯한 민씨 척족은 개화당 정권을 타도하기 위해 또다시 청군에 의존했다. 마침내 청의 위안스카이가 청군 1,500여 명을 이끌고 개화당을 공격해 왔다. 정세가 불리해지자 개화당을 돕겠다고 약속했던 일본군은 배신하고 철수했다.

갑신정변 때 발표된 개혁안(일부)
1. 흥선 대원군을 가까운 시일 안에 돌아오게 하고 청에 조공하는 허례를 폐지할 것.
2. 문벌을 폐지하여 인민 평등의 권리를 제정하고 능력에 따라 관리를 등용할 것.
3. 지조법을 개혁하여 간사한 관리를 뿌리 뽑고 백성의 곤란을 구제하며 국가 재정을 넉넉하게 할 것.
— 김옥균, 《갑신일록》

우정총국
우정총국 개설 축하연을 이용해 갑신정변이 일어났으며, 정변이 실패한 이후 폐쇄되었다. 서울 종로구 소재

이로써 개화당이 중심이 되어 근대적 국가 체제의 수립을 위해 시도
했던 갑신정변은 '3일 천하'로 막을 내렸다. 홍영식과 사관생도들은 청
군에게 살해당했으며, 김옥균은 일본으로, 서재필과 서광범은 일본을
거쳐 이후 미국으로 망명했다.

갑신정변의 의의와 영향

개화당은 아직 확실한 정치적 기반을 다지지 못한 소수 세력에 불과했
다. 더구나 백성들에게 개혁의 방향과 당위성을 알리기보다는 정변을
통해 권력을 장악하는 데 급급했다. 겨우 20~30대인 개화당 청년들이
패기로 정변을 일으켰으나, 경험이 없는 미숙함은 그들의 약점으로 작
용하여 결국 갑신정변은 실패하고 말았다.

게다가 일본의 도움에 지나치게 의지했던 것은 개화당이 정변 과정
에서 저지른 실수였다. 또한 무엇보다 정변이 실패한 가장 큰 이유는
개화당이 민중들에게 지지를 받지 못했기 때문이었다. 민중들은 개혁

효수된 김옥균
청으로부터 김옥균의 시신을 넘겨받은 조선 정부는 한강가의 양화진에서 그를 다시 능지처참한 후 효시했다.

의 필요성을 느끼고 있었지만, 일본의 지원을 받는 개화당은 그들이 생각했던 개혁의 중심 세력이 아니었다. 오히려 민중들은 개화당을 외세를 등에 업고 정변을 일으킨 역적으로 생각했다.

한계도 분명했고 실패로 끝나고 말았지만, 갑신정변은 근대 국가 건설을 목표로 한 지배층 중심의 위로부터의 개혁 운동이었다. 기울어져 가는 조선을 구해 자주적인 근대 국가를 수립하려는 첫 시도였다는 점에 갑신정변의 역사적 의의가 있다. 개화당이 지향했던 인민 평등과 같은 근대적 가치들은 이후 갑오개혁을 비롯한 여러 개혁 운동에 큰 영향을 끼쳤다.

개화당을 지원했던 일본은 갑신정변으로 일본 공사관이 불탄 것과 일본인이 희생된 것을 배상하라며 오히려 조선을 압박했다. 군함과 군대를 거느리고 인천항에 나타난 일본 대표는 조선 정부와 협상한 끝에 한성 조약을 체결했다. 한성 조약에는 일본이

입은 피해에 대한 사과와 배상금 지불을 비롯해 일본 공사관 신축 비용 부담 등의 내용이 들어 있었다.

정변 과정에서 충돌할 뻔했던 청과 일본은 톈진 조약을 체결했다 (1885). 이 조약을 통해 청과 일본은 조선에서의 청일 양군의 철수와 장차 조선에 군대를 파병할 때는 먼저 문서로 연락하여 알릴 것 등을 약속했다. 이로부터 10년 뒤, 이 조약에 의거해 조선에 출병한 청일 양국은 결국 전쟁의 소용돌이에 빠져들게 된다.

일본으로 망명한 **김옥균**은 어떻게 되었나?

갑신정변이 실패로 끝나자 주동자였던 김옥균은 후일을 기약하며 박영효 등 동지 9명과 함께 조선을 탈출하여 일본으로 망명했다.

청의 도움으로 다시 집권한 민씨 척족은 갑신정변의 주역들을 대역 죄인으로 규정했다. 그러고는 자객을 보내 이들의 제거를 시도하는 한편, 일본 정부에 이들을 체포하여 되돌려 보낼 것을 요구했다. 일본 정부는 국제법상 망명한 정치범을 송환할 수 없다는 이유로 조선의 요구를 거절했다.

그러나 일본 정부는 김옥균이 더는 이용 가치가 없다고 판단했고 1886년 태평양 가운데 있는 오가사와라 섬으로 강제 추방해, 김옥균은 사실상 유배된 신세가 되었다. 이 무렵 김옥균은 고종에게 편지를 보내 청국과 일본은 모두 신용할 수 없는 나라로 조선은 결코 이들에게 의지하면 안 된다고 강조했지만, 이미 그는 대역죄인일 뿐이었다.

김옥균은 1888년 홋카이도의 삿포로에 연금되었으며, 1890년에야 다시 도쿄로 돌아올 수 있었다. 1894년 일본에 실망한 김옥균은 청의 리훙장과 담판할 생각으로 상하이로 건너갔다. 그러나 조선에서 보낸 자객 홍종우에게 동화양행 객실에서 암살되었다. 이 일이 터지자 청은 김옥균의 시체를 조선 정부에 넘겨주었다. 김옥균의 시체는 양화진에서 능지처참된 후 효시되었다.

동학 농민 운동이 일어나자 조선에 출동한 일본군에 의해 친일 개화파 정권이 수립된 후 김옥균은 사면, 복권되었다. 한편, 김옥균을 존경하던 한 일본인이 김옥균의 머리카락과 의복 일부를 가져와 일본 도쿄의 아오야마 외국인 묘지에 묻었다고 한다. 그 일부를 김옥균이 여섯 살까지 살았던 충남 아산 생가 터 근처로 옮겨 와 부인 유씨와 합장했다. 도쿄에 있는 그의 묘비에는 "비상한 재주를 갖고 비상한 때를 만나, 비상한 공도 없이 비상한 죽음만 있었다."라고 기록되어 있다.

06

갑신정변 이후의 정세 변화

갑신정변의 실패로 개화당이 몰락했으나, 집권 세력은 최소한의 개화 정책의 필요성에 대해서는 인식하고 있었다. 이에 정부는 이전처럼 동도서기론을 바탕으로 근대적 산업 기술을 도입하는 개화 정책을 계속 추진했다.

이 시기에 근대적 의료 시설인 제중원(1885), 전신 가설을 위한 전보국(1885), 근대식 교육 기관인 육영 공원(1886), 사관 양성을 위한 연무 공원(1888) 등이 설치되었으며, 이 과정에서 외국인 교사와 기술자를 초빙하기도 했다. 그러나 청의 내정 간섭이 심화되는 등 안팎으로 여러 문제점이 드러나 이를 극복하는 것이 과제로 떠올랐다.

청의 내정 간섭 강화

임오군란과 갑신정변 두 차례의 위기에서 조선의 집권 세력을 구해 준 청은 갑신정변 이후 본격적으로 조선의 내정에 간섭했다.

임오군란 직후 청은 마건상과 묄렌도르프를 고문으로 파견하여 내정

Une partie de pêche.

조선을 둘러싼 청일의 각축 풍자화
조선 COREE 이라는 물고기를 낚으려고 청과 일본이 경쟁하는 가운데, 러시아가 기회를 엿보고 있다. 당시 나라 간 관계를 풍자한 그림이다.

과 외교에 깊이 관여하고, '조청 상민 수륙 무역 장정'을 강제로 체결했다. 이 조약의 첫머리에는 조선이 청의 '속방'(속국)이라고 명시되어 있었다. 여기에는 청의 조선에 대한 이른바 종주권을 강화하려는 의도가 깔려 있었다.

조선이 병자호란에서 청에 굴복한 뒤 오랫동안 지속되어 온 청과의 사대 관계는 형식적이고 상식적인 수준이었다. 즉, 조선의 내정에는 관여하지 않는 것이 일반적인 관례로 이어지고 있었다. 그러나 이제 조선이 청의 속방이라는 것을 분명히 명시함으로써 조선의 자주권은 커다란 손상을 입게 되었다.

이러한 청의 노골적인 간섭은 갑신정변 이후 더욱 심해졌다. 갑신정변을 진압하는 데 큰 공을 세운 위안스카이는 더욱 기세등등하여 마치 식민지의 총독처럼 행세했다. 위안스카이는 왕비 민씨를 비롯한 민씨 척족을 견제하기 위해 청에 잡혀가 있던 흥선 대원군을 조선으로 돌려보냈다. 이 무렵 위안스카이는 '주차조선총리교섭통상사의'라는 거창한 직책을 가지고 활동하며, 조선의 내정은 물론 외교 문제까지 관여했다.

그는 조선이 다른 나라와 교섭을 할 때에는 청의 허가를 받거나 사전에 미리 통보를 하라는 등 조선을 속국 취급했다. 대궐에 들어갈 때도 가마를 타고 행차하는가 하면, 고종을 만날 때에도 칼을 차고 들어가는 등 그의 거만한 태도는 조선으로서는 견디기 어려울 정도였다. 이처럼 조선은 임오군란과 갑신정변을 거치면서 계속 그 지위가 실추되어 가고 있었다.

영국의 거문도 점령, 거문도 사건

갑신정변 이후 조선에 대한 청의 내정 간섭이 더욱 심해지자, 민씨 척족이 중심이 된 집권 세력은 또 다른 강대국과 손을 잡는 것 외에는 다른 선택의 여지가 없다고 생각했다. 조선은 먼저 미국과의 관계 강화를 시도했으나, 미국의 소극적 태도로 여의치 않았다.

그래서 이번에는 러시아 세력을 끌어들여 청을 견제하려 했다. 남하 정책을 추진하던 러시아는 베베르를 조선 공사로 파견해 조선에서 세력을 확대하려 했다. 이에 조선은 묄렌도르프●의 중재로 베베르 등과 접촉하여, 러시아의 보호를 요청하는 밀약을 맺을 계획을 추진했다. 이런 사실을 알게 된 청의 위안스카이는 고종을 만나 이에 대해 강력히 항의했다. 심지어 고종의 폐위 가능성까지 거론하며 조선을 노골적으로 협박했다.

조선이 러시아와 가까워지고 러시아가 남하 정책을 펴는 것에 대해 경계하는 나라는 청만이 아니었다. 19세기 세계 최강대국이었던 영국은 강력한 대륙 국가인 러시아가 조선을 바탕으로 해양 진출을 꾀하는 것에 경계를 늦추지 않고 있었다.●

이에 영국은 러시아의 남하 정책을 저지한다는 핑계로 거문도를 불법으로 점령했다(거문도 사건, 1885). 전라도 남쪽의 여수 앞바다에 위치한 거문도는 제주도와 쓰시마 섬의 중간 지점에 있는 천연의 요새였

● 묄렌도르프
독일인으로 임오군란 후 청에 의해 조선에 파견되어 외교와 재정 분야의 고문 역할을 했다. 조선의 집권 세력을 도와 러시아와의 밀약 추진에 협조했다가 청에 의해 해임되었다.

● 영국의 러시아 남하 견제
영국은 흑해 연안은 물론 발트 해에서 러시아의 남하를 견제했으며, 심지어 아프가니스탄을 통해 인도양으로 진출하려는 것까지 견제하고 있었다.

다. 영국은 거문도를 러시아의 남하를 막기 위한 군사 기지로 삼는 한편, 연료 저장소를 만들어 영국 함대의 거점 기지로 삼으려고 했다. 영국은 거문도에 포대를 설치하여 수백 명의 군사를 주둔시키고 군함을 정박시켰다.

영국의 거문도 불법 점령에 대해 조선은 계속 항의하면서, 조선 주재 각국의 외교 사절에게 도움을 요청했다. 결국 청이 영국과 러시아 사이에서 중재에 나섰고, 그 결과 러시아가 조선의 영토를 침략할 의사가 없다는 약속을 하자 2년 만에 거문도에서 철수했다.

거문도 사건은 조선이 언제든지 열강의 각축장이 될 수 있다는 것을 보여 준 사건이었다. 이후 한반도를 둘러싼 정세에는 큰 변화가 없었으

거문도 영국군 묘지
1885년 영국군이 거문도를 무단 점령하여 약 2년간 주둔했을 때 사망한 군인의 묘지이다. 본래 9기의 묘지가 있었지만 지금은 2기만 남아 있다. 영국 대사관에서는 매년 거문도를 방문하여 참배하고 있다. 전남 여수 거문도 소재

나 청의 위세는 여전했다. 그러나 조선을 둘러싼 청과 러시아, 일본의 대립은 언젠가 큰 충돌로 나타날 것임은 의심할 여지가 없었다.

조선 중립화론과 자주 외교를 위한 노력

한반도를 둘러싼 열강 간의 대립이 격화되자, 조선을 중립국으로 만들자는 논의가 제기되었다. 독일 부영사 부들러는 조선의 영세 중립국화를 조선 정부에 건의했다. 또한, 미국 유학에서 돌아온 유길준은 열강이 보장하는 중립 국가를 구상했으며, 일본에 망명 중이던 김옥균도 조선의 중립국화를 주장했다. 그러나 이 같은 주장은 조선 정부의 무관심으로 추진되지 못했다.

한편, 청을 견제하기 위해 추진한 러시아와의 밀약이 성과 없이 끝나자, 조선은 미국과

유길준
유길준은 조사 시찰단으로 일본에 다녀왔으며, 1883년 보빙사의 일행으로 미국에 가서 유학한 후 구미 각국을 두루 돌아보고 돌아와 《서유견문》을 지었다.

일본에 공사관을 개설하여 조선이 청의 속방이 아닌 자주 독립국임을 과시하려 했다. 특히 미국 공사관은 서양에 설치된 최초의 상주 공사관이었다. 이를 통해 조선은 미국의 제도와 문물을 수용할 수 있는 계기를 마련했다. 그러나 청의 압력으로 초대 주미 공사가 소환되는 등 어려움을 겪었다.

결국 갑신정변 이후 추진된 조선의 자주권을 지키려는 외교 노력은 청의 지나친 간섭과 집권 세력의 무능과 부패로 구체적인 성과를 거두지 못했다.

집권 세력의 부정부패와 민중 생활의 피폐

갑신정변 이후 외세의 간섭과 이권 침탈이 본격화되는 가운데, 왕비 민씨를 비롯한 민씨 척족은 권력에 대한 집착을 더 강하게 드러냈다. 민영익, 민영준, 민영환, 민영소 등 민씨 세력이 권력의 핵심을 차지하고 있었다. 민중들은 이들을 '4민' 또는 '8민'이라고 불렀으며, "민씨가 아니면 사람이 아니다."라고 하는 말이 퍼져 있었다.

민씨 척족들은 관직을 팔아 뇌물을 챙기고, 지방 수령들은 수탈을 일삼는 등 부정부패가 계속되었다. 고종과 왕비 민씨도 예외는 아니었다. 궁궐에서는 잔치가 계속되었으며, 심지어 왕비 민씨는 무당을 신뢰하여 궁궐에서 굿판을 벌이기도 했다. 그러니 농민과 도시 빈민을 비롯한 민중들의 생활은 피폐해질 수밖에 없었다.

집권 세력의 부정부패가 극심한 가운데, 열강은 조선의 이권 침탈에 본격적으로 나서기 시작했다. 특히 일본은 갑신정변으로 개화당이 몰락한 후 조선에 대한 정치적인 영향력이 줄어들자, 조선에 대한 경제 침투에 주력했다. 산업화 과정을 통해 식량난을 겪고 있던 일본은 조선에서 쌀, 콩 등 농산물의 확보에 주력했다. 1885년~1893년 사이 조선의 전체 수출량 중 일본으로 수출한 쌀과 콩이 88.9%를 차지할 정도였다.

왕비 민씨와 무당
왕비 민씨가 무당을 가까이한 것은 임오군란으로 충주에 피란했을 때, 한 무당이 궁중으로 돌아갈 것을 예언한 것이 맞아떨어지면서부터였다. 왕비 민씨는 그 무당을 궁궐로 데려와 진령군이라는 칭호까지 내렸는데, 무당을 이처럼 대우한 것은 조선 건국 이래 처음 있는 일이었다. 진령군은 고종과 왕비 민씨의 신임이 두터운 것을 이용해 자신을 따르는 자들을 벼슬자리에 앉히기까지 했다. 당시의 정치 모습이 어떠했는지를 단적으로 보여 주는 예다.

● '조일 통상 장정'
강화도 조약 직후 체결된 '조일 무역 규칙'에 뒤이어, 1883년에 체결된 조일 간의 통상 관련 조약이다. '조일 무역 규칙'에는 무관세 조항이 있었으나, 이 조약을 통해 관세 자주권의 일부를 회복했다. 최혜국 대우와 조선이 방곡령을 선포할 때에는 한 달 전에 통지해야 한다는 내용이 포함되어 있었다.

반면에 일본의 공산품과 특히 일본이 영국과의 교류를 통해 들여온 면제품 등이 조선에 들어오면서 가내 수공업을 비롯한 조선의 산업은 어려움에 처하게 되었다. 더구나 이에 대한 결제 수단으로 식량이 일본으로 빠져나가는 상황이 계속되었다. 쌀이 대량으로 일본으로 빠져나가자 쌀값이 오르고, 더구나 흉년이 겹치면서 조선의 민중들은 살기가 더욱 힘들어졌다.

이에 지방관들은 방곡령을 내려 곡물의 국외 유출을 중단시키려 했다. 개항 이후 100여 건이 넘는 방곡령이 내려졌는데, 그중 외교 문제가 된 것은 황해도와 함경도에서 내려진 1889년과 1890년의 방곡령이었다. 이에 대해 일본은 '조일 통상 장정●'의 방곡령 시행 한 달 전 통고 조항을 어겼다고 항의하며, 조선에 방곡령의 철회와 배상금 지급을 요구해 관철시켰다. 이로 인해 농민들은 더 과도한 조세 수탈에 시달려야 했다.

방곡령 사건으로 일본의 경제 침탈에 따른 민중의 반감은 서서히 그 한계점에 다다르고 있었다. 이 시기 민중들 사이에서는 서양 사람이 어린애를 잡아먹는다는 소문이 돌기도 하고, 서양 사람과 일본 사람이 우물에 독약을 풀어서 사람이 죽었다는 소문이 돌기도 했다. 이는 그만큼 일본과 서양 열강에 대한 반감과 배척 의지가 컸다는 것을 말해 준다.

이 같은 어려움 속에서 1880년대 후반부터 여러 지역에서 농민 봉기가 일어났으나, 부패한 정부는 뚜렷한 대책조차 세우지 못했다. 이런 상황에서 민중들이 비로소 역사의 전면에 나서기 시작했다.

국제 문제가 된 거문도 사건

거문도는 주변 수심이 깊어 대형 선박을 수용할 수 있는 좋은 조건을 갖추고 있는 전략적 요충지였다. 이미 19세기 중엽부터 영국 함대를 비롯해 러시아 해군과 미국 해군이 거문도에 와서 군사적 가치를 확인한 적이 있었다.

특히 거문도에 관심이 많았던 영국은 조선과 통상 조약을 위해 교섭하면서 이미 거문도의 조차를 제의한 적도 있었다. 러시아의 남하 정책을 견제하던 영국은 러시아가 조선을 발판으로 태평양으로 진출하려 하자, 이를 저지하기 위해 1885년 거문도를 불법적으로 점령하는 거문도 사건을 일으켰다. 영국군은 거문도를 해밀턴 항Port Hamilton이라 불렀다.

영국은 거문도를 러시아의 해양 진출을 막기 위한 군사 기지로 삼는 한편, 연료 저장소를 만들어 동아시아에서 영국 함대의 거점 기지로 삼으려고 했다. 영국군은 거문도에 영국 국기를 게양하고 포대와 병영을 쌓았으며, 섬 주위에는 수뢰를 부설하는 등 섬 전체를 요새화했다. 거문도에 주둔한 영국군은 때에 따라 200~800명 정도였으며, 정박한 군함도 5~10척에 이르렀다. 영국군과 거문도 주민의 관계는 원만했으며, 주민들은 영국군에게 노동력을 제공하고 보수와 의료 혜택을 받기도 했다.

국제 문제가 된 이 사건은 결국 청과 영국, 러시아 3국의 상호 협상에 의해 타결되었다. 영국은 러시아가 조선의 어떠한 영토도 침략할 의사가 없다는 것을 약속받고 2년 만에 거문도에서 철수했다.

현재 거문도에는 당시 이곳에서 죽은 영국군 묘지의 묘비 두 기가 남아 있다. 한편, 러시아는 거문도 사건을 거치면서 영국이 견제하는 한 바다를 통해 태평양으로 진출하는 것은 어렵다고 판단했다. 그리하여 만주를 거쳐 한반도로 진출하는 것으로 정책 방향을 바꾸고, 이후 시베리아 철도의 건설을 더 적극적으로 추진했다.

07

동학 농민 운동

임오군란과 갑신정변 이후 외세의 간섭이 심해지는 가운데, 민씨 척족을 비롯한 집권 세력의 부정부패는 계속되어 매관매직이 성행했다. 국가 재정이 어려워져 농민들의 조세 부담은 늘었으며, 또한 외국 상인, 특히 일본 상인의 진출로 농촌 경제는 더욱 어려워졌다.

이런 가운데 농민들 사이에는 집권 세력에 대한 불만과 일본에 대한 반감이 커져, 각지에서 농민 봉기가 일어났다. 산발적이고 소규모로 일어나던 농민 봉기는 1894년에는 대규모 개혁 운동인 동학 농민 운동으로 발전했다. 동학 농민 운동에 참여한 농민들은 조선이 안고 있던 안팎의 여러 문제를 어떻게 극복하려 했을까?

동학교도의 집단행동

제국주의 열강의 이권 침탈로 외세에 대한 위기감이 높아지고, 민씨 척족을 비롯한 집권 세력의 부패로 민중들의 불만이 커지고 있는 가운데 동학이 민중들 사이에 뿌리를 내리고 있었다.

'시천주侍天主(마음속에 한울님을 모신다)'와 '개벽開闢(새로운 세상을 연다)'을 교리로 하여 1860년 최제우가 창시한 동학은 2대 교주인 최시형의 노력으로 빠른 속도로 전파되었다. 특히 전라도와 경상도, 충청도 등 삼남 지방의 곡창 지대를 중심으로 교세가 확산되었다.

이런 가운데 동학에 대한 탄압 중지와 교조 최제우의 억울한 죽음에 대한 죄를 풀어 달라는 교조 신원教祖伸寃 운동이 동학교도들 사이에서 일어났다. 1880년대 중반 이후 서양 종교인 천주교에 대한 탄압이 끝나고 개신교가 들어오는 등 자유로운 선교 활동이 시작되었음에도 동학에 대한 탄압은 멈추지 않았기 때문이다.

이에 동학교도들은 전라도 삼례에서 집회를 열어 동학 탄압 중지와 교조 신원을 요구했다(삼례 집회, 1892). 그러나 정부의 정책에는 변함이 없었다. 이에 동학교도들은 경복궁 정문인 광화문 앞에 엎드려 상소를 올렸으나 성과가 없었다. 뜻을 이루지 못한 동학교도들은 1893년 충청도 보은에서 다시 집회를 가졌다. 보은 집회에는 동학교도들뿐만 아니라 사회적으로 핍박받던 하층 민중들까지 모여들었다.

보은 집회에서는 종교적인 요구 외에도 '외세 배척'과 '탐관오리 숙청' 같은 사회적·정치적 구호가 등장했다. 이제 동학교도의 움직임이 단순히 종교적인 운동의 차원을 넘어 사회 운동으로 발전하기 시작했다.

고부 농민 봉기의 발생

보은 집회 이후 정부는 동학 금지령을 강화했다. 아울러 보은 집회 참가자들과 동학교도를 잡아들인다는 구실로 농민들에 대한 수탈과 탄압은 더욱 거세졌다. 이로 인해 농민들의 분노는 더욱 커졌으며, 각지의 동학교도와 농민들은 서로 뜻을 같이하며 대규모의 봉기를 생각하게 되었다.

　1894년 초 전라도의 여러 지역에서 농민 봉기가 일어났는데, 특히 고부에서 일어난 농민 봉기는 동학 농민 운동이 폭발하게 되는 계기가 되었다. 고부 군수 조병갑은 대표적인 탐관오리였다. 조병갑의 폭정 중에서도 농민들을 가장 분노하게 한 것은, 농민들을 동원해 만석보●를 새로 쌓게 하고 농민들에게 물세를 강제로 거둔 일이었다.

　이에 분개한 농민들은 여러 차례 그 부당함을 호소했으나, 오히려 그들을 감옥에 가두는 등 횡포를 저질렀다. 이에 전봉준 등은 사발통문●을 돌려 동지를 모은 다음, 수천 명의 농민을 이끌고 고부 관청을 점령했다. 농민들은 억울한 죄인들을 풀어 주고, 창고를 열어서 부당하게 수탈당한 곡식을 가난한 이들에게 나누어 주었으며, 문제가 되었던 만석보도 부수었다.

만석보 유지비
조병갑이 농민들을 강제로 동원해 만석보를 쌓았으나, 고부 농민 봉기를 일으킨 농민들이 헐어 버렸다. 동학 농민 운동의 시발점이 된 이곳에 기념비가 세워져 있다. 전북 정읍 소재

고부 농민 봉기의 소식을 접한 정부는 뒤늦게 그 심각성을 깨달았다. 그리하여 조병갑을 잡아들이라고 하는 한편, 봉기를 수습하기 위해 안핵사를 파견했다. 안핵사 이용태는 동학교도들과 봉기에 참여한 농민들은 물론 심지어 그들의 가족까지 닥치는 대로 체포했다. 이에 농민들의 분노는 걷잡을 수 없이 커졌다.

이때 전봉준을 비롯한 지도자들은 고부 근처의 무장(전북 고창)으로 몸을 피해 정세를 살피며 대규모의 봉기를 준비하고 있었다.

농민군의 1차 봉기

전봉준 등 봉기의 지도부는 무장으로 옮겨 온 후 은밀하게 대규모의 항쟁을 준비했다. 그는 근처의 각 고을에 연락하여 다시 궐기할 것을 호소했다. 그리하여 무장에서 처음으로 농민군을 모아 봉기했다.

전봉준이 이끄는 농민군이 대규모 연합 부대를 형성하고 규율을 갖춘 조직으로 거듭난 것은 백산(전북 부안)으로 이동하면서부터였다. 주변 고을의 농민군이 속속 백산으로 모여들었다. 전봉준은 총대장으로 추대되었으며, 그 아래 총관령에는 손화중과 김개남이 임명되었다. 전봉준은 봉기의 목표를 분명히 했다.

"우리가 의를 들어 여기에 이르렀음은 그 본의가 다른 데 있지 아니하고, 창생을 도탄 속에서 건지고 국가를 반석 위에다 두고자 함이라. 안으로는 탐학한 관리의 머리를 베고 밖으로는 황포한 강적의 무리를 구축하고자 함이라."(오지영, 《동학사》, 1940)

탐관오리와 외세를 적으로 삼고 고통받는 민중들이 일어나서 문제를 해결하자는 것이었다. 농민군에는 동학교도뿐만 아니라 일반 농민은 물론이고 천대받던 노비와 천민들, 그리고 부패한 사회에 불만이 많았던 몰락 양반들까지 끼어 있었다.

농민군은 '보국안민輔國安民(나랏일을 돕고 백성을 편안하게 함)', '축멸

양왜逐滅洋倭(서양과 일본 세력을 몰아냄)'의 기치를 높이 들고 전봉준의 지휘 아래 행동을 개시했다. 농민군이 관군에 맞서 처음으로 승리한 것은 황토현(전북 정읍 덕천면) 전투에서였다. 이 전투의 승리로 농민군의 사기는 더욱 높아졌으며, 농민군은 명성을 떨치게 되었다.

이후 농민군은 기세를 몰아 정읍, 흥덕, 고창, 무장 등을 차례로 점령했다. 이어서 영광, 법성포, 나주, 영암 등 남쪽으로 향해 진격을 계속했다. 이들은 이르는 곳마다 탐관오리를 처벌하고 창고를 열어 곡식을 가난한 농민들에게 나누어 주었다.

당황한 정부는 서둘러 한성에 주둔하는 경군을 진압군으로 파견했다. 농민군은 장성의 황룡강에서 초토사 홍계훈의 주력 부대와 맞붙었다. 정예 부대인 경군과의 첫 전투였던 이 황룡강 전투에서 승리함으로써 관군은 큰 타격을 입게 되었다. 장성에서 승리한 농민군은 빠른 속도로 북상하여 전라 감영이 있는 전주성을 점령했다.

전라도의 중심인 전주성이 점령되었다는 소식이 널리 알려지자 전국 각지의 농민들은 더욱 고무되었다. 전라도 각지는 물론 충청도, 경상도, 경기도, 강원도, 황해도 등 각지에서도 전봉준의 농민군에 호응하는 크고 작은 농민 봉기가 이어졌다. 고부에서 시작된 작은 농민 봉기가 백산에서의 대규모 농민군의 봉기를 거쳐 전국적인 농민 항쟁으로 발전하게 된 것이다.

동학 농민 운동 기록화
백산에서 전봉준을 총대장으로 하여 재편한 농민군의 모습을 그렸다. 전북 정읍 황토현 전적지 기념관 전시

전주 화약과 집강소의 설치

곡창 지대인 삼남 지방이 전투 지역이 되고 마침내 농민군의 수중에 들어가자 한성으로의 곡식 운송로마저 막히게 되었다. 농민 봉기가 전국적인 규모로 발전해 위기를 느낀 정부는 또다시 청에 도움을 요청했다.

정부의 요청으로 청군이 개입하자 일본군 또한 톈진 조약●을 근거로

● **톈진 조약**
갑신정변 후 청과 일본 사이에 체결된 조약으로, 다음 내용이 일본군이 조선에 출병하며 내세운 근거이다.
"장래 조선에 변란이나 중요한 사건이 일어나 청이나 일본 어느 한쪽이 파병할 경우 그 사실을 공문으로 상대방에게 알리고, 그 사변이 진정되면 즉시 철병한다."

태안 동학 혁명 추념탑
동학 농민 운동은 전국적으로 일어났으며, 이 비는 충남 태안에서 일어난 것을 기념하기 위해 세워진 것이다. 뒤쪽의 바위는 농민군들이 처형당한 교장 바위다. 충남 태안 소재

조선에 출병했다. 그러자 농민군은 청일 양군에 대한 철병 요구와 폐정 개혁을 조건으로 관군과 휴전하고 농민군을 해산했다(전주 화약). 이때 농민군이 요구한 폐정 개혁안은 각종 수탈 금지, 부패 고위 관리 및 탐관오리 숙청, 세제 개혁 등의 내용이었다.

농민들은 이처럼 전주 화약 과정에서 자신들의 개혁안을 제시하는 한편, 농민군 스스로 나서서 이 문제들을 개혁하려 했다. 이를 위해 해산한 농민군들은 각 지역으로 돌아가 자치적 개혁 기구인 집강소를 설치했다. 집강소는 고을의 행정적인 업무를 처리하며 개혁을 추진했다.

집강소는 고을의 행정을 담당하면서도 민중들의 어려운 문제를 해결했으며, 횡포한 양반 부호들을 잡아 징벌하기도 했다. 일부에서는 신분 차별의 철폐를 위해 노력했으며, 남녀 귀천이 사라진 곳도 있었다. 말 그대로 농민군에 의한 아래로부터의 개혁이 본격적으로 추진되었다. 전봉준과 손화중, 김개남 등 농민군의 지도부는 각 지역을 돌며 집강소의 설치를 독려하고 이를 지휘 감독했다.

농민군의 2차 봉기

정부의 요청에 따라 파병한 청군은 아산만 일대로 진출했고, 일본군은 인천을 통해 조선으로 들어왔다. 일본의 대규모 출병에 놀란 조선 정부는 전주 화약으로 이미 문제가 해결되었다며 청과 일본에 군대의 철수를 요구했다. 청은 이에 동의했으나 일본은 거절했다.

일본은 이를 이용하여 조선 침략의 기회를 잡으려 했다. 무력을 행사해서라도 조선 정부를 무너뜨리고 자신의 영향력 아래 두기 위해서였

다. 일본은 병력을 계속 증강하면서 조선을 장악하기 위해 청과의 전쟁이 불가피하다고 판단했다.

마침내 침략의 본색을 드러낸 일본군은 조선의 궁궐을 공격해 점령했다. 이에 고종은 일본 침략자들의 수중에 들어가고 말았다. 일본은 조선 정부를 무너뜨리고 김홍집을 중심으로 한 친일 정권을 수립했다. 이로써 오랫동안 권력의 핵심에 있었던 부패한 민씨 척족은 20여 년 만에 권력에서 밀려났다.

이어 일본은 선전 포고도 없이 아산만에서 청의 함대를 공격함으로써 청일 전쟁을 일으켰다. 유리한 전세 속에서 승리를 거듭하던 일본은 얼마 되지 않아 조선에서 청군을 완전히 몰아냈다. 그러고서는 농민군을 향해 총부리를 겨누기 시작했다. 이처럼 일본은 동학 농민 운동을 구실로 청을 몰아내고 조선을 장악하기 위한 구체적인 음모를 진행하고 있었다.

한편, 전주 화약으로 각지에 흩어져 집강소를 설치해 개혁을 실시하는 등 각 지역에서 활동하고 있던 농민군은 일본군의 침략 의도를 알고 분개했다. 농민군 지도자 전봉준은 또다시 대규모의 봉기를 준비했다. 이에 전라도 삼례에서 농민군을 편성하고 일본 축출을 주된 목표로 하여 전쟁에 나서게 되었다(농민군의 2차 봉기).

이때에는 그동안 종교 활동을 강조하며 봉기를 반대했던 교주 최시형의 영향 아래 있던 동학의 북접도 봉기에 참여했다. 한성으로 진격하기 위해 북상하던 남접의 농민군은 논산에서 북접군과 합류했다. 논산 일대에 집결한 농민군의 수는 10만 여 명이었다.

농민군이 한성을 향해 북진하자, 일본군과 관군은 공주로 들어가는 길목인 우금치 고개에 진을 치고 농민군에 맞섰다. 우금치를 둘러싸고 치열한 공방전이 계속되어 6~7일 동안 50여 차례 전투가 벌어졌다(우금치 전투).

동학 혁명군 위령탑
동학 농민군이 관군과 일본군
을 상대로 최후의 격전을 벌였
던 우금치 고개에 세워져 있다.
충남 공주 소재

　숫자나 기세는 대단했지만 무장과 훈련이 보잘것없었던 농민군은 우
수한 근대식 무기로 무장한 일본군에게 참패하고 말았다. 10만 여 농민
군 가운데 살아남은 이가 겨우 500여 명에 불과할 정도였다.

동학 농민 운동의 결과와 영향

우금치 전투의 패배로 농민군은 사실상 무너지게 되었다. 일부의 소부
대들이 전라도와 충청도 지역에서 일본군에 완강히 저항했으나 모두
각개 격파당했다. 이후 일본군과 관군의 가혹한 '토벌' 작전이 펼쳐졌
다. 이 과정에서 수많은 농민군과 그 가족이 학살당했다. 대세가 기울
자 일부 양반들은 이른바 민보군을 조직하여 농민군 진압에 앞장서기
도 했다.

　봉기를 주도했던 전봉준은 전라도의 순창에 숨어 재기를 꾀했으나,
변절한 부하의 밀고로 체포되어 한성으로 압송되었다. 전봉준은 재판
과정에서 굴하지 않고 투쟁의 정당성을 부르짖다가 처형당하고 말았다.

이로써 고부 농민 봉기로부터 시작된 동학 농민 운동은 막을 내렸다.

동학 농민 운동이 실패한 직접적인 원인은 조선에 대해 침략 의도가 있던 일본군이 개입했기 때문이다. 근대적 무장을 갖춘 일본군은 농민군으로서는 넘기 어려웠던 상대였다.

그러나 동학 농민 운동은 농민들을 비롯한 민중들이 전근대적인 부패한 정권에 맞서, 자주적이고 근대적인 개혁을 추구하려고 했다는 점에서 역사적 의의가 매우 크다. 아울러 외세의 침략에 맞서 온몸으로 싸운 투쟁이었다는 점에서도 그 의의가 크다. 따라서 동학 농민 운동은 반봉건적·반침략적 성격을 띤 아래로부터의 사회 변혁 운동으로 평가받는다.

동학 농민 운동은 비록 실패로 끝났으나 농민군의 개혁안은 갑오개혁에서 일부 실현되었으며, 동학 농민 운동의 반침략 투쟁의 의지와 경험은 뒤에 항일 의병 투쟁으로 계승되었다.

전봉준의 유시
때가 이르러서는 천지가 모두 힘을 썼으나
운이 다하매 영웅도 스스로 꾀할 바가 없구나.
백성 사랑에 온몸을 바쳤으니 내 잘못은 없노라.
나라를 사랑한 붉은 마음을 그 누가 알아주겠나.

동학 농민군의 무기와 일본군의 무기

동학 농민 운동이 실패하게 된 결정적인 계기는 우금치 전투에서의 패배 때문이었다. 10만여 명의 농민군이 관군 2,000~3,000명과 몇 백 명의 일본군을 물리치지 못한 이유는 다름 아닌 무기의 열세 때문이었다.

농민군이 처음 봉기했을 때의 무기는 대나무를 깎아 만든 죽창이었다. 활 역시 농민군의 무기 중의 하나였다. 전투가 거듭되면서 농민군은 관군의 화승총을 빼앗아 무장했다. 화승총은 화약과 탄환을 장전한 다음, 불이 붙어 있는 화승으로 화약에 점화해 탄환을 발사했다. 한 발 쏘려면 적어도 30초 정도의 시간이 필요했으며, 사정거리도 100여 보 정도에 불과했다.

반면에 일본군은 주로 무라타 소총과 스나이더 소총을 사용했다. 스나이더 소총은 손잡이를 통해서 탄알을 넣었기 때문에 1분에 15발 정도의 사격이 가능했다. 무라타 소총은 일본이 스나이더 소총을 개량하여 만든 소총으로, 조선 관군도 일본군의 지휘 아래 사용했다. 사정거리가 화승총보다 훨씬 길어서 화승총의 사정거리 밖에서 사격하면 농민군은 그저 바라볼 뿐 대응할 수 없었다.

아울러 일본군의 기관총은 우금치 전투에서 엄청난 위력을 발휘했다. 흔히 캐틀링 기관포로 불리는 신식 기관총은 손잡이를 돌리면 연발로 발사되는 미국제 기관총으로 회전식 기관포라고도 한다. 또한, 일본군 및 관군의 주력 대포로 사용되었던 쿠르프식 야포의 위력도 뛰어났다. 이 대포 한 방에 쓰러진 농민군이 수백 명에 이르렀다는 기록도 있다.

농민군은 신무기를 빼앗더라도 조작법을 잘 몰랐고 탄환을 확보하지도 못했다. 훈련조차 제대로 되지 않은 농민군은 온몸을 던져 싸웠지만, 일본군과 관군의 신무기 앞에서 한계에 부딪힐 수밖에 없었다.

08

갑오개혁과 을미사변

부패한 내정의 개혁을 요구하며 동학 농민 운동(1894)이 일어나자, 관군으로 진압하기 어렵다고 판단한 정부는 청에 도움을 요청했다. 청이 군대를 파견하자 톈진 조약을 구실로 일본도 군대를 출동시켰다. 농민군과 전주 화약을 체결한 조선 정부는 농민군이 요구한 개혁을 실시하기 위해 교정청을 설치하고 양국군의 철수를 요구했다.

그러나 조선에 출병한 일본군은 조선을 차지하려는 의도를 분명히 했다. 일본은 경복궁에 침략하여 친일 정부를 수립하게 하는 한편, 청일 전쟁을 도발하여 조선에서 청의 간섭을 끝내고 일본의 독점적 지위를 확보하려 했다.

일본의 경복궁 침략과 친일 정권의 수립

군대를 동원해 경복궁을 침략한 일본은 고종을 감금해 허수아비로 만들고 김홍집을 중심으로 새로운 정부를 구성하게 했다. 즉, 일본에 의

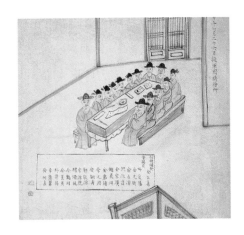

군국기무처의 회의 모습 기록화
군국기무처는 총재관 김홍집을 비롯하여 어윤중, 김윤식, 유길준 등 모두 17명으로 구성되었다. 이화여대 박물관 소장

해 개화파 인사들이 중심이 된 친일 정부가 수립되었다. 김윤식, 어윤중 등 갑신정변에 참여하지 않은 온건 개화 세력이 중심이 되었다.

아울러 일본은 흥선 대원군을 다시 내세웠다. 흥선 대원군을 내세운 것은 민중들의 반발을 무마하려는 의도였다. 그러나 이는 명분을 위한 형식적인 조치였을 뿐이며 흥선 대원군에게 실권을 준 것은 아니었다.

일본의 도움으로 권력을 장악한 김홍집 정부는 개혁을 추진하기 위한 기구로 군국기무처를 설치했다. 군국기무처는 과도적인 입법 기구의 성격을 띠며 일체의 개혁을 담당하는 초법적인 기구로 출발했다. 김홍집이 총재로 임명된 군국기무처는 이후 조선의 기본 틀을 바꿀 정도의 과감한 내용의 개혁안을 만들어 추진했다.

개항 이후 조선에서는 두 차례의 개혁 시도가 있었다. 급진 개화파가 중심이 되어 정변을 통해 과감한 개혁을 추진했던 갑신정변은 청의 개입으로 실패했다. 그로부터 10년 뒤 더 이상 견디기 어렵다고 판단한 농민들이 직접 나서 개혁을 요구한 동학 농민 운동이 일어났다. 이 동학 농민 운동이 진행되는 도중 조선에 침략한 일본의 무력간섭 속에서, 조선의 개혁이 이루어지게 된 것이다.

갑오개혁의 시작, 제1차 개혁

개혁 기구인 군국기무처는 나라의 주요 정책에 대한 개혁안을 심의했다. 이렇게 해서 시작된 개혁이 갑오개혁이다. 갑오개혁은 개혁 주체의 성격 변화에 따라 3단계로 나뉜다.

제1차 개혁은 군국기무처가 설치된 1894년 6월(음력)부터 약 3개월간 약 210건의 개혁안을 제정하는 형태로 진행되었다. 제1차 개혁 기

흥선 대원군의 정치 이력
흥선 대원군은 1863년 아들 고종이 왕위에 오른 후 권력을 장악하여 여러 개혁을 추진했다. 1873년 왕비 민씨의 축출 공작에 따른 최익현의 상소로 권력에서 밀려났다. 1882년 임오군란으로 잠시 집권했으나, 곧 청군에게 납치되어 청에 3년간 유폐되었다. 1894년 갑오개혁을 추진하면서 일본에 의해 영입되어 다시 군국기무를 총괄했으나 실권이 없었으며 곧 밀려났다.

간 동안 일본은 청일 전쟁에 주력하고 있었기 때문에 개혁 과정에 집중적으로 개입할 수는 없었다. 따라서 이 시기 개혁에는 갑신정변 이래 개화파가 추구해 온 개혁 내용이 비교적 충실히 반영되었다. 또한 동학 농민 운동에서 농민군이 제기한 요구도 부분적으로 반영되었다.

제1차 개혁의 중심은 정치 제도의 개편이었다. 정부와 왕실이 의정부와 궁내부로 제도적으로 분리되었다. 영의정으로 불렸던 의정부의 책임자는 이제 총리대신이라 부르게 되었다. 또한 6조가 내무, 외무, 탁지아문 등 8아문으로 개편되었으며, 각 아문의 책임자를 대신이라 했다.

또 청의 연호●를 폐지하고 조선이 건국된 1392년을 개국 원년으로 하는 개국 기원의 사용을 의무화했다. 아울러 과거제를 폐지하고 새로운 관리 임용 제도를 실시했다. 이후 국문, 한문, 산술, 정치 등의 실질적인 과목으로 시험을 치러 관리를 임용했다.

이로써 수백 년간 운영되었던 조선의 국가 체제가 완전히 달라졌다. 정치 제도가 근대적인 모습으로 바뀌었으며, 군국기무처를 장악한 개화파가 국왕의 간섭에 구애받지 않고 독자적으로 개혁 사업을 추진할 수 있게 되었다.

●연호
연도를 표시하기 위해, 즉 해의 차례를 나타내기 위해 붙이는 이름

경복궁 수정전
갑오개혁 때 군국기무처가 설치되어 수백 건의 법률을 처리하며 개혁을 추진했던 곳이다. 세종 때는 집현전으로 사용되었다. 서울 종로구 소재

사회적으로는 신분제 철폐, 조혼● 금지 및 과부 재가 허용 등의 조치가 취해졌다. 이런 사회 제도의 개혁들은 동학 농민 운동에서 제기된 요구와 대부분 일치되는 것들이었다. 특히 신분제의 폐지는 사회적으로 끼친 영향이 매우 컸다. 수천 년간 지속되어 온 사람 사이의 차별을 인정했던 전근대적 관습이 적어도 법률적으로는 완전히 폐기되었다.

경제 부문의 개혁은 재정 개혁과 화폐 개혁이 중심이었다. 재정 부문에서는 그동안 각 관청에서 자체 경비를 조달하던 방식을 없애 모든 국가 재정을 탁지아문에서 관장하도록 했다. 그리고 화폐의 은 본위제를 채택했으며, 일본 화폐의 조선 내 통용을 허용했다.

조세의 금납화를 실시하여 그동안 세금을 쌀이나 옷감 등 현물로 내던 것을 이제 돈으로 내게 했으며, 관리들의 녹봉도 화폐로 지급하게 했다. 그만큼 조선은 화폐 유통이 활발한 사회로 변모해 있었다.

또 하나 우리의 문자 생활에 커다란 영향을 끼친 개혁안이 발표되었다. 다름 아닌 국한문 혼용 정책의 실시였다. 이로써 그동안 한문으로만 써오던 정부 문서에도 한글을 섞어 쓰는 국한문 혼용이 공식적으로 이루어지게 되었다.

홍범 14조의 반포와 제2차 개혁

제2차 개혁은 일본의 노골적인 간섭 아래 시작되었다. 1894년 11월(음력) 동학 농민군을 우금치에서 참패시키고, 청일 전쟁의 승리를 눈앞에 둔 일본은 흥선 대원군을 물러나게 했다. 아울러 개혁 기구였던 군국기무처를 폐지하는 한편, 갑신정변 이후 일본에 망명 중이던 박영효 등을 귀국시켜 김홍집, 박영효 연립 내각을 구성했다.

이제 일본의 영향력은 더욱 강화되었고, 동학 농민군이 패배함에 따라 사회 개혁의 추진력은 크게 약화되었다. 김홍집, 박영효 연립 내각은 고종으로 하여금 홍범 14조를 발표하게 했다.

　청과의 전통적인 사대 관계의 단절을 첫째 내용으로 한 홍범 14조
는, 왕족과 외척의 정치 간여 금지, 정부 각 기관의 사무 분장, 재정 제
도의 정비 등을 주 내용으로 하고 있다. 청으로부터 벗어나 자주국임을
선언했으므로, 이때부터 왕에 대한 호칭도 '주상 전하' 대신 '대군주 폐
하'라는 호칭을 사용했다.

　홍범 14조의 내용은 대체로 제1차 개혁 때 군국기무처에서 실시한
내용에 일본의 요구를 덧붙여 정리한 것이었다. 홍범 14조는 개혁의 방
침이 되었으며, 이를 바탕으로 새 내각은 총 213건의 개혁안을 제정하
고 실시했다. 일본은 개혁의 추진 과정에서 일본인 고문관을 각 부처에
의무적으로 고용하게 하여 조선의 내정 개혁에 실질적으로 간여했다.

　의정부와 각 아문의 명칭을 내각과 부로 변경하여 8아문을 7부로 고
치는 등의 개혁이 진행되었다. 아울러 전국의 8도를 23부로 개편하고
부·목·군·현 등 다양한 행정 구역 명칭을 군으로 통일했다. 이밖에
경무청을 설치하여 근대적인 경찰 제도를 확립했고, 재판소를 설치하여
사법 제도의 근대화를 꾀했다. 또한 교육입국 조서(1895)를 발표하고
교육 개혁을 추진해 한성 사범 학교와 외국어 학교 등이 세워졌다.

왕비 민씨 시해 사건, 을미사변

갑오개혁이 진행되는 가운데, 일본은 청일 전쟁에서 승리했다. 일본은 청과 시모노세키 조약(1895)을 맺어 타이완과 랴오둥(요동) 반도를 차지하고, 조선에서 청과의 경쟁 없이 독점적인 지위를 누릴 수 있게 되었다. 일본은 조선에 대한 내정 간섭을 강화하며 조선에 대한 지배 야욕을 본격적으로 드러내기 시작했다.

그러나 이제는 또 다른 강대국 러시아와 경쟁해야 했다. 일찍부터 남하 정책을 추진하던 러시아는 일본이 랴오둥 반도를 차지하면 남하 정책에 방해가 될 것으로 여겼다. 결국 러시아는 프랑스와 독일을 끌어들여 랴오둥 반도를 청에 반환할 것을 일본에 요구했다(삼국 간섭, 1895). 일본은 결국 삼국 간섭에 굴복하여 랴오둥 반도를 반환했다.

동아시아 지역에서 러시아의 힘의 우위가 드러나자, 고종과 왕비 민씨는 친러 정책을 통해 일본의 압력에서 벗어나고자 했다. 특히 그동안 청이 조선에서 누렸던 권리를 러시아에 보장해 주겠다며 러시아로 하여금 일본을 견제하게 하려 했다. 이 과정에서 박영효가 역모 혐의를

명성황후 시해 장면 기록화
일본은 명성황후를 처참하게 시해하고 불태워 버렸다.

받아 일본으로 망명하고, 왕실 측근인 친러, 친미 세력이 내각에 등용되는 등 조선에 대한 일본의 영향력이 급속히 줄어들었다. 이로써 제2차 개혁도 중단되었다.

일본은 이 같은 조선의 움직임에 당황했다. 그래서 친러적인 움직임을 보여 조선 침략에 방해가 되는 왕비 민씨를 제거할 계획을 세웠다. 일본 공사 미우라가 총지휘한 이 작전의 암호는 '여우 사냥'이었다.

1895년 8월 20일(음력) 새벽, 일본은 일본군과 '낭인●'들, 그리고 조선의 친일 부대인 훈련대를 동원해 경복궁을 침략했다. 그들은 궁궐을 수비하던 시위대장 홍계훈 일행을 살해하고 궁궐 안으로 들어가 난동을 부렸다. 그리고 왕비의 침실인 옥호루로 쳐들어가 왕비 민씨를 무참히 칼로 베고 시신을 불태워 버렸다. 이 과정에서 고종은 옷이 찢기고, 뒤에 순종이 되는 왕세자는 상투를 잡힌 채 끌려나오는 수모를 당했다.

이 사건이 있었던 1895년이 을미년이기 때문에 이 사건을 을미사변이라 하며, 왕비 민씨는 뒤에 명성황후로 추존되었으므로 명성황후 시해 사건이라고도 한다. 이 사건 이후 고종은 사실상 경복궁에 갇혀 극도의 공포 속에서 생활해야 했다.

제3차 개혁(을미개혁)

을미사변으로 조선에서 세력을 되찾은 일본은 또다시 친일 인사들을 중심으로 새로운 정부를 구성했다. 다시 구성된 김홍집의 친일 내각은 안팎의 비난을 받으며, 잠시 중단되었던 개혁을 다시 추진했다.

이것이 다음해인 1896년 2월(양력) 아관파천 때까지 추진된 제3차 개혁이다. 1895년이 을미년이기 때문에 을미개혁이라 하여 갑오개혁과 구분하지만, 사실은 갑오개혁의 연장으로 추진된 것이므로 연도별로 구분하는 것이 큰 의미가 없다. 이때의 개혁은 일본의 간섭이 심하

●낭인
낭인은 흔히 깡패 정도로 생각하는 경향이 있지만, 대부분은 조선 침략의 첨병 노릇을 하는 지식인으로서, 신문 기자, 사업가 등의 직업으로 활동하고 있던 사람들이었다.

을미사변 관련자 처리
이 사건은 미국인 고문 다이와 러시아인 건축 기사 사바틴 등에 의해 생생히 목격되어 그 내용이 알려지게 되었다. 이에 러시아와 미국 등 열강은 일본에 압력을 넣어 책임을 물었다. 일본은 관련자를 잡아들여 재판을 진행했으나, 모두 증거 불충분이라는 이유로 풀려났다.

명성황후에 대한 평가
시해된 왕비 민씨는 어려운 시대를 헤쳐 가기 위해 노력한 정치가로 평가받는 경우가 많다. 그러나 이는 다시 생각해 볼 필요가 있다. 왕비 민씨가 일제에 의해 살해되었다고 해서 무작정 높게 평가받는 것은 옳지 않다. 사실 조선이 국권을 잃어가던 19세기 후반 왕비 민씨는 늘 정치의 중심에 있었다. 그 책임도 물어야 한다. 그래야만 역사에 대한 정확한 평가와 반성이 가능하기 때문이다.

천연두를 예방할 수 있는 종두법을 조선에 처음 보급한 사람은 지석영이었다. 지석영은 서양 의학서를 통해 종두에 관심을 갖기 시작한 후, 일본이 세운 부산의 제생의원을 찾아가 처음 종두법을 배웠으며, 일본에 수신사의 수행원으로 파견되었을 때 더 자세히 알게 되었다.

●단발령
단발령이 시행되었으나 자발적으로 상투를 자르는 사람은 거의 없었다. 단발령 시행이 지지부진하자 강제적인 방법이 동원되었다. 순검(경찰)들이 가위를 들고 사람들의 통행이 잦은 곳에 배치되어, 신분을 가리지 않고 상투를 튼 사람을 보면 무조건 달려들어 가위로 잘라 버렸다. 이로 인해 반발이 더욱 커졌다.

여 오로지 일본 뜻대로 진행되다시피 했으며, 총 140여 건의 개혁이 추진되었다.

대표적인 내용 중의 하나는 태양력의 사용이었다. 이로써 그동안 사용해 오던 음력을 대신하여 1896년부터 양력을 공식적으로 사용하게 되었다. 아울러 건양이란 연호를 제정하여 사용했으며, 한성에는 친위대, 지방에는 진위대를 설치했다.

또한 단발령을 시행했고, 종두법●을 전국적으로 확대 실시해 천연두로 인한 유아 사망률을 줄이게 되는 계기를 만들었다. 우체사를 두어 중단되었던 우편 제도를 본격적으로 실시했으며, 소학교령을 제정해 여러 곳에 소학교를 세워 근대적인 초등 교육을 실시했다.

그중 가장 큰 문제가 되었던 것은 단발령의 시행이었다. 단발령●은 오랜 전통을 가진 상투를 자르고 머리 모양을 서양식으로 바꾸라는 것이었다. 일본 공사는 일본군을 궁궐에 풀어 위협하며 강요했다. 결국 고종은 단발령을 공포할 수밖에 없었다. 고종과 김홍집 총리대신을 비롯한 모든 대신이 상투를 자르고 양복을 입었다.

항일 의병의 봉기, 을미 의병

단발령은 을미사변으로 분노하고 있던 보수적인 유생들로 하여금 의병을 일으키게 하는 계기가 되었다. 아울러 김홍집 내각의 친일적 성격에 대한 민중의 불만에 불을 붙였다.

특히 최익현은 "내 목을 자를지언정 상투를 자를 수는 없다."라고 선언하며 단발령에 저항했다. 이 내용이 퍼지자 유생들은 의병을 일으켜 투쟁할 것을 모의하기 시작했다. 이 과정에서 왕비 민씨 시해에 대해 복수해야 한다는 의견까지 나오면서 분노는 더욱 커지게 되었다.

그리하여 원주, 홍주, 춘천 등 전국 각지에서 의병이 일어났다.

흔히 을미의병이라 부르는 항일 의병 투쟁이 시작된 것이다. 그중 규모
가 가장 크고 영향력이 컸던 것은 제천에서 활동한 유인석과 춘천에서
활동한 이소응이 이끄는 의병 부대였다.

유인석 부대의 깃발에는 "국모 시해의 원수를 갚고, 형체를 보존하
자復讐保形(복수보형)"라고 쓰여 있었다. 즉, 을미사변과 단발령에 저항
해 의병을 일으킨다는 것을 분명히 했다. 의병 부대는 개화파 계열의
지방관들을 잡아 죽이기도 하고, 일본군의 군사 시설을 파괴했으며,
일본군 주둔지를 습격했다.

그런데 아관 파천(1896) 후 단발령이 폐지되자, 의병들의 투쟁은
점차 줄어들 수밖에 없었다. 결국 고종의 해산 명령이 발표되자 점차
해산되기에 이르렀다. 을미의병은 일제의 침략이 점차 거세어지는
가운데 일어난 최초의 항일 의병이었다는 데 그 의의가 있다.

유인석 흉상
유인석은 을미사변과 단발령을
계기로 의병을 일으켰으나, 관
군의 공격으로 세력이 약화되
자 만주로 망명해 활동했다. 국
권 피탈 뒤에도 만주와 연해주
에서 독립운동을 계속하다가
병사했다. 서울 용산구 전쟁기
념관

갑오개혁의 의의와 한계

항일 의병 투쟁으로 반일 감정이 커져가자, 왕비 민씨의 시해 사건으로
불안해하던 고종은 러시아 공사관으로 피신하는 아관 파천을 단행했다
(1896. 2.). 이로써 갑오개혁을 추진하던 김홍집의 친일 내각이 붕괴되
었고, 1894년 일본군의 경복궁 점령 이후 2년 가까이 지속된 갑오개혁
은 끝을 맺었다.

갑오개혁은 비록 일본의 간섭에 의해 추진되었으나, 조선의 개화파
관료에 의해 자주적으로 추진된 측면도 있었다. 갑오개혁에는 갑신정
변 때 개화당이 추구한 개혁 내용이 일부 반영되었으며, 사회 변혁을
꾀하던 동학 농민군의 요구 사항도 일부 반영된 근대적 개혁이었다.

갑오개혁을 통해 조선 초기 이래의 정치, 사회, 경제 제도의 틀이 근
대적으로 바뀌었다. 무엇보다 전근대적인 신분제를 폐지한 것은 평등
한 근대 사회의 기틀을 마련했다는 점에서 그 의의가 크다. 그러나 토

지제도 개혁과 같은 민중들의 희망은 끝내 이루어지지 않았으며, 일본의 간섭으로 군사력의 강화를 이루지도 못했다.

갑오개혁을 주도한 김홍집, 박영효 등은 일본이 노골적으로 간섭했음에도 부국강병에 성공한 일본을 좋은 모델로 생각하여 그 간섭이나 도움을 당연한 것으로 여겼다. 결국 일본의 침략적인 본질을 깨닫지 못하는 한계를 보였다.

개혁 주도 세력은 일본 의존적인 경향 때문에 민중의 지지도 받지 못했다. 민중들은 갑오개혁을 개혁의 껍데기를 쓴 '왜국화'로 여겨, 개혁 주도 세력을 '왜대신', '역적의 무리'라고 생각했다. 개혁의 주체 중의 한 사람이었던 유길준은 외세 개입에 의한 개혁의 문제점을 이렇게 고백했다.

"세계 각국이 정치 개혁을 추진한 연유를 살피건대, 모두 스스로의 힘으로 했고 남의 힘으로 효과를 본 경우는 없었다. 한 나라의 신민으로 그 나라의 정치 개혁을 스스로의 힘으로 하지 못하니 세 가지 부끄러움이 있다. 전국 인민과 세계 만국, 후세 자손에게 부끄러움이 그것이다."

양력을 사용한 후 어떤 변화가 생겼을까?

조선에서 양력을 처음 접한 것은 1880년대의 일이었다. 개항장의 외국인 거류지에서 일본이나 서양 각국은 자신들의 우체국이나, 은행, 병원 등에서 양력과 요일을 사용하고 있었다. 이 때문에 1883년 간행된 최초의 신문 〈한성순보〉에서는 일본을 왕복하는 기선의 시간을 양력으로 환산해 수록했고, 양력을 태양력 또는 일본력(일본은 메이지 유신 후 1872년부터 양력을 도입했다.)이라고 불렀다.

조선에서 공식으로 양력을 사용하기 시작한 것은 을미개혁(제3차 개혁)으로 이루어진 변화였다. 고종은 "역법을 개정해 태양력을 사용하되 개국 504년(1895년) 11월 17일을 개국 505년(1896년) 1월 1일로 삼으라."라는 조칙을 발표해 서양식 양력을 공식 역법으로 채택했다. 태양력이 처음 도입된 음력 1895년 11월 17일은 양력 1896년 1월 1일이 되었다.

당시 시헌력을 따르던 유교적 지식인은 양력 사용 조치에 반대했다. 특히 국가적인 제사와 행사는 왕조 국가의 정통성과도 관련된 문제여서 양력으로 바꾸는 것이 쉬운 문제가 아니었다. 결국 종묘 제사처럼 전통 제사와 관련된 부분은 다시 음력으로 환원되었다.

아울러 새해의 시작을 양력에 따를지, 음력을 따를지가 문제가 되었다. 양력에 따른 신년 하례도 생겨나 외교 사절들은 양력에 따라 고종에게 신년 하례를 올렸다. 그러나 음력설을 지내는 경우도 많아 한성 사범 학교와 관립 소학교 등에서는 음력설을 맞으면 방학을 하기도 했다.

근대 학교나 교회, 신문에서는 양력을 사용했지만, 민중들은 여전히 음력을 주로 사용했다. 따라서 일부 학교나 기관에서 민중들을 상대로 할 때는 음력을 병행하기도 했다. 이후 일제가 사실상 대한 제국의 국권을 장악한 1909년부터 양력은 강제로 사용되었다.

한편, 양력이 사용되기 몇 달 전부터 "일요일은 전일 휴가로 하고, 토요일은 정오 12시부터 휴가"로 한다는 내용이 관보에 실려 있어, 양력 사용 무렵부터 요일제도 함께 정착되기 시작한 것으로 보인다.

09

아관 파천과 독립 협회의 설립

갑오개혁(1894)으로 친일 정부가 들어서면서, 고종은 왕권을 제대로 행사하기 어려웠다. 일본의 간섭이 있었던 것은 물론 내각의 권한이 강화되었기 때문이다. 특히 을미사변(1895)으로 왕비 민씨가 궁궐 안에서 시해되고 난 뒤에 고종은 두려움 속에 하루하루를 보내야 했다.

친일 내각과 일본 공사의 감시는 계속되었고, 심지어 주변의 내시와 궁녀마저 믿기 어려웠다. 식사조차 외국 선교사 부인을 통해 외부에서 들어와 먹을 정도였다. 그동안 제대로 정치력을 발휘하지 못한 고종이었지만 일본에 대한 반감만은 커져 가고 있었다.

● 춘생문
조선 시대에는 경복궁 북쪽 현재의 청와대 자리에 후원이 있었다. 춘생문은 경복궁의 북문인 신무문 밖에 위치한 후원의 동쪽 출입문이었다. 일제 식민지 시기에 철거되었다.

아관 파천의 진행 과정

을미사변 후 고종의 불안감이 커지는 가운데 이범진, 이완용 등 친러·친미 인사들은 고종을 탈출시켜 새로운 정부를 구성하려는 계획을 세웠다. 이들은 친위대 군인을 동원해 경복궁 춘생문●의 담을 넘어 들어가 고종을 미국 공사관으로 피신시키려 했으나 실패했다(춘생문 사건, 1895). 이 사건을 빌미로 고종에 대한 감시도 더욱 심해졌다.

춘생문 사건을 모의하고 해외로 탈출했던 친러파 이범진은 이후 비밀리에 귀국해 이완용, 이윤용 및 러시아 공사 베베르 등과 또다시 고종의 탈출 계획을 모의했다. 그들은 러시아의 힘을 빌려 일본을 견제하고 친일 내각을 무너뜨릴 계획을 세웠다.

이범진은 과거 청이 조선에서 누렸던 지위를 유지시켜 주겠다며 러시아 공사 베베르에게 접근했다. 러시아 역시 반일 세력들을 지원해 조선에 친러 정부를 세우려고 했다. 친러 세력은 고종이 총애하던 엄 상궁(뒤의 엄비)을 통해 고종에게 접근, 친일 세력이 고종의 폐위를 모의하고 있다며 안전을 위해 러시아 공사관으로 피신할 것을 설득했다.

친러 세력들의 집요한 설득에 고종은 러시아 공사관에 편지를 보내 신변 보호를 요청했다. 이범진이 직접 이 편지를 러시아 공사관에 전했고, 러시아 공사관은 본국에 군대의 파견을 요청했다. 러시아 측은 공사관 보호를 구실로 인천에 정박 중이던 러시아 군함의 해군 120여 명을 서울에 주둔시켜 준비 작업을 마쳤다.

1896년 2월 11일 새벽, 왕과 왕세자는 비밀리에 엄 상궁이 준비한 궁녀의 가마를 타고 경복궁 영추문●을 빠져나와 러시아 공사관으로 피신해 거처를 옮겼다. 왕이 자신의 궁궐을 몰래 빠져나와야 하는 안타까운 상황이 벌어진 것이다. 이를 아관 파천이라고 한다.

옛 러시아 공사관
고종이 아관 파천으로 궁궐을 떠나 1년여 동안 머물렀던 곳이다. 지금은 건물의 일부만 남아 있다. 서울 중구 소재

● 영추문
경복궁의 서문으로 연추문이라고도 한다. 경복궁의 정문은 광화문, 동문은 건춘문, 북문은 신무문이다.

나 좀 도와줘.

고종

얼마든지~

러시아

러시아의 간섭 강화

아관 파천 후 고종과 왕세자는 약 1년 동안 러시아 공사관에 거처했다. 조선 역사상 국왕이 다른 나라의 공사관으로 피신해 나라를 다스린 것은 처음이었다.

러시아 공사관으로 옮긴 고종은 김홍집을 비롯한 친일 내각의 대신들을 역적으로 규정하고, 박정양, 이완용 등을 등용해 새로운 내각을 수립했다. 역적으로 규정된 친일 내각의 대신 김홍집과 어윤중 등은 민중들에게 잡혀 맞아 죽었으며, 일부는 일본 공사관으로 도망쳐 망명 길에 오르거나 체포되어 유배되었다.

새로 수립된 내각은 의병 투쟁의 계기가 되었던 단발령의 실시를 철회하고 의병을 회유하는 등 민심 수습에 나섰다. 그리고 갑오개혁으로 시행된 일부 제도들을 다시 예전으로 되돌려 놓았다. 내각을 의정부로 되돌려 고종으로 하여금 회의를 주재하게 함으로써 왕권을 강화하는 체제를 다시 수립하려 했다.

그러나 고종이 러시아 공사관에서 보호를 받고 있는 만큼 러시아의 간섭이 커질 수밖에 없었다. 일본인 고문이 해임되고 러시아인 고문이 들어왔다. 러시아의 교관이 군사 고문으로 들어오고 재정 고문까지 배치됨으로써, 조선의 군사와 재정 분야는 사실상 러시아의 간섭을 받는 처지가 되고 말았다.

더구나 고종이 러시아 공사관에 거주하게 됨으로써 자주 국가로서 조선의 면모는 땅에 떨어질 수밖에 없었다. 보수 세력이 중심이 된 내각이나 고종으로서는 국가의 이권조차 지키기 어려운 상황이었다. 이 시기 러시아를 비롯한 일본, 미국 등의 열강은 조선의 이권 침탈에 앞장서서 광산 채굴권, 산림 벌채권, 철도 부설권 등 많은 이권을 빼앗아 갔다.

김홍집의 최후
김홍집은 아관 파천 후 체포령이 내려지자 "한 나라의 총리로 동족의 손에 죽는 것이 천명이다. 남의 나라 군대의 도움으로 목숨을 부지하지 않겠다."라며 피신하라는 일본군의 권유를 뿌리치고 민중들에게 붙잡혀 맞아 죽었다.

조선은 청과 일본에 이어 러시아에 휘둘리면서 러시아 역시 청이나 일본과 다르지 않다는 것을 알게 되었지만 어쩔 수 없었다. 조선의 역사가 조선의 주체적인 의지에 의해 움직이기보다는, 열강의 힘의 관계에 의해 좌우되는 상황이 계속되었다. 조선의 운명은 바람 앞에 촛불 같은 위기에 놓였다.

독립 협회의 창립과 활동

아관 파천(1896)으로 친러 내각이 수립되고 나라의 이권을 열강에 빼앗기고 있을 즈음, 갑신정변(1884)이 실패하자 미국으로 망명했던 서재필이 귀국했다. 그는 갑신정변이 민중의 지지를 받지 못해 실패했던 것을 교훈 삼아 민중 계몽에 앞장서게 되었다.

정부 쪽 개혁 세력 역시 계몽의 필요성을 느끼고 있었기에, 서재필을 지원해 1896년 4월 〈독립신문〉을 창간하게 했다. 정부와 민중들 사이

독립문
독립 협회가 영은문이 헐린 자리에 전 국민을 상대로 모금 운동을 하여 세웠다. 프랑스의 개선문을 본떠서 설계했으며, 주로 중국인 노동자들을 고용해 건축했다. 글씨는 독립 협회 위원장이었던 이완용이 쓴 것으로 알려져 있다. 서울 서대문구 소재

의 다리 역할을 내세우며 창간한 〈독립신문〉은 민중들에게 자주 독립 및 근대적 자유 민권 사상의 필요성을 계몽했다.

이어 서재필을 비롯해 근대적 개혁 사상을 가지고 있던 남궁억, 현직 관료인 이완용 등은 독립문 건립을 추진하면서, 독립 협회를 결성했다 (1896. 7.). 아관 파천으로 러시아의 간섭을 받고 있기는 하나 조선이 분 명한 독립 국가임에도 불구하고 독립이라는 용어를 쓴 것은, 수백 년 계속된 청과의 사대 관계를 청산한다는 뜻이었다. 즉, 청으로부터의 독 립을 말하는 것이었다.

독립 협회는 청의 사신을 영접하던 영은문이 헐린 자리에 독립문을 세우고 독립관, 독립 공원을 세우는 등 자주 독립을 목표로 한 활동을 해 나갔다. 독립 협회는 독립문 건립을 위한 기금을 내면 누구나 회원 이 될 수 있도록 했기 때문에, 왕실을 비롯하여 관료와 상인 등 다양한 계층이 참여했다.

독립 협회는 아관 파천으로 러시아 공사관에 피신해 있던 고종의 환 궁을 강력하게 요구하는 한편, 독립관에서 수시로 토론회를 개최했다. 토론의 주제는 산업 개발, 문화 발전 같은 계몽적 주제에서 시작하여, 이권 침탈 반대, 민권 신장 같은 정치적 문제로 발전했다. 이 같은 활동을 통해 독립 협회는 민중의 민권 의식과 독립 의식을 고취했다.

서재필은 어떤 **활동**을 했을까?

1882년 열아홉 살 때 과거에 합격하여 관직에 나선 서재필은 김옥균, 박영효 등 개화파 인사들과 교류하면서 개화사상을 접하게 되었다. 1883년 김옥균의 권유로 일본 도야마 육군학교에 8개월간 유학해 신식 군사 훈련을 받았고, 귀국 후 사관 학교의 설립을 건의해 조련국을 만들어 사관장에 임명되었다.

1884년 갑신정변에 가담해 사관생도를 이끌며 왕을 호위하고 수구파를 처단하는 일을 맡았다. 갑신정변으로 수립된 신정부의 병조 참판에 임명되었으나, 정변의 실패로 김옥균 등과 함께 일본으로 망명했다. 일본이 망명객을 냉대하자 1885년 박영효, 서광범과 함께 다시 미국으로 망명했다. 역적의 가족으로 몰린 부모와 형, 아내는 자살했고, 동생은 참형되었으며, 아들은 굶어 죽었다.

미국에서 학교를 다니며 1890년 미국 시민권을 획득했다. 1893년 컬럼비아 대학교(지금의 조지워싱턴 대학교) 의과 대학을 졸업하고 의사 면허를 취득했다. 1894년 갑오개혁이 단행되어 갑신정변 주도자에 대한 역적의 죄명도 벗겨지자, 1896년 귀국해 중추원 고문에 임명되었다.

서재필은 귀국한 뒤에는 미국인으로 행동하며, 이름도 미국명인 '필립 제이슨Philip Jaisohn'이나 한국식으로 표기한 '피재손'을 사용했다. 심지어 공식 행사에서는 통역과 함께 영어를 사용해 비판을 받았다.

서재필은 계몽을 위해 신문 발간 사업에 나서, 1896년 정부 예산을 지원받아 〈독립신문〉을 창간했고, 곧이어 이상재, 윤치호 등과 독립 협회를 결성했다. 서재필은 미국인 신분이었으므로 독립 협회의 활동에는 앞에 나서지 않고, 뒤에서 지도하는 입장이었다. 대한 제국 수립 후 1898년 다시 미국으로 추방되었다. 그는 중추원 고문 계약 기간 중 남은 7년 10개월의 봉급과 여비를 요구해 받은 후 돌아갔다.

미국에서는 3·1 운동 후 독립을 위한 언론, 외교 활동을 하기도 했으며, 광복 후 1947년 미군정 고문으로 귀국했으나, 다시 미국으로 돌아가 그곳에서 생을 마감했다.

10

대한 제국의 성립과
독립 협회의 활동

을미사변 후 신변의 위협을 느낀 고종은 친러, 친미 세력의 도움을 받아 러시아 공사관으로 피신하는 아관 파천을 단행했다. 아관 파천 후 고종은 친일 내각을 무너뜨리고 러시아에 의존하게 되었다. 자주 국가로서의 면모가 추락한 가운데 조선은 열강에 많은 이권을 내주어야 했다.

한편, 이 무렵 〈독립신문〉이 간행되고 독립 협회가 설립되어 자주 독립과 자강 개혁을 부르짖으며 계몽 운동을 전개했다. 그런 가운데 고종의 환궁 요구가 거세졌다. 대한 제국은 어떤 과정을 거쳐 수립되었으며, 독립 협회는 개혁을 위해 어떤 활동을 했을까?

대한 제국의 선포

아관 파천으로 고종이 러시아 공사관에서 생활하고 있는 동안, 밖으로는 조선에서 러시아의 세력 독점을 견제하려는 여론이 높아지고, 안으로는 고종의 환궁을 요구하는 상소가 빗발쳤다. 임금이 다른 나라의 공

사관에 거주하며 한 나라의 주권을 외세에 의존하고 있으니 나라의 체면이 말이 아니라는 것이 가장 큰 이유였다. 심지어 유생들이 러시아 공사관으로 몰려와 환궁을 요구하기도 했다.

고종은 러시아 공사관으로 들어간 지 1년 만에 지금의 덕수궁인 경운궁으로 환궁했다(1897. 2.). 정궁인 경복궁으로 돌아가지 못하고 경운궁으로 환궁한 것은 여전히 불안함을 떨치지 못했기 때문이었다. 경운궁은 러시아 공사관 같은 외국 공사관들이 주변에 있고 그다지 넓지 않아 호위에 편리해 더 안전할 것으로 생각되었다.

고종이 환궁할 무렵 자주 독립을 주장하는 목소리가 커져 가고 있었다. 여전히 러시아가 군사와 재정 분야에 간섭하며 조선에 압박을 가하고 있었기 때문이다. 그리하여 유생들을 비롯한 지식인들을 중심으로 이제 조선에서도 황제를 칭하자는 주장이 제기되었다. 고종 역시 자신의 왕권을 강화하기 위해 이런 여론을 주의 깊게 듣고 있었다.

결국 고종은 의정부의 지원을 받으며 황제를 칭할 것을 결심하게 되었다. 먼저 연호를 건양에서 광무로 바꾸고 이를 반포하는 행사를 치렀다. 연호를 제정하고 나자, 이제는 빨리 황제라고 불러야 한다는 여론이 일어나 유생들의 상소가 잇달았다.

덕수궁
고종은 러시아 공사관에서 덕수궁으로 환궁했다. 사진은 덕수궁의 중심 건물인 중화전의 모습이다. 서울 중구 소재

황궁우
고종이 황제에 즉위하고 하늘에 제사를 지내기 위해 만든 환구단의 부속 건물로, 하늘신의 위패 등을 봉안하고 있다. 서울 중구 소재

조선말 연호의 변화
조선은 강화도 조약 후 외교 문서에서는 부분적으로 개국 기원을 연호로 사용했다. 갑오개혁(제1차 개혁)으로 청과의 사대 관계를 끊은 후 공식적으로 개국 기원 연호를 사용했다. 이후 제3차 개혁(1895) 때 '건양' 연호를 사용하다가, 1897년 '광무' 연호를 제정해 사용했다.

대한 제국 국호
태조 이성계는 명의 승낙을 받아 '조선'이란 국호를 사용했다. 그러나 고종이 중국과 대등한 황제를 칭하면서 이 국호를 계속 쓸 수는 없었다. 따라서 새 국호를 '대한'으로 정했다. 흔히 '대한국' 또는 '대한 제국'이라 한다.

고종은 이를 받아들여 하늘에 제사를 지내기 위한 시설인 환구단[•]을 새롭게 만들었다. 환구단의 제단이 완성되자 고종은 그곳에서 황제 즉위식을 거행했다. 그리고 "우리나라는 삼한의 땅으로서 국초에 천명을 받고 하나의 나라로 통합되었다. 지금 나라 이름을 대한이라고 해서 안 될 것이 없다." 하며, 새 국호를 대한 제국으로 정했음을 선포했다.

이로써 조선 왕국은 명목상 대한 제국으로 바뀌게 되었다. 그러나 대한 제국에 대한 열강의 야욕과 간섭은 계속되었기 때문에 이는 선언적인 의미에 그친 것이었다고 할 수 있다. 대한 제국의 주도 세력은 대체로 친러시아적이었고 개혁보다는 권력에 대한 관심이 많았다.

독립 협회의 개혁 운동

대한 제국이 수립될 무렵 러시아는 군사 교관과 재정 고문을 파견해 간섭하고, 또 절영도(부산 영도)에 석탄 기지 건설을 위한 부지를 요구했다. 이에 독립 협회는 만민 공동회를 개최해 러시아의 이권 침탈을 비판하는 자주 국권 운동을 벌였다. 그리하여 러시아의 군사 교관 및 재정 고문의 철수와 절영도 석탄 기지 부지 요구를 철회시키는 성과를 거두었다.

이후 윤치호가 중심이 된 독립 협회는 만민 공동회를 열어 자유 민권 운동과 내정 개혁 운동에 치중했다. 1898년 한성의 종로에서 처음 개최된 만민 공동회는 일종의 민중 집회로, 독립 협회 회원은 물론 일반 시민도 참여한 근대적 정치 집회였다. 이후 30여 차례에 걸쳐 진행된 만민 공동회에서는 정치·사회 문제에 대한 토론이 활발하게 이루어졌다.

만민 공동회에서는 심지어 보수 관료의 퇴진까지도 주장해 관철시켰다. 그 후 새로 수립된 개혁 내각의 대신들까지 참석한 관민 공동회에

●환구단
흔히 원구단이라고 하나 환구단이 정확한 표현이다. 당시의 신문인 〈독립신문〉에서도 환구단이라고 쓰고 있다. 예전에는 중국의 황제가 하늘에 제사를 지냈으며, 조선의 국왕은 사직(토지신과 곡식신)에 제사를 지냈다. 고종이 황제가 되었기 때문에 하늘에 제사 지내는 시설인 환구단을 새로 만든 것이다.

서는, 외세 의존적인 정치를 비판하고 근대적인 의회 정치의 실시 등 개혁을 요구하는 건의문인 '헌의 6조'를 채택하여 고종의 재가를 받았다. 이에 정부는 자문 기구였던 중추원을 개편해 의회 기능을 부여한 '중추원 신관제●'를 발표함으로써 의원의 절반을 독립 협회에서 선출하게 되었다.

이에 위기를 느낀 일부 보수 관료들이 독립 협회가 황제를 폐위하고 공화정을 실시하려 한다고 모함하자, 고종은 독립 협회의 해산 명령과 함께 주요 간부들을 체포했다. 이에 반발한 만민 공동회가 개최되어 시위를 전개했으나, 고종은 군대를 동원해 강제로 해산시켰다(1898. 12.). 이로써 독립 협회의 활동은 막을 내리게 되었다.

독립 협회는 외세의 간섭과 이권 침탈에 항거해 자주 독립을 추구했으며, 또한 민중을 계몽하고 자유 민권 사상을 보급함으로써 자강 개혁을 이루고자 했다. 특히 자유 민권 운동은 민주주의 사상에 기초하여 시작되었다는 점에서 그 의의가 있다. 이들의 사상과 운동은 이후 애국 계몽 운동으로 이어졌다.

아울러 만민 공동회를 통해 독립 협회의 활동에 민중이 직접 참여하게 함으로써, 갑신정변과 갑오개혁의 한계를 극복할 수 있었다. 즉, 종래의 개화 운동이 민중적 기반이 없는 소수 선각자들의 개혁 운동이었는 데 반해 독립 협회의 운동은 민중을 운동의 기반으로 삼음으로써 한 단계 진보한 근대적 정치 운동이었다고 볼 수 있다.

그러나 독립 협회는 러시아 배척에는 적극적이었지만, 미국, 영국, 일본에 대해서는 우호적인 태도를 보였으며, 일본의 침략적인 본질을 제대로 파악하지 못했다는 점에서 한계가 있었다.

● 중추원 신관제
중추원 신관제에 따르면, 자문 기구였던 중추원을 개편해 의회 기능을 부여하기로 했다. 의원 50명 중 절반인 25명은 황제와 정부가 임명하고, 나머지 25명은 인민 협회에서 투표로 선거하되 당분간 독립 협회가 인민 협회를 대신하기로 했으나, 보수 세력의 모함으로 좌절되었다.

이것이 저의 주장입니다!

관민 공동회

황제권의 강화와 '대한국 국제'의 제정

대한국 국제(일부)
제1조 – 대한국은 세계 만국이 공인한 자주 독립 제국이다.
제2조 – 대한 제국의 정치는 과거 500년간 전래되었고, 앞으로 만세토록 불변할 전제 정치이다.
제3조 – 대한국 대황제는 무한한 군권(군주권)을 지니고 있다.
제4조 – 대한국 신민이 군권을 침해하면 신민의 도리를 잃은 자로 간주한다.
제5조 – 대한국 대황제는 국내의 육·해군을 통솔하고 군대의 편제를 정하며 계엄과 해엄을 명한다.

1897년 대한 제국이 선포될 무렵부터 열강 사이에 새로운 변화가 생겨나면서 일본과 러시아 사이에 상대적으로 힘의 균형이 이루어졌다. 고종은 이런 기회를 이용해 자신의 권한을 강화하는 등 새로운 변화를 시도했다.

특히, 독립 협회가 해산된 후 고종은 황제 중심의 근대 국가를 수립하기 위해 노력했다. 그러나 고종을 퇴위시키려는 계획과 고종이 마시던 차에 아편을 넣은 것이 발각되기도 했다. 여전히 고종의 불안은 계속되었으며 측근을 제외하고는 고종을 만나기조차 쉽지 않았다.

이런 가운데 고종은 1899년 일종의 헌법이라 할 수 있는 '대한국 국제'를 제정했다. 이를 통해 고종은 대한제국이 세계 만국이 공인한 자주 독립 제국임을 천명하고, 대내적으로는 황제에게 모든 권한이 집중된 전제 국가임을 밝혔다. 또한, 고종은 유교가 정치와 학문의 근본이 넘이라는 것을 다시 강조했다.

'대한국 국제'에서는 "대한국 대황제는 무한한 군권(군주권)을 지니고 있다."라고 선언했다. '무한한 군권'은 '대한국 국제'의 성격을 보

환구단 석고
황궁우 옆에 자리 잡고 있으며, 1902년 고종의 즉위 40주년을 기념하여 세운 돌북 모양의 조형물이다. 조각이 매우 섬세하다. 서울 중구 소재

대한 제국 시위대의 훈련 모습
기록화
황제의 호위 부대 역할을 한 시
위대의 훈련 모습이다. 서울 용
산구 전쟁 기념관 전시

여 주는 가장 핵심적인 내용이었다. 즉, 황제에게 육·해군의 통수권, 입법권, 행정권 등 모든 권한을 집중시켰다. 누구든 이를 침해하면 처벌받을 것이라고 강조하여, 강력한 전제 군주를 지향하고 있음을 드러냈다.

그동안 군주의 권한을 문서로 밝힌 적은 없었다. 그러나 고종은 무한한 군주권을 문서로 정리하여 밝힘으로써 그동안 실추된 자신의 권한을 강화하려 했다. 반면에 의회나 민권에 대한 규정과 배려는 없었다. 그럼에도 불구하고 형식적으로는 국제법상 근대 국가의 모습을 갖추었다고 평가받고 있다.

고종은 군주권 강화를 위해 궁내부를 확대했다. 황실 재정을 담당하는 내장원의 기능을 확대하고, 이를 바탕으로 황실 주도의 개혁 사업을 추진했다. 이와 함께 원수부를 설치해 황제가 국방과 군사에 관한 명령을 직접 장악했다. 또한, 정예병을 뽑아 시위대를 재조직하여 황제의 호위 부대로 삼아 위엄을 과시했다. 아울러 군사력 증강에 힘써 중앙군인 친위대를 확대하고, 지방의 진위대를 증설했다. 그러나 재정의 어려움으로 실질적인 군사력 강화에는 이르지 못했다.

결국 이 같은 고종의 노력은 열강의 침략으로부터 벗어나려는 시도라기보다는, 황제권과 보수 세력의 권력 기반을 다지기 위한 것이었다고 할 수 있다. 황제가 군권을 장악한 것도 왕궁을 점령당하는 수모를 막고 자신의 안전을 도모하려는 것이었다.

광무개혁의 추진과 한계

대한 제국을 유지하기 위해서 개혁의 추진은 피할 수 없는 것이었다. 고종과 집권한 보수적인 관료들은 나름대로 새로운 개혁 정책을 실시했다. 1905년 을사조약으로 일본의 보호국이 될 때까지 실시된 이 개혁을 광무개혁이라고 한다.

광무개혁의 기본 이념은 '구본신참'舊本新參(옛것을 근본으로 하고 새것을 참고한다.)이었다. 갑오개혁은 다소 급진적인 데다 외세에 의존적이어서 민중들로부터 강한 반발을 받았다. 이를 교훈으로 받아들여 전통적인 유교 이념을 바탕으로 점진적인 개혁을 추진하겠다는 의미였다.

대한 제국은 개혁에 필요한 재정을 확보하기 위해 전국의 토지를 조사하는 양전 사업을 실시했다. 이에 따라 일부 지역에서는 토지 소유권을 보장하는 문서인 지계를 발행했다. 이는 국가가 개인의 토지 소유권을 법적으로 인정한 것으로, 이를 통해 근대적인 토지 소유권의 기초가 마련되었다고 할 수 있다. 그러나 당시 농민들이 바라던 전면적인 토지 개혁과는 거리가 멀었으며, 단지 소유권 분쟁을 막고 조세를 정확히 걷기 위한 것이었다.

이와 함께 산업 발전을 위해 적극적인 상공업 진흥 정책이 추진되었다. 민간 자본을 끌어들여 합자 회사를 설립하는 등 전기, 해운, 광업, 철도 분야에서 근대적인 공장과 회사들이 설립되었다. 또한 조선은행, 한성은행 등이 설립되어 근대적인 금융 제도도 도입되었다.

그리고 상공업자의 양성을 위해 상공 학교를 세웠으며, 과학 기술의 발전을 꾀하기 위해 각종 실업 학교와 기술 교육 기관들을 설립했다. 근대적인 산업 기술을 배우기 위해 외국에 유학생들을 파견했다. 또 우편과 전보망을 늘리고 전화를 가설했으며, 전차 선로를 만드는 등 교통, 통신 분야에서도 근대적인 시설을 늘렸다.

광무개혁은 국방력의 강화를 비롯해 상공업의 발전과 근대적 토지 소유 제도를 확립하려 했다는 데 의의가 있다. 또 교육과 과학, 기술면에서 일부 성과가 있었다. 그러나 지나치게 황실 중심으로 진행되었으며, 개혁에 필요한 재정을 충분히 확보하지 못했다. 그뿐만 아니라 황제권 강화에 힘쓴 나머지 민권을 보장하는 개혁에도 소홀했다.

결국 집권 세력의 부정부패가 만연하고 수탈이 계속되어 민중의 생활은 여전히 어려웠다. 이에 따라 민중의 지지를 받지 못해 농민 봉기는 계속되었고, 명화적, 활빈당● 등 의적임을 자처한 도적들이 활동했다. 결국 대한 제국은 기회를 노리고 있던 일본 제국주의의 침략을 막기 어려워졌다.

● 명화적, 활빈당
조선 말 지방을 중심으로 활동한 도둑의 무리. 명화적은 횃불을 들고 30~40명씩 떼 지어 부호들을 습격해서 '화적'이라고도 불렸다.
동학 농민 운동 후에 남아 있던 농민군의 일부는 흩어져 화적으로 지내다가 1899년부터는 여러 가지 이름의 집단을 만들어 저항 운동을 펼쳤다. 이들 중 활빈당은 《홍길동전》 속 의적단처럼 부호의 재물을 빼앗아 빈민에게 나누어 주는 활빈活貧 활동을 벌였다.

초기의 근대적인 은행의 모습

조선에 근대적인 금융 업무를 하는 은행이 도입된 것은 개항 후 일본에 의해서였다. 1878년 일본의 제일 은행이 부산에 지점을 개설했고, 이후 인천, 원산 등의 개항장에 제18은행, 제58은행 등 일본 은행들의 지점이 개설되어 활동했다.

이에 자극을 받은 조선의 지배층과 실업가들은 민족 자본으로 은행을 설립하여 경제 파탄의 돌파구를 마련하고자 했다. 최초의 근대적인 은행은 1896년 세워진 조선은행이었고, 이어 1897년 한성은행, 1899년 대한천일은행이 세워졌다.

조선은행은 전·현직 관료 등의 발기로 주식을 공모해 설립한 민간 은행이었다. 개업 초기에는 국고 출납 업무를 담당하기도 했으나 영업이 부진해 어려움을 겪었다. 1900년 한흥은행으로 바꾸어 재출발했으나 1901년 폐점했다.

한성은행은 민간인을 대상으로 환전 및 금융 업무를 주요 목표로 영업을 시작했으나 뜻

일본 18은행 인천 지점
일본 18은행은 일본이 조선의 금융계를 지배하고자 하는 목적으로 세운 은행이었다. 일본 18은행 인천 지점은 1890년 준공되어 그해 10월에 개점했다. 뒤에 보이는 건물은 일본 58은행 인천 지점이다. 인천 중구 소재

대로 되지 않아 한때 휴업해야 했다. 1903년 일본의 금융 자본 진출에 대해 위기를 느낀 고종이 왕실과 정부 재산의 관리를 위해서 한성은행을 중앙은행으로 발전시키고자 했으나 성과를 거두지 못했다.

대한천일은행은 은행 설립에 필요한 자본금 모집이 여의치 않아 정부로부터 국고금을 대여받았다. 그래서 황실 인사들이 은행을 경영했고, 자연히 은행의 성격도 누구나 이용하는 일반 은행이 아닌 황실이나 고위층 인사들이 주로 이용하는 특수 은행의 성격을 띠게 되었다.

이러한 민족 자본에 의한 은행들은 일본의 침략이 본격화되면서 결국 식민지 금융 제도에 편입되었다.

11

대한 제국의 멸망

조선은 국호를 대한 제국으로 바꾸고 황제국을 표방했지만 외세의 간섭은 여전했다. 황제권을 강화해 나름대로 개혁에 착수했지만 현실적으로 그 성과는 거의 없었다. 민중의 생활 역시 이전 시기보다 나아진 것이 없었다.

이런 가운데 한반도를 차지하기 위한 러시아와 일본의 대립은 더욱 치열해졌고, 마침내는 전쟁으로 그 승부를 보게 되었다. 결국 500여 년 역사를 가진 조선의 운명은 외세에 의해 좌우될 수밖에 없는 상황에 놓이게 되었다. 이미 일본과 러시아는 한반도에 대한 자신들의 영향력이 약화되었을 때, 각각 한반도의 분할을 제기했다. 그만큼 한반도의 일부라도 차지하려는 두 나라의 경쟁은 치열했다.

한반도 분할론
1896년 아관 파천으로 러시아가 조선에서 유리한 위치를 차지하자, 일본이 먼저 한반도 분할론을 제기했다가 거부당한 적이 있었으며, 1898년에는 러시아가 제기했으나 일본이 거부했다.

러일 전쟁과 일본 침략의 본격화

한반도를 둘러싼 러시아와 일본의 대립이 치열한 가운데, 러시아가 만주를 점령하고 이후 청으로부터 뤼순항을 조차한 것은 동아시아의 국

러일 전쟁이 일어나면서 인천에 있던 러시아의 바랴크호와 카레예츠호도 일본 해군의 공격을 받았다. 두 러시아 함정은 항복 대신 자폭의 길을 택해 수장되었다. 이 비는 수몰 장병의 추모비로 2009년 상트페테르부르크에서 가져온 검정 화강암으로 만들었다. 러시아 국기의 색깔로 만든 화환이 헌화되어 있다. 인천 중구 친수 공원 소재

제 질서에 커다란 영향을 끼쳤다.

러시아의 남하에 놀란 영국과 일본은 이를 저지하기 위해 1902년 영일 동맹을 체결했다. 이때부터 일본과 러시아 사이의 힘의 균형이 깨어지기 시작했다. 1903년 러시아가 압록강 건너 용암포를 점령하고 조차를 요구하며 군사 기지를 만드는 등 한반도에 대한 야욕을 노골적으로 드러내자, 일본과의 충돌은 피할 수 없게 되었다(용암포 사건).

이에 영일 동맹으로 자신감을 얻은 일본은 1904년 러시아가 조차한 청의 뤼순항을 기습 공격하여 러일 전쟁을 일으켰다. 러시아는 뤼순항에 군대를 상주시키고 만주와 한반도 진출을 꾀하고 있던 중 갑작스런 공격을 받게 되었다. 전쟁 초기 러시아는 원산과 쓰시마 섬에서 일본 군함을 격침하기도 했으나 황해에서 패배를 거듭했다.

대한 제국은 전쟁 직전에 국외 중립을 선언했지만 소용이 없었다. 힘이 뒷받침되지 않은 중립이란 의미가 없었기 때문이다. 전쟁을 시작한 일본은 한반도 정복의 야욕을 드러냈다. 먼저, 대한 제국 정부를 압박해 '한일 의정서'를 강요했다. 군사 전략상

필요한 한반도의 땅을 마음대로 사용할 수 있다는 내용이었다. 이로써 일본은 조선 식민지화 정책의 본격적인 첫발을 내딛었다.

전세가 유리해지자 이제는 '한일 협약(제1차 한일 협약)'을 강요하여 외교와 재정 분야에 외국인 고문을 두게 했다. 그 결과 재정 고문에는 일본인 메가다가, 외교 고문에는 친일 미국인 스티븐스가 부임하여 대한 제국의 내정에 간섭하는 고문 정치가 실시되었다.

을사조약과 대한 제국의 보호국화

1905년 일본군은 만주로 진격해 러시아군을 물리치고, 동해에서 러시아의 발틱 함대를 전멸시켰다. 이로써 일본은 사실상 전쟁에서 승리했지만 막대한 전쟁 비용으로 어려움을 겪고 있었고, 러시아도 국내에서 혁명이 일어나 전쟁을 끝내고자 했다.

유리한 전세 속에서 일본은 먼저 영국, 미국 등 열강으로부터 한반도에 대한 지배권을 인정받았다. 일본은 미국과 '카스라·태프트' 밀약(1905. 7.)을 맺고, 영국과도 '제2차 영일 동맹'(1905. 8.)을 맺어, 두 나

을사조약 체결 장면 모형
가운데 이토 히로부미를 중심으로 을사 5적이 앉아 있는 모습이다. 충남 천안 독립 기념관 전시

라로부터 대한 제국에 대한 지배권을 인정받았다. 이후 미국의 중재로 러시아와 '포츠머스 강화 조약'(1905. 9.)을 체결해 러시아로부터 대한 제국에 대한 배타적 권리를 보장받았으며, 이로써 러일 전쟁은 막을 내리게 되었다. 이제 세계에는 일본이 한반도를 차지하는 것을 방해할 세력은 어디에도 없었다.

이후 일본은 이토 히로부미를 파견하여 일본군으로 궁궐을 포위하고 무력시위를 하는 가운데, 대한 제국을 일본의 보호국으로 한다는 이른바 '을사조약'(제2차 한일 협약. 1905. 11.) 체결을 강요했다. 고종과 내각은 조약 체결을 거부했으나 버티기 어려웠다. 이로써 대한 제국은 외교권을 박탈당하고, 일본은 통감부를 설치해 내정에 간섭했다.

대한 제국이 멸망한 것은 공식적으로는 이른바 '한일 병합 조약'(1910) 때이지만, 국제법적인 측면에서 본다면 을사조약으로 사실상 식민지로 전락하고 말았다. 이제 대한 제국은 국제 무대에서 자주국이 아닌 일본의 보호국이 되어 버렸기 때문이다.

이 과정에서 대한 제국 황제와 정부는 외세의 침략에 저항다운 저항조차 해 보지 못했다. 조금씩 주권을 침해당하더니 결국은 나라를 넘긴

민영환의 유서

"바라건대 우리 동포 형제여, 천만 배나 열심히 하여 뜻을 굳게 갖고 학문에 힘쓰며 맘과 힘을 합하고 힘과 힘을 아울러 우리의 자유 독립을 회복할 지어다. 그러면 나는 지하에서 기꺼이 웃겠다. 아, 조금이라도 실망하지 마라. 대한 제국 2천만 동포에게 마지막 고한다."

다는 조약문에 도장 찍기를 강요당하는 어이없는 방법으로 사실상 식민지로 전락한 것이다.

이 소식이 알려지자 전국적으로 을사조약에 대한 반대 투쟁이 치열하게 전개되었다. 을사조약의 파기를 주장하는 상소가 빗발쳤으며, 〈황성신문〉에는 을사조약을 규탄하는 장지연의 논설 〈시일야방성대곡(이날을 목 놓아 통곡하노라)〉이 실렸다. 또 민영환과 조병세 등은 자결로써 항의했다. 한성의 상인들은 가게 문을 닫아 저항했고, 학생들은 동맹 휴학을 통해 항의했다. 아울러 많은 사람이 의병 투쟁에 뛰어 들었다.

고종의 강제 퇴위와 한일 강제 병합

일본의 침략을 규탄하고 조약의 파기를 주장하는 투쟁이 전국적으로 일어나는 가운데, 고종은 밀사를 각국에 파견해 일본의 침략을 규탄하고 강대국의 도움을 호소했다. 미국과 러시아에도 도움을 호소했지만 전혀 도움이 되지 못했다. 이는 고종이 얼마나 국제 정세에 어두웠는가 하는 것만을 보여줄 뿐이었다.

1907년에는 네덜란드 헤이그에서 열리는 만국 평화 회의에 이상설, 이준, 이위종을 특사로 파견하여 일본 침략의 부당성을 세계 여론에 호소하게 했다. 그러나 이미 외교권이 박탈된 뒤여서 특사들이 회의장에 참석하는 것조차 거부당했다.

헤이그 특사의 파견으로 궁지에 몰린 고종은 일본의 협박으로 황태자에게 국정을 대리시킨다고 발표했다. 그러나 일본과 친일 이완용 내각은 고종의 양위를 선포하여 고종을 강제 퇴위시키고 말았다(1907). 고종의 뒤를 이어 순종이 즉위했으며, 고종은 태황제가 되었으나 실권이 없는 자리였다. 황제가 강제 퇴위당할 정도이니 이제 대한 제국의 주권은 사실상 없는 것이나 마찬가지였다.

헤이그 특사
《만국 평화 회보(1907. 7. 9.)》
1면에 실린 헤이그 특사들의 모습이다. 서울 중구 덕수궁 중명전 전시

　그리고 일본은 '한일 신협약'(1907)을 강요해 통감이 대한 제국의 내정을 장악하고, 특히 행정 각부의 차관에 일본인을 임명하게 했다. 이로써 대한 제국의 행정은 일본이 모두 장악하게 되었다.

　곧이어 일본은 국권 강탈에 최대 장애 요인이었던 대한 제국 군대의 해산을 서둘렀다. 고종의 강제 퇴위에 반대하여 군대가 궐기했기 때문이었다. 결국 군대가 해산됨으로써 대한 제국은 군대 없는 나라로 전락하고 말았다. 해산된 일부 군인들은 의병에 가담하여 항일 투쟁에 나섰다. 그 뒤 일본은 사법권(1909)과 경찰권(1910)마저 장악하여 군사, 행정, 사법, 치안 등 모든 분야의 지배권을 장악해 나갔다.

　대한 제국을 완전히 병합하고자 하는 일본의 작업은 계속되었다. 친일 단체인 일진회의 이용구, 송병준 등 친일파를 앞세워 나라를 일본과 합치자는 각종 청원서와 성명서를 발표하게 했다. 이는 대한 제국 병합이 마치 한민족의 요청에 의한 것으로 위장하려는 술책이었다.

　마침내 일제는 군대와 경찰을 각지에 배치하여 한민족의 저항을 차단하고, 이완용과 데라우치 마사타케 사이에서 이른바 '한일 병합 조약(한국 병합 조약)'을 체결, 공포했다(1910. 8. 29.). 이로써 1392년 건국하여 1897년 이름을 바꾸어 '대한 제국'으로 불리던 조선 왕조는 500년 역사에 종지부를 찍었다.

조약문은 "한국 황제 폐하는 한국 정부에 관한 일체 통치권을 완전히 그리고 영원히 일본국 황제 폐하에게 양여"하고, 일본국 황제는 이를 수락하여 "한국을 일본 제국에 병합함을 승낙"한다는 내용으로 되어 있었다.

일본은 대한 제국을 강제 병합하는 마지막에도 조약 체결이 마치 조선의 자발적인 것처럼 조약의 형식을 취했다. 일본은 이런 내용을 근거로 합방은 대한 제국이 원한 것이었다는 망언을 지금도 계속하고 있다.

조선(대한 제국)의 멸망 원인

대한 제국으로 이름을 바꿔 가며 근대 국가 수립을 위해 노력했던 조선은 결국 일본에 의해 멸망했다. 그 첫 번째 원인은 일본의 침략 때문이었다. 그러나 주된 원인을 일본에만 돌리면, 내부의 문제점을 살펴보지 못하게 되어 뼈아픈 역사 속에서 배워야 할 점을 찾기 어려워진다.

조선의 멸망의 중요한 배경이 되었던 것은 바로 정치의 문란이었다. 조선 후기 들어 붕당 정치는 치열한 당쟁으로 변질되었다. 그 과정에서 권력을 잡은 노론의 일당 전제가 계속되어 남인, 북인 등 다른 당파는 정치에 발붙이기 어려웠다. 19세기에는 노론 일부 가문이 중심이 된 세도 정치로 인해 부정부패가 극심해졌다.

19세기 후반 흥선 대원군이 집권하여 세도 정치를 정리했으나, 이후 민씨 척족에 의한 또 다른 세도가 시작되었다. 결국 조선 말기는 물론 국권을 상실할 때까지 노론의 권력이 계속되는 가운데, 국왕과 왕실을 포함한 집권 세력은 여전히 무능하고 부패했다. 조선이 망하게 된 주된 원인은 여기에 있다.

게다가 '사대주의'라고 해도 과언이 아닐 만큼 정치권력의 외세 의존적인 경향이 컸다. 민씨 척족은 청의 속방임을 명시한 조약까지 체결할 정도였으며, 심지어 개화 세력마저 일본에 의존하는 경향이 강했다. 또 상황에 따라 러시아, 미국 등에 의존하는 경향을 보였다. 집권 세력의 정신적인 주체성 상실은 이후 현재까지도 악영향을 끼치고 있다.

또 하나는 세계정세의 변화와 관계없이 성리학에 대한 맹신이 계속되었다는 것이다. 조선 후기 집권 노론 세력은 성리학의 화이관•에 따라 청을 오랑캐로만 여겼다. 청의 기술은 물론 서양의 과학 기술마저 부정했으며, 실학의 개혁 사상은 자리 잡기가 어려웠다. 이는 조선 말기에 위정척사 사상으로 이어져, 조선의 근대적 개혁을 막는 중요한 요인이 되었다.

이런 가운데 여러 차례 이루어진 개혁 시도가 모두 실패했다. 개화와 개혁을 주장하는 새로운 세력이 등장했으나 그 세력이 너무 미약했다. 그들은 혁명을 통해 근대 국민 국가의 수립을 꿈꾸었으나 결국 실패했다. 위로부터의 개혁이 실패하자 민중들이 아래로부터의 개혁을 도모하며 봉기했으나, 그 마저 정치권력이 외세를 끌어들임으로써 실패하고 말았다.

위로부터의 개혁과 아래로부터의 개혁이 실패한 뒤로는 더 이상 미래가 보이지 않는 상황이 전개되었다. 궁궐에까지 일본 군대가 침략하고, 심지어 궁궐에서 왕비가 살해되는 상황까지 벌어졌다. 결국은 국왕마저 궁궐을 버리고 러시아 공사관으로 피신하기까지 했다. 이후 조선은 대한 제국을 선포해 변화를 꾀했으나 침략해 오는 제국주의 세력을 막기에는 한계가 있었다.

●화이관
중국은 세계의 중심인 우수한 나라이며, 그 밖의 나라는 오랑캐로 여기어 천시하는 중화 사상을 말한다. 조선 후기에는 중국을 차지한 청(만주족)도 오랑캐로 보는 생각이 퍼져 있었다.

헤이그 특사의 활동은 어떠했을까?

1905년 을사조약으로 대한 제국은 외교권을 박탈당하여 사실상 식민지로 전락하고 말았다. 이에 고종은 1907년 헤이그에서 제2회 만국 평화 회의가 열린다는 소식을 듣고, 이 회의에서 일제의 침략을 세계에 호소하고 을사조약의 무효를 주장하기 위해 비밀리에 특사를 파견했다.

헤이그에 파견된 특사는 이상설, 이준, 이위종으로, 이들의 출발 시기는 각각 달랐다. 이상설은 평화 회의가 개최되기 1년 전인 1906년 4월 한국을 떠나 간도에 머무르고 있었다. 이준은 1907년 4월 한성을 떠나 블라디보스토크에서 이상설과 만났다. 두 특사는 6월 중순경 시베리아 횡단 철도를 이용해 러시아의 수도인 상트페테르부르크에 도착했다. 그곳에서 전 러시아 공사였던 이범진의 아들 이위종과 합류했다.

세 특사는 헤이그에 도착해 의장인 러시아 대표를 만나 회의 참석과 을사조약의 파기를 회의 의제에 상정해 줄 것을 요구했다. 이 사실이 알려지자 일본은 회의 대표와 현지 공관을 통해 회의 참석을 방해했다. 결국 각국 정부가 이미 을사조약을 승인했기 때문에 외교권이 없다는 이유로 한국 대표는 참석과 발언을 거부당했다.

이때 외국어에 능통한 이위종이 세계의 언론인들에게 '한국의 호소A Plea for Korea'를 절규하여 주목을 끌기는 했으나, 구체적인 성과를 얻지는 못했다. 이에 이준은 그곳에서 병을 얻어 세상을 떠나, '돌아오지 못한 밀사'가 되고 말았다.

이준 묘
헤이그 특사로 파견되었던 이준은 숨을 거두며 "나라를 구하시오. 일본이 끊임없이 유린하고 있소."라는 말을 남겼다고 한다. 헤이그에 묻혔다가 1963년 고국으로 옮겨 와 현 위치에 안장되었다. 서울 강북구 소재

12

항일 구국 운동의 전개

을사조약으로 대한 제국이 일본의 보호국으로 전락하자, 전국에서 나라를 구하기 위한 구국 운동이 다양한 형태로 전개되었다.

이 시기의 구국 운동은 크게 두 방향에서 전개되었다. 하나는 의병을 조직하여 총을 들고 일제에 맞서는 의병 투쟁이었다. 또 하나는 애국 계몽 운동이었다. 대한 제국이 멸망한 것은 나라의 힘이 없었기 때문이니, 민중 계몽을 통해 힘을 길러 나라를 구하자는 운동이었다. 즉, 애국 계몽 운동의 목표는 실력 양성이었다.

항일 의병 투쟁의 확산

19세기 말 을미사변과 단발령으로 처음 시작된 항일 의병 투쟁은 주로 유생들이 주도했으며, 그 사상적 기반은 위정척사론이었다. 이는 을사조약 이후에 다시 일어난 의병 투쟁에도 계승되었다. 다만, 이때에는 유생들뿐만 아니라 평민 의병장이 등장했다는 점에서 변화가 나타났다.

전직 관리인 민종식은 충남 홍주(홍성)에서 1,000명이 넘는 의병을 모아 투쟁하며 한때 홍주성을 점령했다. 유학자인 최익현은 제자들과 함께 전북 태인 일대에서 활동했다. 최익현●은 "나라가 이와 같이 망해 갈진대 어찌 한번 싸우지 않을 수 있는가. 또 살아서 원수의 노예가 되기보다는 죽어서 충의의 혼이 되는 것이 나을 것이다."라며 격문을 보내 의병을 독려했다.

또한 태백산맥 일대에서는 평민 의병장인 신돌석이 이끄는 의병 부대가 활약했는데, 유격전을 벌여 일본군에 큰 타격을 주었다. 신돌석 부대의 의병의 수는 한때 수천 명에 달했다.

고종이 퇴위당하고 군대가 해산되자, 한성과 지방의 일부 군인들이 의병 부대에 합류했다. 이로써 의병 부대는 화력과 조직력이 더욱 향상되었다. 이때부터 의병 투쟁은 유생과 농민을 비롯해 군인과 상인 등 전 계층이 참여한 의병 전쟁으로 발전했다. 1908년에는 전투 횟수가

● **최익현(1883~1906)**
위정척사 운동의 대표적 인물로, 강화도 조약 때 일본과의 통상 수교를 격렬히 반대했다. 을사조약 후 일본의 국권 침탈에 항거해 의병 투쟁을 벌이다가 전북 순창에서 체포되어 쓰시마 섬에 유배되었고, 그곳에서 순국했다.

신돌석 흉상
신돌석은 을사조약 후 100여 명의 의병을 모아 투쟁을 시작했다. 울진, 삼척, 강릉, 양양, 간성, 경주, 영해 등지에서 일본군에 타격을 입혔다. 이 과정에서 신돌석 부대는 약 3,000여 명의 대부대로 성장했다. 13도 의병 연합 부대에 참여했으나 평민 출신이라는 이유로 제외되었다. 이후 경상도 영해로 돌아와 활동하다가 현상금을 노린 부하의 배신으로 타살되었다. 최근에는 신돌석이 평민 출신이 아니었다는 견해가 나오고 있다. 서울 용산구 전쟁기념관 전시

홍성 의병 기념비
을사조약에 항거해 민종식을 중심으로 일본군과 격전을 벌였던 홍주(홍성) 의병을 기리기 위해 세운 비다. 충남 홍성 소재

1,452회, 참여 의병이 6만 9,000여 명이나 되었다.

의병의 서울(한성) 진공 작전

의병 전쟁이 전국으로 확산되자, 유생 의병장들은 의병 연합 부대(13도 창의군)를 결성했다(1907. 12.). 이들은 이인영을 창의대장에, 허위를 군사장에 추대하고 서울 진공 작전을 추진했다.

　의병 연합 부대는 각국 공사관에 의병을 국제법상의 전쟁 단체로 인정해 줄 것을 요구하는 격문을 보내는 한편, 허위가 이끄는 선발대 300명이 동대문 밖 30리까지 진격해 일본군과 혈전을 벌였으나 패퇴했다. 게다가 창의대장 이인영이 부친상을 당해 귀향하면서 의병 연합 부대는 뿔뿔이 흩어지고 말았다. 13도 창의군의 의병장은 모두 양반 유생 신분으로 신돌석 같은 평민 의병장을 제외했기 때문에 폭넓은 대중적

13도 창의군탑
경기도 양주에 집결해 편성한 13도 창의군의 선발대가 서울 진공 작전에 나섰으나, 경기도와 서울의 경계인 망우리 고개에서 일본군의 기습을 받아 격전을 벌였던 곳에 세워져 있다. 서울 중랑구 소재

기반을 형성하는 데 한계가 있었다.

이후에도 의병들은 소규모 부대로 나뉘어 끈질긴 투쟁을 벌여 나갔다. 의병들은 일본의 노예가 되어 사느니 차라리 자유민으로 싸우다 죽는 것이 훨씬 낫다며 구국 투쟁을 전개했다. 특히 강원도와 호남 일대의 의병이 가장 활발했으며, 홍범도와 안규홍 같은 평민 출신 의병장이 늘어났다.

일본은 1909년 9월부터 두 달에 걸쳐 '남한 대토벌 작전'을 전개하여 의병을 체포, 학살했다. 이때 일본군은 의병의 근거지가 되는 마을을 불태우고 의병들을 잔인하게 살육했다. 일본의 대공세로 국내에서의 활동이 어려워지자 의병들은 만주나 연해주로 이동해 무장 독립 투쟁을 벌였다.

한편, 일본 침략자와 을사 5적을 처단하기 위한 의거 활동도 꾸준히 이어졌다. 미국의 샌프란시스코에서는 장인환이 일본의 침략이 정당하다고 주장한 스티븐스를 사살했다. 중국의 하얼빈에서는 안중근이 을사조약 체결의 핵심적인 역할을 한 이토 히로부미를 처단했다(1909). 체포된 안중근은 독립 전쟁을 하다 체포되었으니 전쟁 포로로 대우해 줄 것을 주장했다. 나철, 오기호 등은 5적 암살을 목표로 한 조직을 만들어 활동했고, 이재명은 이완용을 죽이려 했으나 실패했다.

정치, 사회단체의 계몽 활동

항일 의병 투쟁이 전개되는 가운데, 관료와 지식인 사이에서는 실력 양성을 통해 국권을 수호하려는 움직임이 일었다. 이들은 각종 정치 및 사회단체를 만들어 활동하거나, 학교를 설립하여 인력을 양성하고, 신문과 잡지를 통해 국민들을 계몽했다. 또한, 산업 진흥 활동을 통해 경제적 실력을 확보하려고 했다. 이를 통틀어 애국 계몽 운동이라 한다.

이인영의 귀향 이유

"나라에 대한 불충은 어버이에 대한 불효요, 어버이에 대한 불효는 나라에 대한 불충이다. 그러므로 나는 삼년상을 치른 뒤 다시 의병을 일으켜 일본을 소탕하고 대한을 회복하겠다."

이토, 널 처단한다!

안중근

안중근의 법정 진술

"나는 일본 재판소에서 재판받을 의무가 없다는 점을 먼저 말하겠다. 나는 의병의 참모 중장으로 독립 전쟁을 하는 중이고, 그 일환으로 이토 히로부미를 죽였다. 따라서 나는 형사범이 아니라 전쟁 포로다."

근대적 정치 단체였던 독립 협회가 해산된 후 을사조약을 전후하여 여러 단체가 만들어졌다. 대체로 독립 협회의 정신을 이어받아 계몽 운동에 주력했다. 그중 가장 먼저 조직된 단체는 보안회(1904)였다. 보안회는 황무지 개척을 내세운 일본의 토지 약탈 계획에 대한 반대 운동을 펼쳐 이를 철회시켰다.

독립 협회 인사들이 중심이 된 헌정 연구회●(1905)는 입헌 군주제의 수립을 목표로 활동했다. 그러나 을사조약 이후 정치 운동이 어려워지자, 각 단체는 주로 교육, 언론, 종교 등 문화 운동을 전개했다.

헌정 연구회의 후신으로 조직된 대한 자강회(1906)는 교육 진흥과 생산을 늘리고 산업을 일으키는 것을 목표로 계몽 운동을 전개했다. 대한 자강회는 전국에 25개 지회를 두었으며, 정기적인 연설회를 열어 대중적 기반을 넓혔다. 또한 일본이 고종의 강제 퇴위를 추진하자 이에 반대하는 운동을 대규모로 전개하다가 1907년 일본에 의해 강제로 해산되었다.

신민회의 독립 운동 기지 건설 운동

통감부의 탄압으로 정치, 사회단체의 활동이 어려워지자 안창호, 양기탁, 이승훈 등은 비밀 결사인 신민회를 조직했다(1907). 신민회는 국권회복과 '신국가의 건설'을 목표로 내세웠는데, 이는 공화정에 바탕을 둔 근대 국가를 수립하려 한 것이었다.

신민회는 이를 위해 교육과 산업, 문화 등 실력 양성을 목표로 다양한 활동을 전개했다. 인재 양성을 위해 평양에 대성 학교●, 정주에 오산 학교를 세웠으며, 계몽 서적을 출판하기 위한 태극 서관을 운영했다. 또한, 평양에 자기 회사를 설립해 민족 산업 육성을 위해 노력했으며, 민중 계몽을 위한 강연 등도 열었다.

의병 투쟁이 약화되어 가던 1909년 무렵, 신민회의 양기탁 등은 실

● 헌정 연구회
국왕이나 정부는 헌법과 법률을 지켜야 하며, 국민은 법률에 규정된 권리를 누릴 자유가 있어야 한다고 주장했다. 즉, 헌정 연구회는 근대적인 민주 정치 사상을 바탕으로 활동했다.

● 대성 학교
1908년 안창호가 민족 교육을 위해 평양에 설립한 중등 학교이다. 1912년 제1회 졸업생 19명을 배출한 뒤 일제에 의하여 폐교당했다.

력 양성 운동의 한계를 깨닫고 독립 운동 기지의 건설과 독립 전쟁 전략을 수립했다. 신민회는 일제의 세력이 미치지 않은 만주에 자금을 모아 토지를 구입하고 독립 운동 기지를 만드는 것을 기본 전략으로 내세웠다. 나아가 이곳에 애국적인 인사들과 청년들을 이주시킨 후 무관 학교를 설립하고 독립군을 창건한 후에는, 국내로 진공하여 일제를 물리치고 국권을 회복할 것을 계획했다.

이에 따라 신민회의 일부 회원들은 장기적인 무장 독립 투쟁을 위해 만주에 독립 운동 기지 건설에 나섰다. 특히 이회영 등은 일가의 전 재산을 처분해 만주의 산위안푸(삼원보)에 독립 운동 기지를 건설했다.

양기탁 흉상
신민회를 조직한 양기탁은 1904년 영국인 베델과 함께 〈대한매일신보〉를 창간, 주필로 활동했다. 국채 보상 운동 등을 펼쳤으며, 105인 사건으로 4년간 복역했다. 1920년대 중국으로 망명해 통의부 창설, 정의부 조직 등의 활동을 했으며, 1934~1935년까지 대한민국 임시 정부 주석을 지냈다. 서울 중구 서울신문사 소재

일본의 재정 장악과 국채 보상 운동

일본은 대한 제국의 경제 지배를 위해 금융과 재정을 장악하려 했다. '제1차 한일 협약'(1904)을 체결한 후, 먼저 궁내부에 소속되어 있었던 많은 세목을 탁지부로 돌려 황실 재정을 대폭 축소했다. 아울러 한국 화폐를 정리하고, 대신 일본 화폐를 사용하도록 화폐 제도를 개편했다.

이를 위해 재정 고문 메가타의 주도로 화폐 정리 사업을 실시했다. 당시에는 상평통보(엽전)와 백동화가 주로 사용되고 있었는데, 이것들의 사용을 중지하고 일본 화폐로 교환해 주는 사업이었다. 백동화의 가치가 일정치 않다는 이유로 교환 과정에서 한국인은 큰 손해를 입었다. 화폐 정리 사업을 통해 일본은 대한 제국의 금융을 장악했으며, 이 과정에서 많은 상공업자가 몰락했다.

또한 일본은 을사조약으로 통감부를 설치하면서 식민지 지배를 위한 시설을 마련하기 위해, 대한 제국 정부에 일본으로부터 막대한 차관 도입을 강요했다. 이 차관은 한국 내 경찰 기구의 확장이나 일본인을 위한 시설 확충에 사용되었다. 1907년 무렵에는 대한 제국의 1년 예산과 비슷할 정도로 차관

나랏빚을 갚자

국채 보상 운동 기념비
국채 보상 운동이 처음 시작된
대구에는 국채 보상 운동 기념
관과 기념 공원이 있으며, 기념
공원에는 국채 보상 운동 기념
비와 국채 보상 운동 여성 기념
비가 세워져 있다. 대구 중구
국채 보상 운동 기념 공원 소재

이 늘었다.

차관 도입으로 일본에 대한 경제적 예속이 심해지자, 국민이 성금을 모아 일본에 진 빚을 갚고 국권을 회복하자는 국채 보상 운동이 일어났다(1907). 이 운동은 대구에서 서상돈 등의 제의로 시작되어 전국으로 확산되었다. 남자들은 담배를 끊고 부녀자들은 비녀와 반지를 팔아 성금을 모았다.

국채 보상 운동은 경제적 자립을 목표로 한 경제 구국 운동으로, 전국민의 큰 호응을 받았다. 국채 보상 운동의 중심 역할을 한 것은 양기탁과 베델이 이끄는 〈대한매일신보〉였다. 이에 통감부는 베델을 국외로 추방하고, 국채 보상 기성회의 간사인 양기탁을 성금 횡령 누명을 씌워 구속하는 등 탄압했다.

민족 교육 운동과 언론을 통한 계몽 활동

국권 수호를 위한 교육 운동도 활발히 전개되어 많은 사립학교가 세워졌다. 그중 이용익이 세운 보성학교는 "학교를 세워 나라를 돕는다"라

● 기호흥학회
1908년 경기도와 충청도에 학교를 세우는 것을 목적으로 조직되었으며, 서울(한성)에 교사 양성을 겸한 기호 학교를 설립했다.

● 서북 학회
1908년 서울에서 조직된 서북 학회는 평안도, 함경도, 황해도 지방 출신자들이 중심이 되었으며, 서북 협성 학교, 수상 야학, 심학 강습소, 농림 강습소 등 많은 학교를 세워 인재 양성에 힘썼다. 서북학회의 중심인물은 이동휘, 안창호, 박은식 등이었으며, 신민회와 같이 독립 전쟁 전략을 최고 전략으로 채택해 독립운동 기지 건설을 위해서도 힘을 기울였다.

는 건학 이념을 바탕으로 민족 교육을 실시했다.

또한, 교육 운동을 위한 단체로 기호흥학회●, 서북 학회● 등 많은 학회가 설립되었다. 이들 학회는 기관지를 발행해 민중을 계몽하고, 사립 학교를 설립하는 데 기여했다. 이 같은 노력의 결과 1910년 무렵 전국의 사립 학교 수는 3,000여 개에 달했다.

한편, 항일 언론 활동도 활발하게 전개되어, 신문들은 의병 투쟁의 소식을 전하는 등 민족의식 고취에 노력했다. 그러나 통감부는 신문지법(1907) 제정하고 사전 검열을 하는 등의 방법으로 탄압하여 언론 활동이 어려움을 겪을 수밖에 없었다.

의병 투쟁이 위정척사 사상에서 비롯된 것이라면, 애국 계몽 운동은 개화파의 사상과 그를 이은 독립 협회의 활동 정신을 계승한 것이었다. 의병 투쟁과 애국 계몽 운동은 국권 수호라는 같은 목표 아래 각기 다른 방법으로 활동하며 상호 보완적인 역할을 했다.

애국 계몽 운동은 실력 양성을 목표로 국민의 민족의식을 고취하고 근대 의식을 일깨우는 데 큰 역할을 했다. 그러나 때로는 실력 양성에만 주력하며 의병 투쟁을 비판하는 한계를 보이기도 했다.

"**학교**를 세워 **나라**를 돕는다"

이용익은 대한 제국 시기 최고의 실력자였다. 1897년 황실의 재정을 총괄하는 내장원경에 발탁되었으며, 1902년에는 국가 재정을 총괄하는 탁지부 대신이 되었다. 황실 중심으로 추진된 대한 제국의 광무개혁 과정에서 그는 철도의 부설, 각종 공장의 설립, 근대금융 기관의 설립 등을 주도하며 핵심적인 역할을 했다.

이용익은 정치적으로는 친러, 반일적 입장을 고수하여, 러일 전쟁의 전운이 감돌자 고종을 설득하여 대한 제국의 중립을 선언하게 했다. 그 결과 전쟁 중 일본으로 압송되어 회유를 받았으나 거절했다.

일본에서 귀국한 이용익은 "학교를 세워 나라를 돕는다興學校以扶國家(흥학교이부국가)"라는 이념으로, 1905년 보성 전문학교(지금의 고려 대학교)와 보성 소학교를 세웠으며, 1906년 보성 중학교를 설립했다. 고종은 '보성'이란 학교 이름을 지어 주어 후원했다.

을사조약이 강제로 체결되자 프랑스 및 러시아와 제휴를 꾀하라는 고종의 밀령을 받고 프랑스로 가던 도중 일본 관헌에게 발각되었다. 프랑스에서의 구국 활동이 여의치 않자, 러시아 상트페테르부르크를 거쳐 블라디보스토크에서 구국 운동을 하다가 1907년 사망했다.

이용익은 죽을 때 고종에게 남긴 글에서 '광건 학교廣建學校, 인재 교육人材敎育, 국권 회복國權回復'을 강조했다. 학교를 널리 세우고, 인재를 교육하여, 국권을 회복하자는 내용이었다.

이용익 흉상
이용익은 대한 제국의 실력자로 사실상 광무개혁을 주도했다. 친러, 반일적 입장을 견지했던 이용익은 보성 학교를 세워 국권 회복에 이바지하려 했다. 서울 송파구 보성 중학교 소재

13

근대 교육과 문예,
종교 활동의 변화

문호 개방 이후 서양 문물이 전해지면서 조선의 사회, 문화, 종교 등 여러 분야에서 엄청난 변화들이 생겨나기 시작했다. 특히 개화 정책이 추진되면서 근대화를 위해 서양의 제도가 도입되어 여러 사회 제도가 변화했다.

향교나 성균관을 대신하여 새로운 교육 기관뿐만 아니라 여성 교육 기관도 설립되었다. 근대적인 신문이 발행되어 언론 활동이 시작되었고, 열강의 침략으로 어려운 상황 속에서 한글과 한국사에 대한 관심도 커져 갔다. 또 근대적인 문예 활동이 시작되었으며, 종교 활동에도 새로운 변화가 나타났다.

근대적인 교육 기관의 설립

개항 이후 근대 문물이 수용되면서 교육 분야에서도 새로운 교육에 대한 필요성이 커졌다. 조선의 근대화를 꿈꾸던 개화파는 젊은이들을 뽑아 일본과 청에 유학시키는 등 근대 교육의 필요성을 강조했다. 이들은 학교 설립에 앞장서는 등 새로운 교육 체제 확립에 주력했다.

이런 분위기에서 최초로 민간에 의해 원산 학사가 세워졌다. 1880년 개항한 원산의 지방민들은 일본 상인과 외세에 대응하려면 신지식 교육이 필요하다고 생각하고, 서당을 근대적으로 고쳐 1883년 원산 학사를 설립했다. 여기서는 일본어 등의 외국어와 법률, 만국공법, 지리 등 근대 학문을 교육했다.

정부에서 세운 최초의 근대 학교는 1886년에 설립된 육영 공원이었다. 육영 공원은 미국인 교사 3명을 초빙하여 개교했다. 학생은 현직 관료와 양반 자제 중에서 모집했으며 정원은 35명이었다. 주로 영어 교육에 치중했으며, 수학, 지리, 역사, 정치 등을 가르쳤다. 1883년에 설립된 동문학은 영어 교육 기관으로 일종의 통역관 양성소의 구실을 했으므로, 흔히 육영 공원을 최초의 관립 근대 학교라고 한다.

한편, 이무렵 학교의 설립에 앞장선 것은 선교사들이었다. 특히 개신교 선교사들은 종교의 전파를 위해 학교 설립이 필수적이라 생각했다. 1885년 세워진 배재 학당은 감리교 선교사 아펜젤러에 의해 설립되었다. 고종은 '인재를 배양하라'는 뜻으로 배재 학당이라 이름 지어 주었다.

이화 학당은 1886년 여선교사인 스크랜턴에 의해 설립된 우리나라 최초의 여성 교육 기관이었다. 여성의 교육에 대해서는 생각조차 하지 못했던 시기여서 어려운 여건에서 출발했다. 왕비 민씨는 '배꽃같이 순결하고 배 같은 결실을 맺으라'는 의미로 '이화 학당'이라는 이름을 내려 주었다. 배재 학당과 이화 학당 외에도 경신 학교와 정신 여학교 등 많은 학교가 선교사에 의해 세워졌다.

조선에서 본격적인 근대 교육이 시작된 것은 1894년 갑오개혁 이후였다. 갑오개혁으로 종래 교육 행정을 담당하던 예조가 폐지되고 학부가 설치되어 교육 문제를 전담했다. 이듬해 고종은 교육

육영 공원의 교사, 헐버트

육영 공원에서는 미국인 교사 헐버트Hulbert,H.B., 길모어 Gilmore,G.W., 번커Bunker,D.A. 등이 가르쳤다. 번커가 사임한 뒤에는 영국인이 교사직을 담당했다. 이중 헐버트는 을사조약 후 고종의 특사로 미국에 파견되었다. 또 헤이그 특사 파견을 건의하고 먼저 헤이그에 건너가 활동하는 등 한국의 국권 회복 운동에 적극 협력했다.

이화 학당
이화 학당은 학교 개설 후 1년
여 만에 학생을 처음 받을 정도
로 어려움을 겪었으나, 10여
년 만에 학생 수가 30여 명으
로 늘어났다. 사진은 1890년경
아펜젤러가 찍은 이화 학당의
모습이다.

은 국가를 보존하는 근본이라는 내용의 교육입국조서를 발표해 근대
교육의 중요성을 널리 알렸다.

이에 따라 1895년 한성 사범 학교가 설립되고, 이후 소학교와 외국
어 학교 등이 설립되었다. 이어 1899년 경성 의학교와 상공 학교,
1900년 관립 중학교가 설립되었다. 한편, 찬양회는 여학교 설립 운동
을 벌여 1899년 순성 학교를 설립했다. 을사조약 이후에는 교육을 통
해 인재를 길러 나라를 구하기 위한 목적으로 수많은 사립학교가 세
워졌다.

근대 학교들이 세워짐으로써 종래의 교육 기관이었던 향교와 성균관
은 교육적 기능이 정지되었다. 특히 성균관은 경학원으로 개편되어 유
교 교육 기관으로서의 역할만을 하게 되었으나, 이미 과거제가 폐지되
었기 때문에 점차 그 기능을 잃어 갔다.

언론 활동의 시작, 근대 신문의 발행
개항 이후 새로운 변화 중의 하나가 바로 신문의 발행이었다. 조선 최초의 신문은 1883년에 창간된 〈한성순보〉였다. 〈한성순보〉는 박영효 등 개화파가 발행을 준비했으나, 결국은 정부 기관인 박문국에서 발행하게 되었다.

〈한성순보〉는 정부 기관에서 열흘 간격으로 발행했으며, 외국의 사정과 개화사상을 알리는 데 커다란 역할을 했다. 갑신정변으로 폐간되었다가, 1886년 〈한성주보〉로 바뀌어 간행되었으나, 경영난으로 1888년 폐간되었다.

1896년에는 서재필이 정부의 지원을 받아 〈독립신문〉을 창간했다. 최초의 민간 신문인 〈독립신문〉은 한글 전용과 띄어쓰기를 과감하게 단행하여 그 뒤의 민간 신문 제작에 큰 영향을 끼쳤다. 게다가 영문판까지 발간하여 대외 관계의 측면에서 큰 성과를 남겼다. 〈독립신문〉은 1899년 12월에 발행이 중단되었다.

1898년에는 〈제국신문〉이 발행되었다. 이 신문 역시 순 한글을 사용하여 일반 민중과 부녀자가 쉽게 읽을 수 있어서, 그들을 계몽하는 데 중요한 역할을 했다. 같은 해인 1898년 〈황성신문〉이 간행되었다. 〈황성신문〉은 국한문 혼용으로 간행되어 한문에 소양이 있는 유생 지식인들의 환영을 받았다. 1905년 을사조약이 체결되자 장지연의 논설인 〈시일야방성대곡〉을 실어 정간당하기도 했다.

일본은 러일 전쟁 이후 대한 제국에서 발간되는 신문에 대해 탄압했다. 이런 가운데 1904년 〈대한매일신보〉가 창간되었다. 이 신문은 러일 전쟁을 취재하기 위하여 특파원으로 왔던 영국인 베델(한국 이름 배설)이 창간한 것으로, 양기탁을 비롯한 애국 인사들이 실질적인 제작을 전담했다.

〈대한매일신보〉는 을사조약 이후 일제의 탄압이 더욱 거세졌음에도 불구하고 발행인 베델이 영국인이라는 이유로 검열이나 압수의 위협을 덜 받았기 때문에 민족의식을 고취하는 기사를 많이 실을 수 있었다.

〈독립신문〉의 창간일
현재 4월 7일은 신문의 날이다. 이는 〈독립신문〉의 창간일인 1896년 4월 7일을 기념하기 위해 정해졌다.

또한 국채 보상 운동을 주도해 언론의 사회적 책임을 다하기 위해 노력
했다.

한글 사용의 확대와 역사 연구

개항 후 조선의 글자 생활에도 새로운 변화가 생겼다. 한글이 본격적으
로 사용되기 시작한 것은 갑오개혁이 계기가 되었다. 정부는 이때부터
공식적으로 한자와 함께 한글을 사용하게 했다. 물론 조선 후기부터 한
글 사용이 늘고는 있었으나, 정부 정책으로 시행되면서 한글 사용이 일
반화되기에 이른 것이다.

1896년 창간된 〈독립신문〉은 순 한글을 사용하고 한글 띄어쓰기를
시행함으로써 한글 사용의 대중화에 큰 역할을 했다. 한글 사용이 늘어
남에 따라 한글 표기법의 연구도 활발히 진행되었다. 한글 사용이 늘자
정부에서 세운 국문 연구소(1907)에서는 주시경과 지석영이 주도하여
한글 문법의 연구와 정리가 이루어졌다. 이와 함께 유길준의 《대한문
전》(1909), 주시경의 《국어문법》(1910) 등 한글 문법책이 출간되었다.

일본의 침략으로 나라가 위기에 처한 가운데, 한국사 연구에서도 민
족의식을 고취하기 위한 노력이 전개되었다. 이들은 민족의 자부심과
주체 의식을 통해 위기에 놓인 민족을 구할 수 있으리라고 생각했다.

신채호는 《을지문덕전》, 《이순신전》 등 외적의 침략에 맞서 싸웠던

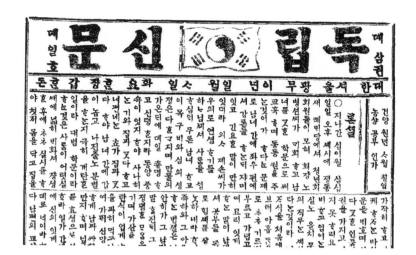

독립신문
〈독립신문〉은 순 한글을 사용하고 한글 띄어쓰기를 시행함으로써 한글의 대중화에 크게 이바지했다.

영웅들의 전기를 펴내 민족정신을 높이고 애국심을 고취했다. 또《독사신론》을 출간했는데, 이 책에서 민족을 역사 서술의 주체로 내세워 근대적인 민족주의 사학의 기초를 마련했다.

　박은식은 역사와 영웅을 존중하는 것이 나라를 사랑하는 길이라고 주장하며,《동명성왕실기》,《천개소문전》등 고구려의 기개를 높게 평가하는 책을 지었다. 한편,《월남망국사》,《미국독립사》,《이태리 건국 삼걸전》등 외국의 건국이나 흥망을 다룬 책들도 발간되어 민족의식 고취에 기여했다.

문학과 예술 활동의 변화

한글이 보급되고 서양 문학이 소개되면서 문학에도 변화가 나타났다. 특히 을사조약 이후 고전 소설과는 형식이 다른 신소설이 등장했다. 신소설의 내용은 주로 봉건적인 관습을 비판하고 서양 문물을 소개했으며, 언문일치˙의 문장으로 쓰인 것이 특징이었다.

　신소설을 쓴 작가들 가운데는 서양과 일본에 대한 동경이 지나쳐

● 언문일치
실제로 쓰는 말과 그 말을 적은 글이 일치하는 것을 뜻한다. 우리는 말은 국어를 지켜 왔지만, 오랫동안 표기는 한문과 이두 등으로 하는 등 언문일치가 이루어지지 않았다. 오늘날 관점에서는 매우 당연한 일이지만 언문일치는 이 무렵에서야 이루어지기 시작했다.

일찍부터 친일 활동을 하는 이들도 나타났다. 최초의 신소설로 알려진 《혈의 누》(1906)를 쓴 이인직이 그 대표적인 인물이었다. 그 밖의 신소설 작품으로는 이해조의 《자유종》, 안국선의 《금수회의록》 등이 있다.

또한, 1908년 최남선은 어린이 잡지인 《소년》에 〈해에게서 소년에게〉라는 신체시를 발표했다. 신체시는 고전 시가에서 현대의 자유시로 가는 중간 단계의 역할을 했으며, 내용은 주로 개화와 신교육, 자주독립 등에 관한 것으로 계몽적인 성격을 띠었다. 한편, 이 시기에는 외국 문학 작품도 활발히 번역되어, 《천로역정》, 《이솝 우화》, 《걸리버 여행기》 등이 널리 읽혔다.

음악에서는 서양 음악의 영향으로 창가가 나타났다. 처음에는 전통 민요나 찬송가의 가락에 우리말 가사를 붙여 불렀다. 여러 종류의 〈애국가〉와 〈독립가〉, 〈권학가〉 등이 유행했는데, 민족의식을 고취하고 학문을 권장하는 내용이 많았다. 애국적 창가의 전통은 나중에 독립군가로 계승되기도 했다.

또한 판소리를 바탕으로 창극이 만들어졌는데, 창극은 본래 한 사람이 부르던 판소리를 여러 배우가 출연하여 배역을 나누어 부르는 형태로 변화된 공연이었다. 1908년에는 최초의 서양식 극장인 원각사가 세워져 판소리 등을 공연했다. 한편, 미술에서는 서양 화풍이 도입되어 유화가 그려지기 시작했다.

종교 활동의 새로운 변화
위기의 시대였던 조선 말에는 종교 활동에도 새로운 변화가 나타났다. 종교에 대한 탄압이 풀리기 시작했으며 새로운 종교가 들어오기도 했다.

불교는 조선 시대 내내 탄압을 받았으나, 문호를 개방하자 일본 불교가 침투하기 시작했다. 조선에 진출한 일본 승려의 요청으로 1895년 승려의 도성 출입 금지령이 풀렸다. 불교의 공식적인 포교를 허용한 것이라고 할 수 있다. 이로써 조선의 불교는 탄압을 피하게 되었다. 그러나 일본 승려의 도움을 받음으로써 불교가 일본화하고 또 친일 불교가 성장하는 계기가 되기도 했다.

18세기 후반 조선에 들어온 천주교가 자유로운 포교 활동을 시작한 것은 1886년 프랑스와의 수호 조약이 체결된 이후의 일이었다. 이후 신학교와 성당이 설립되는 등 신도들이 늘어났다. 조선 최초의 순수 고딕식 건물인 명동 성당은 1892년 시작하여 1898년에 완공되었다. 한편, 이 무렵 영국의 성공회도 조선에 들어와 포교 활동을 시작했다.

미국과의 수교 이후 1880년대 중반에는 미국의 개신교 선교사들이 들어와 선교 활동을 시작했다. 알렌과 아펜젤러, 언더우드 등이 초기에 활

천주교의 포교 허용
'조프 수호 통상 조약'(1886)에는 "나아가 자기 종교의 각종 전례 의식도 마음대로 거행하도록 들어준다"라는 내용이 들어 있어 천주교가 신앙의 자유를 누리게 되었다.

인천 답동 성당
벽돌조 로마네스크 양식의 건물로, 명동 성당이 세워진 다음해인 1899년에 완공되었으며 1937년에 증축되었다. 인천 중구 소재

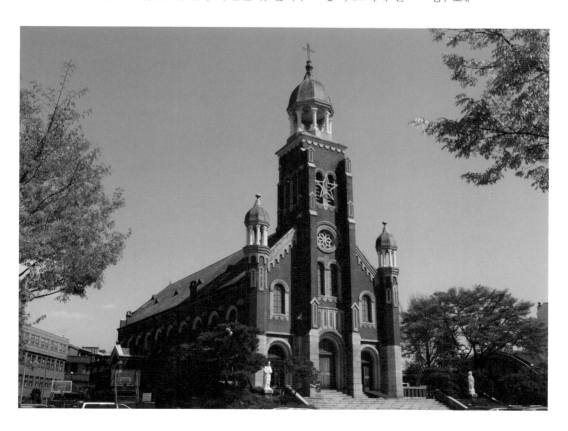

동한 선교사들이었다. 이들은 병원과 학교를 세워 선교의 목적을 달성하려 했다. 미국식 복음주의를 내세워 정치적인 문제는 관심을 기울이지 않았으며, 주로 예수를 믿고 구원을 받는 것으로 한정하여 활동했다.

동학은 동학 농민 운동 이후 극심한 탄압에 시달렸다. 2대 교주 최시형은 몸을 피해 동학의 재건에 몰두하다가, 1897년 손병희를 3대 교주로 삼아 동학의 맥을 잇게 했다. 최시형이 교수형에 처해진 후, 도피 생활을 계속하던 손병희는 일본으로 건너가 신문물을 접했다. 이 무렵 동학의 일부 지도자가 친일 경향을 보이자, 손병희는 동학을 천도교(1905)로 개칭하고 민족 종교의 정통성을 지키려 했다. 1907년 포교의 자유가 허용되자 천도교는 서북 지방에까지 널리 퍼져 불교 다음의 교세를 이루게 되었다.

이 무렵 동학 계열의 신흥 종교도 많이 생겨났는데, 강일순은 증산교를 만들어 포교를 시작했다(1902). 한편, 을사 5적 처단을 위해 노력했

강화 성공회 성당
1900년에 지었으며 외형은 불교 사찰의 모습을 하고 있으나, 내부는 서유럽의 바실리카 Basilica 양식을 따르고 있다. 초기 성공회 선교사들의 토착화 의지를 엿볼 수 있다. 인천 강화 소재

던 나철은 단군을 숭배하는 대종교를 만들어 민족의식을 높이는 데 힘썼다(1909).

을사조약으로 사실상 조선을 식민지로 만든 일제는 정치적인 활동을 제외한 순수한 종교 운동에 대해서는 방관하거나 오히려 협조적이었다. 이로써 다양한 종교가 널리 전파되었으나, 교단 대부분은 교세 확장에만 힘쓸 뿐 민족 문제에는 관심을 갖지 않은 경우가 많아 오히려 민족의식이 약화되는 측면도 있었다.

최초의 여학교, **이화 학당** 이야기

여성 선교사인 스크랜턴은 최초의 여학교인 이화 학당을 세웠다. 그러나 여성 교육에 대한 생각이 없었던 때여서 처음에는 입학하려는 학생이 없었다. 거의 1년여를 기다려 1886년 5월 첫 학생 한 명을 맞이했다. 그것도 학생의 부모에게 서약서까지 써 주고 입학시켜야 했다.

> "미국인 예수교 선교사 스크랜턴은 조선인 박씨와 다음과 같이 계약하고 이 계약을 위반하는 때는 어떠한 벌이든지 어떠한 요구든지 받기로 함. 나는 당신의 딸 복순이를 맡아 기르며 공부시키되 당신의 허락이 없이는 서방은 물론 조선 안에서라도 단 10리라도 데리고 나가지 않기를 서약함. 스크랜턴"

이 같은 어려움을 겪으며 출발한 이화 학당은 1887년 학생이 7명으로 늘어난 후, 1888년에는 18명, 1893년에는 30명으로 늘어났다.

여자가 남자 교사에게 가르침을 받는다는 것을 이상한 일이라 생각하던 시기여서, 이화 학당의 교사들도 여성으로 한정되었다. 다만 한문만은 남자 교사가 맡는 경우가 있었다. 그러나 남자 교사는 여학생을 마주 보고 가르치지 못하고, 항상 뒤로 돌아 앉아서 학생이 묻는 것에만 뒤돌아 대답을 해 주는 식으로 수업을 진행했다.

이화 학당이 사회적인 주목을 받는 가운데 큰 말썽이 되었던 것은 체조 수업이었다. 당시는 여성들이 걸음걸이조차 조심하게 하던 시절이어서, 체조 시간에 여학생들이 다리를 벌려 번쩍 든다는 것이 크게 문제가 되었던 것이다.

학부형들은 자기 딸들을 집으로 데려가기도 했으며, 이 같은 문제 때문에 이화 학당 학생은 며느리를 삼지 않겠다는 풍조가 일어나기도 했다. 이에 한성부에서는 정식으로 이화 학당에 공문을 보내 체조를 즉각 중단할 것을 통고하기도 했다.

14

신문물의 전래와
사회생활의 변화

1876년 강화도 조약으로 문호가 개방되면서 서양의 신문물이 전래되어 조선 사회에 큰 충격을 주었다. 신식 물건에는 서양에서 왔다하여 양복, 양철, 양말, 양식, 양은, 양동이 등 양(洋)이라는 말을 붙였다.

수입품은 200여 종이 넘었고 일본, 청, 영국, 러시아 등에서 들어온 물품이었다. 주로 일상 용품으로 우산, 거울, 모기장, 성냥, 석유, 양초, 치약, 비누 등이 있었으며, 특히 회중시계는 인기를 끌었다.

이 외에도 교통, 통신, 건축 등 다양한 분야의 새로운 문물이 들어오면서 조선인의 일상생활에는 여러 변화가 생겨났다.

근대적 통신 시설의 도입

개항 이후 일본에 간 수신사나 조사 시찰단, 청에 파견된 영선사, 미국에 파견된 보빙사 등은 새로운 통신 시설인 전신 시설과 우편, 전화의 편리함을 알게 되었다. 이들은 귀국해 그 중요성을 역설했고, 이에 따라 조선에도 여러 근대적인 통신 시설이 도입되기 시작했다.

조선에서 근대적인 우편 제도가 실시된 것은 보빙사로 미국에 간 홍영식이 통신과 관련된 시설들을 살펴보고 돌아온 뒤였다. 1884년 우정총국이 설치되고, 그 책임자에 홍영식이 임명되어 근대적인 우편 업무가 시작되었다. 그러나 우정총국 낙성식을 계기로 갑신정변이 일어나자 우정총국은 폐지되고 우편 제도도 중단되고 말았다.

그 뒤 1895년 을미개혁으로 우체사가 설치되어 다시 우편 제도가 실시되었다. 전국에 24개의 우체사가 설치되어 우편 업무는 전국적으로 확대되었으며, 국제 우편 업무도 실시했다. 1900년에는 만국 우편 연합에 가입함으로써 정식 회원국이 되었다.

한편, 조선에 최초로 전신 시설이 들어온 것은 1885년이었다. 청의 기술로 한성과 인천 사이에 전봇대로 전선을 연결하는 전신이 개통되고 이를 관리하기 위해 한성 전보총국이 설치되면서 전신 업무가 시작되었다. 이후 한성과 의주, 한성과 부산, 한성과 원산 사이에도 전신선이 가설되었다. 이로써 종래의 역참제와 봉수제 같은 통신 수단을 완벽하게 대체하는 근대적인 전신 시설이 갖추어지게 되었다.

전화는 1898년경 한성의 궁궐과 인천 사이에 처음으로 개통되었다. 일반인을 대상으로 한 전화가 개통된 것은 1902년이었다. 설치비가 비싸 1905년 무렵에도 가입자가 80여 명에 그쳤으며 그나마 외국인이 절반이었을 것으로 추정되고 있다. 당시에는 전화기가 말을 전한다고 하여 전어기라고도 했다.

이와 같은 통신 시설들은 일본의 침략 야욕이 본격화되면서 가장 먼저 침탈의 대상이 되었다. 군사적인 용도와 식민지 지배를 위해서는 통신 시설이 필수였기 때문이다. 이미 일본은 청일전쟁 때 전신 시설의 일부를 접수해 이용한 적이 있었다.

1904년 러일 전쟁이 일어나자 일본은 대한 제국의 전신 선로를 점거하여 사용하고 이를 보호한다며 군대까지 주둔시켰다. 그러고는 한국 정부에 통신권 이양을 요구하더니, 1905년 '한일 통신 협정'을 강제로 체결하고 우편, 전신, 전화 등 모든 통신 기관을 강탈했다. 이는 을사조약의 체결보다 반년이나 앞서서 이루어진 일이었다.

새로운 교통 시설의 도입

교통 시설에도 큰 변화가 나타나, 증기선이 도입되고 철도와 전차가 운행되었다. 개항 이후 일본에 파견된 수신사 일행은 기선과 기차를 통해 손쉽게 도쿄에 도착하는 것을 보고 모두 크게 놀랐다. 과거 통신사가 몇 개월에 걸쳐 이동한 길을 불과 2~3일 만에 도착했기 때문이었다. 이에 조선에서도 근대적인 교통수단에 관심을 기울이게 되었다.

수신사로 일본에 다녀온 김기수는 《일동기유》를 통해 철도에 관한 지식과 그 편리함을 소개했다. 그 뒤 일본에 다녀온 김홍집, 주미 공사 박정양, 주미 대리 공사 이하영 등도 철도의 필요성을 역설했다.

이후 철도 부설이 계획되어, 1896년 미국인 모스가 경인선 철도 부설권을 특허받았다. 그러나 모스가 자금 조달에 실패하여 철도 부설 공

김기수의 기차에 대한 소감
"차마다 모두 바퀴가 있어 앞 차의 화륜이 한 번 구르면 여러 차의 바퀴가 따라서 모두 구르게 되는데, 천둥 번개처럼 달리고 비바람처럼 날뛰어 한 시간에 300~400리를 달린다고 하는데도, 차체는 안온하여 조금도 요동하지 않는다."
— 김기수, 《일동기유》

사는 결국 일본의 손으로 넘어갔다. 1899년 마침내 제물포와 노량진 사이의 경인선이 처음으로 개통되었다.

이후 일본은 서양 세력에게 특허된 철도 부설권을 차례로 인수하여 대한 제국의 철도 사업을 독점하게 되었다. 그 뒤 1905년 한성과 부산을 잇는 경부선이 개통되었으며, 1906년 한성과 신의주를 잇는 경의선이 개통되었다. 물론 이러한 철도 부설 사업은 일본의 침략 정책의 수단으로 이루어졌다.

철도와 함께 대중교통으로 등장한 것이 전차였다. 1898년 미국과 합작으로 한성 전기 회사가 세워진 후 전차 공사가 시작되어, 1899년 서대문과 청량리 사이에 처음으로 전차가 운행되었다. 아울러 전기가 본격적으로 보급되면서 그 이듬해에는 종로에서 처음으로 민간 전등이 불을 밝혔다.

한편, 해운에서도 종래의 범선을 대신해 1880년대에 기선이 도입되었다. 주로 세곡을 운반하기 위해 도입된 기선은 열강의 해운회사와 경쟁하느라 어려움이 많았으며, 청일 전쟁 때에는 일본에 징발당하기도

초창기의 전차
1899년 처음으로 한성의 서대문에서 청량리 사이에 운행을 시작했으며, 그 후 부산 및 평양에도 개설되었으나, 1969년 자동차에 밀려 모두 폐기되었다.

했다. 또 인력거가 널리 보급되어 가마를 대신하는 교통수단으로 많이 이용되기도 했다.

서양 의학의 도입과 병원 설립

개항 이후 달라진 여러 가지 변화 중 하나는 새로이 서양 의술이 전래된 것이었다. 이미 강화도 조약 체결 직후에 일본인들에 의해 서양 의술이 소개되면서, 부산에 생겨난 재생 의원을 비롯해 개항장에 병원들이 세워졌다.

이후 서양 의술에 대한 관심이 커지게 된 것은 갑신정변으로 상처를 입은 민영익이 미국 선교사이며 의사였던 알렌에게 치료를 받으면서부터였다. 이후 알렌은 궁궐 의사로 임명되어 근대적 병원의 설립을 건의했다. 그리하여 1885년 최초의 서양식 병원인 광혜원(제중원)이 설립되었다.

이처럼 서양 의술에 대한 관심이 커지면서 대한 제국 정부에 의해 여러 관립 병원이 세워졌다. 1899년 경성 의학교와 내부 병원

차가운 음시큰 초심하세요.

이 설립되고, 1900년 내부 병원의 이름을 바꾼 광제원이 설립되어 의료 인력 양성과 진료를 실시했다.

1904년에는 미국인 실업가 세브란스의 재정 지원을 받은 제중원이 현대식 병원을 지어 옮기고 세브란스 병원이라 했다. 1907년 통감부는 대한 제국이 세운 경성 의학교와 광제원을 폐지하고 그 기능을 이관한 대한 의원을 설립하여 운영했다.

서양 건축의 전래와 생활의 변화

개항과 더불어 서양의 건축 양식이 들어오면서 건축에서도 새로운 전환점을 맞이하게 되었다. 개항에 따라 일본의 영사관과 공사관이 1880년 원산을 필두로 인천, 한성, 부산에 차례로 세워졌는데, 이 건물들은 모두 일본 기술이 들어간 서양식을 본뜬 2층 목조 건물들이었다. 이어서 러시아 공사관(1890), 영국 공사관(1890) 등 유럽 각국의 공사관이 르네상스식 2층 벽돌 건물로 한성에 그 모습을 드러냈다.

또 기독교의 선교가 본격적으로 시작되면서 고딕 양식의 학교와 성당, 교회가 세워졌다. 1897년 준공된 정동 교회는 고딕 양식의 벽돌 건축물로 최초의 개신교 교회였다. 1898년 완공된 명동 성당은 최초의 순수 고딕 양식의 건축물로, 당시에는 '뾰족집'이라 불리며 많은 사람이 구경을 오는 명물이었다.

독립 협회의 주도 아래 고종을 비롯해 많은 민중의 참여로 세워진 독립문(1898년경)도 서양식 석조 건축물이었다. 1900년에 착공되어 1910년에 완공된 덕수궁 석조전은 유럽 궁전 건축 양식을 따른 것으로, 당시 건축된 서양식 건물 가운데 규모가 가장 컸다.

전통적인 객주나 여각 또는 주막을 대신한 여관이나 호텔이 등장한 것도 새로운 모습이었다. 1902년 한성에는 독일 여인 손탁에 의해 손탁 호텔이 세워져 영업을 시작했다. 호텔 식당에서는 서양식 음식과 함께 커피를 판매하기도 했다. 당시 커피는 가배라고 불렸는데 고종은 물론 궁녀들도 커피를 즐겨 마셨다.

덕수궁 석조전
덕수궁 안에 세워진 서양식 건축물이다. 1900년에 착공하여 10년 만인 1910년에 완공한 르네상스식 건물이다. 고종이 살아 있을 때 잠시 사용했으며, 해방 후에는 미소 공동 위원회의 회담 장소로 사용되었다. 서울 중구 소재

서양식 황제복을 입은 고종
고종이 독일식 제복을 입은 것은 강력한 황제 중심의 정치를 지향했기 때문이었다.

사람들의 일상생활에서도 새로운 변화들이 나타났다. 을미개혁으로 발표된 단발령은 많은 저항을 받았지만, 시간이 흐르면서 단정한 짧은 머리의 편리함 때문에 점차 단발이 퍼져 가고 있었다. 머리를 깎아 주는 이발소가 생겨나 영업을 시작했으며 일본에서 들여온 이발기가 사용되기도 했다.

1883년 미국에 파견되었던 서광범이 조선 사람으로서는 처음으로 양복을 입고 돌아온 이후 양복이 점차 확산되었다. 갑오개혁 이후 관리와 군인의 옷도 양복으로 바뀌었고, 대한제국 시기에 고종도 서양식 황제복을 입었다. 양복을 입고 상투가 없어지면서 콧수염을 기르는 사람들도 늘어났다. 여기에 안경과 지팡이까지 든 사람을 당시에는 '개화 신사'라고 부르기도 했다.

이처럼 서양 문물이 전해지면서 조선인의 일상생활에는 여러 변화들이 생겨났다. 그러나 이러한 변화가 자발적으로 이루어진 것이라기보다는 외세의 침략 속에 이루어진 것이라는 데에 아쉬움이 있다.

여성의 생활은 어떻게 달라졌을까?

19세기 말 여성들의 생활도 달라지고 있었다. 여성도 외부 활동을 하면서 전통적인 남녀 차별에 대한 생각도 달라졌다. 이미 천주교와 동학을 통해서도 남녀가 서로 동등하다는 생각이 퍼져 가고 있었다. 그러던 중 개신교가 들어오면서 첩을 두는 제도나 재혼을 금지하는 내용에 대해 반대 운동이 일어나기도 했다.

여성 교육이 시작된 것도 개화기에 나타난 새로운 모습이었다. 선교사들이 이화 학당(1886)을 비롯한 여학교를 설립하면서부터 여성 교육에 대한 관심도 커지게 되었다. 〈독립신문〉을 비롯한 여러 신문은 여성들도 교육을 받아야 하며 사회에 참여할 권리가 있다는 것이 강조했다. 이후 우리 손으로 세운 최초의 여학교인 순성 학교(1899)를 비롯한 여러 여학교가 설립되었다.

특히 개화기를 거치면서 크게 달라진 것 중의 하나는 여성도 이름을 갖게 되었다는 점이다. 갑오개혁 이후 1896년 새로운 호적법이 시행되면서부터의 일이었다. 조선 시대에 양반이 아닌 여성들은 특별한 경우가 아니면 이름이 없었다. 대개는 간단한 아명을 만들어 부르거나 성만을 불렀다. '김씨', '이씨'라고 하거나 고향이 어딘가에 따라 '무슨 댁' 또는 '아무개 엄마' 등이 여성에 대한 일반적인 호칭이었다. 그런데 이제 호적에 올릴 때 이름을 붙이게 된 것이다.

여성의 옷차림에도 변화가 왔다. 오랫동안 얼굴을 가리던 장옷이나 쓰개치마 등이 사라져 갔다. 또 여학교의 교복으로 흰색 저고리와 길이가 짧은 검은색 치마가 많아지면서 이 같은 복장이 퍼져 나갔다. 많지는 않았지만 외국 여성처럼 양장을 하고 양산을 받치고 다니는 여성도 생겨났다.

2부

● **1911년**   105인 사건

● **1912년**   토지 조사 사업(~1918)

● **1919년**   3·1 운동, 대한민국 임시 정부 수립

● **1920년**   봉오동 전투, 청산리 대첩

● **1926년**   6·10 만세 운동

● **1927년**   신간회 조직

● **1929년**   광주 학생 항일 운동

● **1932년**   이봉창, 윤봉길 의거

● **1935년**   동북 항일 연군 결성

● **1938년**   조선 의용대 조직

● **1940년**   한국광복군 조직

● **1942년**   조선 독립 동맹, 조선 의용군 조직

● **1944년**   조선 건국 동맹 조직

● **1945년**   8·15 해방

민족 독립운동의 전개

일제는 '을사조약'과 '한일 병합 조약'을 차례로 강요하여 대한 제국

은 일본의 식민지로 전락하고 말았다. 제국주의 국가가 식민지를 확보하려

는 목적은 크게 두 가지다. 하나는 식민지를 식량 및 자원 공급지로 삼으려

는 것이고, 또 하나는 상품 판매 시장으로 만들려는 것이다. 일제는 이를

달성하고자 초기부터 강압적인 통치 방법을 동원했다.

01

1910년대 일제의
식민 통치 정책

조선과 그 뒤를 이은 대한 제국은 개혁을 통해 자주적 국민 국가를 수립하려는 여러 시도를 했지만 모두 실패했다. 반면에 일본 제국주의는 청일 전쟁과 러일 전쟁에서 모두 승리하여 대한 제국을 식민지화할 수 있는 유리한 위치를 차지했다.

　마침내 일제는 '을사조약'과 '한일 병합 조약'을 차례로 강요하여 대한 제국은 일본의 식민지로 전락하고 말았다. 제국주의 국가가 식민지를 확보하려는 목적은 크게 두 가지다. 하나는 식민지를 식량 및 자원 공급지로 삼으려는 것이고, 또 하나는 상품 판매 시장으로 만들려는 것이었다. 일제는 이를 달성하고자 초기부터 강압적인 통치 방법을 동원했다.

조선 총독부의 설치

1910년 8월 29일 발표된 '한일 병합 조약(한국 병합 조약)'에 따르면 "한국 황제 폐하는 한국 전체에 관한 일체의 통치권을 완전히 그리고 영구

'한일 병합 조약'의 불법성
'한일 병합 조약'은 내각 총리 대신 이완용과 통감인 데라우치가 전권 위원이 되어 통과시켰으며, 1910년 8월 29일에 공포되었다. 이 조약의 공포문에 순종의 서명이 빠져 있어서, 순종이 최종 비준을 하지 않은 것으로 확인되었다. 따라서 이 조약은 불법이며 무효라는 주장이 제기되고 있다.

히 일본국 황제 폐하에게 양여함"이라고 되어 있다. 이로써 대한제국의 모든 통치권은 일제의 지배 아래 놓이게 되었다.

일제는 대한 제국의 국권을 강탈한 직후 대한 제국이란 국호 대신 조선이라 부르게 했다. 대한 제국의 황실은 그대로 두었으나, 순종을 황제가 아닌 '이왕李王'으로 격하했으며, 고종은 '이태왕'으로 부르게 했다. 한 나라의 상징적인 존재인 왕실을 제거함으로써 생기는 불필요한 반발을 사지 않으려는 의도였다. 또한 국권의 강탈이 우호적으로 이루어졌다는 것을 선전하기 위한 것이기도 했다.

아울러 '조선 총독부 관제'를 제정하여 한반도의 유일한 통치 기구로 조선 총독부를 설치했다. 조선 총독은 식민지의 절대 권력자로서 행정, 입법, 사법권 등 모든 권력을 행사한 사실상 왕에 해당하는 존재였다. 조선 총독부 관제에는 조선 총독은 일본 천황에 직속되며, 육·해군 대장으로서 그 역할을 맡게 한다고 하는 내용이 있는데, 이는 일제의 조선 통치가 군사적이고 폭력적으로 이루어질 것이라는 예고였다.

한반도의 호칭
대한 제국(한국)이란 국호가 사용된 것은 '한일 병합 조약'이 마지막이었다. 일제는 이 조약을 발표한 1910년 8월 29일, 일본 천황의 칙서에 따라 대한 제국 대신 조선이라고 부르게 했다.

조선 총독부 청사
일제는 처음에는 구 통감부 청사를 그대로 사용했으나, 1918년부터 경복궁 구내에 새 총독부 청사를 짓기 시작해 1926년 대리석 건물의 청사를 완공했다. 김영삼 정부가 들어서고 1995년에 해체되었다.

또 조선 총독의 자문 기관으로 중추원을 두었는데, 여기에는 이완용 같은 친일파를 고문으로 임명했다. 이는 식민 통치에 조선 사람도 참여한다는 명분을 내세우기 위한 것이었을 뿐 이들은 식민 통치의 들러리에 불과했다.

억압적인 통치 정책의 실시

국권을 강탈한 일제가 초기에 선택한 통치 방법은 무단 통치라고 불리는 가혹한 군사 통치의 방법이었다.

먼저 일제는 조선인에게서 집회, 결사, 언론 등 모든 정치적인 자유를 빼앗아 버렸다. 모든 사회·정치 단체를 해산했다. 심지어 일진회 같은 친일 단체도 해산했는데, 이로써 국권 피탈 이후에는 어떤 정치 단체도 합법적으로 활동할 수가 없게 되었다. 아울러 일제는 조선인의 독립 의지를 꺾기 위해 많은 애국지사를 체포했다. 특히 총독 암살 미수 사건으로 조작한 105인 사건*을 통해 많은 항일 운동 지도자를 감옥에 가두었다.

일제는 신문의 발행도 철저히 통제했다. 국권 피탈 전 민족적인 기사를 많이 실었던 〈대한매일신보〉를 개편하여 사실상 총독부 기관지인 〈매일신보〉로 만들었다. 그리고 〈경성일보〉라는 일어판 총독부 기관지를 발행했으며, 영자 신문으로 〈서울 프레스〉라는 선전용 신문을 만들었다. 이로써 조선인용, 일본인용, 대외 선전용 세 가지의 총독부 신문과 일부 지방지만이 발행될 수 있었다.

일제는 조선인을 식민지 노예로 육성하기 위해 '제1차 조선 교육령'을 발표했다(1911). 이에 따라 조선에서는 고등 교육을 제한하고 보통 교육과 실업 교육만을 강조했다. 교육의 목적은 '천황에 충량한 국민을 교육'하는 것이었으며, 보통학교의 교과서에는 '좋은 학생은 늘 천황 폐하의 은혜를 감사히 생각'한다고 가르쳤다. 조선 학생에게 일본어와

● 105인 사건
1911년 일제가 항일 운동을 탄압하기 위해, 총독 암살 미수 사건을 확대, 조작하여 신민회 회원을 비롯한 애국지사 수백 명을 투옥한 사건이다. 1심 재판에서 유죄 판결을 받은 사람이 105명이었기에 '105인 사건'이라고 한다.

천황의 고마움을 주입하여 천황에 충실한 일본 국민을 육성하고자 했던 것이다.

아울러 민족 교육을 이끌던 사립 학교를 탄압하여 국권 피탈 전 3,000여 개에 달하던 사립 학교가 1919년에는 740개로 줄어들었다.

잔인한 헌병 경찰 통치

일제가 실시한 무단 통치의 핵심은 조선의 치안을 유지한다는 명목으로 실시된 악명 높은 헌병 경찰 통치였다. 군인의 경찰인 헌병으로 하여금 치안 유지에 관한 경찰 업무를 담당하게 한 것이다.

헌병 경찰 통치의 가장 잔인했던 점은 즉결에 관한 규정이었다. 헌병 경찰에게는 재판소에서 재판을 받지 않고 즉결할 수 있는 권한이 주어졌다. 일본인은 정식 재판 절차를 거쳤으나 조선인은 재판 없이 형벌을 받게 된 것이다. 그것도 군대를 다스리는 헌병에 의해 이루어졌다. 이는 조선인의 행동을 제약하는 최고의 무기 가운데 하나였다.

또 '조선 태형령(1912)'을 제정하여 조선인에게만 적용했다. 이는 근대

태형 도구 형판
태형 집행을 위해 사용했던 형판이다. 충남 천안 독립 기념관 전시(복제품)

서대문 형무소
일제는 대한 제국의 구국 운동을 탄압하면서 1908년 대규모 근대식 감옥을 신축했다. 국권 피탈 후 수많은 독립 운동가가 이곳에 투옥되었으며, 이후 서대문 형무소로 이름이 바뀌었다. 현재는 역사 교육의 현장으로 활용되고 있다. 서울 서대문구 소재

법 체계에서는 찾아볼 수도 없는 것으로 몹시 잔혹했다. '조선 태형령 시행 규칙'에 따르면, "태형은 수형자를 형판에 엎드리게 하고, 그자의 양팔을 벌리게 하여 형판에 묶고 양다리도 같이 묶은 후 볼기 부분을 태로 친다."라고 했으며, "집행 중 수형자가 비명을 지를 우려가 있을 때에는 물로 적신 천으로 입을 막는다."라고 되어 있다.

아울러 일제는 일반 관리는 물론 심지어 교원에게도 제복을 입고 칼을 차게 했다. 이처럼 일제의 무단 통치는 잔인하게 행해졌다. 당시 한 일본인 기자조차도 "일반 인민의 자유를 구속하여 모두 군대에 와 있는 것이 아닌가 하는 생각이 들 지경에 이르니, 조선 반도는 전부 군영화되었다."라고 할 정도였다.

토지 조사 사업의 실시

일제는 조선을 식민지 본래의 목적인 식량 및 자원 공급지와 상품 판매 시장으로 만들어 자본주의 수탈 체제에 편입하기 위한 여러 정책을 시행했다.

먼저, 일제는 식민 통치의 기초 자료를 마련하기 위해 토지 조사 사업을 실시했다. 일제가 내세운 명분은 지세의 공정한 부과와 토지 소유 관계를 근대적으로 정리한다는 것이었다. 그러나 실제로는 지세 수입을 늘려 식민 통치에 필요한 재정 수입을 확보하고, 토지 소유권을 조사하여 조선 총독부의 소유지를 넓히기 위해서였다.

토지 조사 사업은 소유권자가 정해진 기간 내에 직접 신고하여 소유자임을 밝히는 신고주의 원칙에 따라 진행되었다. 이 과정에서 농민들의 관습적인 경작권이 부정되고 지주의 소유권만이 인정되었다. 종래 왕실이나 국가의 토지, 마을의 공유지 등은 주인이 없는 토지로 분류되어 조선 총독부의 소유지로 되는 경우가 많았다.

토지 조사 사업으로 조선 총독부의 소유지가 크게 확대되었다. 조선 총독부는 이를 동양 척식 주식회사나 일본인에게 싼값으로

분배하여, 이들이 조선에서 대지주로 성장하게 되었다. 반면에 많은 농민이 기한을 정해 계약을 하는 소작인으로 전락하여, 높은 이자의 소작료를 부담하는 등 소작 조건이 크게 악화되었다.

그 밖에도 일제는 어장 조사를 비롯해 광산 조사와 임야 조사 등을 실시하여, 자원 수탈을 위한 기반을 마련했다. 아울러 인삼, 담배, 소금 등의 전매 제도를 실시하여 식민 통치를 위한 재정 수입을 확대했다.

식민지 수탈 제제의 확립

일제는 조선의 금융과 산업에 대한 침탈의 기반을 닦기 위해 1909년 통감부에서 설치한 한국은행을 조선은행으로 개칭했다. 조선은행은 화폐를 발행하는 등 중앙은행으로서의 기능을 하며 금융계를 장악했다.

이와 함께 일제는 '회사령'(1912)을 공포하여 조선에서 회사를 설립

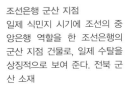

조선은행 군산 지점
일제 식민지 시기에 조선의 중앙은행 역할을 한 조선은행의 군산 지점 건물로, 일제 수탈을 상징적으로 보여 준다. 전북 군산 소재

할 때에는 반드시 총독의 허가를 받도록 했다. 이는 조선인의 회사 설립을 억제하고, 동시에 저임금 노동력을 이용하려는 일본 자본이나 외국 자본의 조선 진출을 통제하려는 것이었다. 그러나 일부 친일파의 기업 설립이나 일본 기업의 조선 진출은 허가했다. '회사령'의 근본 목적은 조선을 일제의 상품 시장으로 이용하려는 데 있었다.

또한 수탈 및 통치에 활용하기 위해 도로와 철도, 항만 등의 건설 사업도 활발히 진행했다. 철도는 국권 피탈 전에 완공된 경부선(1905), 경의선(1906)에 이어 호남선(1914), 경원선(1914)을 새로 건설하여 한반도에 X자 모양의 간선 철도망을 완성했다. 또 도로 건설에 나서 1917년에는 약 2,700km에 달하는 도로망이 완성되었다. 아울러 부산, 인천, 진남포 등 주요 항구의 항만 시설을 확충했다.

이로써 일본 상품이 조선에 물밀 듯이 들어오고, 조선에서 식량과 자원 등이 일본으로 대거 실려 갈 수 있는 기반 시설이 구축되었다. 이제 조선은 일본 제국주의의 수탈 체계에 확실하게 편입되었다.

일제로부터 **작위**를 받은 자의 대부분은 **'노론'**

'한일 병합 조약'을 통해 대한 제국의 국권을 강탈한 일제는 조선인 76명에게 귀족 작위와 은사금을 내려 주었다(8명은 거절 또는 반납). 이는 이 조약 5조의 "일본국 황제 폐하는 훈공이 있는 한국인으로서 특히 표창에 적당하다고 인정된 자에게 영작을 수여하고 은급을 부여한다."라는 내용에 따른 것이었다.

그만큼 대한 제국의 지배층 중에 일제에 협력하여 병합에 찬성한 이가 많았으며, 일제가 순조롭게 대한 제국의 국권을 강탈하는 데 크게 도움이 되었다는 뜻이다. 이들 대부분은 조선과 그 뒤를 이은 대한 제국의 유력 가문 출신이었다.

작위를 받은 이들의 출신을 살펴보면 황실 외척을 비롯해 황실 관련 인사가 많았다. 대한 제국의 황실조차 일제의 국권 강탈에 협력했다는 뜻이다. 또 당파가 확인되는 이들을 보면 노론이 대다수였다. 당파를 알 수 있는 64명 중 북인 2명, 소론 6명을 제외한 56명이 모두 노론이었다. 남인은 한 명도 없었다.

조선 후기부터 권력을 장악하고 부정부패를 일삼아 온 노론 세력이 나라를 팔아먹는 데 앞장선 것은 전혀 이상한 일이 아닌지도 모른다. 노론은 오직 성리학만 맹신하여, 새로운 학문은 이단으로 몰아 탄압했다. 또 왕권마저 무력화해 심지어 고종도 스스로를 노론이라며 변호했을 정도였다. 이들은 권력 유지를 위해 개혁을 통한 변화를 억압했다.

결국 조선 후기 이래 권력을 장악해 온 노론 세력은 나라를 위기에 빠뜨렸으며, 또 나라가 위기에 처하자 개인의 이익을 추구해 결국 다수가 일제의 귀족이 되어 친일파로 전락했다.

02

1910년대 국내외
항일 독립운동

일제의 국권 강탈과 가혹한 무단 통치로 인해 식민지 조선인은 생사의 갈림길에 놓이게 되었다. 식민지 수탈 체제가 확립되면서 일본인 지주뿐만 아니라 조선인 지주의 토지는 크게 늘어난 반면, 자작농에서 소작농으로 몰락하는 농민은 크게 늘어났다.

일제의 야만적인 탄압이 계속되는 가운데 해외로 떠나는 사람도 늘어나 1910년대에 약 40만 명이 만주와 연해주, 일본 등지로 떠나갔다. 또 많은 애국지사가 만주나 연해주 등 해외로 망명했다. 그런 가운데서도 일제의 국권 강탈 직후부터 국내외에서는 다양한 항일 독립운동이 전개되었다.

계속되는 항일 의병 투쟁

국권 피탈 전부터 계속된 항일 의병에 대한 일제의 잔인한 '토벌' 작전으로 수많은 의병장과 의병 들이 희생되었다. 이러한 상황에서 의병 투쟁을 지속한다는 것은 몹시 어려웠다.

● 채응언

1915년 체포될 때까지 8년 동안 의병 투쟁을 계속했다. 헌병 분견소를 공격했으며, 일제와 내통한 이를 처단하기도 했다. 채응언의 의병 부대는 주로 황해도 곡산군에서 활동하며, 평남, 강원, 함경도 등 도계를 넘나들며 유격 전술을 구사했다.

대한 광복회 기념비
1910년대에 활동한 비밀 결사 조직인 대한 광복회의 천안 지역 회원을 기리기 위해 세운 기념비다. 충남 천안 소재

일제가 전 국토를 장악한 국권 피탈 이후 의병 투쟁은 훨씬 더 어려운 상황에 놓이게 되었다. 일부 의병 부대는 결국 투쟁을 포기하거나, 해외로 이동하여 이제는 구국 운동이 아닌 새롭게 독립을 위한 투쟁 대오를 갖추어 갔다.

어려운 여건 속에서도 굴복을 거부한 일부 의병들은 산악 지역을 중심으로 투쟁을 계속했다. 국권 피탈 초기의 항일 의병 투쟁은 황해도의 평산, 수안, 곡산 등과 경상도의 소백산 일대에서 벌어졌다. 그 세력은 이전에 비하면 대폭 줄어들어 수십 명에서 많아야 수백 명에 불과했다. 그러나 일제의 식민지가 되는 것을 거부하고 희생을 감수하며 투쟁 의지를 보여 준 대표적인 항일 투쟁 사례의 하나다.

이 시기에 활동한 대표적인 의병 투쟁 세력으로 김정환이 이끌던 황해도 평산 지방의 의병 부대와 채응언●이 이끌던 황해도 곡산 지방의 의병 부대가 잘 알려져 있다. 이들은 일제의 헌병 경찰 기관이나 수비대를 습격하거나 철도를 파괴하는 등의 유격전을 전개했다.

비밀 결사를 통한 항일 투쟁

일제의 거미줄 같은 통치 조직이 한반도의 구석구석까지 미치는 어려운 상황에서 의병 부대를 통한 무장 투쟁은 점차 어렵게 되었다. 합법적인 정치 활동마저 헌병 경찰을 동원한 무단 통치로 완전히 막혀 버린 상황에서, 이전의 의병장을 비롯한 애국지사들은 항일 비밀 결사를 조직하기 시작했다.

이들 비밀 결사는 일제를 몰아내고 독립을 달성할 것을 투쟁 목표로 하여, 악질 친일파의 처단, 군자금 모금 같은 활동을 전개했다. 이 시기에 독립 의군부, 대한 광복회, 기성볼단, 조선 국민회, 송죽회 같은 비밀 결사가 조직되었다.

독립 의군부는 1912년 임병찬이 고종의 밀지를 받아 국권 회복

박상진 재판 보도 기사
대한광복회의 중심인물인 박상진의 재판 관련 내용을 보도한 기사다. 〈동아일보〉 1922. 3. 27.

을 목표로 전라북도에서 조직했다. 임병찬은 국권 피탈 전 최익현과 함께 의병 투쟁을 하다 체포되어 쓰시마 섬에 유배되었다가 풀려난 의병장이었다.

독립 의군부는 일본 내각 총리와 조선 총독에게 부당하게 빼앗아 간 조선의 국권을 즉시 돌려줄 것을 요구하는 국권 반환 요구서를 보내기도 했다. 또한 일제 통치배와 악질 친일파를 제거하기 위한 활동을 벌였으며, 전국적으로 의병을 일으키려 했다. 그러나 조직이 발각되어 1913년 임병찬이 체포됨으로써 그 활동의 막을 내리고 말았다.

1913년에는 경북 풍기에서 광복단이 조직되었으며, 1915년 초에는 대구에서 조선 국권 회복단이 결성되었다. 1915년 두 조직의 일부 인사가 새로 조직한 비밀 결사가 대한 광복회였다. 박상진 등이 중심이 된 대한 광복회는 군대식 조직을 갖추었으며, 군자금을 모아 독립군을 양성하고 중국의 신해혁명처럼 일제히 혁명을 일으켜서 공화제 국가를 건설하려는 계획을 가지고 있었다.

대한 광복회는 만주의 독립운동 세력과 연계하여 국내의 거점을 확대해 갔다. 대한 광복회는 행동 강령으로 '비밀, 폭동, 암살, 명령' 등을 내세웠으며, 어려운 활동 조건 속에서 의열 투쟁 단체로 전환해 갔다.

대한 광복회 강령
1. 부호의 의연 및 일본인이 불법 징수하는 세금을 압수하여 무장을 준비한다.
2. 남북 만주에 사관 학교를 설치하여 독립 전사를 양성한다.
3. 종래의 의병 및 만주 이주민을 소집하여 훈련한다.
4. 중국과 러시아에 의뢰하여 무기를 구입한다.
5. 일인 고관 및 한인 반역자를 수시 수처에서 처단하는 행형부를 둔다.
— 경상북도 경무부,
《고등경찰요사》

그러나 1918년 조직망이 발각되어 와해되었다.

이 시기의 비밀 결사 중에는 합법적인 단체를 가장하며 활동한 경우도 있었다. 1914년 평양에서 조직된 기성볼단은 겉으로는 야구 운동 단체임을 표방했으나, 사실은 만주의 독립군 양성 학교인 신흥 학교(뒤의 신흥 무관 학교) 등에 학생들을 입학시키기 위한 조직이었다. 실제로 이 단체의 적지 않은 성원들이 만주로 건너가 독립군에 참여했다.

그 밖에 평양의 숭실 학교 졸업생과 재학생, 교사 등을 중심으로 결성된 조선 국민회, 여성들이 중심이 된 송죽회* 등이 활발하게 활동했다. 이 시기의 비밀 결사들은 어려운 환경 속에서도 희망을 잃지 않고 조선인의 투쟁 의지를 보여 주었다는 측면에서 그 의의를 찾을 수 있다.

● 송죽회
여성 비밀 결사 조직으로, 송죽 결사대라고도 한다. 1913년 평양 숭의 여학교의 교사 김경희와 황에스터가 졸업생, 재학생 등과 함께 조직했다. 이들은 독립군의 자금 지원, 망명 지사의 가족 돕기, 독립을 위한 회원들의 실력 양성을 목적으로 했다. 매주 비밀 집회를 열어 토론회와 역사 강좌를 가졌으며, 비밀 유지를 위해 점조직 형태로 활동하면서 이문회, 공주회 등 다른 이름을 사용하기도 했다.

해외에서의 독립운동

국권 피탈 이후 의병 투쟁과 애국 계몽 운동을 이끌던 애국지사들은 국내에서의 항일 투쟁이 어려워지자 국외로 눈을 돌렸다. 특히 조선과 국경을 마주하고 있던 만주와 연해주는 일제의 세력이 아직 미치지 못하는 지역인 데다 많은 조선인이 거주하고 있었다.

이에 일부 의병장들은 부대를 이끌고 압록강, 두만
강을 건너 만주와 연해주 일대에 근거지를 마련했다.
특히 홍범도가 이끈 의병 부대는 장백, 무송 일대를 중
심으로 연해주를 오가며 새로운 독립군 조직을 위해
노력했다.

한편, 비밀 결사로서 애국 계몽 운동 단체였던 신민
회는 국권 피탈 이전부터 만주에 독립운동의 근거지를
마련하기 위한 준비를 하고 있었다. 신민회 회원이었
던 이회영, 이동녕 등은 만주의 류허현(유화현) 산위안
푸(삼원보)로 이주하여 거점을 마련하고 1911년 경학
사라는 단체를 조직했다.

경학사는 독립운동 자금을 마련하기 위해 황무지를
사서 개간했으며, 독립군 간부 및 그 간부 양성을 목표로 신흥 강습소를
설립했다. 그러나 흉년 등 자연재해가 겹치는 어려움으로 경학사는 해
체되고 말았다.

그 후 경학사의 활동은 허혁, 김동삼 등이 중심이 되어 1912년 조직
한 부민단으로 이어졌다. 부민단은 '부여의 옛 땅에서 부여 유민이 부
흥 결사를 세운다'는 뜻에서 붙인 이름이었다. 부민단 역시 독립 전쟁
을 목표로 신흥 강습소의 운영에 중심을 두고 활동했다. 신흥 강습소는
신흥 (중)학교로 이름이 바뀌었다가 1919년에는 신흥 무관 학교●로 개
편되었다.

또한 신민회의 대표적 인물의 한 사람이었던 이동휘는 만주의 왕청
현 대전자에서 동림 무관 학교를 세워 독립군 양성에 힘썼다. 이 밖에
홍범도가 조직한 포수단, 대종교의 서일이 조직한 중광단 등 많은 독립
운동 단체도 독립군 간부 양성을 위한 시설을 갖추고 활동했다. 이처럼

이회영 초상화
신민회 회원이었던 이회영은
독립운동 기지 건설에 나서 만
주의 삼원보에 거점을 마련하
고 경학사를 조직하는 큰 역할
을 했다. 서울 종로구 우당 기
념관 전시

●신흥 무관 학교
독립군 양성을 위한 군사 훈
련에 주력했으며, 1920년 폐
교될 때까지 졸업생 2,000여
명을 배출했다. 이들은 이후
독립 투쟁 과정에서 큰 역할
을 했다.

만주의 독립 운동가들은 독립운동의 근거지와 독립군 양성을 위한 준비를 해 가는 한편, 비록 소규모이기는 하나 국경 너머 일제의 수비대를 공격하여 무기를 마련하는 등의 투쟁도 병행했다.

러시아령 연해주의 블라디보스토크에는 한인의 집단 거주지인 신한촌이 형성되었는데, 1911년 이곳에서 이상설, 이동녕, 유인석 등이 항일 독립운동 단체인 권업회를 결성했다. 권업회는 1914년 이상설과 이동휘를 정·부통령으로 하는 대한 광복군 정부라는 독립군 조직을 만들어 독립 전쟁을 준비했다.

미국의 교민들은 1909년 국민회를 결성했으며, 이듬해 국민회는 대한인 국민회로 확대 개편되었다. 하와이에서도 박용만이 1914년 대조선 국민 군단을 조직했는데, 이 단체 역시 군사 훈련을 실시하여 독립 전쟁에 대비했다.

만주를 비롯한 해외 각지에서 벌인 이 같은 독립운동은 장기적으로 독립 전쟁을 통해 일제를 몰아내고 독립을 쟁취한다는 목표를 가지고 투쟁했다는 점에 그 의의가 있다. 다만 통일된 형태로 서로 연계하여 진행되지 못하고 각기 분산되어 추진되었다는 점에서는 한계가 있었다. 그러나 1910년대의 이러한 준비 작업은 이후 봉오동 전투와 청산리 전투에서 큰 승리를 할 수 있었던 원동력이 되었다.

독립운동 목표의 변화

일제에 의해 국권을 상실하면서 이전의 국권 수호를 위한 구국운동은 해방과 독립을 목표로 한 독립운동으로 바뀌게 되었다. 그리고 그 방법으로는 독립 전쟁을 통해야만 한다는 생각이 독립 운동가들 사이에 확산되어 갔다.

아울러 정치, 사상적으로는 국내외에서 독립운동을 추진한 세력들 사이에서 새로운 목표가 생겨나기 시작했다. 이제는 일제로부터 독립하

박용만

신규식

구한국 최후의 날은 곧 신한국 최초의 날…·.

대동 단결 선언

임시 정부 기초 수립

더라도 과거의 전제주의 국가인 조선이나 대한 제국으로 다시 돌아가기보다는, 새로운 나라의 건설을 목표로 하여 활동하기 시작한 것이다.

물론 유생 출신으로서 의병 투쟁을 하다 만주로 근거지를 옮긴 유인석이나, 국내의 독립 의군부 같은 비밀 결사는 여전히 과거의 대한 제국으로 돌아가는 것을 목표로 활동했다. 이를 복벽주의 또는 복벽 운동이라고 한다. 그러나 1911년 중국의 신해혁명과 1917년 러시아 혁명 등으로 주변의 전제주의 국가가 사라져 가는 가운데, 독립 운동가들 사이에서는 새로운 공화제 국가의 수립을 목표로 하는 독립운동이 확산되어 갔다.

이미 국내의 비밀 결사이었던 대한 광복회도 공화제 국가를 표방했었다. 이후 좀 더 구체화되어 드러난 것은 1917년 발표된 대동단결 선언●에서였다. 이 선언에서는 황제의 주권 포기와 그것을 대신할 국민 주권 국가를 표방했다.

이같이 국민 주권을 바탕으로 한 근대적 국가의 수립을 목표로 한 독립운동은 1919년 3·1 운동 직후에 수립된 대한민국 임시 정부에서 구체화되었다.

● 대동단결 선언
1917년 상하이에서 박은식, 신채호, 조소앙 등 14명이 발기하여 발표한 선언문으로, 해외에서 활동하던 독립 운동가들이 회의를 열어 임시 정부 수립 등을 의논하자는 내용이 담겨 있다. 특히 주권 행사의 의무와 권리는 국민에게 있다는 국민 주권설을 주장했다.

'노블레스 오블리주'를 실천한 이회영과 이상룡

대한 제국이 일본에 의해 국권을 강탈당하고 식민지로 전락할 때 지배 계층의 많은 사람은 친일파가 되어 일본에 협력했다. 그러나 일부는 자신의 기득권을 모두 포기하고 일본에 대항하여 독립운동에 나섰다. 이처럼 사회 지도층 인사에게 요구되는 높은 수준의 도덕적 의무인 '노블레스 오블리주'를 실천한 대표적인 인물로는 이회영과 이상룡이 있다.

명문가에서 성장한 이회영은 국권 피탈 전에는 신민회에 참여하여 활동하며 특히 교육 사업에 힘썼다. 신민회에서 만주에 독립운동 기지를 건설할 것을 결의하자, 오늘날로 치면 수백억에 달하는 막대한 재산을 모두 팔아, 이시영 등 6형제의 가족 50여 명을 이끌고 만주로 이주했다. 그곳에서 황무지를 개간하며 독립운동 기지 건설에 힘썼다.

뒤에는 대한민국 임시 정부 수립에 참여하여 임시 의정원 의원으로 선출되어 활동했다. 1931년 만주 사변이 일어나자, 상하이에서 조직된 항일 구국 연맹의 의장으로 활동하다 일본 경찰에 잡혀 고문 끝에 옥사했다.

한편, 안동 지방의 명문가에서 태어난 이상룡도 노블레스 오블리주를 실천한 사례로 이야기되고 있다. 이상룡은 신학문과 서양의 민주 제도를 알게 된 후, 집안의 노비 문서를 불살라 버리고 노비를 모두 해방시켰다. 또한 학교를 설립하여 교육 구국 운동을 했으며, 국권 피탈 후 재산을 정리하여 만주로 떠나 이회영 등과 함께 독립운동 기지 건설에 나섰다.

이후 이상룡은 서로 군정서, 정의부 등을 이끌었으며, 1925년 잠시 대한민국 임시 정부 국무령에 취임하기도 했다. 이상룡은 1932년 만주에서 병으로 세상을 떠났다.

03

거족적인 독립 투쟁,
3·1 운동

총칼을 앞세운 일제의 잔인한 식민 통치가 계속되는 가운데, 많은 조선인이 나라를 잃고 식민지가 된 현실의 고통을 겪으며, 자주 독립의 소중함을 다시금 깨닫게 되었다. 이에 비밀 결사 중심으로 전개되던 국내의 항일 독립운동이 거족적인 투쟁으로 발전하게 된 것은 그리 오랜 시간이 지나지 않아서였다.

1919년 3월 1일 경성(서울)과 몇몇 도시에서 독립 만세를 외치는 시위가 시작되었다. 이후 약 3개월여에 걸쳐 국내의 각 지역은 물론 해외에서까지 시위가 진행되었다. 이것이 오늘날 헌법 전문에도 언급되고 있는 3·1 운동이다.

3·1 운동의 배경

국권 피탈 이후 일제의 가혹한 무단 통치를 통한 압박이 계속될수록 한민족의 항일 의지는 강해졌다. 특히 조선인의 대다수를 차지하고 있는 농민들의 처지는 토지 조사 사업을 통해 극도로 어려워졌다. 계약에 의한 소작인의 처지로 전락한 수많은 농민의 반일 감정은 더욱 커져 갔다. 10여 년의 가혹한 무단 통치가 오히려 조선인의 독립 의지를 키우는 결과를 가져온 것이다.

국제적으로는 식민지 민족의 독립에 대한 분위기가 조성되고 있었다. 특히 1917년 러시아에서 일어난 혁명은 세계적으로 큰 충격으로 다가왔다. 러시아 혁명을 주도한 레닌은 식민지의 민족 해방 운동을 지원하겠다고 선언했다. 이는 세계 각지의 식민지 국가에서 민족 해방 투쟁이 일어나게 하는 데 큰 영향을 끼쳤다.

또한, 미국 대통령 윌슨이 내세운 민족 자결주의 역시 전 세계의 식민지 민족에게는 큰 희망으로 비쳐졌다. 제1차 세계 대전이 끝날 무렵인 1918년 독일의 항복이 다가오자, 윌슨은 종전 후 전쟁에서 패한 독일 및 동맹국의 식민지 처리 문제에 대해 민족 자결의 원칙을 내세웠다. 동부 유럽의 여러 약소국가가 민족 자결주의의 주요 대상이 되었으며, 그들의 문제는 그들 스스로 결정하게 하자는 것이었다.

민족 자결주의는 전쟁에서 승리한 연합국의 식민지에는 전혀 해당되지 않는 것이었다. 일본은 전쟁이 끝나기 직전 독일에 선전 포고를 하고 전쟁에 끼어들어 연합국의 일원이 되었다. 따라서 민족 자결주의는 일본의 식민지인 조선과는 전혀 관계없는 것이었다. 그럼에도 민족 자결주의란 용어는 조선을 비롯한 세계의 많은 식민지 국가에 큰 희망이 되었다. 따라서 민족 자결주의는 조선의 독립에 대해 구체적으로 논의할 수 있는 계기를 제공했다는 점에서 그 용어 자체만으로도 의미가 있는 것이었다.

그러나 사실 3·1 운동에 참여한 수많은 민중은 이를 잘 몰랐다. 따라서 3·1 운동은 민족 자결주의의 영향이라기보다는 이러한 분위기를 독립의 기회로 삼은 조선인의 독립 의지에서 비롯된 것이었다. 즉 3·1

운동은 이미 국권 피탈 전부터 계속되어 온 항일 독립 운동의 연장선에서 벌어진 민중 봉기였다.

3·1 운동의 조직 과정

제1차 세계 대전 후 국제 정세가 변화해 가는 가운데 민족 자결주의가 대두하자, 이를 민족 해방의 기회로 만들고자 하는 노력은 국외에서 먼저 나타났다.

중국의 상하이에서는 1918년 여운형 등이 신한청년당을 결성했다. 이들은 조선의 독립을 요구하기 위해 1919년 1월 김규식을 파리 강화 회의에 대표로 파견했다. 그리고 국내외 민족 운동가들과 독립운동 방법을 협의했다. 한편, 만주의 지린 성(길림성)에서는 만주와 연해주를 중심으로 당시 해외에서 활동하던 애국지사의 명의로 무장 투쟁을 주장하는 대한 독립 선언서●가 발표되었다.

일본의 도쿄에서는 1918년 12월 유학생들이 중심이 되어 조선 청년 독립단을 결성했다. 이들은 1919년 2월 8일 독립 선언서를 발표하고 결의문을 통해 민족 대회의 소집을 주장했다(2·8 독립 선언). 2·8 독립 선언을 통한 도쿄 유학생들의 투쟁은 국내에서 3·1 운동을 촉진하는 중요한 계기가 되었다.

한편, 국내에서는 1919년 1월 고종이 갑자기 세상을 떠나자, 독살되었을 것이라는 소문이 퍼져 민심이 동요하고 일제에 대한 적개심이 커졌다. 이런 상황 속에서 해외의 움직임이 국내에 전해지자 손병희, 최린 등 천도교 측 인사들이 중심이 되어 독립 선언을 계획했다. 여기에 이승훈 등 기독교계 인사들과 한용운 등 불교계 인사들이 참여하여, 종교 지도자가 중심이 된 3·1 운동의 주도 세력이 형성되었다. 여기에 학생 대표들까지 가담하여 3·1 운동의 조직 세력이 하나로 통일되었다.

● 대한 독립 선언서
무오년(음력 1918년 11월, 양력 1919년 2월)에 발표되어 무오 독립 선언서라고도 한다. 박은식, 신채호, 김좌진 등 국외에서 활동하던 독립 운동가 39명의 명의로 발표되었다.

손병희 동상
국내에서 처음으로 3·1 운동을 계획한 손병희의 동상이다. 서울 종로구 탑골 공원 소재

3·1 운동 거사일
본래는 고종의 장례일인 3월 3일에 독립 선언을 하기로 했으나 장례일은 피해야 한다는 주장이 있었고, 또 2일은 일요일이어서 기독교 측이 피하고자 했다. 결국 3월 1일 오후 2시 탑골 공원에서 거사하기로 결정되었다.

추진 계획이 빠르게 진행되면서 민족 대표 33인이 선정되었다. 이들은 3·1 운동을 기획하고 조직했으며, 자금의 공급과 독립 선언서의 작성 및 배포 등 3·1 운동을 촉발하는 중요한 역할을 담당했다. 이들의 계획은 먼저 조선의 독립을 선언하고, 대중적·비폭력의 원칙에 따라 시위를 진행하려는 것이었다. 이들이 거사일로 잡은 날이 3월 1일이었다.

민중 시위의 시작

예정된 3월 1일, 막상 처음부터 운동을 계획하고 준비한 종교계의 민족 대표 33인은 음식점 태화관에 모여 독립 선언의 취지를 밝힌 다음 곧바로 일제 경찰에 자수했다. 이들은 탑골 공원에 모인 학생과 시민들이 전면적인 시위에 들어가 그들이 세운 비폭력 원칙을 깨뜨릴 경우, 열강의 공감을 얻지 못할까 두려워하여 장소를 바꾸었던 것이다. 따라서 아쉽게도 이들의 역할은 여기에서 끝나고 말았다.

이제 항일 운동의 중심은 학생, 시민을 비롯한 민중들에게 넘어갔다. 흔히 3·1 운동이라고 부르는 항일 시위운동은 3월 1일 오후 2시 탑골 공원에서 시작되었다. 지도부 없이 학생, 시민을 비롯한 민중들이 모든 것을 스스로 계획하고 조직하고 참가하며 진행되었다.

민족 대표 33인에 대한 평가
이들은 3·1 운동을 기획하고 초기에 조직하는 과정에서는 나름대로의 역할을 했으나, 학생, 시민과 합류하지 못하고 자수함으로써 한계를 드러냈다. 예전에는 3·1 운동에서 이들의 역할을 매우 높게 평가했으나, 최근에는 초기 조직 과정에서의 역할만을 제한적으로 평가하고 있다.

탑골 공원에는 경성의 남녀 학생 및 시민 4,000~5,000명이 모였다. 오후 2시가 되자 탑골 공원 팔각정 단상에 태극기가 걸렸다. 사람들은 10년 만에 태극기를 보자 흥분과 감격에 휩싸였다. 기다리던 33인이 끝내 나타나지 않자, 이들이 함께하지 않은 것을 아쉬워하는 가운데 경신학교 졸업생 정재용이 단상에 올라가 독립 선언서를 낭독했다. 그러고는 시위가 시작되었다. '조선 독립 만세', '대한 독립 만세', '독립 만세' 등 만세 구호가 하늘을 뒤덮었다.

공원 문을 나온 학생, 시민은 물론 남녀노소 누구를 가릴 것이 없었다.

자발적으로 앞장선 학생, 시민 지도자의 지휘에 따라 조선인이면 누구나 시위행진에 참가했다. 경성 시내는 온통 독립 만세를 외치는 소리로 가득 찼다. 더구나 고종의 장례에 참가하기 위해 경성에 온 수많은 인파가 거리로 뛰쳐나왔고, 시위는 밤늦게까지 계속되었다.

경성에서의 시위는 이후에도 크고 작은 규모로 이어졌다. 경성의 상인들은 일제히 가게 문을 닫고 저항했으며, 노동자들은 일을 중단하고 시위에 참여했다. 일제 측 기록에 따르더라도 4월 초까지 경성에서만 약 64회의 시위가 있었고 동원된 인원만 약 57만 명에 이르렀다.

3월 1일의 독립 선언 및 항일 시위는 경성을 비롯하여 주로 북부 지방의 여러 도시에서 동시에 일어났다. 평양, 진남포, 안주, 의주, 원산, 선천 등 주로 북부 지방의 도시에서도 경성과 거의 같은 시각에 독립 선언을 하기로 계획되어 있었던 것이다.

탑골 공원 팔각정
서울에서 3·1 운동이 처음으로 시작된 곳이다. 서울 종로구 소재

전국 및 해외로의 확대

3월 1일에 시작된 조선인의 한 맺힌 저항은 마치 들불처럼 전국적으로 번져 갔다. 나아가 해외에까지 파급되었는데 3월 6일에는 남만주 일대, 3월 13일에는 간도 지방, 러시아령 연해주, 심지어 미국에서도 독립 만세를 외치는 시위가 일어났다. 한반도는 물론 한민족이 사는 거의 모든 지역에서 시위가 전개된 것이다.

3·1 운동은 약 3개월여에 걸쳐 계속되었다. 대체로 교통이 발달한 도시에서부터 점차 농촌으로 퍼져 갔고, 산간벽촌에서까지 시위가 일어났다. 3·1 운동의 확산 과정에서 큰 역할을 한 것은 학생, 교사, 하급 종교 지도자 등 지방의 지식인층이었다. 이들은 경성을 비롯한 도시 지역에서의 시위 경험과 유인물을 각 지방에 전파했다. 유관순의 경우도 마찬가지였다.

농촌 지역에서의 시위는 주로 장날에 일어났다. 시위를 주도한 사람들은 각 마을에 연락을 하여 시위 계획을 알리고, 유인물과 태극기를 만들어 시위를 준비했다. 그리고 장날이 되면 사람이 많이 모인 곳을 골라 독립 선언서를 낭독하고 시위운동을 전개했다. 농촌에서의 항일 시위는

유관순 생가
이화 학당에 다니던 소녀 유관순은 고향인 아우내 장터에서 시위를 주도했다. 충남 천안 소재

탑골 공원 유관순 부조
유관순이 아우내 장터에서 시위를 주도하는 장면을 조각했다. 서울 종로구 소재

햇불 시위나 봉화 시위 등의 형태를 띠기도 했는데, 이는 조선 후기 농민 봉기에서 나타난 투쟁 전통을 계승한 것이었다.

만세 시위는 일제의 총칼을 동원한 가혹한 탄압에 맞서 점차 폭력적인 시위로 발전했다. 이는 초기의 33인이 의도했던 비폭력 시위를 뛰어넘어, 일제와는 타협하지 않겠다는 항일 의지의 표현이기도 했다. 3·1 운동 이후 초기의 지도부인 33인 중의 다수가 일제와 타협적인 길을 걷게 되는 데 반해, 다수의 민중들은 더 적극적이고 비타협적인 항일 투쟁 의지를 갖게 되었다. 이는 3·1 운동 이후 민중 계층이 항일 투쟁의 주력으로 성장하게 되는 계기가 되었다.

일제는 3·1 운동을 군대와 경찰을 동원하여 탄압했다. 많은 사람이 총칼에 희생되었으며, 화성 제암리에서는 일제 군경에 의해 수십 명이 집단 학살을 당했다. 3·1 운동의 상황을 박은식의 《한국독립운동지혈사》의 내용을 토대로 살펴보면, 집회 횟수는 1,542회, 참가 인원은 202만 3,089명에 달한다. 사망자 수는 7,509명, 부상자 수는 1만 5,961명,

제암리 학살 사건
1919년 4월 15일 일본군 20여 명이 만세 시위가 있었던 경기도 화성 제암리에서, 마을 주민을 교회에 모이게 했다. 주민들이 모이자 일본군은 밖에서 문을 잠그고 불을 지른 후 집중 사격을 했다. 또 제암리 마을까지 불태우는 만행을 저질렀다. 이때 교회에서 죽은 사람이 23명, 마을에서 학살된 사람이 6명이었다.

검거된 사람은 5만 2,770명이나 되었다. 3·1 운동이 그야말로 전 민족
적 항일 투쟁이었음을 보여 주는 통계다.

3·1 운동의 역사적 의의

3·1 운동은 각계각층의 사람들이 참가하여 오랫동안 계속되었지만, 일
제의 총칼을 앞세운 탄압으로 결국 독립이라는 목표를 이루지는 못했
다. 그럼에도 3·1 운동의 역사적 의의는 매우 크다.

무엇보다도 그동안 일제의 가혹한 무단 통치 아래에서 숨죽여 오던
조선인의 애국적인 투지와 항일 의지를 뚜렷이 보여 주었다. 한민족은
죽지 않았으며 살아있음을 다시 한 번 확인시킨 것이다. 또한 한민족은
독립이 없이는 생존권조차 보장받을 수 없다는 것을 깨달았으며, 일제
의 압박이 심하면 심할수록 독립 의지는 더 커진다는 것을 세계에 보여
주었다. 이후 항일 독립 투쟁의 정신적 바탕은 3·1 운동에서 생겨났다
고 해도 지나치지 않다.

아울러 3·1 운동은 한민족이 항일 투쟁의 새로운 길을 찾는 계기가
되었다. 거의 자연 발생적으로 퍼져 나간 한민족의 항일 역량을 보면
서, 뜻있는 지도자들은 이를 체계적으로 엮어 낼 수 있는 항일 조직의
필요성을 절실히 깨닫게 되었다. 이는 단순한 조직이 아니라 정부의 형

덕적도 3·1 운동 기념비
3·1 운동은 전국 각지에서 일
어났으며, 심지어 덕적도에서도
일어났다. 인천 옹진 소재

탑골 공원 진주 기생 시위 부조
진주에서는 기생들까지 독립을
외치는 시위에 참여했다. 서울
종로구 탑골 공원 소재

태를 한 것이어야 한다고 생각했다. 따라서 3·1 운동은 항일 운동을 전체적으로 지휘, 지도할 수 있는 조직체인 대한민국 임시 정부가 수립되는 계기가 되었다.

3·1 운동은 일제 침략자들에게도 심각한 타격을 주었다. 무단 통치만으로 조선을 다스리기 어렵다는 것을 깨달은 일제는 이른바 '문화 정치'를 내세워 식민 통치의 위기를 극복하려 했다. 그러나 그들이 내세운 '문화 정치'는 조선에 대한 지배와 수탈을 강화하기 위해 당근을 주고 채찍을 숨기는 술책이었다.

3·1 운동은 약 3개월여에 걸쳐 전국의 거의 모든 지역에서, 소수의 친일파를 제외한 각계각층의 사람들이 참여하여 투쟁을 벌인 역사상 최대 규모의 민족 운동이었다. 또 계층이나 신분에 관계없이 같은 목소리와 같은 방법으로 투쟁한 온 겨레의 단결 투쟁이었다. 따라서 이후 항일 운동 과정에서 민족이 분열된 모습이 보일 때마다 3·1 운동의 정신은 지속적으로 강조되었다. 오늘날 헌법 전문에서도 3·1 정신을 말하고 있는 것은 바로 이점 때문이다.

3·1 운동을 본받아야 해!

한편, 3·1 운동은 일본 제국주의에 저항하는 중국의 5·4 운동 등 아시아의 민족 운동에도 커다란 자극이 되었다.

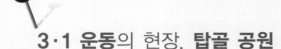

3·1 운동의 현장, 탑골 공원

3·1 운동의 현장이었던 탑골 공원은 오늘날에는 조용한 공원으로 주로 노인들의 쉼터가 되고 있다. 3·1 운동의 첫 진원지인 만큼 이곳에는 3·1 운동을 기리는 여러 기념물이 세워져 있다.

정문인 삼일문을 지나면 바로 오른쪽에 3·1 독립 선언 기념탑이 있다. 이 탑에는 3·1 운동 당시에 이곳 팔각정에서 낭독된 독립 선언서가 새겨져 있다. 이 탑 앞에는 천도교의 지도자로 다른 종교계를 움직여 3·1 운동을 계획한 손병희의 동상이 있다.

3·1 운동의 상징처럼 여겨지고 있는 팔각정은 탑골 공원 중앙에 자리하고 있다. 1919년 3월 1일, 수많은 학생과 시민은 팔각정 앞에서 민족 대표 33인이 나타나기를 기다렸다. 그들이 경찰에 체포되었다는 소식이 전해지자 경신학교 졸업생 정재용이 팔각정에 올라 독립 선언서를 낭독하는 것으로 3·1 운동이 시작되었다.

공원의 한쪽에는 33인 중 한 사람이었던 한용운을 기념하는 작은 비가 세워져 있다. 그 곁으로는 3·1 정신 찬양비가 있고, 각 지역별 3·1 운동의 모습을 동판에 조각한 부조들이 전시되어 있다. 경성에서의 시위 장면은 물론 남쪽의 제주도에서의 시위 모습도 있다. 그중 기생들의 시위 모습과 아우내 장터에서 시위를 주도하는 유관순의 모습이 눈길을 끈다.

탑골 공원에 세조 때 원각사가 세워졌으나 연산군 때 폐사되었다. 현재 원각사지 10층 석탑과 원각사비만 남아 있다. 이후 1897년 탁지부 고문으로 일하던 영국인 브라운의 건의로 최초의 근대 공원으로 조성되었다. 탑이 있다고 해서 '파고다 공원'으로 불렸는데, 1992년 탑골 공원으로 이름이 바뀌었다.

04

대한민국 임시 정부의
수립과 활동

3·1 운동으로 나타난 거대한 민족 역량을 보며 일제 당국도 놀랐지만, 한 민족 스스로도 놀라지 않을 수 없었다. 국내외의 애국지사들은 이 같은 민족의 힘을 하나로 통합하여 지도할 수만 있다면 독립이 멀지 않을 것 같다는 생각을 하게 되었다.

대한 제국 정부는 조약의 형식을 통해 일본에 국권을 넘겨주고 해체되었기에 독립운동을 지도하는 주체가 될 수 없었다. 따라서 독립운동이 국내외에서 활발하게 진행되었음에도 그것을 효율적으로 지도할 정부 형태의 조직은 없었다. 이런 가운데 민족의 역량을 드러낸 3·1 운동이 전개되는 동안 각지에서 임시 정부가 수립되었다.

대한민국 임시 정부의 수립

3·1 운동이 전개되는 과정에서 임시 정부를 세우기 위한 움직임이 국내외에서 활발하게 일어났다. 가장 먼저 러시아령 연해주의 블라디보

대한 국민 의회
(1919. 3.)

블라디보스토크

▲ 백두산

한성 정부
(1919. 4.)

경성

동 해

대한민국 임시 정부
(1919. 4.)

황 해

상하이

통합 임시 정부
(대한민국 임시 정부)
(1919. 9.)

대통령: 이승만
국무총리: 이동휘

임시 정부의 통합
대한민국 임시 정부는 연해주의 대한 국민 의회, 서울의 한성 정부, 상하이의 대한민국 임시 정부가 1919년 9월 통합되어 수립되었다.

스토크에서는 대한 국민 의회라는 임시 정부가 수립되었다. 중국의 상하이에서는 대한민국 임시 정부가 수립되었고, 경성에서는 전국 13도의 대표가 모여 독립 운동을 조직적으로 지도하기 위한 한성 정부의 수립을 선포했다.

한편, 이 세 임시 정부는 실체가 잘 알려져 있었고 이 밖에 미국에서도 임시 정부를 수립하기 위한 움직임이 있었으며, 3·1 운동 과정에서 뿌려진 전단을 통해서만 그 이름이 전하는 임시 정부도 여럿이 있었다. 나라도 없는 상황에서 정부가 여러 개가 생기는 것은 큰 문제였다. 이에 민족 운동가들은 대표성 있는 유일한 정부의 수립을 위해 여러 임시 정부의 통합 운동을 전개했다.

그리하여 경성에서 수립된 한성 정부의 법통을 이어받아 행정부를 구성하고, 대한 국민 의회를 흡수하여 의회를 구성했다. 명칭은 상하이 정부의 명칭을 따라 대한민국 임시 정부로 하고 상하이에 자리 잡기로 결정했다. 무장 투쟁을 전개하기 위해서는 임시 정부가 만주나 연해주에 위치하는 것이 좋다는 의견이 있었으나 세계 여러 나라와 외교 활동을 벌이기에 편리하고 안전하다는 이유로 상하이가 선택되었다. 이는 나중에 임시 정부가 분열되는 하나의 이유가 되었다.

이동휘   이승만

1919년 9월 임시 정부의 헌법을 통과시키고, 대통령에 이승만, 국무총리에 이동휘를 선출하여 통합을 마무리했다. 이로써 통합 임시 정부로서 대한민국 임시 정부가 수립되었다. 임시 정부는 민주주의 이념을 바탕으로 공화정의 정치 체제를 토대로 한 삼권 분립의 민주 정부였다. 비록 임시 정부의 형태이기는 했지만, 조선 말 이래 추구해 온 근대 국가 수립이라는 열망이 비로소 실현된 것이었다.

대한민국 임시 정부 초기의 활동

임시 정부는 국내외에서 다양하게 활동하던 독립운동 세력을 하나로 묶어 조직적이고 체계적인 독립운동을 전개하기 위해 노력했다.

임시 정부는 국내와의 체계적인 연락을 위해 연통제를 실시했다. 연통제는 국내의 각 지역에 설치된 일종의 비밀 행정 조직으로, 독립운동 자금 모금 등의 역할을 했다. 또한 비밀 연락 조직인 교통국을 설치하여 국내 정보 수집 등의 역할을 담당하게 했다. 그러나 일제의 탄압으로 연통제와 교통국이 발각되어 그 역할이 제한적인 범위에 머무르고 말았다.

임시 정부는 독립운동 자금을 마련하기 위해 독립 공채(애국 공채)를 발행하기도 했으며, 이렇게 마련된 군자금은 연통제와 교통국을 통해 임시 정부에 전달되었다. 그 밖에 〈독립신문〉을 간행하여 독립운동의

독립 공채 발행
중국과 미주 지역에서 발행된 독립 공채는 독립운동 자금을 마련하기 위해 독립을 한 뒤 돌려주겠다고 약속하고 돈을 빌리는 형식이었다. 그러나 많은 사람이 대가를 바라지 않고 자발적으로 성금을 냈다.

소식을 전하고 방향을 제시했다. 각종 외교 선전 책자를 비롯한 다양한
서적을 편찬하여 독립 의식 고취에 앞장섰다.

임시 정부는 주로 외교에 치중했지만 무장 투쟁에도 관심을 기울였
다. 남만주 지역에 있는 단체들이 통합하여 결성한 광복군 사령부는
임시 정부의 군무부 직할로 편제되어 활동했다. 아울러 임시 정부는
서로 군정서, 북로 군정서 등과도 연결되어 있었다.

한편, 임시 정부는 각종 국제회의에 대표단을 파견하여 민족의 독립
의지를 내세우고, 미국에 구미 위원부●를 두어 한국 문제를 국제 여론
화하는 데 힘을 기울였다. 1922년에는 이동휘, 여운형, 김규식 등이 모

스크바에서 열린 극동 인민 대표 대회●에 참석하여 소련의 레닌으로부터 독립운동의 지원을 약속받기도 했다.

임시 정부의 분열

임시 정부가 주력한 외교 활동은 큰 성과가 없었으며, 임시 정부는 국제적인 승인조차 받지 못했다. 결국 독립 운동의 방법을 둘러싸고 의견이 분분했다.

그중 임시 정부의 진로를 놓고 외교 독립론과 무장 투쟁론이 갈등했다. 외교 독립론의 대표적인 인물은 대통령 이승만이었다. 이승만이 미국 대통령에게 국제 연맹에 의한 위임 통치를 청원하는 등 외교 활동이 정도를 넘어서자, 무장 투쟁을 주장하던 이동휘 등은 이승만의 사임을 요구하고 나섰다.

임시 정부 내에 노선 갈등이 일어나자 이를 수습하기 위해 1923년 1월 상하이에서 국민 대표 회의가 열렸다. 이 회의에서는 임시 정부의 조직만 개조하자는 개조파와 새로운 정부를 수립하자는 창조파, 지금대로 유지하자는 현상 유지파로 갈려 결말이 나지 않았다.

결국 개조파와 창조파를 중심으로 한 많은 독립 운동가는 임시 정부를 떠나게 되었다. 이에 임시 정부는 1925년 직무를 다하지 않고 미주 지역의 독립 자금을 독점한다는 이유 등으로 이승만을 탄핵하여 대통령직에서 몰아내고, 내각제로 개헌하여 분란을 수습했다. 그러나 임시 정부는 더 이상 독립운동을 통괄하는 정부로서의 역할을 하기 어려워져 독립운동 단체의 하나로 전락하고 말았다.

이런 가운데 독립 운동 전선의 침체 국면을 돌파하기 위하여 민족 유일당 운동이 전개되었다. 민족의 유일한 당을 만들어 독립운동을 이끌어야 한다는 것으로 1926년 베이징에서 한국 유일 독립당 북경 촉성회가 결성되었고, 여러 지역의 단체가 상하이에 모여 한국 독립당 관내

●극동 인민 대표 대회
약소민족 해방 운동을 지원하고 있던 레닌 정부가 1922년 개최했다. 극동 지방의 피압박 민족 문제를 다룬 회의로서, 중국, 한국, 일본, 몽골, 자바 등의 대표들이 참가했다. 본래 명칭은 극동 피압박 인민 대회였으나, 일본은 피압박국이 아니어서 극동 인민 대표 대회로 변경되었다.

이승만의 위임 통치 청원서 제출
1919년 파리 강화 회의가 개최되자, 이승만은 한국에 대한 국제 연맹의 위임 통치를 청원하는 문서를 미국 대통령 윌슨에게 보냈다.

촉성회 연합회를 결성했다.

이 운동은 곧 중단되고 말았으나, 이 무렵 임시 정부의 국무령이 된 김구는 1927년 3차 개헌을 통해 '이당치국以黨治國'의 방침을 결정했다. 당으로써 국가를 다스린다는 이당치국의 방침은 소련 및 중국 국민당 정부의 영향을 받은 것으로, 이후 독립운동 과정에서 중요한 방침의 하나로 자리 잡았다.

대한민국 임시 정부 헌법과 대한민국 헌법

오늘날 대한민국 헌법 전문에는 대한민국의 정통성이 대한민국 임시 정부에 있다는 것을 밝히고 있으며, 대한민국 임시 정부 이래 민주 공화국의 정치 체제를 분명히 내세우고 있다. 두 헌법 모두 주권이 국민에게 있으며, 삼권 분립이 이루어진 민주 정부라는 것을 명백히 드러내고 있다.

● 대한민국 임시 정부 헌법(1919. 9.)

제1조 대한민국은 대한 인민으로 조직함.

제2조 대한민국의 주권은 대한 인민 전체에 재함(있음).

제4조 대한민국의 인민은 일체 평등함.

제5조 대한민국의 입법권은 의정원이, 행정권은 국무원이, 사법권은 법원이 행사함.

● 대한민국 헌법(1987)

전문   유구한 역사와 전통에 빛나는 우리 대한민국은 3·1 운동으로 건립된 대한민국 임시 정부의 법통과 불의에 항거한 4·19 민주 이념을 계승하고……

제1조 ① 대한민국은 민주 공화국이다.

       ② 대한민국의 주권은 국민에게 있고, 모든 권력은 국민으로부터 나온다.

제40조 입법권은 국회에 속한다.

제66조 ④ 행정권은 대통령을 수반으로 하는 정부에 속한다.

제101조 ① 사법권은 법관으로 구성된 법원에 속한다.

05

1920년대 일제의 통치 정책

한민족의 눈과 귀를 틀어막고 모든 정치적 자유를 억압했던 일제의 가혹한 무단 통치는 한민족의 저항을 불러일으켰다. 한민족은 1919년 3·1 운동을 통해 큰 희생을 겪으면서도 식민 통치에 항거했다.

총칼을 두려워하지 않은 한민족의 항일 시위는 일제로 하여금 무력과 폭력을 통해서는 더 이상 조선을 지배하기 어렵다는 것을 깨닫게 만들었다. 그리하여 1920년대 들어 일제는 이른바 '문화 정치'를 내세웠다. 이전의 군대식 통치 방법보다는 말 그대로 문화적으로 통치하겠다는 것이었다. 일제가 내세운 문화 정치의 본질은 무엇이었을까?

기만적인 통치 정책, 문화 정치

일제는 문화 정치를 내세우며 통치 정책의 변화를 예고했다. 먼저, 조선 총독에 육·해군 대장을 임명한다는 제한을 철폐했다. 또 악명 높은 헌병 경찰을 폐지하고 보통 경찰로 바꾸었다. 그동안 금지되었던 한글로 된 신문과 잡지의 발간이 허용된 것도 이때였다. 이는 커다란 변화이자 개혁이었다.

그러나 일제의 이 같은 정책은 기만적이고 교활한 술책에 지나지 않았다. 그들이 내세운 문관 출신의 총독은 1945년까지 단 한 명도 임명되지 않았다. 총독은 해군 대장 출신인 사이토를 제외하고는 모두 육군 대장 출신이었다. 이는 1910년대의 무단 통치와 같은 폭력적인 방법을 여전히 포기하지 않았다는 것을 보여 주는 사례라고 할 수 있다.

또 헌병 경찰을 보통 경찰로 바꾼 것도 마찬가지였다. 겉모양은 바뀌었으나 실제 경찰력은 오히려 강화되어 경찰과 경찰 관서의 수가 대폭 늘어났으며, 군대와 헌병 역시 그대로 남아 있었다. 한편, 한글 신문의 발간이 허용되어 1920년 〈동아일보〉와 〈조선일보〉가 창간된 것도 새로운 변화였다. 그러나 사전 검열과 기사 삭제, 정간, 폐간 등을 통해 언론을 통제했다. 아울러 일제는 치안 유지법*을 조선에도 적용하여 항일 운동을 탄압하는 데 이용했다.

결국 일제가 내세운 문화 정치는 대내외 선전을 목적으로 한 것이었을 뿐, 실제로는 지배와 수탈을 강화하기 위한 기만적이고 교활한 통치 방법이었던 것이다. 일본의 한 양심적인 학자는 문화 정치란 "지금까지의 거칠었던 통치 방식을 좀 더 세련된 통치 방식으로 바꾼 것"이라고 했다.

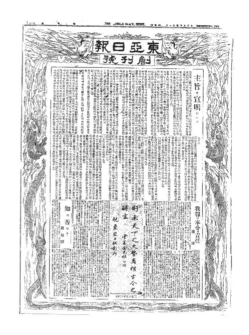

〈동아일보〉 창간호
일제가 문화 정치를 내세우게 된 영향으로 1920년에 창간되었다. 이후 일제의 검열, 기사 삭제, 정간 등의 조치로 많은 어려움을 겪었다.

● 치안 유지법
1925년 천황제를 부정하는 자나 사회주의자를 탄압하기 위해 제정한 법이다. 일제는 이 법을 이용하여 독립운동에 대한 탄압을 강화했다.

문화 정치의 본질은 민족 분열 정책

문화 정치의 실질적인 목적은 친일 세력을 육성하여 한민족의 분열을 꾀함으로써, 수탈과 지배를 쉽게 하고 나아가서는 한민족을 일제에 동

사이토 총독의 '조선 민족 운동
에 대한 대책'(1920)
1. 핵심적 친일 인물을 골라
그 인물로 하여금 귀족, 양반,
유생, 부호, 교육가, 종교가에
게 침투하여 계급과 사정을 참
작하여 각종 친일 단체를 조직
하게 한다.
2. 각종 종교 단체도 중앙 집
권화해서 그 최고 지도자에 친
일파를 앉히고 고문을 붙여 어
용화한다.
3. 친일 민간인에게 편의와 원
조를 주어 수재 교육의 이름
아래 많은 친일 지식인을 긴
안목으로 키운다.

화시키고자 한 것이었다.

제1차 세계 대전 후 제국주의 국가들의 식민지 통치는 이른바 분할 통치 또는 분열 정책이라고 불리는 방식으로 바뀌었다. 이는 식민지 내부의 종족적·계층적·종교적 대립 등을 불러일으켜 서로 분열시킴으로써 통치를 보다 쉽게 하고 반발을 막아 보려는 것이었다. 영국은 인도에서 종족 및 종교적인 갈등을 유발하여 단결을 막고 분열을 꾀했다. 일제 역시 이 같은 방법을 조선에 적용하려 했다.

조선은 종족이나 종교적으로 큰 갈등이 없었기 때문에 일제가 택한 방법은 계층 간의 갈등을 유도하는 것이었다. 3·1 운동이라는 전 민족적 단결 투쟁을 겪은 일제는 무엇보다도 조선인의 분열이 필요했다. 그래서 일제는 조선인을 반대 세력과 친일 세력으로 구분하고, 반대 세력에 대해서는 탄압을, 친일 세력에 대해서는 사정이 허용하는 한 편의와 원조를 제공하려 했다.

이에 따라 일제는 각종 친일 단체를 육성하여 1920년대 초부터 친일 단체가 일제히 활동하기 시작했다. 이는 친일 여부를 따지지 않고 모든 단체와 조직의 결성을 금지하던 1910년대의 무단 통치 방식과는 전혀 달랐다.

아울러 일제가 시도한 것은 민족적인 세력 가운데 일부를 포섭하여 친일화하는 작업이었다. 즉 일제는 대지주와 자본가들에게 일정한 지위와 특혜를 줌으로써 친일화하려 했다. 이를 위해 일제는 위협과 매수, 회유와 같은 방법으로 강력한 포섭 공작을 폈다. 특히 특혜를 주어 회유하는 방법은 한민족을 분열시키기 위한 중요한 수단이었다.

일제는 이처럼 문화 정치를 내세우며 민족주의 세력의 일부를 지배 체제 안에 끌어들였다. 이에 따라 일제 통치를 현실로 받아들이는 타협적인 민족주의 세력이 형성되었다. 일제는 이들로 하

여금 민족 해방 운동을 견제하고 약화시키도록 조종하여 민족의 분열과 대립을 유도했다.

산미 증식 계획의 실시

제1차 세계 대전을 전후하여 일본은 인구 증가와 산업화에 따라 도시화가 가속화되면서 식량 부족 문제를 겪고 있었다. 1918년 도쿄에서 하층민들에 의해 '쌀 폭동●'이 일어나기까지 했다.

일본은 식량 문제를 해결하기 위해 식민지에서 더 많은 쌀을 가져와야만 했다. 이를 위해 일제는 산미 증식 계획을 실시하여 조선에서 쌀 생산을 늘리려 했다. 관개 시설을 정비하고, 밭을 논으로 만들며, 개간과 간척 사업을 대규모로 실시하는 등의 사업을 벌였다. 아울러 쌀의 종자를 개량하고 농기구를 개량하는 사업도 함께 추진되었다.

그중 가장 큰 관심을 기울인 것은 관개 시설을 개선하기 위한 수리 시설의 확충이었으며, 이를 위해 각지에 수리 조합을 설립했다. 수리

●쌀 폭동
1918년 일본에서는 식량 부족으로 쌀값이 폭등하자, 쌀값 인하를 요구하며 쌀가게를 습격하는 '쌀 폭동'이 일어나 전국으로 확산되었다. 내각이 총사퇴할 정도로 큰 충격을 받은 일본은 조선에서 산미 증식 계획을 실시했다. 일본에서는 '쌀 소동'이라 한다.

익옥 수리 조합 사무소
산미 증식 계획이 실시되면서 일본인 농장의 지주들이 수리 사업을 명분으로 창설한 익옥 수리 조합의 사무소다. 과다한 공사비와 수세 부담으로 농민이 몰락하는 등 일제에 의한 농업 수탈의 역사를 보여 주는 건물이다. 전북 익산 소재

조합이 설립되면서 관개 범위에 포함된 토지 소유자는 모두 수리 조합비를 내야만 했다. 일부 지주들은 이를 소작농에게 전가했다. 여기에 종자 개량 비용까지 떠안게 된 농민들은 수리 조합 설립 반대 운동을 곳곳에서 벌였다.

산미 증식 계획으로 쌀 생산이 늘어난 것은 사실이었다. 하지만 전체 쌀 생산량 가운데 일본으로 반출되는 쌀이 훨씬 더 많이 늘어남으로써 조선인 1인당 쌀 소비량은 갈수록 줄어들어 생활이 몹시 어려워졌다. 이에 일제는 부족한 식량을 보충하고자 만주에서 잡곡을 대량으로 수입하여 문제를 해결하려 했다.

일제 식민 통치하 국내외 동포의 생활

산미 증식 계획으로 조선 민중의 생활은 더욱 어려워졌다. 높은 소작료와 농사 비용을 빼고 나면 먹을 것마저 부족했다. 많은 농민이 고향을 떠나 화전민이 되거나 도시 변두리의 빈민으로 전락했다.

차라리 산으로 가자.

당시 조선 농민의 모습을 본 일본인 기자는 "가난한 농민은 잡곡 한 홉 정도에 풀뿌리나 나무껍질을 섞어 끓여 먹는다. 봄에는 풀의 새싹을, 겨울에는 뿌리를 캔다. …… 어떤 지방에서는 고령토를 먹는 경우도 있다."(《내외 사정》, 1932)라고 그 참상을 묘사했다.

일제의 가혹한 수탈로 생활이 어려워지자 많은 사람이 만주, 연해주, 일본, 미주 지역 등으로 떠나, 그곳에서 새로운 한인 사회를 만들고 독립운동에도 적극적으로 참여했다.

국외로 이주한 동포들이 가장 많았던 곳은 만주 지역이었다. 이곳 동포들은 어려운 조건 아래에서 무장 독립 투쟁에 적극 참여했으며, 또 독립운동을 지원하다가 일제에 의해 학살되기도 했다. 연해주로 이주한 동포들도 독립운동을 활발히 벌였으나, 소련의 정책에 따라 1937년 중앙아시아로 강제 이주당하는 시련을 겪었다.

일본으로 이주한 사람들은 대부분 유학하거나 일자리를 찾아 떠난 사람들이었다. 유학생들은 국내와 연대하여 독립운동을 전개했고, 2·8 독립 선언을 주도했다. 1923년 일본 간토(관동) 지방에서 대지진이 일어났을 때에는 수천 명의 조선인이 학살을 당했다.

일자리를 찾아 미주 지역으로 이주한 사람들도 많았다. 이들은 외교 활동과 독립 자금 모금 등의 활동을 통해 독립운동을 지원했다.

해란강
조선인이 많이 거주했던 룽징(용정) 근처를 돌아 두만강으로 흘러들어가는 강으로, "일송정 푸른 솔은 늙어 늙어 갔어도, 한줄기 해란강은 천년 두고 흐른다"로 시작하는 가곡 〈선구자〉의 가사를 통해 잘 알려져 있다. 중국 지린성 옌벤 조선족 자치주 소재

관동 대지진과 조선인 학살

1920년대에 들어 일본은 정치적으로 큰 어려움에 직면했다. 안으로는 사회주의 운동이 확산되고 있었고, 밖으로는 조선에서 항일 운동이 거세지고 있었다. 이에 일본의 군부 등 보수 세력은 이를 탄압하기 위한 여러 대책을 시도했다.

그러던 중 1923년 9월 1일 진도 7.9의 대지진이 도쿄 등 관동(간토) 지방을 휩쓸었다. 지진으로 대화재와 해일이 발생하여 커다란 인명 피해를 입었다. 사망자와 행방 불명자가 약 15만 명, 이재민이 약 340만 명에 달하는 엄청난 재난이었다.

대지진으로 사회가 혼란해지자 일본 군부 등 보수 세력은 이를 여러 정치적인 문제를 극복할 수 있는 기회라 여기고 민중의 보수적 감정을 이용했다. 이들은 각 경찰서 및 경비대로 하여금 조선인이 폭동을 일으켰다는 터무니없는 소문을 퍼뜨리도록 했다.

그리고 내무성 경보국장의 명의의 전문이 각 지방과 조선 총독부, 타이완 총독부에도 타전되었다. 전문의 내용은 조선인이 폭탄을 소지하고 석유를 뿌리는 등 방화하고 있으니 조선인을 단속하라는 것이었다.

터무니없는 '조선인 폭동' 소문이 일본 전역으로 퍼져 나가는 가운데 계엄령이 선포되었다. 계엄령 아래에서 군대와 경찰을 중심으로 조선인 학살이 이루어졌고, 또한 각지에서 조직된 자경단에게 수많은 조선인과 일본인 사회주의자가 학살되었다. 특히 자경단은 죽창, 일본도, 곤봉 등을 들고 도망치는 조선인들을 붙잡아 무차별 학살했다.

대한민국 임시 정부 산하의 〈독립신문〉 특파원이 보고한 바에 따르면, 도쿄에서 752명, 가나가와 현에서 1,052명, 사이타마 현에서 239명, 지바 현에서 293명 등 각지에서 6,661명이 피살되었다. 뒤에 일부 자경단원은 재판에 회부되기도 했으나 모두 증거 불충분으로 석방되었다.

06

1920년대 국내의 항일 운동

3·1 운동 후 일제는 문화 정치를 내세우며 민족의 분열을 꾀했다. 일제가 표방한 문화 정치는 겉으로는 유화 정책을 내세운 것이어서, 언론·집회·결사의 자유가 제한적이나마 허용되었다.

　이 같은 변화를 이용하여 1920년대 들어 다양한 항일 운동이 전개되었다. 일제가 계층 간의 갈등을 유도하며 친일 세력 육성에 치중하자 한민족은 그에 대응하는 활동을 활발하게 했다. 나아가 3·1 운동을 통해 드러난 민족적 역량을 이끌어 내어 조직화하려는 움직임도 계속되었다. 또한 사회주의 사상이 전래되면서 각종 사회 운동도 활발하게 펼쳐졌다.

사회주의 사상의 전래

3·1 운동을 전후하여 식민지 조선에 새로운 사상인 사회주의가 전파되었다. 1917년 러시아 혁명의 소식이 전해지면서 이미 3·1 운동 이전부터 연해주 등지에 있는 민족 운동가들 사이에서는 사회주의를 받아

들인 사람들이 생겨나기 시작했다.

그 결과 1918년 연해주에서 이동휘 등을 중심으로 한인 사회당이 조직되었다. 이동휘 등 초기 사회주의자들은 대한민국 임시 정부에 참여했으며, 따라서 3·1 정신을 계승하며 수립된 임시 정부는 사상과 이념을 뛰어넘은 항일 운동의 총 결집체였다는 점에서 큰 의의가 있다.

한편, 일본에서는 조선인 유학생들이 사회주의 사상을 받아들인 후, 국내로 돌아와 사회주의 단체를 만들기 시작했다. 이후 사회주의를 신사상으로 받아들이는 것은 하나의 유행처럼 지식인들 사이에 널리 퍼졌다.

초기에는 사회주의 사상에 대한 이해 수준이 그다지 높지 않았다. 러시아의 소식을 통해 들은 '노동자, 농민이 주인이 되는 세상'을 열어야겠다는 막연한 생각이나 독립운동의 한 방법 정도로 받아들인 경우가 많았다.

사회주의 사상이 들어오면서 사회 운동과 항일 운동에 대한 관심이 커지게 되었다. 사회주의 사상이 확산되면서 노동자와 농민의 권익을 보호하고 대변하는 여러 사회 운동 단체가 조직되었다. 이에 따라 노동 운동과 농민 운동을 비롯해 청년 운동, 여성 운동 등 여러 사회 운동이 활발히 전개되었다. 이 같이 사회주의 운동이 전개되면서 국내의 항일

이동휘
안창호 등과 신민회를 조직하여 활동했으며, 1918년 연해주에서 한국 최초의 사회주의 정당인 한인 사회당을 조직했다. 대한민국 임시 정부의 초대 국무총리로 추대되었다.

조선 공산당의 주요 인물들
조선 공산당은 1925년 처음 조직된 후 치안 유지법을 내세운 일제의 탄압으로 체포와 재조직을 반복했다. 1928년 제3차 조선 공산당이 무너진 후 재건을 위한 노력이 계속되었으나 이루어지지 못하고 해방 직후에 재건되었다. 〈동아일보〉 1927. 9. 13.

운동 세력은 민족주의 계열과 사회주의 계열로 나뉘게 되었다.

이러한 기반 위에서 1925년 조선 공산당이 비밀리에 결성되어 사회주의 운동을 주도하기 시작했다. 이 무렵 사회주의자들은 초기에 그들이 내건 계급 투쟁의 슬로건을 뒤로하고 조선의 독립 등 민족 문제를 전면에 내세우기 시작했다. 식민지 지배 아래 있는 조선의 현실에서 계급투쟁보다는 민족의 해방이 우선이라는 생각을 한 것이다.

노동 운동의 전개

사회주의 사상의 확산으로 사회 운동에 대한 관심을 커지면서, 특히 노동 문제에 대한 관심이 증대되었다.

1920년대 들어 회사령이 폐지되면서 일본 자본의 조선 진출 및 조선인의 기업 설립이 늘어나 노동자의 수도 점차 증가했다. 당시 조선에서는 주로 방직, 식품, 화학 공업 부문의 공장이 늘면서 많은 노동자를 고용하고 있었다.

이들 공장의 노동자들은 대체로 12시간 이상의 장시간 노동에 혹사당했다. 임금 수준은 같은 일을 하는 일본인 임금의 절반 수준에도 미치지 못했으며, 여성 노동자는 이보다 훨씬 적은 임금을 받았다. 게다가 일본인 감독의 횡포와 학대에 시달리는 경우도 많았다. 이와 같은 열악한 노동 조건은 노동 운동이 활발하게 일어나게 된 배경이 되었다.

노동 운동을 주도한 것은 각지에서 설립된 노동 단체였다. 1920년 지식인들이 중심이 된 조선 노동 공제회가 조직된 후, 전국 각지에서 여러 노동 운동 단체가 조직되었다. 1924년에는 노동 운동과 농민 운동의 총 결집체로서 조선 노농 총동맹●이 결성되어 노농 계급의 해방, 8시간 노동제 실시, 최저 임금제 쟁취 등을 목표로 투쟁했다. 1927년에는 노동 운동과 농민 운동을 분리하여, 각각 조선 노동 총동맹과 조선 농민 총동맹으로 조직이 분리되었다.

● 전국 노농 총동맹
1924년 결성된 전국적 규모의 통일된 노동자·농민 조직이었다. 전국의 농민 운동 단체와 노동 운동 단체가 대부분 가입해 260여 개의 회원 단체와 5만 3,000여 명의 회원을 둘 정도로 발전했다. 1927년 조선 노동 총동맹과 조선 농민 총동맹으로 분리되었다.

원산 총파업

원산 총파업은 1929년 원산의 라이징선 석유회사의 일본인 감독이 조선인 노동자를 때린 사건에서 비롯되었다. 노동 조건의 개선 등을 요구하며 원산의 노동자들이 대거 참여하여 4개월간이나 파업을 지속했다. 일본, 중국, 소련, 프랑스의 노동자들도 격려 전문을 보내 응원했으나, 일제 경찰의 가혹한 탄압으로 막을 내렸다. 원산 총파업은 실패로 끝났으나 노동자들이 연대하여 자본가와 일제에 맞서 싸운 일제 식민지 시기 최대의 노동 쟁의였으며, 반제국주의 항일 투쟁이었다.

이 같은 노동 단체의 설립과 함께 노동자들은 임금 인상, 노동 시간 단축 등의 구호를 내걸고 파업과 같은 노동 쟁의를 활발하게 일으켰다. 1921년 부산 부두 노동자들의 파업 이후 전국 곳곳에서 투쟁이 계속되었다. 1920년대 후반 들어 노동 쟁의가 늘어나면서, 노동 운동은 보다 조직적이고 지속적인 투쟁 형태를 띠게 되었다. 평양 인쇄 직공 파업, 목포 제유공 파업, 영흥 노동자 총파업, 원산 노동자 총파업 등이 대표적 투쟁 사례다. 특히 일제 통치하에서 가장 큰 노동 쟁의이었던 원산 노동자 총파업은 4개월 동안이나 계속되었다(1929).

노동 쟁의가 발생하면 일제 관리와 경찰이 처음부터 개입하여 노조 간부를 검거하는 등 노동자들을 탄압했다. 이에 따라 본래 경제 투쟁으로 시작된 노동 쟁의가 항일 투쟁의 성격을 띠게 되어 노동자들은 일제의 식민 통치 기구에 정면으로 맞서야 했다.

농민 운동의 전개

일제가 추진한 토지 조사 사업과 산미 증식 계획을 거치면서 지주의 소유지는 늘어난 반면 농민의 삶은 더욱 피폐해졌다. 지주의 소유지가 증가한 만큼 전체 농지 가운데 소작지가 차지하는 비중이 커졌다. 이에 따라 자작농과 자소작농은 줄어들고, 소작농이 크게 늘어나 농민의 궁핍화는 심화되었다.

농민의 대다수를 차지하는 소작농은 수확량의 50%가 넘는 고율의 소작료를 부담해야 했으며, 심한 경우에는 70~80%에 이르기도 했다. 게다가 지주들이 소작권 이동 등을 내세워 수리 조합비, 종자 및 비료 비용, 토지세까지 소작농에게 전가하여 생활 유지가 어려운 지경에 이르렀다. 이로 인해 부채가 늘어나 몰락하는 농민이 많아졌다.

이에 따라 지주의 가혹한 수탈에 저항하는 소작 농민들의 쟁의가 계속되었다. 대체로 각 지역에 조직된 소작인 조합이 중심이 되어 쟁의를 이끌었다. 1920년대 중반 이후에는 해마다 수백 건의 소작 쟁의가 발생했다. 이 시기의 소작 쟁의는 소작료 인하, 지세 및 공과금의 지주 부담, 소작권 이동 반대 등 대체로 생존권을 지키기 위한 투쟁이었다.

암태도 소작 쟁의 보도 기사
암태도 소작 쟁의는 1923~1924년 1년에 걸쳐 진행되었다. 7~8할의 고율 소작료에 시달리던 암태도의 소작인들은 목포 경찰서와 재판소를 찾아가 집단 농성을 벌였다. 각계각층의 지원 속에 소작료를 40%로 내리기로 하여, 쟁의는 소작인들의 승리로 끝났다. 〈동아일보〉 1924. 4. 16.

대표적인 소작 쟁의로는 전남 무안군의 암태도 소작 쟁의, 황해도 재령군 북율면 소작 쟁의 등을 들 수 있다. 이 시기의 소작 쟁의도 노동 쟁의와 마찬가지로 대체로 쟁의 과정에서 개입한 일제 관리와 경찰에 대한 투쟁으로 이어져 항일 운동의 성격을 띠었다. 1927년에는 조선 농민 총동맹이 결성되어 더 조직적으로 농민 운동을 지도하게 되었다.

청년 운동 및 여성 운동의 전개

3·1 운동 이후 일제가 문화 정치를 내세우면서 제한적이나마 집회·결사의 자유가 허용되자, 각종 사회 운동 단체들이 조직되었다. 전국 각지에서 조직된 각종 사회 운동 단체 가운데 가장 많은 수를 차지한 것은 청년회였다.

1920년 전국 각지에서 수백 개의 청년회가 결성된 후, 사회주의 사상

세계 어린이 운동 발상지 기념탑 서울의 천도교 중앙 대교당 앞에는 방정환의 어린이 운동을 기념하는 비가 세워져 있다. 서울 종로구 소재

이 확산되면서 각 지방의 청년회 운동도 사회주의 운동 쪽으로 방향을 전환하기 시작했다. 1924년에는 청년 연합 단체로서 조선 청년 총동맹이 출범했다. 여기에는 당시 전국의 청년 단체 600여 개 가운데 250여 개가 참여했다. 청년 단체들은 각 지방에서 노동 운동과 농민 운동을 적극 지원했다.

한편, 국권 피탈 이전부터 신교육을 받은 여성들이 배출되었는데, 이들은 흔히 신여성이라 불렸다. 이들은 여성에 대한 각종 억압과 차별을 비판하고 나아가 자유연애와 자유 결혼을 주장하는 등 여성 해방에 관심을 가지고 활동했다.

신여성들은 1920년대 들어 여성 운동을 위한 단체를 조직하기 시작했다. 기독교를 중심으로 하는 민족주의 계열 여성들은 1922년 조선 여자 기독교 청년 연합회YWCA를 중심으로 여성의 지위 향상을 목표로 운동을 전개했다. 사회주의 사상의 영향을 받은 여성들은 1924년 결성된 조선 여성 동우회*를 중심으로 여성 해방 운동에 앞장섰다.

한편, 1921년 방정환 등은 천도교 소년회를 조직하고 소년 운동을 전개했다. 방정환은 '아이'를 인격적으로 대접하라는 의미에서 '어린이'로 고쳐 부르자고 했다. 천도교 소년회는 어린이날을 제정하고 잡지 《어린이》를 발간했다.

소파 방정환

실력 양성 운동의 전개

사회주의 사상이 전래되면서 각종 사회 운동이 활발한 가운데, 민족주의 세력은 장차 독립을 이루기 위해서는 민족의 실력을 기르는 것이 중요하다고 생각하여, 다양한 형태의 실력 양성 운동을 펼쳤다. 그중 대표적인 것이 민립 대학 설립 운동과 물산 장려 운동이었다.

민족주의 세력은 문화적 측면에서 실력을 기르기 위해 교육의 진흥이 가장 중요하다고 보고, 이를 위한 대중 계몽 운동을 펼쳤다. 이에 따라

●조선 여성 동우회
1924년 주세죽, 허정숙 등이 창립한 한국 최초의 사회주의 여성 단체다. 종래의 계몽적 여성 교육론을 비판하고, 사회주의적인 여성 해방론을 주장했다. 선언문에 따르면 "여자는 가정과 임금과 성의 노예가 될 뿐이오. 생활에 필요한 각 방면의 일을 힘껏 하여 사회에 공헌했으나 횡포한 남성들이 여성에게 주는 보수는 교육을 거절하고 모성을 파괴할 뿐이다. 더욱이 조선 여성은 그 위에 동양적 도덕의 질곡에서 울고 있다. 비인간적 생활에서 분기하여 굳세게 굳세게 결속하자."라고 밝히고 있다.

교육열이 높아졌으나 학교 수는 크게 부족했다. 이에 각지에서 사립 학교 설립 운동이 일어났지만, 총독부가 허가를 내주지 않아 큰 성과를 거두지 못했다.

일제가 국권을 강탈한 후에 조선에서는 보통 교육과 실업 교육 위주의 교육 정책을 실시했기 때문에 대학이 없었다. 이에 이상재 등은 조선인의 힘으로 대학을 세워 민족 교육을 실시하자는 민립 대학 설립 운동을 시작했다. 1923년 결성된 조선 민립 대학 기성회는 강연회 등을 열어 모금 운동을 했으나, 총독부는 배일 사상을 고취한다는 이유로 탄압했다. 대신 총독부는 식민 통치에 협력하는 세력을 육성하기 위해 1924년 경성 제국 대학을 설립했다.

한편, 조선 물산을 사용하자는 물산 장려 운동이 일어났다. 1920년대 들어 일제는 회사령을 폐지하고 회사 설립을 허가제에서 신고제로 바꾸었다. 이후 일본의 자본과 상품이 조선에 물밀듯 밀려오자 영세한 조선인 토착 자본은 위기 앞에서 스스로 살길을 찾아야 했다. 조선인 자본가들과 이를 지원하는 언론은 민족의 경제적 실력 양성을 주장하면서 조선인 자본의 보호와 육성을 대중에게 호소했다. 이에 따라 물산 장려 운동이 시작되었다.

물산 장려 운동 보도 기사
'토산 장려 금일(오늘)부터 실행이란 제목의 기사이다. 오른쪽에 '내 살림 내 것으로'란 표어가 보인다. 〈동아일보〉 1923. 2. 16.

1920년 조만식 등은 평양에서 조선 물산 장려회를 발기하고, 토산품 애용 운동을 전개했다. 1923년에는 경성에서 조선 물산 장려회가 조직되면서 물산 장려 운동이 전국적으로 확산되었다. 조선 물산 장려회는 강연회와 시가행진 등을 통해 조선 물산의 애용을 장려하는 계몽 운동을 펼쳐 나갔다. 경성에 이어 지방에서도 물산 장려회, 자작회, 토산 장려회 등의 이름을 가진 단체들이 잇따라 결성되었다.

물산 장려 운동의 결과 무명을 비롯한 토산품의 소비가 크게 늘어났다. 하지만 조선 물산의 소비가 늘자 가격이 오르는 부작용이 생겼다. 아울러 일부 자본가와 상인의 이익만을 좇는다는 비판이 제기되는 등이 운동에 대한 논쟁이 커지면서 큰 성과를 거두지 못했다. 그 결과 물산 장려 운동은 1923년 여름 이후 사실상 정체 상태에 빠지고 말았다.

물산 장려 운동 선전문
보아라. 우리가 먹고 입고 쓰는 것이 거의 다 우리의 손으로 만든 것이 아니었다. 이것이 제일 세상에 무섭고 위태한 일인 줄 오늘에야 우리가 깨달았다. 피가 있고 눈물이 있는 형제자매들아! 우리가 서로 붙잡고 서로 의지하여 살고서 볼 일이다. 입어라! 조선 사람이 만든 것을. 쓰라! 조선 사람이 지은 것을.

백정의 신분 해방 운동, 형평 운동

가축을 도살하여 고기 및 가죽 등을 판매하며 살아온 백정은 조선 시대에 노비와 함께 가장 천대받는 계층이었다. 1894년 갑오개혁을 통해 법적으로는 천민 신분에서 해방되었지만, 일제 식민 통치 아래에서도 사회적 편견이나 차별은 여전했다.

조선 총독부는 백정을 호적에 등재하면서 도한屠漢이라는 글씨를 써넣거나 붉은 점을 찍어 차별했다. 백정의 자녀들은 공립 학교에 입학할 수조차 없었으며, 사립 학교에 들어가더라도 학부모들의 항의로 퇴학당하는 일이 많았다.

3·1 운동 이후 여러 사회 운동이 전개되는 가운데 백정들은 차별 대우에 항의하여 형평 운동을 전개했다. 때마침 일본에서 일어나고 있던 수평사 운동에 자극을 받아 1923년 진주에서 조선 형평사라는 단체가 조직되어 운동을 이끌었다.

형평 운동 포스터
형평 운동은 1923년부터 일어난 백정들의 신분 해방 운동이다. 백정들은 주로 삼남 지방에 거주했는데, 백정인 이학찬, 장지필, 양반인 신현수, 강상호 등이 진주에서 처음 형평사를 설립했다.

형평 운동은 말 그대로 저울처럼 평등한 사회를 만들자는 것이었다. 형평사는 백정에 대한 차별 철폐 운동은 물론, 회원 교육을 위한 야학과 강습소 설치, 백정의 이익 옹호를 위한 활동도 함께 펼쳤다. 형평 운동은 1924년 새로운 사회 운동 단체인 조선 노농 총동맹, 조선 청년 총동맹 등이 결성되면서 이들의 지원을 받게 되고, 또 이들 단체와 제휴하면서 전국적인 운동으로 발전했다.

일제는 형평 운동을 사회주의적 색채를 띤 운동으로 간주하여 탄압했다. 후에 1930년대 들어 호적에 기록되었던 백정 신분 표시가 공식적으로 폐지되었으며, 백정 자녀들의 학교 입학도 허용되었다. 이로써 형평 운동은 사실상 막을 내렸다.

07

민족 연합 전선, 신간회

1920년대 들어 사회주의 사상이 확산되면서 항일 운동 세력은 민족주의 계열과 사회주의 계열로 나뉘어 각각 따로 활동을 했다. 사회주의 세력은 노동 운동, 농민 운동 등 각종 사회 운동을 활발하게 하며, 사회주의 운동의 중심 조직으로 조선 공산당을 결성하기에 이르렀다. 반면에 민족주의 세력은 실력 양성 운동을 중심으로 운동을 펼쳐 나갔다.

3 · 1 운동이 전 민족적 항일 운동으로 전개된 것과는 달리, 항일 운동 세력이 두 진영으로 나뉘어 전력이 분산되는 결과가 초래되었다. 이런 가운데 일부 민족주의 세력이 일제와 타협하려는 경향을 보이면서 항일 운동 세력의 결집이 요구되는 상황이 전개되었다.

자치 운동의 대두
일제가 3 · 1 운동 이후 내세운 문화 정치는 조선인의 단결을 막고 분열을 꾀하려는 교활한 정책이었다. 이 과정에서 일제는 민족주의자들 가운데 일부를 포섭하여 민족 개량, 실력 양성, 자치 등의 목표를 내건 민족 운동을 제안했다. 즉, 항일 운동의 목표와 방향을 '독립'이 아니라, 민족을 개량하고 실력을 양성하여 자치를 실현하는 것이 먼저라는 식으로 유도한 것이다.

총독부의 주선으로 〈동아일보〉의 논설위원이 된 이광수는 1922년 발표한 '민족 개조론'에서 한민족은 어리석고 열등하니 아직 독립을 주장하기에는 역량이 부족하고 준비가 되어 있지 않다고 했다. 따라서 실력을 양성하는 것이 급선무라고 주장했다. 3·1 운동 이후 해외에서 대한민국 임시 정부가 수립되어 활동하던 것과는 달리, 뚜렷한 항일 운동의 방향을 잡지 못하고 있던 국내 민족주의자들의 일부는 이런 주장에 관심을 갖기 시작했다.

이에 김성수 등은 독립은 어차피 먼 일이니 일제가 허락하는 범위 내에서 정치 운동을 해야 한다는 생각에 이르렀다. 이러한 주장은 1924년 이광수의 '민족적 경륜'이라는 글을 통해 구체화되었다. 그리하여 우선 식민지 내에 조선인들의 의회를 구성하자는 자치 운동이 일어났다.

민족주의 세력 내부에서는 큰 논란이 일어났고 결국은 분열되기에 이르렀다. 자치 운동은 사실상 일제와의 타협을 통해 이루어질 수밖에 없기 때문에, 이러한 운동을 주장한 사람들을 흔히 타협적 민족주의자 또는 민족 개량주의자라고 한다.

일제의 교활한 정책에 따라 민족주의자들의 일부가 변질되고, 내부에 분열이 생기기 시작한 것이다. 이에 항일 운동 역량의 결집을 위해 타협적인 세력을 제외한 비타협적 민족주의 세력, 사회주의 세력 등 모든 세력의 단결이 절실히 요구되는 상황이었다.

6·10 만세 운동

1926년 순종이 세상을 떠나자, 사회주의 세력이 중심이 되어 민족 주의 세력과 함께 3·1 운동 같은 독립 만세 시위를 계획했다. 사회주의 계열의 조선 공산당과 민족주의 계열의 천도교 청년 회, 학생 대표들은 순종의 장례일인 6월 10일에 만세 시위를 벌 이기로 계획했다.

시위를 준비하는 과정에서 천도교 청년회 측에서 격문을 인쇄 하기로 했으나 사전에 경찰에 발각되어 압수당했다. 시위 계획이 드러나 조선 공산당 간부들까지 체포되었다. 그러나 사회주의 계열의 학생 단체인 조선 학생 과학 연구회를 비롯한 학생들의 조직은 발각되지 않았다.

학생들은 태극기를 만드는 등 예정대로 시위를 준비했다. 6월 10일 기마 경찰을 포함한 5,000여 일제 경찰의 삼엄한 경비 속에, 학생들은 장례 행렬이 지나는 곳곳에서 격문을 뿌리고 독립 만세를 외쳤다. 시위

6·10 만세 운동 기념비
1926년 6·10 만세 운동은 주 로 사회주의 사상을 가진 학생 들이 주도했다. 이 기념비는 서 울 중앙 고등학교 교내에 있다.

현장에서 전문학교와 고등 보통학교 학생 등 200여 명이 체포되었다. 지방의 몇몇 도시에서도 일어났으나 3·1 운동처럼 크게 확산되지는 못했다. 이를 6·10 만세 운동이라 한다.

6·10 만세 운동은 이념에 따라 나뉘어 전개되던 국내의 항일 운동이 다시 활력을 찾는 계기가 되어 값진 것이었다. 무엇보다도 이 운동을 준비하는 과정에서 사회주의 세력과 민족주의 세력이 서로 협력한 경험은 이후 서로 연합하여 항일 운동을 전개할 수 있는 중요한 토대가 되었다.

신간회의 창립

6·10 만세 운동을 전후하여 사회주의자들 사이에서는 민족주의자들과 연합하자는 민족 연합 전선의 주장이 대세를 이루었다. 이 같은 주장이 나오게 된 것은 국제적으로 반제국주의 민족 통일 전선이 필요하다는 분위기가 무르익고 있었기 때문이다. 중국에서는 공산당이 국민당과 합작하여 국공 합작이 이루어졌으며, 이 무렵 중국에서 활동하던 독립 운동가들 사이에서는 민족 유일당 운동이 벌어지고 있었다.

신간회 창립 신문 만평
오른쪽의 '사상단체 해체'라고 쓰인 탑을 허물어 왼쪽의 '신간회 창립'이라는 탑에 옮겨 쌓는 그림으로, 신간회를 항일 운동의 중심 기구로 만들자는 의도가 담겨 있다. 〈동아일보〉 1928. 1. 1.

게다가 사회주의 세력은 1926년 6·10 만세 운동을 주도하는 과정에서 다수가 일제에 검거됨으로써 세력이 급속히 약화되어, 민족주의 세력과의 연합이 절실히 필요했다. 그리하여 비타협적 민족주의자와 사회주의자들은 사실상 독립을 포기한 타협적인 세력을 제외하고, 전 민족적 단결을 꾀하기 위한 민족 연합 전선을 결성해야 한다는 데 생각을 같이했다.

민족 연합 전선의 구성이 구체화되기 시작한 직접적인 계기는 타협적인 세력들이 1926년 무렵 또다시 시작한 자치 운동이었다. 최린, 김성수 등은 자치 운동을 추진하

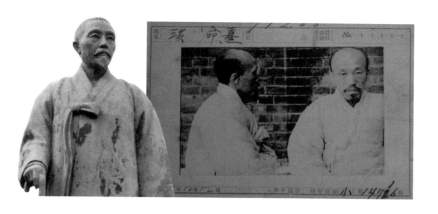

기 위한 단체를 조직하려 했다. 이에 비타협적 민족주의자들은 자치 운동에 반대하며 1926년 일부 사회주의자들과 함께 조선 민흥회를 결성했다. 또한, 사회주의자들도 1926년 '정우회 선언'을 발표하여 민족주의 세력과의 제휴를 주장했다.

당시 이 문제에 관심을 가지고 있었던 〈조선일보〉는 사설을 통해 자치 운동을 비판하고 비타협적 민족 운동 세력의 대동단결을 주장함으로써 민족 연합 전선의 창립을 위한 분위기를 고조시켰다. 그리하여 홍명희와 〈조선일보〉 간부진이 중심이 되어 발기인을 구성하고 연합 전선의 명칭을 신간회라고 정하는 등 창립 준비를 서둘렀다.

1927년 2월 15일 신간회 창립 대회가 개최되어 투표를 통해 회장에는 이상재가, 부회장에는 홍명희(홍명희 사퇴 후 권동진)가 선출되었다. 이로써 민족주의, 사회주의 양 진영이 중심이 된 민족 연합 전선으로서의 신간회가 결성되었다.

신간회 중앙 본부의 조직이 완료되자, 각 지방 민족 운동 세력의 지지 속에 지회를 설립하기 위한 활동이 활발히 벌어졌다. 심지어 도쿄를 비롯한 해외에까지 지회가 설립되었다. 신간회 활동이 가장 활발할 무렵 전국의 지회는 140여 개, 회원 수는 4만여 명에 달했다. 신간회는 일제 통치하 국내 최대 규모의 항일 단체였다.

신간회 강령
1. 우리는 정치적·경제적 각성을 촉진함.
2. 우리는 단결을 공고히 함.
3. 우리는 기회주의를 일체 부인함.

도쿄 지회가 제안한 수정안
1. 우리는 조선 민족의 정치적·경제적 해방의 실현을 기함.
2. 우리는 전 민족의 총역량을 집중하여 민족적 대표 기관이 되기를 기함.
3. 우리는 일체 개량주의 운동을 배척하여 전 민족의 현실적 공동 이익을 위하여 투쟁하기를 기함.

● 갑산 화전민 항일 운동
1929년 함경남도 갑산의 화
전민들이 일제의 화전민 추방
정책에 대항하여 일으킨 항일
운동이다. 신간회에서는 진상
을 조사한 다음, 보고 대회를
열고 총독부에 항의했다. 화
전민들은 지속적인 투쟁을 벌
여 이주를 약속받았다.

신간회의 활동

합법적인 단체로 출발한 신간회는 일제의 감시와 탄압으로 활동하는
데 많은 제약이 따랐다. 신간회 중앙 본부는 앞으로의 투쟁 방향에 대
해 구체적인 대안을 제시하지 못하고 있는 형편이었다.

그러나 상대적으로 자유로웠던 여러 지회에서는 그러한 현실을 타개
하고자 여러 방안을 제시했다. 신간회의 지회들은 각 지역의 사회 운동
을 지도하며 운동의 중심으로 자리를 잡아가고 있었다. 따라서 신간회
의 구체적인 활동은 중앙 본부의 활동보다는 지회를 중심으로 활발히
전개되었다.

지회는 야학이나 강연회 등을 열어 민중을 계몽하는 한편, 무엇보다
도 민중의 생존권을 수호하기 위한 노동 운동과 농민 운동, 여성 운동
등을 적극 지원했다. 신간회는 1929년 원산 노동자 총파업의 지원, 함
경남도 갑산 화전민 항일 운동●에 대한 진상 규명과 항의 등의 활동에
힘을 기울였다.

또한, 1929년에 광주 학생 항일 운동이 일어나자 신간회는 현지에
조사단을 파견하고, 민중 대회를 열어 3·1 운동과 같은 전국적인 항일
운동으로 확산시킬 계획을 세웠다. 그러나 일제 경찰의 탄압으로 신간
회 간부들이 대거 체포되고 민중 대회는 열리지 못했다. 이 사건으로
신간회 활동은 또다시 어려움을 겪게 되었다.

신간회의 해체 및 의의

이후 새로 구성된 신간회의 집행부는 이전의 운동 방침을 수정하여 가
급적이면 일제와의 충돌을 피하려 했다. 심지어 타협적 합법 운동을 주
장하는 움직임도 나타났다. 세계 경제 공황(대공황)의 여파가 조선에까
지 밀려오면서 생존권조차 위협받게 된 노동자, 농민들의 투쟁이 격화
되고 있는 상황이었다.

이런 가운데 국제적으로 사회주의 운동을 주도하던 코민테른[*]에서는 사회주의 운동을 급진적인 방향으로 전환할 것을 제시했다. 이에 일부 사회주의 세력에서 신간회를 해소하자는 주장이 대두되었다. 결국 창립 대회 후 1931년 처음으로 열린 전국 대회에서 해소가 결의되었다.

사회주의 세력이 '해체'라는 표현 대신에 '해소'라는 용어를 사용한 것은 단순히 해체에 머물지 않고 새로운 조직을 결성하여 운동을 지속하자는 의미에서였다. 그러나 신간회 해소 후 새로운 조직의 결성은 이루어지지 못했고 결국 해체로 끝나고 말았다.

민족 연합 전선이었던 신간회는 사상이나 이념에 관계없이 민족적 단결을 통해 항일 운동을 이끌어 나갔다는 점에 그 의의가 있다. 또한, 해방 후 좌익과 우익의 이념 대립이 극심한 가운데 신간회의 경험을 되살리자는 주장이 제기되어, 좌우 합작 운동이 일어나는 계기가 되기도 했다.

● 코민테른Comintern
1919년 모스크바에서 레닌의 지도하에 창립된 국제 사회주의 조직이다. 각국의 공산당에 그 지부를 두고 각국 혁명 운동을 지도하고 지원했다. 한국의 사회주의 운동도 이와 밀접한 관계를 맺으며 전개되었다.

광주 학생 항일 운동

3·1 운동 이후 국내 항일 운동에서 중요한 역할을 한 것은 학생들이었다. 학생들은 일제의 민족 차별 교육을 직접 받고 있었기 때문에 항일 의식이 클 수밖에 없었다. 3·1 운동 때는 물론이고, 특히 6·10만세 운동은 학생들이 항일 운동의 주체로서 자신들을 자각하는 계기가 되었다.

이후 학생들은 독서회 등의 비밀 조직을 만들어 식민 현실에 대한 자각과 항일 운동을 준비했는데, 여기에는 사회주의 사상이 큰 영향을 끼쳤다. 학생들은 식민지 교육 정책에 맞서 동맹 휴학을 하는 등 치열한 투쟁을 벌였다.

1929년 광주에서 민족 차별과 식민 통치에 저항하는 학생들의 항일 운동이 발생했다. 이 운동은 조선인 학생과 일본인 학생 사이의 우발적

아니, 저놈이!

깡!

조센징이 머릿결도 곱구나.

● 동맹 휴학
일제 식민지 시기 학생들은 집단적인 등교 거부나 수업 거부를 통해 의지를 표시했다. 당시에는 이를 '맹휴'라고 했다. 동맹 휴학은 사소한 문제로부터 시작되었으나, 일제의 식민지 노예 교육 규탄 등 항일 운동으로 발전했다. 1929년 광주 학생 항일 운동 이후 일제의 극심한 탄압으로 점차 감소되었다.

인 충돌에서 비롯되었다. 광주 지역 학교의 비밀 독서회 조직인 성진회는 학생들의 투쟁 방향을 일제에 대한 투쟁으로 돌릴 것을 제시했다. 이에 11월 3일 광주에서 대규모의 항일 시위가 벌어졌다. 학생들은 식민지 교육의 폐지를 주장하고, '일제 타도'와 '민족 해방'을 부르짖었다.

광주 학생들의 시위는 경성, 개성, 원산 등 전국의 주요 도시는 물론 읍·면 지역 학교까지 확산되었고, 보통학교 학생들도 참여해 다음 해까지 계속되었다. 이 운동을 통해 학생들의 항일 운동은 이제까지의 동맹 휴학● 형태에서 벗어나 시위 형태로 발전했고, 일제의 식민 통치를 정면으로 부정하는 데까지 이르렀다.

광주 학생 항일 운동에는 전국적으로 194개 학교에서 모두 5만 4,000여 명의 학생이 참가하여 1,462명이 구속되고, 2,912명이 퇴학 및 무기정학을 당했다. 이 운동은 3·1 운동 이후 일어난 최대 규모의 항일 운동이었다.

광주 학생 항일 운동 기념탑
광주에서 시작된 학생들의 항일 시위를 기리기 위해 세운 기념탑이다. 광주 북구 광주 제일 고등학교 소재

근우회의 여성 해방 운동

1927년 신간회가 조직된 직후, 자매단체의 성격을 띤 근우회가 조직되었다. 근우회는 신간회와 마찬가지로 민족주의 계열과 사회주의 계열의 여성 운동 세력이 연합하여 창립한 단체이다.

근우회 취지문에는 "일어나라! 오너라! 단결하자! 조선의 자매들아! 미래는 우리의 것이다."라는 구호가 쓰여 있다. 차별에 저항하며 여성 해방을 꾀한 당시 여성 운동의 의지를 표현한 것이었다.

근우회는 강령으로 '조선 여성의 굳은 단결, 조선 여성의 지위 향상'을 내걸었으며, 선언문에서 "조선 여성을 불리하게 하는 각종 불합리는 그 본질상 조선 사회를 괴롭히는 일제와 연결된 것이고, 전 여성은 단결하여 투쟁함으로써 승리를 거두어야 한다."라고 주장했다. 즉, 근우회의 운동 목표는 봉건적 굴레에서 벗어나는 여성 자신의 해방과 일제 침략으로부터의 해방이라는 두 가지가 제시되었다.

근우회는 전국을 돌며 공연과 강연회 등을 통해 여성의 사회적 지위 개선과 여성 해방에 대한 인식을 확산시켰다. 또 노동 운동과 농민 운동을 비롯한 사회 운동에도 적극 개입하여 항일 운동을 전개했다.

특히 근우회는 학생들의 항일 운동을 적극 지원했다. 1927년 숙명 여고보 맹휴 사건을 비롯해, 광주 학생 항일 운동 탄압에 항의해서 일어난 1930년 경성 여학생 만세 운동에도 깊이 관여했다. 이 사건으로 사회주의 계열의 간부들이 대거 검거되었다. 1931년 신간회의 해체를 전후하여 근우회도 해체되었다.

근우회
근우회는 민족주의 계열과 사회주의 계열의 여성 운동 세력이 연합하여 창립한 신간회의 자매단체였다. 사진은 근우회 대구 지회 창립식 모습이다.

08

1920년대의 무장 독립 투쟁

독립을 위한 한민족의 노력은 여러 가지 형태로 이루어졌다. 상하이에서는 독립 운동을 지도하기 위한 조직체로서 대한민국 임시 정부가 수립되어 외교 활동에 주안점을 두고 활동을 벌였다.

한반도와 국경을 마주하고 있는 만주와 연해주에서의 독립운동은 장기적으로 독립 전쟁을 통해 일제를 몰아내고 독립을 쟁취한다는 목표 아래 전개되었다. 이 지역의 독립운동가들은 적에게 가장 심한 타격을 입히는 것과 동시에 나라를 되찾을 수 있는 가장 효과적인 투쟁 방법이 총을 들고 싸우는 무장 독립 투쟁이라고 생각했다.

봉오동 전투와 청산리 전투

무장 독립 투쟁은 일제의 세력이 미치지 않은 만주와 연해주가 중심이 될 수밖에 없었다. 이미 1910년대를 통해 무장 투쟁을 준비해 온 한민족은 3·1 운동을 전후하여 여러 독립군 부대를 조직했다.

특히 한민족이 많이 거주하고 있던 간도 지방을 비롯한 만주에서는 대한 독립군, 북로 군정서군, 서로 군정서군, 국민회군 등이 활동했고, 연해주에서는 혈성단이 조직되어 활동했다. 이무렵 만주와 연해주 일대에서는 크고 작은 50여 개의 독립군 부대가 활동하고 있었다. 이들은 소규모 부대로 국내 진공 작전을 개시하여, 일본군 부대와 경찰서 등을 습격하여 전과를 올리고 있었다.

이에 일본군은 1920년 들어 독립군의 활동을 저지하기 위해 국경을 넘어 독립군을 공격하기 시작했다. 먼저, 독립군의 근거지를 없애기 위해 여러 독립군 부대가 활동하고 있던 만주의 봉오동을 공격 목표로 삼았다.

이 일대에서 활동하던 홍범도가 이끄는 대한 독립군은 이미 국내 진공 작전을 통해 많은 전과를 거두었다. 홍범도는 최진동의 군무 도독부와 연합하여 두만강을 건너온 일본군에 맞섰다. 지형에 익숙한 독립군 부대는 일본군을 깊숙이 유인하여, 봉오동 일대에서 일본군 157명을 사살하고 200여 명을 부상시키는 대전과를 거두었다. 이를 봉오동 전투(1920. 6.)라고 하며, 일본군과 치른 부대 단위의 전투에서 처음으로 승리했다는 데 그 의미가 있다.

봉오동 전투에서 패한 일제는 만주 군벌에 독립군 진압을 위한 협조를 요청했지만 뜻대로 되지 않았다. 이에 훈춘 사건●을 조작하여 1920년 10월 2만 여 명의 대병력을 간도 지방으로 출병시켰다. 이에 독립군들은 대규모의 일본군에 맞서기 위해 독립군 연합 부대를 편성했다. 그리하여 대한 독립군, 국민회군 등이 편성된 제1연대는 홍범도가 지휘를 하고, 김좌진은 제2연대장으로서 북로 군정서군을 지휘하고, 제3연대장인 최진동은 군무 도독부군의 지휘를 맡았다.

독립군의 연합 부대는 일본군에 비해 병력 수나 화력 면에서 열세였지만, 빠른 기동력과 지리를 잘 이용하여 적을 유인하고 기습과

●훈춘 사건
일제가 중국의 마적을 매수하여 훈춘의 일본 영사관과 민가를 공격하게 한 사건이다. 일제는 독립군의 소행이라고 주장하며, 이를 구실로 대규모 병력을 만주로 출병시켰다.

홍범도 흉상
국권 피탈 전 의병 투쟁부터 시작해, 만주에서 대한 독립군을 이끌고 봉오동 전투에서 큰 전과를 거두었으며, 청산리 전투에서도 크게 활약했다. 이후 대한 독립 군단의 부총재 등으로 활약했다. 서울 용산구 전쟁 기념관 전시

김좌진 생가
청산리 전투의 주역인 김좌진
이 태어나 성장한 곳이다. 충남
홍성 소재

매복 작전을 구사했다. 청산리 일대에서 백운평 전투, 어랑촌 전투 등
10여 차례의 전투가 약 1주일간에 걸쳐 벌어졌다.

　이 전투에서 일본군은 전사자 1,254명, 부상자가 1,000여 명에 달했
으나, 독립군의 전사자는 100여 명에 불과했다. 이는 독립군의 전투 사
상 전무후무한 가장 큰 승리로, 청산리 대첩이라고 한다. 이처럼 청산
리 전투는 김좌진을 비롯해 홍범도 등이 활약한 독립군 연합 부대의 승
리였다.

간도 참변과 자유시 참변
봉오동 전투와 청산리 전투에서 크게 패한 일본군은 독립군의 근거지
를 없앤다는 명분으로 간도 일대의 조선인 촌락을 공격하여 무차별적

인 학살을 자행했다.

일제는 1920년 10월부터 약 4개월에 걸쳐 수많은 조선인 마을을 불태우고 재산과 식량을 약탈했으며, 조선인들을 보는 대로 학살했다. 전 주민이 몰살을 당하고 마을 전체가 폐허로 변한 곳도 있었다. 간도 일대에서 학살된 피해자는 적어도 1만 명에 이르렀을 것으로 추정되며, 2,500여 채의 민가와 30여 개의 학교도 화염에 휩싸였다. 이를 간도 참변이라고 한다.

이에 독립군은 간도 거주 조선인의 피해를 줄이고 일제의 계속 되는 공세를 피하기 위해 전략상 북쪽으로 이동했다. 이동 중 만주 북부의 밀산에 집결한 독립군들은 부대를 통합, 재편성해 새로이 대한 독립 군단을 조직했다.

이후 좀 더 활동하기에 유리하고 일본군의 위협이 적은 곳을 찾아 중·러 국경을 넘어 러시아의 연해주로 들어갔다. 여러 독립군 부대 가 연해주의 자유시(스보보드니)에 모여 규모를 키우고 군비를 확장 할 수 있는 기회가 생겼다.

우리 독립군이 이렇게 분열되어 싸우다니….

그러나 각기 사정이 다른 여러 부대가 집결하자 뜻하지 않은 분쟁 이 일어났다. 독립군을 통합하는 과정에서 지휘권 장악을 위한 다툼이 벌어지게 된 것이다. 결국 독립군의 지휘권 장악을 노리던 일부 독립군 세력이 러시아 적군(혁명군)과 연합하여 나머지 독립군을 공격하는 사 태가 벌어졌다. 이 과정에서 사망자, 행방불명자, 체포된 자는 수백 명 에 이르렀다.

이는 결과적으로 독립군들끼리 맞붙은, 독립운동 사상 가장 비참한 사건이었다. 이를 자유시 참변(1921. 6.)이라고 한다.

독립군의 재편과 통합

자유시 참변의 참담함을 겪으며 뿔뿔이 흩어진 독립군들은 다시 만주

지청천 초상화
지청천은 만주에서 한국 독립군을 이끌고 많은 전과를 거두었으며, 뒤에 중국 충칭에서 창립된 한국광복군의 총사령관으로 활동했다. 서울 종로구 우당 기념관 전시

● 미쓰야 협정
1925년 조선 총독부 경무 국장 미쓰야와 만주의 군벌 장 쭤린이 체결한 협약이다. 미쓰야 협정의 내용은 '만주에서 활약하는 독립군을 체포하여 일본에 넘길 것과 이때 일본은 대가로 상금을 지불할 것' 등이다. 미쓰야 협정으로 인해 만주에서의 독립군 활동은 큰 타격을 입었다.

로 돌아와 독립군 조직의 재결집에 나섰다. 그 결과 남만주의 압록강 맞은편 지역에서는 대한민국 임시 정부 소속의 군정부로 참의부가 결성되었다(1923). 그리고 지린(길림) 일대에서는 지청천 등이 중심이 된 정의부가 조직되었고(1925), 북만주에서는 김좌진 등을 중심으로 신민부가 결성되었다(1925).

이처럼 1920년대 중반 만주의 독립군은 참의부, 정의부, 신민부의 3부로 재편되었다. 이는 단순한 독립운동 단체가 아니라 입법, 행정, 사법의 삼권 분립 체제를 갖추고 만주의 조선인 사회를 통치하는 일종의 자치 정부 역할을 했다. 또한 독립군의 훈련과 작전을 담당하는 군정 기관을 설치하고 자체적으로 무장 독립군 부대를 편성하여 활동했다.

일제는 독립군의 활동을 막기 위해 만주 군벌과 미쓰야 협정(1925) ● 을 체결했다. 미쓰야 협정은 만주 군벌이 독립군을 단속하고 체포된 독립군을 일본으로 인도한다는 내용이었다. 이에 따라 독립군의 활동은 큰 타격을 받았다.

이 같은 어려운 상황을 극복하기 위해서는 3부의 통합이 절실히 필요했다. 그리하여 3부 통합 운동과 민족 유일당 운동이 일어났으나 완전한 통합이 되지는 못하고, 북만주의 혁신 의회(1928)와 남만주의 국민부(1929)로 재편되었다.

남만주의 국민부는 조선 혁명당을 조직하고 조선 혁명군을 무장 부대로 편성했다. 김좌진과 김동삼을 중심으로 한 혁신 의회는 뒤에 한족 총연합회, 한족 자치 연합회로 재편되었으며, 지도 조직으로 한국 독립당을 결성하고 이후 한국 독립군을 조직해 투쟁을 계속했다.

이처럼 독립군 조직이 당을 결성한 것은 이미 임시 정부에서도 내세운, 당이 나라를 다스린다는 이당치국以黨治國의 방침에서 나온 것이었다. 그리하여 한국 독립당은 한국 독립군을, 조선 혁명당은 조선 혁명군을 지도하며, 1931년 일제가 만주 사변을 일으켜 만주를 장악한 이후에도 투쟁을 계속했다.

지청천이 이끈 한국 독립군은 북만주 일대에서 활동하며 중국군과 함께 쌍성보 전투(1932) 등에서 승리하며 전과를 올렸다. 하지만 일제의 대공세로 활동이 어려워지자 지도자 대부분이 중국 본토로 이동하게 되었다. 지청천은 이후 임시 정부가 한국광복군을 창설하는 데 큰 역할을 했다.

남만주에서는 양세봉®이 이끈 조선 혁명군이 중국 의용군과 힘을 합해 영릉가 전투(1932)와 홍경성 전투(1933)에서 큰 승리를 거두었다. 1934년 양세봉이 일제에 의해 살해당한 후 세력이 약화되었으나, 1930년대 후반까지 활동을 계속했다.

●양세봉
양서봉이라고도 한다. 1922년 평안북도에서 활동하던 유격대인 천마산대에 가입했다. 이후 참의부, 국민부에서 독립군 지휘관으로 활동했다. 1932년 조선 혁명군 총사령관에 오른 뒤 중국 의용군과 연합하여 영릉가 전투, 홍경성 전투를 비롯해 200여 차례의 전투를 치렀다.

김원봉과 의열단

3·1 운동 이후 일제의 식민 통치 기구의 파괴나 일본군과 친일파의 처단 등 의열 투쟁을 목표로 한 단체들이 조직되어 활동했다. 김원봉이 1919년 만주에서 조직한 의열단은 본부를 일정한 곳에 두지 않고 중국의 여러 도시를 옮겨 다녔다.

의열단은 침략 원흉의 암살과 일제 침략 기관의 파괴 등을 활동 목표로 삼았다. 조선 총독 이하 고관, 군부 수뇌, 친일파 거두, 밀정 등이 암살 대상이었으며, 조선 총독부, 동양 척식 주식회사, 각 경찰서 등을 파괴 대상으로 선정했다. 이를 위해 상하이에 폭탄 제조소까지 설치하여 투쟁을 준비했다.

의열단의 활동은 가열차게 전개되었다. 김익상은 조선 총독부에 폭탄을 던졌고(1921), 김상옥은 종로 경찰서(1923), 나석주는 동양 척식 주식회사에 폭탄을 던졌다(1926). 그 외 다양한 암살 활동으로 친일파나 일본인에게 공포의 대상이었다.

의열단은 1923년 신채호에게 의뢰하여 작성한 '조선 혁명 선언'을 활동의 지침으로 삼았다. 의열단 선언이라고도 불리는 이 선언에는 이승만, 이광수, 안창호 등이 주장한 외교론, 자치론, 준비론, 문화 운동론 등을 비판하고, 오직 폭력적 민중 혁명이 일제를 타도하고 독립을 쟁취할 수 있다고 주장했다.

이후 의열단은 의열 투쟁만으로는 독립을 쟁취하기가 어렵다고 판단하고, 무장 투쟁에 대비해 중국의 쑨원이 세운 황포 군관 학교에 단원들을 입학시켜 군사 교육을 받게 했다.

의열단과 김원봉 보도 기사
의열단원의 검거에 대해 보도한 기사로 사진 속 인물이 의열단 단장이었던 김원봉이다. 〈동아일보〉 1923. 4. 12. 호외.

09

1930~1940년대
일제의 통치 정책

일제가 조선 통치를 위해 내세운 문화 정치를 버리고, 또다시 무단적인 본색을 드러낸 것은 국제 사회의 변화 때문이었다. 1929년 말부터 세계를 뒤흔든 대공황으로 미국과 유럽의 제국주의 국가들은 큰 위기에 놓이게 되었다. 일본 역시 예외는 아니었다.

일본에서는 군부가 권력을 장악하여 군국주의[•]를 강화하고 침략 전쟁을 통해 위기를 극복하려 했다. 1931년에는 만주를 침략하여 괴뢰 만주국을 세우고, 1937년에는 중일 전쟁을 일으켰다. 나아가 동남아시아 지역으로 전쟁을 확대하고, 1941년에는 미국의 하와이를 기습 공격하여 태평양 전쟁을 일으켰다.

농촌 진흥 운동과 일본 자본의 진출

1920년대를 거치면서 조선의 농촌은 심각한 경제 위기에 처했다. 봄이면 식량이 떨어지는 춘궁 농가가 나날이 늘어나, 1930년에는 전체 농

[•] **군국주의**
국가의 가장 중요한 목적을 군사력에 의한 대외 발전에 두고, 전쟁과 그 준비를 큰 목적으로 삼는 정치 체제. 제2차 세계 대전 때의 독일, 이탈리아, 일본 등이 대표적인 예다.

● 남면북양 정책
일제는 대공황 이후, 선진 자본주의 국가들이 보호 무역 정책으로 돌아서자 원료 부족 현상에 대비하기 위해 공업 원료 증산 정책을 계획했다. 조선의 남부 지방 농민들에게는 면화의 재배를 강요했고, 북부 지방 농민들에게는 가구당 5마리씩 양을 키우도록 강요했다.

가의 절반 정도가 이에 해당할 정도로 사회적으로 큰 문제였다.

이에 일제는 1932년 황폐해진 조선 농촌을 구제한다는 명분 아래 농촌 진흥 운동을 시작했다. 농촌 진흥 운동은 농가 갱생 계획을 중심으로 전개되었으며, 이는 춘궁 농가의 식량 문제를 해결하고, 농가 부채를 근절하려는 것이었으나 성과를 내지 못했다. 일제가 이를 추진한 것은 소작 농민들의 몰락을 방치하면 치안에 큰 위협이 될 것을 우려했기 때문이었다.

또한, 일제는 이른바 남면북양 정책●을 실시하여 남부 지방에서는 면화를 심게 하고, 북부 지방에서는 양을 기르도록 했다. 이는 대공황 이후 각국의 보호 무역 조치 때문에 어려움을 겪고 있던 일본의 방직업자들에게 원료를 공급하기 위한 것이었다.

일제는 1930년대 들어 조선의 광산물 채취와 이를 이용한 중화학 공업의 발달에 몰두했다. 이러한 광공업 개발 정책에 따라 일본의 대자본이 본격적으로 조선에 진출하기 시작하여, 주로 북부 지방에 금속, 화학 등 중화학 공장을 세우고 이를 확장해 나갔다.

목포항에 집적된 면화
남면북양 정책에 따라 남쪽에서 생산된 면화를 일본으로 실어 가기 위해 목포항에 모아 둔 모습이다.

한편, 이 시기에 조선인 자본가의 공장, 회사 설립도 크게 증가했으나 대부분 중소 규모였다. 일제 식민지 아래에서 조선인 자본가에게 주어진 기회는 분명히 한계가 있었으며, 일본 경제의 예속을 피하기도 어려웠다.

익산 춘포리 구 일본인 농장 가옥 전북 지역의 대규모 일본인 농장인 호소카와 농장의 일본인 마름이 살았던 곳이다. 전 일본 총리 호소카와 모리히로의 아버지 소유였다. 농업 수탈 지역이었던 익산 지역의 상황을 추측할 수 있는 건물이다. 전북 익산 소재

전시 동원 체제의 확립과 민족 말살 정책

일제는 1937년 중일 전쟁을 일으키고, 대동아 공영권● 건설을 내세워 동남아시아 지역으로 침략 전쟁을 확대했다. 이에 미국과 영국이 경제 봉쇄로 맞서자, 1941년 일본은 하와이의 진주만을 기습 공격하여 태평양 전쟁을 일으켰다. 전쟁이 시작되자 일제는 조선에서도 전시 동원 체제를 갖추어 갔다. 이와 함께 조선인을 일본화하려는 민족 말살 정책을 강도 높게 추진했다.

● 대동아 공영권
'대동아'란 동아, 즉 동아시아에 동남아시아를 더한 지역을 가리키는 말로, 아시아 민족이 서양 세력의 식민 지배로부터 해방되려면 일본을 중심으로 대동아 공영권을 결성하여 서양 세력을 몰아내야 한다는 것이다.

● 국민정신 총동원 조선 연맹
총재는 조선 총독이었고, 윤치
호, 최린, 방응모, 박흥식 등
친일 인사와 친일 종교 단체가
참여했다. 행정 단위별로 지역
연맹을 두었으며, 그 아래 10
호 단위로 '애국반'이란 세포
조직체를 운영했다. 이로써 모
든 조선인은 애국반에 소속되
어 일상생활까지 통제와 감시
를 받아야 했다.

● 신사
일본 고유의 민간 종교인 '신
도'의 사원을 말한다. 일본은
메이지 유신 이후 신도를 보
호하고 육성하여 국가의 지도
이념으로 삼았다.

1938년에는 '국가 총동원법'을 만들어 전쟁 수행에 필요한 체제를 갖추었다. 또 조선인의 사상을 철저히 통제하여 일제의 침략 정책에 협력하게 하기 위해 국민정신 총동원 조선 연맹●을 조직했다. 1940년에는 이를 국민 총력 조선 연맹으로 개편했는데, 일제는 시국 강연 등을 열어 전시 동원을 일상화했다.

일제는 민족 말살 정책을 추진하면서 '일본과 조선은 한 몸이다'라고 하는 '내선일체內鮮一體'를 내세우고, 일본 '천황의 충성스러운 백성'이 되자는 황국 신민화 정책을 추진했다. 이는 일본과 조선을 같이 대우하겠다는 주장이었으나, 사실은 조선인의 민족성을 말살하여 침략 전쟁에 동원하기 위한 교묘한 술책이었다.

이를 위해 일제는 학교와 관공서 등에서 우리말 대신 일본어를 사용하게 했다. 학생들은 학교에서 우리말을 사용하면 벌을 받아야 했다. 우리말 금지 정책에 따라 이미 친일적 경향을 띠어 가던 〈동아일보〉와 〈조선일보〉가 폐간당했고, 한글로 된 모든 잡지도 폐간되었다.

일제는 성과 이름도 일본식으로 바꾸도록 강요했다. 창씨개명을 하지 않으면 엄청난 불이익을 받았다. 자녀를 학교에 보낼 수 없었고, 취직은 물론 민원 사무조차 볼 수 없었으며, 식량과 생필품도 배급받을 수 없었다.

아울러 일제는 일본 정신을 주입하기 위해 신사 참배를 강요하여 면 단위로 신사●를 하나씩 세우게 했다. 매월 1일 이른바 '애국일'에는 농촌 구석구석에 이르기까지 신사를 참배하게 강요했다. 그런가 하면 집집마다 일본신의 신주를 모실 것을 강요하고 매일 참배하게 했다. 또 천황이 있는 궁성을 향하여 절을 하게 하는 궁성 요배가 강제로 행해졌다.

천황에게 충성을 맹세하는 '황국 신민 서사'를 제정하여, 학교와 관청에서는 조례 시간이나 행사가 있을 때면 제창하도록 강요했다.

너 김씨니까
기무라,
꼬마는 타츠오.

창씨 상담소

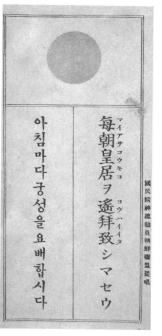

초등학교의 이름도 소학교이던 것을 황국 신민의 줄임 말인 국민이라는 말을 넣어 국민학교라고 한 것도 이때 이루어진 일이었다. 학교 이름조차 황민화 교육의 수단이 된 것이다.

병참 기지화 정책과 물적 자원의 수탈

중일 전쟁으로 전쟁이 본격화되면서 일제는 조선을 대륙 침략을 위한 병참 기지로 만들려고 했다. 이를 위해 일제는 1930년대 이후 추진된 공업화 정책을 적극 추진하여, 전쟁 물자 생산을 위한 각종 군수 공업 육성에 힘을 기울였다.

이에 따라 자원이 풍부하고 전쟁 상대인 중국과 가까운 한반도의 북부 지방을 중심으로, 차량·선박·비행기·화약 등을 생산하는 금속, 기계, 화학 계통의 중화학 공장을 세우고, 제철소를 신설 또는 확장했다.

황국 신민 서사(어린이용)
1. 우리들은 대일본 제국의 신민입니다.
2. 우리들은 마음을 합하여 천황 폐하께 충성을 다합니다.
3. 우리들은 인고 단련하여 훌륭하고 씩씩한 국민이 됩니다.

아울러 일제는 군수 광물의 조달을 위해 본격적으로 철광, 석탄, 특수 광물 등의 약탈에 나섰다. 그 결과 1942년의 광산액은 1937년에 비해 약 3배 정도로 증가했다.

하지만 전쟁이 확대되면서 군수 물자 조달이 갈수록 어렵게 되자, 일제는 이를 보충하기 위해 '금속 회수령'을 공포하여 쇠와 구리 같은 금속류를 공출했다. 이에 일제는 가마솥, 놋그릇, 제기, 쇠창살, 문고리 등 모든 금속품을 강제로 거두는 정책을 실시했으며, 심지어 비행기 연료로 사용하기 위해 송진까지 채취하게 했다.

또한 일제는 전쟁에 필요한 군량미를 조선에서 조달하기 위해 미곡 증산 계획을 다시 실시했다. 그럼에도 쌀 사정이 크게 악화되자, 쌀의 시장 유통을 금지하고 쌀 확보를 위해 쌀 공출제를 실시했으며, 식량 배급제를 실시했다. 이후 일제는 쌀은 물론 식량 전반에 걸쳐 가격과 수량을 통제했다.

전시 체제하에서 조선 농민과 노동자의 처지는 갈수록 어려워졌다. 전체 농민 가운데 소작농의 비율이 크게 늘었으며, 전체 농가의 약 80%가 빚에 시달리는 부채 농가였다. 공장 노동자의 숫자는 1945년에는 60만 명으로 크게 증가했으나 장시간 노동에 시달려야 했다.

송진 채취 소나무
일제는 전쟁 말기에 자원이 부족해지자 송진을 채취해 바치게 했다. 나무에 팬 홈이 송진을 채취한 흔적이다. 일제는 송진을 가공해 비행기 연료로 사용했다. 경북 문경 새재 소재

인적 자원의 수탈

일제는 중일 전쟁이 시작되자마자 조선인들을 전쟁에 동원할 계획을 세웠다. 1938년 일제는 육군 특별 지원병 제도를 실시하여, 1943년까지 2만 3,000여 명을 동원했다. 지원병이라 했으나 실제로는 강제 동원이었다.

1943년에는 학도 지원병 제도를 실시하여 학생들마저 전쟁터로 끌려갔다. 1944년에는 만 20세가 되는 청년들을 우선 전선에 동원하는 징병제가 조선에서도 실시되었다. 그 결과 수많은 조선 청년이 전쟁에 희생되었다.

일제는 전쟁 수행을 위해 조선인의 노동력까지 강제 동원했다. 1939년 일본 내에서 '국민 징용령'이 공포되자, 조선에서는 모집의 형식으로 조선인을 공장과 탄광에 동원하기 시작했다. 태평양 전쟁이 시작되자 일제는 조선인 노동력의 동원을 본격화했다.

전쟁 막바지인 1944년 조선에서 징용제를 실시하여 사실상 강제로 조선인을 동원했다. 그 결과 많은 조선인이 일본의 공장과 탄광, 건설 공사장 등에 끌려가 강제 노동에 시달렸으며, 열악한 환경에서 숨진 이들도 많았다. 1944년 일제는 '여자 정신대 근무령'을 공포하여 여성

평화비 소녀상
일본은 여전히 일본군 '위안부' 문제에 대해 책임을 회피하고 있다. 이에 항의하는 수요 집회가 1992년부터 지금까지 일본 대사관 앞에서 열리고 있다. 이 평화비 소녀상은 수요 집회 1000회를 기념해 세웠다. 서울 종로구 소재

이라 하더라도 후방의 병참 지원 인력으로 동원하여 공장에서 일하게
했다.

전시 체제 아래에서 일부 여성들은 일본군 위안부로 끌려가 성 노예
생활을 강요당했다. 일본군은 전쟁 중 군 위안소를 설치해 운영했는데,
조선, 중국, 동남아시아 등지에서 여성들을 집단으로 강제 연행하여 성
노예로 삼았다. 이들 가운데에는 전쟁 중에 희생된 자들도 많았으며,
전쟁이 끝난 뒤에도 대부분 정신적·육체적 피해를 극복하지 못한 채
불행한 삶을 살아야만 했다.

오빠는 학도병으로
누이는 위안부로….

창씨개명의 강요와 거부 운동

일제는 조선인의 민족성을 말살하기 위해 창씨개명을 강요했다. 한민족 고유의 성姓 대신 일본식 성인 씨氏를 새로 만들고 이름도 일본식으로 바꾸라는 것으로, 이는 조선식 성명 대신 일본식 씨명을 쓰라는 것이었다. 성이 혈족 단위이라면, 씨는 가家 단위로 호주를 중심으로 아내와 어머니도 같은 씨를 갖게 되는 것이었다. 이는 한민족의 핏줄과 조상에 대한 생각을 흐려 놓음으로써 민족성을 파괴하려는 것이었다.

일제는 '조선 민사령'을 개정하고 1940년 2월부터 8월까지 '씨'를 결정해서 제출할 것을 강요했다. 그러나 한민족의 반발이 많아 5월 중순까지 창씨개명을 신고한 호수는 불과 8% 정도에 지나지 않았다. 이에 기한을 연기해 강요한 결과, 최종 기한인 1941년 연말까지 전체 호수의 약 80%가 창씨개명을 해야 했다.

이 과정에서 일제는 친일파들을 앞세워 창씨개명을 선전했다. 대표적인 친일파였던 이광수는 〈창씨의 동기〉란 글을 써서 앞장섰다. "내가 향산香山이란 씨를 창설하고 광랑光郎이라는 일본식 이름으로 고친 동기는, 황공하고도 위대하신 천황 폐하의 존명尊名과 '읽는 법'이 같은 씨명을 가지려고 한 데서부터다. …… 나는 천황의 신민이다. 내 자손도 천황의 신민으로 살 것이다."

창씨개명을 거부하면 불이익과 탄압이 가해졌으나, 반대와 저항은 그치지 않았다. "죽음을 택할지언정 성은 바꾸지 않는다."라며 자결한 경우도 있었으며, 할 수 없이 응하면서도 창씨개명을 우롱하는 사람들도 많았다. 山川草木(산천초목), 靑山白水(청산백수)처럼 장난으로 짓거나, '개자식이 된 단군의 자손'이란 뜻으로 犬子熊孫(견자웅손), '개똥이나 먹으라'는 뜻으로 犬糞食衛(견분식위)라 신고했다가 곤욕을 치르기도 했다.

그러나 일제는 일부 이름난 친일파들에게는 창씨개명을 강요하지 않았다. 창씨개명이 강제적이 아니라는 것을 알리는 도구로 삼기 위해서였다.

10

1930~1940년대
국내의 항일 투쟁

대공황을 거치며 1930년대 들어 일제의 군국주의가 강화되면서, 식민 통치 역시 다시 무단적으로 돌아갔다. 일제의 탄압과 사상 통제가 심해지면서 국내의 항일 운동은 어려움 속에 진행되었다. 특히 전시 체제 아래에서 민족 말살 정책이 추진되면서 어려움은 더욱 커졌다.

1931년 신간회가 해체된 후, 민족주의 세력과 사회주의 세력은 각자의 노선에 따라 항일 운동을 벌여 나갔다. 사회주의 세력은 종래의 연합 전선 노선을 버리고 대중을 바탕으로 한 혁명적인 전술을 내세워 비합법적인 투쟁을 전개했다. 반면에 민족주의 세력은 농촌 계몽과 같은 합법적인 테두리 내에서의 계몽 운동을 전개했다.

사회주의 세력의 활동
신간회가 해체될 무렵부터 사회주의 세력은 코민테른의 방침에 따라 계급 해방에 주안점을 둔 급진적인 투쟁을 전개했다. 사회주의자들은

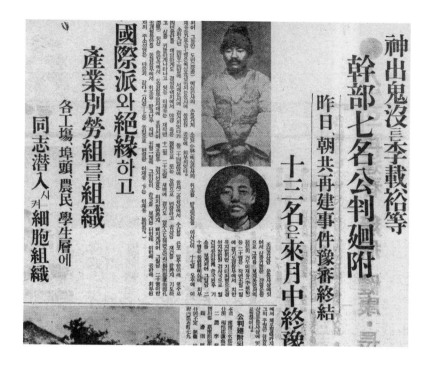

이재유 재판 관련 기사
이재유는 1925년에 처음 결성
되었다가 1928년에 최종 해체
된 조선 공산당의 재건을 위해
활동하다 체포되었다. 〈동아일
보〉 1938. 2. 18.

이미 해체된 조선 공산당을 전과 같은 지식인 중심 조직이 아니라 노동
자, 농민에 기반을 둔 당으로 재건하려는 운동을 추진했다.

이에 따라 대중에 기반을 둔 혁명적 노동조합과 혁명적 농민
조합을 조직하고, 이를 기반으로 하여 당을 재건한다는 방침을
세웠다. 이러한 움직임은 여러 지역에서 일어났으나 함경도
지역을 중심으로 활발하게 진행되었다.

1930년대 조선 공산당 재건을 위한 대표적인 조직은 이재
유의 경성 트로이카와 박헌영이 지도한 경성 콤 그룹이었다.
이재유는 1933년 공장, 학교, 지역 등에 바탕을 둔 경성 트로
이카를 조직했다가 발각되어 조직원 100여 명이 검거되었다.
경찰서를 탈출한 이재유는 경성 재건 그룹을 조직하고 지하
투쟁을 계속했지만 그를 비롯한 조직원 대부분은 검거되었다.

놔라, 더러운 놈들아,
일본이 영원할 줄
아느냐!

이재유

경성 콤 그룹은 1939년에 지도부를 결성한 후, 출옥한 박헌영을 지도자로 하여 1940년 정식 결성되었다. 경성 콤 그룹은 일제의 탄압이 강화되면서 1941년 박헌영을 제외한 대다수가 검거되어 소그룹으로 유지되었지만, 일제 통치 말기 국내 사회주의 운동을 대표하는 조직이었다.

경성 콤 그룹은 계급 해방의 급진적인 노선에서 벗어나 일제에 반대하는 모든 세력을 결집하여 인민정부를 세우는 것을 목표로 했다. 경성 콤 그룹은 해방 직후 재건된 조선 공산당의 모태가 되었다.

노동 운동과 농민 운동의 변화

대공황으로 1930년대에 들어 노동자와 농민의 생활이 더욱 어려워지자, 노동 운동과 농민 운동도 격렬하게 이루어졌다. 1920년대 노동 운동과 농민 운동은 생존권을 위한 경제 투쟁의 성격이 강했다. 반면에 1930년대에는 일제의 탄압이 강해지자, 노동자와 농민은 사회주의 세력과 연대하여 급진적인 성격의 혁명적 노동조합, 혁명적 농민 조합을 조직하여 활동했다.

사회주의자들은 해체된 조선 공산당을 노동자, 농민 중심의 당으로 재건하기 위해 노동·농민 운동에 본격적으로 뛰어들었다. 사회주의자들은 공장과 농촌의 현장으로 들어가 노동자와 농민을 조직하고자 했다.

이렇게 해서 조직된 혁명적 노동조합과 농민 조합은 '토지를 농민에게', '일본 제국주의를 타도하자', '노동자, 농민의 정부를 세우자' 등의 급진적인 구호를 내세우고 투쟁했다. 파업과 같은 쟁의가 폭력적인 투쟁으로 발전하는 경우가 많았다.

1931년부터 1935년까지 노동자의 파업이 크게 늘었으며, 경찰의 탄압도 심해졌다. 이 무렵의 노동 쟁의는 시위는 물론 공장 점거 등

조선 공산당 재건 운동
1925년 김재봉을 책임비서로 하여 처음으로 조선 공산당이 조직되었으나 발각되어 무너졌다. 1926년 강달영을 책임 비서로 하여 재건되었으나 6·10 만세 운동을 계획하다 그는 체포되었고, 단체는 해체되었다. 이후 김철수를 중심으로 제3차 조선 공산당이 결성되었으나 1928년에 그가 검거되어 또 해체되었다. 그 뒤 재건 운동이 계속되었지만 실패하고, 박헌영의 경성 콤 그룹만이 지하 활동을 하다 해방 후 박헌영을 중심으로 재건되었다.

더욱 강경한 형태로 진행되었다. 한편, 농민 생활이 어려워지면서 소작 쟁의가 늘고 혁명적 농민 조합에 참여하는 소작농도 늘어났다. 이에 일제는 '조선 소작 조정령'[*](1932)과 '조선 농지령'[*](1934)을 공포하여 문제를 해결하려 했으나 큰 성과를 거두지 못했다.

이 시기의 노동, 농민 운동은 사회주의 세력이 적극적으로 참여하거나 주도했기에 경제 투쟁의 범위를 벗어나 계급 해방을 추구하는 혁명적인 운동으로 발전했으며, 나아가 반제국주의 항일 투쟁의 성격을 띠게 되었다.

중일 전쟁 이후에는 일제의 강력한 통제와 탄압으로 노동 쟁의, 소작 쟁의가 크게 줄어들었으며, 노동조합, 농민 조합은 거의 소멸되었다. 하지만 전시 동원 체제가 강화되면서 공출 반대 투쟁이나 징용 거부 등 생존권을 지키기 위한 투쟁은 계속되었다.

● 조선 소작 조정령
소작인이 지주와 분쟁이 있을 때, 당국에 조정을 요청하는 제도였으나 큰 성과를 거두지는 못했다.

● 조선 농지령
소작농의 지위 안정을 내세웠으나, 실제로는 일제가 조선 농민을 회유, 단속하려는 것에 불과했다. 시행 후에도 소작 쟁의는 더 증가했다.

농촌 계몽 운동의 전개

1930년대 들어 신간회가 해체되고 일제의 탄압이 강화되면서 국내 민족주의 세력의 활동은 크게 위축되었다. 이 무렵 일부 타협적인 세력들은 친일의 길로 들어서기 시작했다. 비타협적 민족주의자들은 독자적인 단체의 조직을 꾀했지만 쉽지 않았다. 이런 상황에서 민족주의 계열에서는 문맹 퇴치, 생활 개선과 같은 계몽 운동에 치중했다.

〈조선일보〉에서는 1929년부터 '아는 것이 힘, 배워야 산다'라는 구호를 내걸고 문자 보급 운동을 시작했다. 여기에 참여한 학생들은 한글 교재를 보급했으며, 전국을 돌며 강연회를 열기도 했다.

또한, 〈동아일보〉는 1931년부터 문맹 퇴치와 농촌 계몽의 구호를 내걸고 브나로드 운동을 전개하여, 학생들에게

브나로드 운동 기사
〈동아일보〉의 주관으로 학생들은 민중 속으로 들어가 계몽 운동을 펼쳤다. 〈동아일보〉 1932. 7. 18.

● 브나로드 운동
브나로드v narod는 '민중 속으로'라는 뜻의 러시아말이다. 러시아 말기에 지식인들이 이상 사회를 건설하려면 민중을 깨우쳐야 한다는 취지로 만든 구호다.

농촌에 들어가 한글을 가르치도록 주도했다. 4년 동안 5,700여 명의 학생들이 참여한 브나로드 운동●은 학생들의 헌신적인 활동에 의해 진행되었다.

한편, 일제 경찰은 중일 전쟁 이후 항일 세력에 대한 탄압을 강화하면서, 민족주의자들의 움직임을 철저히 감시했다. 이에 따라 수양 단체와 친목 단체의 성격을 띠었던 수양 동우회와 흥업 구락부 같은 단체의 회원들도 항일 운동을 하려 했다는 구실로 구속되었다.

조선 건국 동맹의 조직과 활동

태평양 전쟁이 장기화되면서 친일파를 제외한 국내의 민족 운동가들은 일제가 결국 연합국에 패망할 것이라고 내다보았다. 특히 여운형은 일본에 다녀오면서 일본의 패망이 가까워지고 있다는 확신을 가졌다.

이에 여운형이 중심이 되어 비밀리에 조선 건국 동맹을 결성했다 (1944. 8.). 조선 건국 동맹에는 사회주의 세력과 민족주의 세력이 함께

조선 건국 동맹의 회의 모습
여운형을 비롯한 조선 건국 동맹의 핵심 인물들이 모여 회의하는 모습이다. 오른쪽에서 세 번째가 여운형이다. 경기 양평 몽양 여운형 기념관 전시

참여하여 활동했다. 조선 건국 동맹은 일제의 패망을 대비한 다양한 활동을 전개했다. 특히 일제에 결정적인 타격을 입히고 해방을 맞이할 주체 세력을 조직적으로 준비하는 것을 주요 목표로 했다.

이를 위해 조선 건국 동맹은 전국 10여 개 지역에 지방 조직을 설치하고, 무장 봉기를 이끌기 위한 목적으로 군사 위원회를 설치했으며, 산하에 농민 동맹을 조직했다. 농민 동맹은 징용 및 징병 방해, 민심 선동 및 교란, 전쟁 물자 수송 방해 등의 활동을 전개했다.

조선 건국 동맹은 국외의 독립운동 세력과도 연계하기 위해 만주와 중국 각지로 연락원을 파견했다. 그 결과 옌안(연안)에서 활동하던 조선 독립 동맹과 상호 연계하여 협동 작전을 계획하기도 했다. 충칭(중경)에 있던 대한민국 임시 정부와의 연계도 꾀했으나, 이를 이루기 전에 일제가 패망하여 해방을 맞게 되었다. 해방 후 조선 건국 동맹은 조선 건국 준비 위원회로 발전하여 건국 준비에 나섰다.

여운형과 일장기 말소 사건

여운형은 1918년 상하이에서 신한청년당을 발기하면서 본격적인 독립운동을 시작해, 1919년에는 상하이 대한민국 임시 정부의 임시 의정원 의원이 되었다.

1922년에는 모스크바에서 개최된 극동 인민 대표 대회에 참석해 레닌과 만나 조선 독립을 위한 원조를 요청하기도 했다. 이후 쑨원과 교류하면서 1925년부터는 중국 혁명 운동에도 참여했다. 1929년 상하이에서 일본 경찰에 체포되어 조선으로 압송되어 복역하다가 4년 만에 출옥했다.

그는 출옥 후 1933년 조선중앙일보사 사장에 취임했다. 1936년 베를린 올림픽 마라톤 대회에서 손기정이 1위를 차지했는데, 〈조선중앙일보〉는 8월 12일자 신문에 우승한 손기정 선수의 옷에 새겨진 일장기를 잘 보이지 않게 삭제하여 보도하였고, 인쇄 상태가 좋지 않은 것으로 보여 검열에서 통과되었다. 그런데 8월 25일 〈동아일보〉에서 일장기를 지운 사진을 싣자 문제가 되었다. 이 때문에 전에 게재된 〈조선중앙일보〉의 기사도 함께 문제가 되었고, 결국 〈조선중앙일보〉는 사장 여운형이 사임하고 결국 이듬해 폐간되는 운명을 겪고 말았다.

일장기 말소 기사
1936년 8월 9일 베를린 올림픽 대회에 참가한 손기정이 마라톤에서 우승하자, 국내 신문들은 호외를 발행했다. 8월 13일자 〈조선중앙일보〉는 손기정의 옷에 새겨진 일장기를 잘 보이지 않게 만든 다음 사진을 올려 나중에 문제가 되었다.

11

1930년대 중국 본토에서의 독립운동

1930년대 들어 일제는 만주를 침략하고 괴뢰 만주국을 세워 만주를 장악했다. 나아가 1937년에는 중일 전쟁을 일으켜 전쟁을 중국 전역으로 확대했다.

이 같은 어려운 상황 속에서도 만주에서는 무장 투쟁이 꾸준히 전개되었으며, 전쟁이 확대되면서 중국 본토에서도 무장 독립군 부대가 조직되었다. 또한 독립운동 세력의 통일 전선을 결성하기 위한 움직임도 계속되었다.

한인 애국단과 대한민국 임시 정부의 활동

대한민국 임시 정부는 국민 대표 회의(1923) 이후 분열되어 독립운동 단체의 하나로 전락했다. 1920년대 후반부터는 재정난을 겪고 있었다. 이런 가운데 1930년에는 김구, 조소앙 등이 한국 독립당을 조직하여 임시 정부를 지지하는 기초 정당으로서의 역할을 했다.

여러 개의 한국 독립당
상하이의 한국 독립당은 만주에서 혁신 의회 계열의 인사들이 만든 한국 독립당과 이름은 같으나 전혀 다른 정당이다. 한국 독립당의 김구는 민족 혁명당에 참여하지 않고 그에 대항해 한국 국민당을 만들었으며, 조소앙은 민족 혁명당에 참여했으나 탈당하여 한국 독립당을 재건했다. 이후 1940년 새로운 통합 정당인 한국 독립당이 창당되어 대한민국 임시 정부의 여당 역할을 했다.

윤봉길 순국 보도 기사
윤봉길의 사진 옆에는 "오늘 아침 총살된 상하이 폭탄 범인"이라 쓰여 있다. 일본에서는 세 번째의 총살 집행이라는 내용도 보인다. 일본 〈홋코쿠 신문〉 1932. 12. 19.

침체에 빠진 임시 정부를 이끌던 김구는 1931년 한인 애국단을 조직하여 의열 투쟁을 벌여 나갔다. 한인 애국단의 이봉창은 도쿄에서 일본 천황을 암살하기 위해 타고 가던 마차에 폭탄을 던졌으나, 성공하지 못했다(1932). 중국 신문이 이 사건을 보도하면서 "불행하게도 뒤따르던 마차 폭파에 그쳤다."라고 보도하자, 일제는 이를 구실로 상하이를 무력으로 침략했다.

일제가 상하이 훙커우 공원에서 전승 기념식 겸 천황 탄생 축하 행사를 거행하자, 한인 애국단의 윤봉길이 폭탄을 던져 일본군 장성과 고관들을 죽이거나 부상을 입혔다(1932). 윤봉길의 의거는 국제적으로 큰 주목을 받았다. 특히 중국 국민당 정부가 임시 정부를 지원하는 계기가 되었고, 이후 임시 정부의 활동은 더욱 활기를 띠게 되었다.

하지만 이로 인해 일제의 탄압이 심해지자 임시 정부는 근거지인 상하이를 떠나 항저우 등 여러 지역을 전전해야 했다.

이봉창

천황, 너를
죽이겠다!

민족 혁명당의 결성과 활동

1930년대 들어 중국 본토에서는 독립운동 세력의 이당치국의 방침에 따라 여러 정당 조직이 나타났다. 상하이에서는 김구와 조소앙 등이 중심이 된 한국 독립당이 조직되어 임시 정부의 기초 정치 세력으로 활동했다. 남만주의 조선 혁명당도 중국 본토로 이동해 활동했고, 김원봉이 이끈 의열단도 1930년대 들어 사실상 정당으로서 활동했다.

김원봉
의열단을 조직해 의열 투쟁을 벌였으며, 1930년대에는 민족 혁명당, 조선 민족 전선 연맹, 조선 의용대 등을 조직해 활동했다.

이런 가운데 중국에서 활동하던 한국 독립당과 의열단을 중심으로 통일 전선을 결성하려는 움직임이 여러 차례 시도되었다. 이에 따라 1935년 김원봉이 중심이 되어 통일 전선 정당으로 민족 혁명당을 결성했다. 김구 등은 김원봉의 민족 혁명당에 대항해 1935년 임시 정부의 여당 역할을 하는 한국 국민당을 조직하고, 이를 기반으로 임시 정부를 재정비했다.

민족 혁명당에는 한국 독립당과 의열단, 조선 혁명당 등이 참여했다. 비록 임시 정부의 김구 등이 불참해 하나로 통합되지는 못했음에도 불구하고, 민족 혁명당은 민족주의 계열과 사회주의 계열의 정당과 단체들이 연합하여 중국 본토에서 결성된 최대 규모의 통일 전선 정당이었다.

그러나 여러 정당의 연합으로 출범한 민족 혁명당은 노선 차이로 인해 진통을 겪은 후, 조소앙의 한국 독립당, 지청천의 조선 혁명당 등이 탈당하여 통일 전선 정당으로서의 성격이 약화되었다.

민족 통일 전선을 위한 움직임

1937년 중일 전쟁의 발발로 중국 전역이 전쟁터가 된 것은 독립운동 세력이 단결할 수 있는 중요한 계기를 제공했다.

김구의 한국 국민당을 중심으로 민족 혁명당을 이탈한 조소앙의 한국 독립당, 지청천의 조선 혁명당 등이 연합하여 한국 광복 운동 단체 연합회를 결성했다(1937). 한편, 김원봉은 민족 혁명당을 중심으로 사회주의 색채가 짙은 단체들을 결합시켜 조선 민족 전선 연맹을 결성했다(1937).

함께하면 좋을 텐데
섭지가 않군요.

김구   김원봉

한국광복운동단체연합회

조선민족전선연맹

중국

이로써 중국 본토의 독립운동 세력은 김구, 조소앙, 지청천 등 민족주의 세력이 중심이 된 한국 광복 운동 단체 연합회와 김원봉 등 사회주의 및 중간파 세력이 중심이 된 조선 민족 전선 연맹의 양대 구도로 재편되었다. 두 단체는 통합을 위해 노력했지만 통합 방식의 차이 등으로 성공하지 못했다.

이후 한국 광복 운동 단체 연합회는 대한민국 임시 정부를 구심점으로 삼아 독립운동을 추진한다는 방침을 설정하고, 정당 통합을 추진하여 1940년 임시 정부의 여당으로서 새로운 한국 독립당을 창당했다. 한편, 조선 민족 전선 연맹은 조선 의용대를 조직하여 무장 투쟁에 나섰다.

두 단체가 통합하는 데는 실패했으나 모두 중국 본토의 항일 운동 세력의 통일 전선을 추구했다는 점에서 큰 의의가 있다. 이처럼 1930년 후반 중국에서는 많은 정당과 단체가 결성되어 활동하면서도 통일된 조직체를 만들려는 시도를 계속했다.

조선 의용대의 활동

1937년 중일 전쟁이 일어나자 군사 조직을 갖춘 무장 부대의 필요성이 대두되었다. 이에 김원봉의 민족 혁명당이 중심이 된 조선 민족 전선 연맹은 그 산하의 무장 조직으로 조선 의용대를 조직했다(1938).

중국 국민당의 지원을 받은 조선 의용대는 중국 본토에서 조직된 최초의 무장 독립군이었다. 조선 의용대는 식민지 노예가 되기를 거부하는 동포와 일제의 압제하에 있는 모든 민중을 연합하여 일제를 타도하는 것을 내세웠다. 조선 의용대의 초기 병력은 200여 명에 불과했으나, 1940년 무렵에는 수백 명에 이르렀다.

당시 일본군은 난징 함락 후 중국 내륙을 향해 진격을 계속하고 있었다. 이에 맞선 조선 의용대는 일본군의 정보 수집, 일본인 포로 취조 및

선전 공작 등 다양한 활동을 통해 큰 성과를 올렸다.

　하지만 중국 국민당 정부가 항일 투쟁에 소극적인 태도를 보이자, 조선 의용대의 주력은 더 적극적인 투쟁을 위한 새로운 근거지를 찾아 중국 공산당이 활동하던 화북 지방으로 이동하여, 이후 조선 의용군으로 재편되었다. 한편, 중국 국민당 지역에 남아 있던 총대장 김원봉을 비롯한 나머지 대원들은 대한민국 임시 정부의 한국광복군에 합류했다.

　이로써 조선 의용대는 그 이름으로는 활동을 마무리하게 되었다. 조선 의용대는 해방이 될 때까지 활동한 한국광복군과 조선 의용군의 설립에 여러 가지로 영향을 끼쳤다는 점에서 그 의의가 있다.

조선 의용대 기록 사진
중국 본토에서 조직된 최초의 무장 독립군이었던 조선 의용대는 다양한 항일 투쟁을 벌여 나갔다. 이후 조선 의용군으로 재편되었으며, 일부는 한국광복군에 편입되었다.

윤봉길이 두 아들에게 남긴 유서

1926년 열아홉 살 윤봉길은 공동묘지에서 여러 묘표를 뽑아 들고 아버지의 무덤을 찾아 달라고 간청하는 무지한 청년을 만난 후 농촌 계몽 운동에 뜻을 두게 되었다. 윤봉길은 야학을 열어 한글 교육 등 문맹을 퇴치하고 민족의식을 높이는 데 힘썼다. 아울러 농가 수입 향상을 위한 농촌 개혁 운동도 펼쳤다.

하지만 윤봉길은 계몽 운동만으로는 독립을 이룰 수 없다고 생각하고 "장부출가 생불환 丈夫出家生不還(대장부가 집을 떠나 뜻을 이루기 전에는 살아서 돌아오지 않는다)"이라는 비장한 글을 남긴 채 중국으로 망명했다.

상하이에서 김구를 만난 그는 한인 애국단에 가입해, 1932년 상하이 훙커우 공원에서 물통형 폭탄을 단상 위로 던져 일본군 등을 살상하는 의거에 성공했다. 현장에서 체포

윤봉길 생가
윤봉길이 태어나 살던 집이다. 윤봉길은 야학회를 만들어 문맹 퇴치에 힘쓰는 등 농촌 계몽 운동을 벌였다. 그는 더 적극적인 독립운동을 전개하고자 1930년 중국으로 망명했다. 충남 예산 소재

된 윤봉길은 일본으로 호송된 뒤 스물다섯 살의 나이에 총살되었다.

윤봉길의 의거에 세계의 이목이 집중했다. 특히 중국 국민당 정부의 장개석은 "중국의 백만 대군도 못한 일을 일개 조선 청년이 해냈다."라며 감격했고 대한민국 임시 정부에 대한 지원을 약속했다. 윤봉길은 거사를 며칠 앞두고 두 아들에게 다음과 같은 유서를 남겼다.

강보에 싸인 두 병정에게―두 아들 모순模淳과 담淡에게

너희도 만일 피가 있고 뼈가 있다면

반드시 조선을 위해 용감한 투사가 되어라.

태극의 깃발을 높이 드날리고

나의 빈 무덤 앞에 찾아와 한잔 술을 부어 놓으라.

그리고 너희들은 아비 없음을 슬퍼하지 말아라.

사랑하는 어머니가 있으니

어머니의 교양으로 성공자를

동서양 역사상 보건대

동양으로 문학가 맹자가 있고

서양으로 불란서 혁명가 나폴레옹이 있고

미국의 발명가 에디슨이 있다.

바라건대 너희 어머니는 그의 어머니가 되고

너희들은 그 사람이 되어라.

12

1930~1940년대 무장 독립 투쟁과 건국을 위한 준비

1931년 일제가 만주 사변을 일으켜 만주를 장악한 상황에서도 만주에서의 무장 독립 투쟁은 계속되었다. 1937년 중일 전쟁이 시작되면서부터는 중국 전역이 전쟁터로 변했기 때문에 이후의 대부분의 독립운동은 무장 투쟁 중심으로 전개될 수밖에 없었다.

이런 상황에서 해방 직전까지 만주와 중국 본토에서는 크게 세 개의 무장 독립군 세력이 활동했다. 만주의 항일 유격대인 동북 항일 연군, 옌안의 조선 독립 동맹의 무장 부대인 조선 의용군, 충칭의 대한민국 임시 정부 휘하의 한국광복군이 바로 그것이다. 이들은 해방 후 남과 북의 정부 수립 과정에서 중요한 역할을 했다.

동북 항일 연군과 조국 광복회

일제가 만주를 장악한 이후에도 지청천의 한국 독립군과 양세봉의 조선 혁명군이 여러 차례의 전투에서 큰 성과를 거두며 활동했다. 그러나 대부대를 중심으로 한 이들의 투쟁은 일제의 공세로 현실적인 어려움에 부딪혔다. 한국 독립군은 군대를 해산하고 중국 본토로 이동했으며, 조선 혁명군도 양세봉이 살해당한 뒤 세력이 약화되었다.

이 무렵 경제적으로 큰 어려움에 처한 만주 일대의 조선인들은 사회주의 세력을 중심으로 추수 투쟁* 등을 벌이며 생존권과 자치를 위한 투쟁을 확대해 가고 있었다. 이들의 투쟁은 무장 투쟁으로 발전하여 항일 유격 투쟁이 시작되었는데, 이후 여러 곳에서 항일 유격대가 조직되어 유격전을 중심으로 세력을 확대했다.

만주의 조선인 항일 유격대는 중국 공산당의 방침에 따라 1933년 동북 인민 혁명군으로 재편되어 항일 무장 투쟁을 계속했다. 동북 인민 혁명군은 일제의 세력이 미치지 않는 곳에 여러 곳의 해방구를 만들어 자치 정부를 세우기도 했다. 이 과정에서 친일 세력의 농간으로 중국인과 조선인 사이에 갈등이 생겨 조선인들이 희생되기도 했다. 그러나 두 민족이 연합하여 항일 투쟁을 전개해야 한다는 목소리가 높아지면서, 1935년 모든 반일 세력을 통합하여 동북 항일 연군이 결성되었다.

동북 항일 연군의 조선인 대원들은 1936년 민족 통일 전선을 실현하기 위해 조국 광복회를 조직했다. 조국 광복회는 계급, 성별, 당파, 종교 등에 관계없이 일제에 반대하는 세력을 총결집하여 조국을 광복시킬 것을 목표로 했으며, 국내의 반일 세력과 손을 잡고 함경도, 평안도 일대를 중심으로 활동했다.

동북 항일 연군의 조선인 부대는 조국 광복회 국내 조직의 지원을 받아 국내 진공 작전도 여러 차례 단행했다. 그중 가장 대표적인 것이 1937년의 보천보 전투다.

● 추수 투쟁
1931~1932년 만주 각지의 조선인 농민들이 중국 공산당의 방침에 따라 일제 타도와 소작료 인하 등의 구호를 내걸고 투쟁했다. 일부 지역에서는 일제 통치 기구를 습격하거나 일제의 앞잡이들을 처단했다.

보천보 전투 보도 기사
김일성의 항일 유격대가 보천보를 점령했다는 내용의 기사다. 〈동아일보〉는 1998년 취재단이 북한을 방문했을 때 이 호외를 순금으로 떠서 김정일 국방위원장에게 선물했다. 〈동아일보〉 1937. 6. 5. 호외.

보천보의
승리!

東亞日報
주재소에 불
관청불다

김일성?

김일성이 인솔한 동북 항일 연군의 조선인 대원들은 압록강을 넘어 함경도의 보천보를 점령하고, 주재소와 면사무소 등의 일제 행정 관청을 불태우고 철수했다. 이 전투는 〈동아일보〉 등의 국내 신문에 크게 보도되었으며, 일제에 큰 충격을 주었다.

이후 일제는 만주의 항일 유격대에 대한 공세를 강화했고, 1940년경에는 만주에서 유격대의 역량을 보존하는 것조차 어려워졌다. 이에 항일 유격대는 소련으로 이동하여 동북 항일 연군 교도려로 부대를 재편했다. 이들은 군사 훈련에 주력하면서 소규모 부대로 만주에서 정찰 활동을 하기도 했으며, 조선 공작단을 편성해 해방에 대비했다. 이들은 해방 후 북한 정권 수립 과정에서 핵심적인 역할을 했다.

대한민국 임시 정부와 한국광복군

중국 여러 곳을 이동하던 임시 정부는 한국 독립당의 창당과 함께 체제 개편을 실시하는 한편, 충칭에 정착했다. 충칭에 도착한 직후 임시 정

한국광복군 본부 창립식 모형
대한민국 임시 정부가 중국 충칭에서 한국광복군 본부를 창립하는 장면이다. 가운데가 대한민국 임시 정부를 이끈 김구다. 충남 천안 독립 기념관 전시

부는 무장 독립군 부대인 한국광복군을 창설했다(1940). 그리고 정치 체제를 주석제로 개편하여 김구를 주석으로 하는 단일 지도 체제를 만들었다.

한국광복군은 만주에서 활동하던 독립군들과 중국의 군관 학교를 졸업한 조선인 청년들이 중심이 되었다. 총사령관에는 지청천*이, 참모장에는 이범석이 임명되었다. 이후 1942년에는 김원봉이 이끄는 조선 의용대의 일부 병력이 편입됨으로써 병력이 증강되었다.

1941년 일본이 태평양 전쟁을 일으켜 전쟁이 확대되자, 대한민국 임시 정부는 일본에 정식으로 선전포고를 하고, 연합군의 일원이 되어 본격적으로 독립 전쟁을 전개했다. 한국광복군은 주로 연합군과 공동작전을 수행하는 전략을 가지고 활동했다. 연합군과 함께 대일 전쟁에 참여함으로써 전후 연합국의 지위를 획득한다는 목표를 가지고 있었기 때문이다.

● 지청천(1888~1957)
일본 육군 사관 학교를 졸업했으나 만주로 망명하여 신흥 무관 학교에서 독립군 양성에 힘썼다. 서로 군정서, 대한 독립 군단에서 활동했으며, 정의부 군사령관 등을 거쳐 한국 독립군 총사령관으로 활동하다, 중국 본토로 이동하여 한국광복군 총사령관이 되었다.

한국광복군 합동 묘지
대한민국 임시 정부의 한국광복군으로 중국 각 지역에서 일본군과 싸우다 전사 순국한 17명의 합동묘. 서울 강북구 소재

이에 중국, 영국, 미국 등 연합군과 다양한 형태의 공동 작전을 수행했다. 1943년에는 영국군의 요청으로 인도·미얀마 전선에 한국광복군 공작대를 파견했다. 이들은 주로 영국군이 하기 힘든 일본군을 상대로 한 대적 방송, 포로 심문, 일본군 문서 번역 등의 정보 활동을 담당했다.

또 한국광복군은 미군과의 합동 작전을 벌여 국내 진공 작전을 추진했다. 미군과의 합동 작전은 연합국의 일원으로 인정받으려는 광복군의 의도와 첩보 활동에 광복군을 이용하려는 미군의 이해가 맞닿았기 때문에 가능했다. 그리하여 중국에 주둔하고 있는 OSS(미군 전략 정보처, CIA의 전신)의 특수 훈련을 받고 국내 진입 작전을 위한 준비를 하고 있었다. 그러나 일본이 갑작스럽게 패망하는 바람에 이 계획은 실현되지 못했다. 한국광복군은 해방 후 미국과 소련이 한반도를 점령하고 있어서 개인 자격으로 국내에 들어와야 했다.

조선 독립 동맹과 조선 의용군

중국 공산당이 활동하고 있던 화베이(화북) 지역의 옌안(연안)을 중심으로 활동하던 사회주의 계열의 독립 운동가들은 중국 공산당의 조선인 간부인 무정(김무정) 등과 함께 새로운 민족 통일 전선의 결성을 추진했다. 이들은 화북 지역으로 이동해 온 조선 의용대 대원들과 함께 화북 조선 청년 연합회를 결성했다(1941).

1942년 화북 조선 청년 연합회는 조선 독립 동맹으로 조직을 확대 개편했다. 조선 독립 동맹의 위원장에는 김두봉●이 선출되었으며, 최창익, 박효삼 등 중국에서 군관 학교를 다니거나 대학을 다닌 지식인들이 중심이 되었다.

이 무렵 조선 의용대는 조선 의용군으로 개편되어 조선 독립 동맹의 무장 부대로서 활동했다. 조선 의용군은 팔로군(중국 공산당군)과 함께

● 김두봉(1889~1960?)
한글 학자로도 유명하며, 1919년 3·1 운동에 참여한 후 상하이로 망명하여 대한민국 임시 정부 의정원 의원에 선출되었다. 상하이 한국 독립당 창당에 참여했고, 민족 혁명당 중앙 집행 위원을 맡았으며, 이후 조선 독립 동맹의 위원장이 되었다.

타이항산 전투 등에서 일제에 맞서 큰 활약을 했다. 또한 조선 혁명 군정 학교 등을 세워 대원들을 교육했다.

이로써 중국 본토에서는 대한민국 임시 정부의 한국광복군과 조선 독립 동맹의 조선 의용군이 일제에 대항한 무장 투쟁 부대로서 각각 중국 국민당과 중국 공산당의 지원을 받으며 활동하게 되었다.

일제가 패망한 후 조선 독립 동맹의 중심인물은 북한으로 귀국했으며, 조선 의용군은 중국의 국공 내전에 참전했다가 1949년 중국 정부가 수립된 후 북한으로 들어가 인민군에 편입되었다.

건국을 위한 준비

1940년대 들어 전쟁이 격화되면서 일제의 패망과 독립이 예상되자, 국내외에서 활동하던 여러 독립운동 단체는 서로 연합을 모색하며 건국을 준비했다.

해방 직전 항일 단체 분포
해방 직전 해외에서는 크게 세 단체가 활동하며 건국을 준비했고, 국내에서는 조선 건국 동맹이 조직되어 활동했다.

● 삼균주의
조소앙이 제창하여 대한민국
임시 정부의 건국 이념으로
선포되었다. 삼균이란 개인과
개인, 민족과 민족, 국가와 국
가 간에 균등을 말하며, 정치
적 균등 · 경제적 균등 · 교육적
균등을 실현함으로써 가능하
다고 생각했다.

● 카이로 선언
1943년 미국의 루스벨트 대통
령, 영국의 처칠 수상, 중국의
장제스 총통이 이집트의 카이
로에서, "세 강대국은 조선인
의 노예 상태에 유의하여 적절
한 과정을 거쳐in due course 조
선을 자주 독립시킬 것을 결의
한다."라고 선언했다. 중국 충
칭에 있던 대한민국 임시 정부
는 항의 집회도 열고, 임시 정
부 간행물에도 이에 반박하는
글을 실었다. 바로 'in due
course' 때문이었다. 조선의
독립을 보장하지만 즉시 해 줄
수 없다는 저의를 간파했기 때
문이다.

대한민국 임시 정부와 조선 독립 동맹은 연합 전선에도 합의했지만 일제의 패망으로 이는 실현되지 못했다. 국내에서 조직된 조선 건국 동맹은 국외의 독립운동 세력과 연계하기 위해 베이징, 옌안, 만주 등지로 연락원을 파견했다. 옌안의 조선 독립 동맹과는 상호 연계가 이루어졌으나, 충칭의 임시 정부와는 미처 연락이 닿기 전에 해방을 맞았다.

독립운동 단체들은 저마다 건국에 대비하여 건국 강령을 마련했다. 임시 정부는 1941년 '대한민국 건국 강령'을 발표했는데, 건국 강령에서는 정치, 경제, 교육의 평등을 바탕으로 한 삼균주의 를 건국의 원칙으로 내세웠다. 아울러 일부 사회주의적인 요소를 받아들여 토지의 국유화, 주요 산업의 국유화를 바탕으로 한 민주 공화국의 수립을 건국의 목표로 내세웠다.

조선 독립 동맹도 민주 공화국 건설을 표방하는 건국 강령을 발표했다. 이 강령은 보통 선거 실시, 국민 기본권 확보, 남녀평등, 대기업의 국유화, 토지 분배 등을 내세워 임시 정부와 비슷한 진보적인 정부의 수립을 지향했다. 국내의 조선 건국 동맹 역시 민주주의 원칙과 노농 대중의 해방 등을 내세운 강령을 마련하여 건국을 준비했다.

한편, 제2차 세계 대전이 막바지에 이르자 연합국의 지도자들은 1943년 카이로 선언을 통해 처음으로 조선의 독립을 언급했다. 이후 1945년 포츠담 선언을 통해 카이로 선언의 내용을 재확인하고, 조선의 독립을 약속했다. 그러나 카이로 선언 의 내용은 '적절한 과정을 거쳐서' 조선을 독립시키기로 한 것이어서, 강대국들이 향후 조선 문제에 각각 어떤 방식으로든지 관여할 속셈임을 감추지 않았다.

김구의 항일 투쟁

1876년 태어난 김구는 1894년 해주에서 동학 농민 운동에 참여하기도 했다. 1896년 조선인으로 변장한 일본군 쓰치다를 죽이고 "국모의 원수를 갚으려고 이 왜놈을 죽였노라"라는 내용의 포고문을 길가에 붙이기도 했다. 이 사건으로 체포되었다가 탈옥 후 충남 공주의 마곡사에 들어가 은신했다.

을사조약이 체결되자 조약 폐기를 상소하는 등 구국 운동을 전개하다가 교육을 통한 계몽 운동에 몰두했다. 비밀결사 조직인 신민회에 가입해 활동하다가 1911년 체포되어 1915년 출옥했다.

1919년 3·1 운동 후 김구는 상하이로 망명해, 대한민국 임시 정부 내무 위원, 경무 국장에 임명되었다. 1922년 한국 노병회를 조직했으며, 1923년 임시 정부의 내무 총장이 되었다. 1926년 임시 정부 국무령에 취임했으나 작은 독립운동 단체로 전락한 임시 정부는 자금난 등으로 어려운 시기를 보내야 했다.

1931년에는 한인 애국단을 결성하여 이봉창과 윤봉길의 의거로 민족혼을 일깨웠다. 이 사건으로 임시 정부는 중국 국민당 정부 정부의 지원을 받게 되었다. 1939년 임시 정부 주석에 취임했으며, 1940년에는 충칭에서 한국광복군을 조직해 연합군과 협력하며 무장 독립 투쟁에 나섰다.

1945년 8월 15일 일제가 무조건 항복하자, 김구는 "아, 왜적이 항복……. 이것은 내게 기쁜 소식이라기보다는 하늘이 무너지고 땅이 꺼지는 일이었다. 천신만고 끝에 수년 동안 애를 써서 참전할 준비를 한 것이 모두 허사로 돌아가고 말았다. 그보다 더 걱정되는 것은 우리가 이번 전쟁에서 한 일이 없기 때문에 장래에 국제간에 발언권이 약하리라는 것이다."라며 자력으로 나라를 찾지 못한 비통한 심정을 드러냈다.

환국 후 반탁 운동을 주도했으며, 통일 정부 수립을 위해 북한의 김일성 등과 남북 협상을 열기도 했다. 1949년 포병 소위 안두희에게 암살당했다.

13

민족 문화 수호 운동

일제는 조선을 통치하면서 조선인을 일본인으로 동화시키려는 정책을 펴나갔다. 특히 식민 통치 말기에는 민족 말살 정책을 강도 높게 추진하여 한민족의 민족성을 말살하려 했다. 따라서 조선 전통의 민족 문화를 지키고 유지하는 것마저 일제의 탄압으로 어려움을 겪을 수밖에 없었다.

그럼에도 민족 문화를 수호하려는 노력은 다양한 분야에서 끊임없이 이루어졌다. 정치·경제적으로 예속당한 상황에서 문화마저 잃는다면, 이는 한민족의 정체성을 상실하는 것을 의미했기 때문이다.

한글날의 제정
1926년 조선어 연구회가 훈민정음 반포 480주년을 맞아 그날을 '가갸날'로 정하고 기념식을 했다. 이듬해에 '한글날'로 개칭했는데, 처음에는 훈민정음이 반포된 날인 음력 9월 29일(양력 10월 28일)이었으나, 1940년부터 양력 10월 9일로 정했다.

한글 연구와 보급 운동

일제는 국권을 강탈한 후, 조선인을 일본인으로 동화시키기 위해 일본어를 보급하는 것을 주요 과제로 삼았다. 일본어를 국어라 하고, 모든 교과서가 일본어로 발행되었으며 기본적인 교육 용어는 일본어를 원칙으로 했다.

이 같은 상황에서 민족 문화의 전통을 유지하기 위해서는 한글을 연구하고 널리 보급하는 것이 필요했다. 이미 국권 피탈 전부터 주시경 등에 의해 한글 연구가 본격적으로 시작되었다. 국권 피탈 후 주시경의 제자들이 중심이 되어 1921년 조선어 연구회를 조직했다. 조선어 연구회는 한글날의 모태가 되는 '가갸날'을 제정하는 등 한글 보급 운동에 앞장섰다.

조선어 연구회는 1931년 조선어 학회로 이름을 바꿔 활동했다. 조선어 학회는 한글 강습회 등을 통해 한글 보급에 힘썼으며, 1933년 한글 맞춤법 통일안*을 마련하고 표준어를 제정했다. 또 외래어 표기법 통일안을 마련했으며, 《조선말 큰사전》의 편찬을 준비했으나, 일제에 의해 학회가 강제로 해산되면서 뜻을 이루지 못했다.

일제는 민족 말살 정책을 추진하면서 학교와 관공서에서 한글 사용을 금지했다. 그리고 항일 운동을 한다는 구실을 내세워, 조선어 학회를 강제로 해산하고 회원들을 체포하여 투옥했다. 이를 조선어 학회 사건이라고 한다(1942).

《조선말 큰사전》 원고
조선어 학회에서 사전 편찬 사업을 시작하여 원고가 마무리될 즈음에 일제는 조선어 학회 사건(1942)을 일으켜 사전 편찬 원고를 압수했다. 서울 종로구 대한민국 역사 박물관 전시(복제품)

주시경
주시경은 〈독립신문〉 교정원으로 일하면서 본격적으로 한글 연구를 시작한 뒤, 전 생애를 한글 연구와 제자 육성에 힘써 《국어 문법》(1910)을 저술하는 등 한글의 대중화와 근대화에 개척자 역할을 했다. 서울 종로구 한글 회관 전시

● 한글 맞춤법 통일안
조선어 학회가 1933년 완성한 한글의 맞춤법 체계다. ·(아래아)가 폐기된 것을 비롯해, 그동안 사용되던 된소리 ㅅ, ㅼ, ㅽ 등을 ㅆ, ㄸ, ㄲ 등으로 통일하여 표기하게 하는 등 표기법에 대한 원칙이 마련되었다.

● 박은식
국권 피탈 후 만주로 망명한
박은식은 나라 잃은 슬픔을
한국사 연구를 통해 승화시키
려고 노력했다. 다양한 독립
운동에 참여했으며, 대한민국
임시 정부의 2대 대통령을 지
냈다. 《안중근전》, 《한국통
사》, 《한국독립운동지혈사》
등을 썼다.

신채호 생가
대한민국 임시 정부에서 활동
한 것을 비롯해 다양한 독립운
동에 참여한 신채호는, "독립이
란 주어지는 것이 아니라 쟁취
하는 것이다."라고 강조했다.
이 견해가 역사 연구에도 그대
로 반영되어 연개소문과 묘청
에 대해 새로운 해석을 시도하
는 등 한국 근대 역사학의 기초
를 확립했다. 《조선 상고사》,
《조선사 연구초》 등을 썼다. 대
전 중구 소재

한국사 연구 활동

일제는 한국사를 왜곡하여 식민 통치에 이용했다. 일제는 조선사 편수
회를 설치하고 《조선사》 37권을 편찬했는데, 이를 통해 한국사의 타율
성, 정체성을 내세웠다.

즉, 한국의 역사는 늘 주변 국가의 영향을 받아 타율적으로 전개되었
으며, 발전 없이 정체를 거듭하여 고대 사회에 머물러 있다고 했다. 따
라서 조선은 주체적으로 발전할 능력이 없어 일본의 도움을 받아야만
문명화될 수 있다며, 조선이 일본의 지배를 받는 것은 당연하다고 선전
했다. 이를 식민 사학이라고 한다.

일제의 식민 사학에 대항하려는 한국사 연구의 노력은, 민족주의 사
학과 사회 경제 사학으로 나타났다. 박은식●, 신채호 등이 중심이 된
민족주의 사학은 한국사가 자주적으로 발전해 왔으며, 독창적인 문화
를 이루었다는 것을 밝혀 민족의식을 고취하려 했다. 박은식은 《한국
독립운동지혈사》를 썼으며, 신채호는 고대사 연구에 주력했다. 그의
연구는 뒤에 《조선사 연구초》, 《조선 상고사》 등으로 편찬되었다. 민족
주의 사학은 정인보와 안재홍, 문일평 등을 통해 계승되었다.

사회주의 사상의 영향을 받은 사회 경제 사학은 백남운 등이 주도했다. 백남운은 1930년대 《조선 사회 경제사》, 《조선 봉건 사회 경제사》를 저술하여 한국사가 세계사의 발전 과정과 동일하게 발전해 왔다는 것을 강조함으로써 일제의 식민 사학에 대항했다.

한편, 서양의 실증 사학의 학풍을 이어받은 손진태, 이병도 등은 역사 연구 단체인 진단 학회를 조직하고 《진단 학보》를 발간했다. 실증 사학은 한국 역사 연구의 객관성을 높이는 데 기여했지만 이병도 등 일부 학자들이 친일 활동을 해 역사관이 분명치 않다는 비판을 받았다.

소설 〈임꺽정〉
홍명희가 지은 역사 소설로 1928년~1939년까지 〈조선일보〉에 연재되다가, 〈조선일보〉가 강제 폐간되자 잡지 《조광》에 옮겨 연재했으나 미완성으로 끝났다. 해방 직후 미완의 상태로 전 10권이 간행되었다.

문학과 예술 활동

문학에서는 3·1 운동을 전후하여 새로운 문학 사조가 등장한 가운데 현진건의 〈빈처〉, 염상섭의 〈만세전〉 같은 식민지 현실을 반영한 작품들이 등장했다. 한용운, 심훈 등은 민족의식을 고취하거나, 일제에 저항하는 내용을 담은 작품을 많이 썼다.

또한, 이기영의 《고향》과 홍명희의 《임꺽정》 등 사회주의의 영향을 받은 신경향파 문학이 대두했다. 1925년에는 '예술을 통한 조선 민족의 계급적 해방'을 목표로 하여 카프KAPF(조선 프롤레타리아 예술가 동맹)

홍명희 문학비
홍명희의 생가가 있는 괴산의 제월대 앞 주차장에 숨겨진 듯 자리 잡고 있다. 북한의 부수상을 지낸 그의 경력 때문에 문학비 설립에 대한 보수 단체의 반대가 심했기 때문이다. 충북 괴산 소재

가 결성되어 활동했다.

　중일 전쟁 이후 최남선, 이광수 등은 일본의 침략 전쟁을 찬양하고, 전쟁터로 나아갈 것을 촉구하는 친일 문학 활동을 했다. 반면에 이육사와 윤동주는 민족의식을 일깨우는 작품 활동을 하다 체포되어 옥사했다.

　미술에서는 전통 회화의 흐름을 지키려는 노력이 계속되고, 고희동, 김관호, 나혜석 등에 의해 서양화의 유화 기법이 도입되었다. 음악에서는 〈봉선화〉, 〈반달〉, 〈고향 생각〉 같은 민족적인 정서를 담은 작품이 나와, 민족의 정신적 단결을 강화하는 데 도움을 주었다. 그러나 〈봉선화〉의 작가인 홍난파는 일제 통치 말기에 친일 활동을 하여 오명을 남겼다. 한편, 미국과 독일에서 음악 활동을 하던 안익태는 〈코리아 환상곡〉을 작곡했다.

　연극에서는 판소리 등의 전통 예술이 쇠퇴하는 가운데 토월회가 조직되어 신극 운동을 전개했다. 또 영화가 도입되어 상영되었는데, 나운규는 1926년 영화 〈아리랑〉을 통해 민족의 고유한 정서와

우리에겐 예술이 무기다

카프

저항 의식을 표현했다. 한편, 전형필은 일본으로 팔려 나가는 문화재를 수집하여 민족 문화를 지키려고 노력했다.

종교계의 활동

일제의 강압적인 식민 통치로 인한 어려움 속에서 종교에 의지하려는 경향이 커져, 종교 인구가 크게 늘어났다. 일제는 종교를 통제하기 위해 '사찰령' 등과 같은 각종 법률을 시행했다.

일제는 특히 많은 신도를 가진 불교계를 친일화 하려 했다. 총독부는 1911년 '사찰령'을 공포하여 전국의 사찰은 30본산(뒤에 31본산)으로 개편하고, 총독은 본산의 주지를 직접 임명하여 통제했으며, 그들에게 특혜를 주어 친일화를 적극 유도했다. 하지만

천도교 중앙 대교당
천도교의 3대 교주를 지낸 손병희가 중심이 되어 건축한 천도교의 중앙 교당이다. 건물 외부는 한민족을 상징하는 박달나무꽃과 무궁화 등을 조각했다. 손병희의 사위인 방정환이 어린이 운동을 시작한 곳이기도 하다. 서울 종로구 소재

한용운 흉상
승려 한용운은 1919년 3·1 운동 때 민족 대표 33인 중 한 사람으로 활동하다 체포되어 3년형을 선고받고 복역했다. 1926년 시집 《님의 침묵》을 출판하여 저항 문학에 앞장섰고, 신간회 중앙 집행위원이 되어 경성 지회장으로 활동했다. 강원 인제 백담사 소재

전통 불교의 맥을 이으려는 노력은 계속되었으며, 한용운 같은 승려들은 항일 운동에 적극적으로 참여했다.

개신교는 일제가 신사 참배를 강요하자 종교 의식에 해당한다는 이유로 극렬하게 반대했다. 그러나 일부 친일화한 교단에서는 신사 참배를 인정하기도 했다. 천주교는 고아원과 양로원의 설립 등 사회사업과 민중 계몽 운동을 전개했다.

동학을 계승한 천도교는 특히 한반도 북부 지역에서 세력을 확대하여, 1910년대에는 가장 큰 세력을 갖춘 교단이 되었다. 천도교는 3·1 운동을 주도하는 데 큰 역할을 했으며, 이후에는 농촌 계몽 운동에 주력했다.

독립운동에 가장 적극적으로 나선 종교는 나철이 창시한 대종교였다. 나철은 국권 피탈 이후 만주로 총본사를 이전하여 활동했다. 이에 독립운동에 뜻을 두고 있던 많은 이가 대종교에 입교했다. 청산리 대첩에서 큰 역할을 한 북로 군정서군은 대종교 신자들이 중심이 된 독립군 부대였다.

전형필의 민족 문화 사랑

일제는 국권 강탈 이후 학술 조사라는 명목으로 각지의 유적과 유물을 조사했다. 그 과정에서 여러 유적이 파괴되었으며, 많은 문화재가 일본으로 약탈되었다.

전형필은 일제의 통치로 말살되어 가는 민족정기를 되살리기 위해서는 민족 문화의 유산인 문화재를 지켜야 한다고 생각했다. 그는 자신의 재산을 털어 문화재의 수집과 보호에 최선을 다했으며, 그 결과 상당수의 문화재가 일본으로 약탈되는 것을 막았다. 그가 막대한 돈을 들여 수집한 문화재 중에는 《훈민정음》 해례본을 비롯하여 국보급 고려청자, 추사 김정희의 글씨, 겸재 정선과 단원 김홍도의 그림 등 다양했다.

특히 《훈민정음》 해례본은 중개자가 판매가로 1,000원을 제시했으나, 문화재의 가치를 제대로 치르고자 했던 전형필은 금액이 너무 적다고 생각하여, 중개자에게 1,000원을 주고 《훈민정음》 해례본의 가격으로는 1만 원을 치렀다고 한다. 1만 원은 당시 기와집 10채에 해당하는 돈이었다. 그 외 문화재를 지키기 위한 여러 가지 일화가 전해지고 있다.

전형필은 1938년 우리나라 최초의 사립 박물관인 보화각(지금의 간송 미술관)을 지어 수집한 문화재를 보존했다. 그중 10여 점 이상이 국보로 지정되었으며, 20여 점 이상이 보물로 지정되었다. 그 밖에 수많은 고서적, 자기, 서화 등을 비롯한 문화재가 보존되고 있다. 전형필은 1940년 보성 중학교(현 보성 중·고등학교)를 인수하여 교육 사업에 나서기도 했다.

전형필과 간송 미술관
전형필은 민족 문화를 수호한 대표적인 인물로 막대한 돈을 들여 문화재를 수집하고 보존했다. 문화재에 대한 그의 열정은 오늘날 간송 미술관으로 전해지고 있다.

14

일제 식민 통치하
사회생활의 변화

국권을 상실한 어려운 상황에서도 서양의 근대 문화는 빠른 속도로 조선에
밀려 들어왔다. 특히 1920년대 들어 신문과 잡지는 문화 행사나 스포츠에
대한 기사를 비롯해 새로운 생활 모습 등을 소개하여 변화와 유행의 흐름
을 이끌었다.

기차, 전차, 버스 같은 다양한 교통 시설의 이용도 늘어났다. 대중문화
가 싹트면서 유행의 시대가 다가왔으며, 자본주의적인 소비문화가 확산되
었다.

왜곡된 식민지 도시의 성장

개항 이후부터 개항장은 물론이고 전통적인 행정 중심 도시들이 근대
적인 도시로 변화해 갔다. 국권 피탈 이후에는 철도역 등 교통이 편리
한 곳이 새로운 도시로 등장했다. 도시는 행정 구역상 '부'라고 했는데,
인천, 군산 등 개항장을 비롯해 경성(서울), 개성, 대구, 평양, 함흥 등

경성의 일본인 거리(왼쪽)와 조선인 거리(오른쪽)
남촌의 화려한 일본인 거리와 북촌의 초라한 조선인 거리가 대조적이다.

이 '부'였다.

도시는 대체로 일본인과 조선인의 거주 구역이 구분되어 있었다. 경성의 경우 일본인이 주로 거주하는 청계천 이남은 남촌, 조선인이 주로 거주하는 청계천 이북은 북촌이라 불렸다. 남촌은 가로등과 포장도로 시설을 갖추고, 은행, 백화점, 네온사인 등이 구비된 근대적인 도시의 모습이었지만, 북촌은 그렇지 못했다.

주요 도시의 경제권은 대부분 일본인들이 장악하고 있었다. 1930년 대 경성에 거주하는 일본인이 전체 경성 토지의 절반 이상을 소유하고 있을 정도였다. 이런 사정은 부산, 평양, 인천, 대구 등의 도시에서도 대체로 비슷하거나 더 심했다.

도시 변두리에는 거적을 두른 토막(움막집)을 짓고 생활하는 사람들이 많았다. 대체로 생활이 어려운 농촌을 떠나 도시로 이주한 사람들이었다. 이런 모습은 식민지 도시의 성장에서 보이는 왜곡된 모습이라고 할 수 있다.

교통 통신 시설의 변화

국권 피탈 전에 처음 도입된 근대적 교통·통신 시설은 일제 식민 통치 아래에서 더욱 확대되었다. 이에 따라 철도와 우편, 전신망 등 교통·통신 시설이 늘어나게 되었다.

도시에서는 자동차가 늘어났으며, 전차와 택시가 운행되었다. 지방에서는 신작로가 개설되고 철도 노선이 확대되었다. 교통 시설이 늘어나면서 조선인들도 생활권에서 벗어나 일본과 중국까지도 여행할 수 있게 되면서, 지리와 공간에 대한 의식의 변화가 나타났다.

하지만 교통과 통신의 발달은 주로 일본의 식민 통치에 이용되었다. 조선인에 대한 통제나 독립 운동 탄압 등 식민 통치의 효율성을 높이는 데 활용된 것이다. 또 조선으로부터의 자원 수탈 및 운송, 조선으로의 일본인 농업 이민 유입, 만주로의 조선인 강제 이주, 일본군의 만주와 중국으로의 군사적 침략 등을 더욱 용이하게 하는 데에도 활용되었다.

교통·통신 시설의 변화는 편리함을 가져다주기도 했지만, 수탈을 겪으면서도 이를 바라만 보아야 했던 식민지 민중의 고통과 분노, 슬픔과 함께했다.

서울역
1925년 일본이 대륙 침략의 발판으로 삼기 위해 세웠다. 당시 웅장한 규모, 지붕의 돔, 독특한 외관으로 화제가 되었으며, '작은 도쿄역'이라는 별칭으로 불렸다. 지금은 문화 공간으로 활용되고 있다. 서울 중구 소재

의식주 생활의 변화

개항 후 근대 문물이 유입되면서 변화한 의식주 생활은 일제 통치
하에서 더 큰 변화를 가져왔다. 먼저, 의생활에서는 양복과 양장
이 보급되었다. 대부분 사람들은 여전히 한복을 입었으나,
관리나 학생처럼 서양 문물을 수용한 사람들이 양장과 양복
을 입기 시작했다. 일부는 한복을 개량하여 입었다.

양장과 단발머리는 '신여성'이나 여성 해방의 상징이기도
했다. 이 신여성은 '모던 걸', 남성의 경우는 '모던 보이'라고
불렸다. 이들은 근대 문화를 받아들인 선구자로 생각되기도
했으나, 사치와 퇴폐의 상징으로 여겨지기도 했다.

모던 걸과 모던 보이
짧은 치마와 하이힐을 신은 '모던 걸'과 양복을 입은 '모던 보이'가 연애하는 모습이다. 《별건곤》 1927. 1.

한편, 일제는 한민족의 상징인 흰옷이 비위생적이라는 구실을 내세
워 색깔 있는 옷을 입도록 강요했다. 또 전시 체제하에서는 여성들의
활동성을 높여 노동력을 착취하기 위해, '몸뻬'라 불리는 일 바지(왜바
지)를 입도록 강요하기도 했다.

식생활에도 큰 변화가 나타나 빵, 아이스크림, 과자 등 서양 음식이
뿌리를 내리기 시작했다. 물론 이는 주로 도시의 상류층에 한정된 것이
었다.

도시에 인구가 집중하면서 도시형 개량 한옥, 2층의 서양식 주택인
이른바 '문화 주택', 대규모 주택 단지 등이 등장했다. 이 주택들에는
유리, 벽돌 같은 근대적인 건축 재료가 일부 사용되기도 했다. 하지만
조선인들 대부분은 여전히 초가집이나 구식 기와집에서 살았다.

대중문화의 형성

식민지라는 왜곡된 환경 속에서도 새로이 대중문화가 형성되기 시작했
다. 라디오 방송이 시작되어 라디오와 축음기가 보급되고, 극장에서 영
화가 상영되었다.

라디오 방송의 시작

1927년 경성 방송국에서 첫 라디오 방송을 시작했다. 경성 방송국은 총독부의 지원 아래 일본인 주도로 설립되었다. 처음에는 일본어와 한국어로 교대로 방송했으며, 한국어와 일본어 방송 시간 비율은 1 대 3으로 되어 있었다.

윤심덕 정사 사건 보도 기사
윤심덕은 1920년 일본에 유학하고 돌아와 신극 운동에 참여한 신여성이었다. 이바노비치가 작곡한 〈도나우 강의 잔물결〉에 자신이 가사를 쓴 〈사의 찬미〉를 일본에서 취입했다. 윤심덕은 자신의 애인과 함께 관부 연락선을 타고 귀국하던 도중 현해탄에 몸을 던졌다. 이로 인해 〈사의 찬미〉는 더 큰 인기를 끌게 되었다. 〈동아일보〉 1926. 8. 5.

1920년대에는 대중가요가 등장했다. 1926년 윤심덕의 〈사의 찬미〉를 시작으로, 이후 이애리수가 노래한 〈황성엣터〉가 나옴으로써 대중가요가 널리 유행했다. 사람들은 라디오나 유성기에서 흘러나오는 유행가를 흥얼거렸다.

이 무렵부터 가수와 영화배우들이 인기 연예인으로 자리 잡기 시작했다. 잡지에는 이들을 소개하는 기사가 자주 실렸으며, 이들은 의복이나 머리 모양 등에서 유행을 이끌었다.

야구, 축구 등 스포츠도 대중문화의 한 영역으로 자리를 잡아 갔다. 경성과 평양의 축구 경기가 정기적으로 열렸으며, 전국 대회나 세계 대회에서 우승한 운동선수는 영웅 대접을 받기도 했다. 또한, 조선의 학교나 조선인 팀이 일본인 팀과 겨루어 이기기라도 하면 큰 기삿거리가 되었다. 일제는 대중의 효율적인 지배를 위해 스포츠를 장려했다.

한편, 여성들의 사회 진출도 늘어났다. 버스 안내원이나 매표원 같은 여성만의 새로운 직업도 생겨났으며, 운전사나 비행사가 되는 여성도 등장했다.

저도 권기옥처럼 비행사가 될래요.

여자가?

신여성 나혜석의 사랑

일제 식민지 시기 대표적인 신여성으로 나혜석을 들 수 있다. 나혜석은 도쿄에 유학하여 미술을 공부했다. 경성에서 최초로 서양화 개인전을 열었으며, 파리에서 공부한 최초의 한국 서양화가이기도 하다.

1896년생인 나혜석은 유학 시절인 열여덟 살 때 게이오 대학교 학생 최승구와 사랑에 빠졌으며, 이 무렵 여성 해방에 관심을 갖기 시작했다. 최승구가 병으로 죽은 후, 김우영을 만났고 이광수와도 가깝게 지냈다.

나혜석은 스물네 살인 1920년 김우영과 결혼했는데, 과거를 청산한다는 명분으로 신혼여행 대신 첫사랑 최승구의 무덤을 찾아 묘비를 세워 달라고 요청해 김우영의 승낙을 받아낼 만큼 자신만만한 여성이었다. 그녀는 결혼 당시에 김우영에게 세 가지 조건을 제시해 세간의 이목을 끌었다. 첫째는 일생을 두고 자신을 사랑할 것, 둘째는 그림 그리는 일을 방해하지 말 것, 셋째는 시어머니와 전처 딸과는 별거해 둘만이 살 것 등이었다.

나혜석 상
나혜석의 고향인 수원에는 나혜석거리가 조성되어 있으며, 그곳에 나혜석의 상이 있다. 봉건적 관습에 맞서 고민하는 신여성의 모습이다.
경기 수원 소재

1927년 유럽 여행을 떠나 파리에서 그림 공부를 하던 중 최린을 만나 연애했고, 이로 인해 결국 이혼했다. 1934년 잡지 《삼천리》에 〈이혼 고백장〉을 발표해, 김우영과의 연애, 결혼, 이혼 과정을 솔직하게 썼다. 그녀는 여성에게 일방적으로 강요되는 정조 관념을 비판하여 사회적으로 논란을 불러일으켰다.

> "정조는 도덕도 법률도 아무 것도 아니오, 오직 취미다. 밥 먹고 싶을 때 밥 먹고 떡 먹고 싶을 때 떡 먹는 거와 같이 임의용지任意用志로 할 것이오, 결코 마음의 구속을 받을 것이 아니다."
> "조선 남성의 심리는 이상하외다. 자기는 정조 관념이 없으면서 여자에게는 정조를 요구하고 또 남의 정조를 빼앗으려 합니다. …… 이 어이한 미개의 부도덕이냐."

그런가 하면 최린에게 유부녀의 정조를 유린했으니 위자료 1만 2,000원을 지급하라는 소송을 제기하기도 했다. 나혜석의 이 같은 개방적이고 자유분방한 생각은 당시 사회에서는 결코 용납될 수 없었다.

나혜석은 예산 수덕사, 금강산, 양로원 등을 전전하다 1946년 행려병자로 죽음을 맞았다. 급진적 개방 사상을 폈던 신여성의 쓸쓸한 마지막이었다.

15

식민 통치의 유산,
친일 문제

일제의 식민 통치가 남긴 유산 가운데 한민족의 현재와 미래에 정신적으로
큰 악영향을 끼치고 있는 것이 바로 친일파 문제다. 일제로부터 해방된 후
마땅히 청산되었어야 할 과제가 해결되지 못한 채, 현재에 이르기까지 정
치, 경제, 사회, 문화 전 영역에 걸쳐 그 흔적을 남기고 있다.

친일 문제의 미해결이 끼친 가장 큰 문제는 민족정기 또는 국민의 도덕
성을 확립하는 데 장애가 되어 왔다는 것이다. 지금도 크게 문제가 되고 있
는 친일파는 어떤 자들이며, 이 문제를 어떻게 해결해야 할까?

친일파의 정의

일본의 식민지 침략이 본격화된 뒤부터 해방에 이르기까지 친일 반민
족 행위를 한 이들은 수없이 많았다. 이들은 자신의 영달을 위해 일제
에 협력하며 많은 사람에게 큰 고통을 안겨 주었다.

민족 문제 연구소에서 간행한 《친일 인명사전》에 따르면, 친일파는

이광수 기념비
뛰어난 문학가로 2·8 독립 선언서를 기초했으나, 뒤에 변절하여 친일파가 되었다. 이 기념비는 가족들이 세웠으며, 남양주 봉선사 앞에 있다. 경기 남양주 소재

"을사조약 전후부터 1945년 8월 15일 해방에 이르기까지 일본 제국주의의 국권 침탈, 식민 통치, 침략 전쟁에 적극 협력함으로써, 한민족 또는 타민족에게 신체적·물리적·정신적으로 직간접적 피해를 끼친 자"에 해당한다고 정의하고 있다.

또한, 좀 더 일반적으로는, "친일파라고 불리는 이들은 좁게는 매국노, 민족 반역자에서 넓게는 부일 협력자에 이르기까지 그 범위가 넓다. 대체로 민족 반역자와 부일 협력자 중에서 역사적 책임이 무겁다고 판단되는 사람들"을 지칭한다.

이 같은 일반적인 정의에도 불구하고 친일 행위 및 친일파의 기준과 범위를 어디까지로 할 것인지에 대해서는 아직 의견이 분분하다. 최근에는 친일의 중요한 기준 중의 하나로 '자발성'을 들고 있다. 즉, 강요에 의한 것이 아니라 자발적으로 일제 및 일제의 식민 통치에 협력한 경우를 친일로 보는 것이다.

현행법이 규정한 친일 행위

친일 행위의 범위를 특정하기는 쉽지 않다. 《친일 인명사전》에서는 상세하게 그 범위를 설정하고 있지만, 2012년에 일부 개정되어 시행된 '일제 강점하 반민족행위 진상규명에 관한 특별법'에서는 친일 행위에 대해 이렇게 규정하고 있다.

1. 국권을 지키기 위하여 일본 제국주의와 싸우는 부대를 공격하거나 공격을 명령한 행위
2. 국권을 회복하기 위하여 투쟁하는 단체 또는 개인을 강제 해산시키거나 감금·폭행하는 등의 방법으로 그 단체 또는 개인의 활동을 방해한 행위

3. 독립운동 또는 항일 운동에 참여한 자 및 그 가족을 살상·처형·학대 또는 체포하거나 이를 지시 또는 명령한 행위

4. 독립운동을 방해할 목적으로 조직된 단체의 장 또는 간부로서 그 단체의 의사 결정을 중심적으로 수행하거나 그 활동을 주도한 행위

5. 밀정 행위로 독립운동이나 항일 운동을 저해한 행위

6. 을사조약·한일 합병 조약 등 국권을 침해한 조약을 체결 또는 조인하거나 이를 모의한 행위

7. 일제로부터 작위를 받거나 이를 계승한 행위. 다만, 이에 해당하는 사람이라 하더라도 작위를 거부·반납하거나 후에 독립운동에 적극 참여한 사람 등으로 제3조에 따른 친일반민족행위 진상규명위원회가 결정한 사람은 예외로 한다.

8. 일본 제국의회의 귀족원 의원 또는 중의원으로 활동한 행위

9. 조선 총독부 중추원 부의장·고문 또는 참의로 활동한 행위

10. 일본 제국주의 군대의 소위 이상의 장교로서 침략 전쟁에 적극 협력한 행위

친일파의 분류 및 활동

대체로 친일파라 일컬어지는 자들은 일제의 국권 강탈에 적극 협력하거나, 일제의 식민 통치에 적극 협력한 자, 일제의 침략 전쟁에 적극 협력한 자들로, '반민족 행위자' 또는 '민족 반역자'라고도 한다.

일제의 국권 강탈에 협력한 자들로는 대한 제국의 고위 관료, 친일 단체인 일진회의 간부, 일제로부터 작위와 은사금을 받은 자들을 들 수 있다. '한일 병합 조약'의 전권 위원이었던 이완용을 비롯해 대한 제국 황실의 일원이었던 이재면, 황실의 외척이었던 윤택영 등이 여기에 해당한다.

홍난파 가옥과 동상
홍난파는 〈봉선화〉, 〈성불사의 밤〉, 〈옛 동산에 올라〉 등 민족적 정서와 애수가 담긴 작품을 남겼으나, 친일 활동으로 오명을 남겼다. 홍난파는 이 집에서 말년을 보냈다. 서울 종로구 소재

　일제의 식민 통치에 적극 협력한 친일파로는 총독부의 고위 관료, 경찰 간부, 각종 친일 단체의 간부 등을 들 수 있다. 경찰의 고위직까지 승진하여 많은 독립 운동가를 고문한 것으로 유명한 노덕술 같은 자들이 여기에 해당한다. 이들 중 상당수는 해방 후에도 군 장성이나 경찰 고위직, 정치인 등으로 활동했다.

　1930년대 이후 일제의 침략 전쟁이 시작되고 전시 체제에 접어들면서 더욱 많은 친일파가 생겨났다. 김성수, 최린 같은 명망가들은 각종 전쟁 동원 단체의 간부로 지원병이나 징병, 징용에 참여할 것을 앞장서서 독려하는 등 침략 전쟁에 적극 협력했다. 이들 중에는 사회적 영향력이 큰 유명 인사가 많아서 특히 대중에게 악영향을 끼친 경우가 많았다.

　최남선, 이광수, 홍난파, 김은호 등 문학과 예술 분야에서 활동한 이

들을 비롯해 사업가, 교육가로서 전쟁에 협력한 이들도 많았다. 경성방직 주식회사 사장 김연수, 화신 백화점 사장 박흥식 등은 국방헌금을 내거나 비행기 등을 일제에 헌납했다. 이화 여전 교장 김활란은 각종 친일 단체의 임원직을 맡아 일제의 침략 전쟁을 미화하고, 여성들에게 징병이나 징용에 대한 이해를 촉구하기도 했다.

친일파 청산을 위한 움직임

1945년 해방이 되자 친일파들은 숨죽이며 동태를 살폈다. 그러나 남한에 들어와 군정을 실시한 미군은 점령 통치의 편의를 위해 '미군 총사령부 포고령(맥아더 포고령) 제1호'를 통해 일제 통치하의 관료나 경찰을 다시 등용했다. 이로써 친일파가 다시 세력을 얻게 되었다.

1948년 대한민국 정부 수립 이후 제헌 국회는 '반민족행위 처벌법'을 제정하고 친일파 처벌을 시도했다. 그러나 초대 대통령 이승만의 비

김활란 동상
국민총력조선연맹 등의 친일 단체에서 활동하며 전쟁 협력을 권유하는 등 친일 활동을 한 김활란의 동상이다. 이화여대 학생들은 이 동상의 철거 운동을 벌이기도 했다. 서울 서대문구 이화 여자 대학교 소재

협조와 방해로 친일파 청산이 제대로 이루어지지 못했다.

2005년에는 '일제 강점하 반민족행위 진상규명에 관한 특별법'이 시행되어 친일파 명단이 발표되기도 했으나, 반발 등으로 그 범위가 대폭 축소되어 큰 성과를 거두지 못했다. 또 같은 해 '친일 반민족행위자 재산의 국가귀속에 관한 특별법'이 제정되었으나, 친일파 후손의 재산 찾기 재판에 제동을 걸기 위한 것이었을 뿐, 친일파 재산의 전면적인 국가 귀속이 이루어지지 못했다.

이런 가운데 민족 문제 연구소에서는 국민의 성금을 모아 우여곡절 끝에 《친일 인명사전》을 간행하여 친일파의 행적을 수록한 사전을 편찬했으나, 여전히 이를 비난하는 세력이 존재하고 있다. 친일파 청산의 문제는 여전히 해결되지 못한 채 진행형으로 남아 있다.

친일파 **노덕술**의 해방 전후 **행적**

노덕술은 친일 고문 경찰의 대명사로 불리는 인물이다. 그의 행적을 살펴보면 친일파 문제를 해결하지 못한 것이 한국 사회에 끼친 악영향이 무엇인지 짐작할 수 있다.

노덕술은 1920년 경남 순사 교습소를 졸업하고 경남 경찰부 보안과 근무를 시작으로 경찰직에 몸담았다. 이후 경남의 여러 경찰서를 거쳐, 1930년대 초에는 경성 본정, 인천, 개성, 경성 종로 등 각 경찰서 사법 주임과 고등계 주임 같은 요직을 맡았다. 1934년 평남 보안 과장으로 승진했으며, 이후 일제로부터 훈장까지 받았다.

그는 일제 경찰 27년 동안 동족을 탄압했다. 1927년경 비밀 결사 혁조회 사건을 수사하며 두 사람을 죽음으로 내몰았고, 동래 고보 맹휴 사건에서는 조선인 학생 검거에 앞장섰다. 그 밖에도 유학생 강연회 관련자 체포, 신간회 활동 인사 취조, 노동절 시위 행렬 참가자 고문, 군수품 수송을 위한 화물차 징발, 독립운동가 살해 등 악질적인 친일 행위를 일삼았다.

해방 직후 잠시 평양 경찰서장을 맡았으나 체포되어 구금되었다가, 1945년 말 월남했다. 1946년 수도 경찰청 수사과장에 기용되어 좌익 세력 검거와 경찰 내의 반이승만 세력 숙청을 주도했다. 그는 다른 친일파들과 마찬가지로 최고의 애국자로 변신해 있었다.

노덕술은 1949년 반민족행위 특별 조사위원회(반민특위)에 의해 체포되었으며, 그가 현직 경찰 간부들과 함께 반민특위 간부를 암살하려는 음모를 꾸몄다는 사실이 밝혀지기도 했다. 그러나 반민특위가 와해된 뒤 친일 경찰 출신들이 풀려나 대부분 복직된 것처럼 노덕술도 복직되었다.

이후 노덕술은 경기도 경찰부 보안 주임을 거쳐 헌병 중령으로 변신해 한국 전쟁 이후에도 계속 활동하며 호사를 누렸다. 1960년에는 고향인 울산에서 국회의원 선거에까지 출마하기도 했다. 1968년 병으로 사망했다.

3부

1948년   대한민국 정부 수립, 조선 민주주의 인민 공화국 정부 수립

1950년   한국 전쟁(~1953)

1960년   3·15 부정 선거, 이승만 망명

1961년   5·16 군사 쿠데타

1963년   박정희 정부 성립

1972년   7·4 남북 공동 성명, 10월 유신

1979년   10·26 사태, 12·12 군사 반란

1980년   5·18 민주화 운동, 전두환 정부 성립

1987년   6월 민주 항쟁

1988년   노태우 정부 성립

1991년   남북한 유엔 동시 가입

1993년   김영삼 정부 성립

1994년   김일성 사망, 김정일 집권

1998년   김대중 정부 성립

2000년   남북 정상 회담

2003년   노무현 정부 성립

2008년   이명박 정부 성립

2011년   김정일 사망, 김정은 집권

2013년   박근혜 정부 출범

현대 사회의 전개

자본주의 진영의 새로운 강자로 등장한 미국과 사회주의 진영의 종주국인 소련이 한반도를 분할 점령하는 사태로, 미군과 소련군의 관할권을 나타내는 상징적인 선에 불과했던 38도선은 점차 남북을 갈라놓는 실질적인 경계선으로 변해 갔다. 한민족의 자주적인 국가 건설 문제가 어려움에 부딪히게 된 것은 물론, 국토 분단의 비극이 시작된 것이다.

01

8·15 해방과 남북의 분단

1945년 8월 15일, 한민족은 꿈에도 그리던 해방을 맞이했다. 그야말로 '바닷물도 춤을 추는' 기쁨의 날이었다. 그러나 멀리 충칭에서 대한민국 임시정부와 한국광복군을 이끌고 항일 투쟁을 펼치던 김구는 일제의 항복 소식에 탄식을 했다고 한다.

김구가 안타까워 한 것은 한민족의 독자적인 힘으로 이룩한 해방이 아니어서, 이후 강대국의 간섭으로 자주적인 국가 건설이 어려움에 부딪힐 것을 염려했기 때문이다. 김구의 걱정은 현실이 되었다.

8·15 해방과 건국을 위한 노력

8·15 해방은 한민족의 끊임없는 독립운동의 결과이기도 하지만, 무엇보다 연합국이 제2차 세계 대전에서 승리하여 일본이 항복한 데서 비롯된 것이다.

일제 통치 말기에 국내외에서 활동하던 여러 항일 독립 투쟁 세력은

해방에 대비하여, 각기 건국 강령을 만들어 건국 준비를 하고 있었다. 그러나 이들은 통합하거나 단일화하지 못하고 개별적으로 투쟁함으로써, 국제적으로 일본에 대한 교전 단체로서 인정받지 못했다. 이는 해방 후 건국 과정이 쉽지 않으리라는 것을 예고하는 것이기도 했다.

국내에서 비밀리에 조선 건국 동맹을 조직하여 활동하던 여운형은, 일제 패망 직전 조선 총독부와 교섭하여 일본인의 무사 귀환을 보장하는 대신 치안 유지와 건국 활동 방해 금지 등을 약속받았다. 그리고 해방 당일에 곧바로 조선 건국 동맹을 확대, 개편하여 조선 건국 준비 위원회(건준)를 결성했다.

박헌영을 비롯한 사회주의 세력도 조선 공산당의 재건을 준비하며 정치 활동을 재개하고, 건준과 협력하며 활동했다. 이처럼

● 조선 인민 공화국
미군이 들어오기 이틀 전인 1945년 9월 6일 건준이 조선 공산당 재건 세력의 협조 아래 선포한 해방 후 최초의 공화국이었다. 그러나 인천을 통해 들어온 미군은 조선 인민 공화국을 인정하지 않고, 미군정만이 38도선 이남에서 유일한 정부라고 선언했다.

인민 위원회의 결성과 활동
인민 위원회는 해방 직후 전국 각지에 조직된 민간 자치 기구로 친일파를 제외한 다양한 계층이 참여했다. 1945년 8월 말경에는 전국적으로 145개 지역에 결성되었다. 대부분의 지역에서 실질적인 통치 기능을 발휘했으며, 미군 주둔 후 미군이 군정을 선언함으로써 인민 위원회의 활동도 위축되어 갔다.

건준에는 많은 인사가 사상이나 이념에 관계없이 참여했다. 건준은 각 지역에 치안대, 보안대 등을 조직하여 자체적으로 치안을 확보하기 시작했다.

8월 말까지 전국적으로 145개 지부가 설립되는 등 건국 준비 작업은 차근차근 진행되었다. 9월 초 미군이 한반도에 주둔한다는 소식이 전해지자, 건준은 정부 수립을 기정사실화하기 위해 조선 인민 공화국●의 수립을 선포하고, 각지의 조직을 인민 위원회로 바꾸어 나갔다.

그러나 곧이어 들어온 미군은 이를 인정하지 않았다. 김구의 예상대로 강대국 미국과 소련은 한반도에 자신의 영향력을 행사할 수 있는 정부를 세우고자 했기에 건국 작업이 어려움에 직면했던 것이다.

미국과 소련의 38도선 분할

해방 전 일제의 패망이 예상되자 미국과 소련을 비롯한 강대국들은 일제의 지배 아래 있던 아시아의 여러 나라에 대한 전후 처리 문제를 본격적으로 논의하기 시작했다. 강대국들은 한국의 독립을 약속했으나, 즉시 독립시킨다는 생각은 아니었다. 미국 대통령 루스벨트는 "한국인

38도선 표시비
38선이 그어지면서 민족의 비극이 시작되었다. 포천의 한 마을에서는 38도선이 마을 중간을 지나가게 되었다. 처음에는 대수롭지 않게 왕래했으나, 38도선 표시비가 세워지면서, 마을이 분열되고 서로 대립하는 비극이 싹트기도 했다. 경기 포천 38선 휴게소 소재

은 40년간의 훈련 기간이 필요하다."라고 주장했다.

　한국 문제에 대해 구체적인 합의가 이루어지지 않은 가운데, 1945년 8월 소련이 태평양 전쟁에 참전하고, 8월 10일에는 한반도에까지 진격해 들어왔다. 당시 오키나와까지 진격해 왔던 미국은 한반도 전체가 소련의 세력권 안에 들어갈 것을 우려하여 38도선 분할안을 내놓았다. 즉, 북위 38도선을 경계로 하여 미군과 소련군이 한반도의 남과 북을 분할 점령한다는 내용이었다.

　소련은 일본 점령에까지 참여할 속셈으로 이 제안을 받아들였다. 이에 따라 자본주의 진영의 새로운 강자로 등장한 미국과 사회주의 진영의 종주국인 소련이 한반도를 분할 점령하는 사태가 발생했다.

　단지 미군과 소련군의 관할권을 나타내는 상징적인 선에 불과했던 38도선은 점차 남북을 갈라놓는 실질적인 경계선으로 변해 갔다. 한민족의 자주적인 국가 건설 문제가 어려움에 부딪히게 된 것은 물론, 국토 분단의 비극이 시작된 것이다.

미군과 소련군의 점령 정책

미군은 해방 후 20여 일이 지난 9월 8일에 인천항을 통해 처음 한국에 들어왔다. 당시 미국의 한반도에 대한 정책은 한국을 소련의 세력권 안에 들어가지 않게 하는 것이 일차적인 목표였으며, 한국의 독립은 그들에게 그리 중요한 문제는 아니었다.

　따라서 미국은 해방 이후 나타난 한민족의 자주적인 국가 건설 노력을 모두 부정하고, 미군정만이 남한 내의 유일한 정부라고 선언하며 군정을 실시했다. 건준이 선포한 조선 인민 공화국은 부정되었고, 충칭의 대한민국 임시 정부도 인정하지 않았다. 해방은 되었으나 총독부 건물

일장기와 성조기
38선 이남에 들어온 미군이 조선 총독부 건물에서 일장기를 끌어내리고, 미국의 성조기를 게양하는 장면이다.

에 일장기 대신 성조기가 걸렸을 뿐 완전한 해방을 맞이하지 못했다.

미군정은 미국식 민주주의를 바탕으로 보수 세력을 보호하고 육성하여 친미적인 자본주의 국가를 세우는 것을 목표로 삼았다. 아울러 미군정은 통치의 편의를 위해 일제 식민지 시기의 관료, 경찰 기구를 부활했다. 이에 숨죽이고 있던 친일파를 다시 기용함으로써 그들이 활동할 수 있는 기반을 만들어 주었다.

한편, 해방 전 일본군과 전투를 치르며 한반도에 들어온 소련군은 8월말경 38도선 이북 지역을 점령했다. 소련 역시 한반도에 소련에 우호적인 사회주의 정부를 세우고자 했다. 하지만 소련의 점령 정책은 미국과 달랐다. 소련은 직접 통치를 실시하지 않고, 대신 해방 후 자주적인 국가 건설 과정에서 생겨난 건준이나 인민 위원회를 인정하고, 그 내부에서 사회주의 세력을 지원하는 형식을 취했다.

즉, 미국이 남한에서 군정을 통한 직접 통치를 실시했다면, 소련은 간접 통치 방식을 택했다. 방법만 달랐을 뿐 두 나라가 한반도에서 추구하는 목표는 같은 것이었다. 결국 한민족이 국가를 건설하는 문제는 서로 대립하던 강대국 미국과 소련의 뜻을 벗어날 수 없는 처지에 놓이게 되었다.

해외 독립운동 세력의 귀국

미소 양군의 진주 이후 38도선 이남에서는 김성수, 송진우 등이 우익 보수 정당인 한국 민주당●을 조직하여 미군정에도 참여했다. 이런 가운데 해외에서 활동하던 독립운동가들은 귀국을 서두르고 있었다.

해외에서 활동하던 항일 독립 투쟁 세력은 크게 세 부류였다. 충칭의 대한민국 임시 정부와 한국광복군, 옌안의 조선 독립 동맹과 조선 의용군, 그리고 소련으로 후퇴하여 활동하던 동북 항일 연군 등이었다.

미국과 소련이 한반도를 분할 점령한 것은 해외에서 활동하던 독립운동 세력의 귀국에도 영향을 끼쳤다. 가장 먼저 김일성의 항일 유격대

● 한국 민주당
건준이 조선 인민 공화국을 선포하자 이에 반발한 우익 보수 세력이 결집하여 1945년 9월 16일 창당한 정당이다. 한국 민주당 간부 중에는 친일파가 적지 않았다. 초기에는 충칭의 대한민국 임시 정부를 지지하여 그 법통을 옹호했으나, 뒤에는 그에 대한 태도를 바꾸었다.

경교장
대한민국 임시 정부의 주석이었던 김구가 충칭에서 환국한 후에 집무실과 숙소로 사용했던 장소이다. 서울 종로구 소재

이화장
8·15 해방 후 미국에서 귀국
한 이승만이 거주하던 곳으로,
대한민국의 초대 내각을 구성
했던 본부로 사용되었다. 경교
장과 함께 해방 이후 한국 정치
의 중심지 역할을 한 곳이다.
서울 종로구 소재

세력이 평양으로 귀국했고, 조선 독립 동맹의 지도부도 평양으로 귀국
했다. 반면에 미국에서 활동하던 이승만과 중국에서 활동하던 김구의
임시 정부 세력은 서울로 돌아왔다.

　김구 등 임시 정부 세력을 비롯해 국내 일부에서는 대한민국 임시 정
부의 정통성을 주장하며 임시 정부가 정식 정부가 되어야 한다고 주장
했지만, 미군정이 이를 인정하지 않았다. 이 때문에 임시 정부 요인들
은 모두 개인 자격으로 귀국해야 했다. 귀국 세력들은 각각 독자적인
정치 세력화를 추구하며 정치 활동을 시작했다.

38도선 이남에 선포된 '미군 총사령부 포고령 제1호'

미군이 한반도에 들어오기 하루 전인 1945년 9월 7일, 맥아더는 '맥아더 포고령'이라 불리는 '미군 총사령부 포고령 제1호'를 발표했다. 미국은 포고령을 통해 북위 38도선 이남의 한반도 지역을 점령 지역으로 규정하고, 미군정이 남한 내에서 통치권을 행사할 수 있는 유일한 국가 기관이라고 선포했다. 또 포고령 제2조를 통해 일제 식민지 시기의 관리들을 그대로 유임해 식민 청산에 어려움을 겪게 되었다.

조선 인민에게 포고함

일본국 정부의 연합국에 대한 무조건 항복은 우리 편 여러 나라 군대의 오래 계속되어 온 무력 투쟁을 끝마쳤다. 일본 천황의 명령에 따라서 그를 대표하여 정부와 대본영이 서명한 항복 문서의 조항에 의해, 본관이 지휘하는 전승군은 금일 북위 38도선 이남의 조선 지역을 점령했다. 이에 나는 태평양 방면 미국 육군부대 총사령관인 나에게 부여된 권한에 의해 북위 38도선 이남의 조선과 조선 주민에 대해 군사적 관리를 하고자 다음과 같은 점령 조건을 발표한다.

제1조　북위 38도선 이남의 조선 영토와 조선 인민에 대한 통치의 모든 권한은 당분간 본관의 권한하에 시행한다.

제2조　정부 등 모든 공공사업 기관에 종사하는 유급, 무급 직원과 고용인, 그리고 기타 중요한 제반 사업에 종사하는 자는 별도의 명령이 있을 때까지 종래의 정상 기능과 업무를 수행할 것이며, 모든 기록 및 재산을 보호·보존해야 한다.

제3조　주민은 본관 및 본관의 권한으로 발포한 명령에 즉각 복종해야 한다. 점령군에 대해 반항 행동을 하거나 질서 보안을 교란하는 행위를 하는 자는 용서 없이 엄벌에 처할 것이다. (부분 생략)

1945년 9월 7일 태평양 방면 미국 육군부대 총사령관 맥아더

02

대한민국 정부의 수립

8·15 해방 후 미군과 소련군은 각각 직접 통치와 간접 통치의 방식으로 남
과 북을 지배하면서, 자신들에게 우호적인 정부를 수립하려 했다.

이처럼 한민족의 자주적인 건국 노력이 어려움에 처한 가운데, 해외에
서 귀국한 독립운동 세력은 정당과 사회단체를 만들어 정치 활동을 해 나
갔다. 이런 가운데 한반도에 국가를 수립하려는 움직임은 강대국에 의해
구체화되었다. 그러나 미국과 소련의 서로 다른 속셈 때문에 통일된 국가
의 수립은 어려워져 갔다.

신탁 통치 문제와 민족 내부의 분열

한반도를 미국과 소련이 분할해 점령하는 가운데, 1945년 12월 미국,
영국, 소련 3국의 외무 장관이 참석한 모스크바 3국 외상회의(모스크바
3상 회의)에서 한민족의 장래에 대한 매우 중요한 사항이 결정되었다.
이 회의에서는 조선 문제에 대한 결정 사항을 발표했는데, 그 주요 내

용은 "첫째, 조선 임시 민주 정부를 수립하며, 둘째, 이 문제의 협의를 위해 미소 공동 위원회를 개최하고, 셋째, 조선을 최고 5년간 4개국 신탁 통치 아래에 둔다."라는 것이었다.

이 결정은 공식 발표도 되기 전에 일부 언론을 통해 신탁 통치 문제만이 집중 부각되어 알려졌다. 특히 〈동아일보〉는 "소련이 신탁 통치를 주장하고 미국이 즉시 독립을 주장"한다는 악의

신탁 통치 발표 기사
〈동아일보〉는 소련은 신탁 통치를 주장하고, 미국은 즉시 독립을 주장했다는 왜곡 보도를 내보냈다. 이는 반탁 운동이 일어나는 계기가 되었다. 〈동아일보〉 1945. 12. 27.

적인 왜곡 보도를 했다. 이에 따라 신탁 통치 반대 운동, 즉 반탁 운동이 맹렬히 전개되었다. 가장 적극적으로 반탁 운동에 나선 세력은 대한민국 임시 정부의 김구 등이었으며, 이승만과 한국 민주당을 비롯한 우익 세력이었다.

그러나 뒤늦게 모스크바 3상 회의 결정 사항의 전체 내용이 알려지면서, 사회주의자들을 중심으로 한 좌익 진영은 이 결정의 본질은 임시 정부 수립에 있다고 보고, 한반도 문제의 해결을 위해서는 피할 수 없는 적절한 방법이라고 주장했다. 아울러 이 결정에 대한 지지 운동으로 방향을 바꿨다. 흔히 찬탁 운동이라고 표현하나, 그들이 내세운 것은 모스크바 결정 사항에 대한 총체적 지지 운동이었다.

신중한 입장을 취하고 있던 중도파와 일부 우익 세력도 임시 민주 정부 수립이 최우선 과제이고, 신탁 통치 문제는 차후 문제라고 판단하여 미소 공동 위원회 개최에 찬성의 입장을 취했다. 38도선 이북에서는 조만식의 조선 민주당●을 제외한 정치 세력 대부분이 모스크바 3상 회의의 임시 정부 수립 결정을 중시하고, 미소 공동 위원회의 개최를 지지했다.

● 조선 민주당
1945년 11월 평양에서 조만식이 중심이 되어 결성한 우익 정당이다. '자산 계급 민주주의 독립 국가 건설'을 내세웠으며, 주로 지방 유지들이 참여했다. 조선 민주당이 반탁 운동을 전개하자 당수 조만식은 소련군에 의해 연금 상태에 놓이게 되었다.

결국 신탁 통치 문제 때문에 한민족의 의견이 우익 세력을 중심으로 한 반탁 운동과 좌익 세력을 중심으로 한 지지 운동으로 분열되었다. 두 세력은 서로를 매국노 또는 민족 반역자라며 비난했다. 이 과정에서 상대적으로 세력이 약했던 우익 세력은 격렬한 반탁 운동을 통해 정국의 주도권을 장악할 수 있게 되었으며, 일부 친일파는 애국자로 둔갑했다.

모스크바 3상 회의의 결정 사항으로 좌익과 우익 세력의 대립이 본격화되면서, 자주적인 국가의 건설을 위해 모두가 단결해야 한다는 민족적인 열망은 크게 흔들리게 되었다. 한반도 분단의 시작이 미국과 소련의 한반도 분할 점령에 있었다면, 이제는 한민족이 둘로 분열됨으로써 분단의 내부적인 원인을 제공하고 말았다.

미소 공동 위원회와 좌우 합작 운동

좌우 정치 세력의 대립이 커져 가는 가운데 1946년 3월 미국과 소련은 모스크바 3상 회의 결정에 따라 임시 정부 수립을 위한 미소 공동 위원회를 개최했다. 그러나 미국과 소련은 임시 정부 수립에 참여할 협의 대상을 선정하는 문제를 둘러싸고 대립했다.

소련 측은 모스크바 3상 회의 결정을 지지하는 정당과 사회단체만을 협의 대상으로 하자고 주장한 반면, 미국은 신탁 통치 반대 세력까지 포함하자고 주장했다. 미소 양측은 결국 의견 일치를 보지 못하고, 두 달여 만에 휴회에 들어가고 말았다.

미소 공동 위원회가 중단되자, 국내의 정치 세력들은 각기 독자적인 방향을 모색했다. 특히 이승만은 통일 정부 수립이 여의치 않으니 남쪽에서만이라도 먼저 임시 정부를 수립하자고 주장했다(1946. 6. 정읍 발언). 이에 한국 민주당과 친일 세력을 제외한 좌우의 모든 정치 세력이

격렬하게 반대했다.

　한편, 여운형과 김규식 등은 미소 공동 위원회의 중단과 신탁 통치 문제로 인한 좌우익의 갈등을 해결하기 위해 좌우 합작 운동을 전개했다. 미군정도 이런 움직임을 적극 지지했다. 그 결과 여운형과 김규식 등 중도파 인사들을 중심으로 좌우 합작 위원회가 열렸다.

　좌우 합작 위원회는 우여곡절 끝에 '모스크바 3상 회의 결정에 의한 임시 정부 수립', '유상 매상, 무상 분배에 의한 토지 개혁', '입법 기구에 의한 친일파 처리' 등을 주요 내용으로 하는 '좌우 합작 7원칙'에 합의했다.

　이에 대해 중도파 세력과 김구 등은 적극 찬성했다. 그러나 단독 정부를 주장했던 이승만과 토지 무상 분배를 반대한 한국 민주당 등의 우익 세력, 그리고 토지 개혁과 친일파 처리 등에 대해 급진적 노선을 취하던 박헌영의 조선 공산당 등 좌익 세력은 반대했다. 주요 정치 세력이 실질적인 합의를 이루지 못하게 되자, 이후 좌우 합작 운동은 점차 힘을 잃었다.

● 냉전
제2차 세계 대전 후 미국을
비롯한 자본주의 진영과 소련
중심의 사회주의 진영 사이에
전개된 긴장과 대결 상태를
이르는 말이다. 무력을 동원
하여 치열하게 싸우는 열전
(Hot War)과 대비하여 군사적
충돌이 없는 전쟁이라는 뜻으
로 냉전(Cold War)이라고 한
다. 냉전이 심화되면서 미국
의 세계 전략이 수정되었다.

1947년 5월 미소 공동 위원회가 다시 열렸으나(제2차 미소 공동 위원회), 성과를 거두지 못한 채 결렬되었다. 이와 함께 좌우 합작 운동을 이끌던 여운형마저 암살되면서, 좌우 합작 운동은 결국 실패로 끝나고 말았다.

이 무렵 국제적으로는 미국과 소련을 중심으로 냉전●이 본격화되기 시작했다. 이에 따라 미국과 소련의 한반도 정책도 변화하여 서로 자신들에게 우호적인 정부를 세우려는 데 한 치의 양보도 하지 않았다. 결국 미소 양국은 남과 북에서 각기 자신들의 반대 세력인 좌익과 우익 세력에 대한 탄압을 한층 강화했다.

한국 문제에 관한 유엔 결의

미소 공동 위원회가 성과 없이 막을 내리자, 미국은 1947년 8월 한국 문제를 미국이 주도권을 행사하고 있는 유엔 총회에 상정했다. 이에 대해 소련은 모스크바 3상 회의 결정을 위반하는 하는 것이라며 반대하고, 미국과 소련 양국 군대를 한반도에서 동시에 철수할 것을 제안했다.

1947년 11월 소련 대표가 참석하지 않은 가운데 열린 유엔 총회에서는, 유엔 감시 아래 남북한 총선거를 통해 한국 정부를 수립하자는 미국의 제안이 통과되었다. 이 결의에 따라 총선거 감시를 위해 유엔 한국 임시 위원단이 서울에 파견되었다. 그러나 소련 측의 반대로 그들은 북한 지역에는 들어갈 수조차 없었다.

미국의 세계 전략 수정
미국은 1947년 3월 트루먼 독
트린을 통해 그리스와 터키 등
지에서 소련의 팽창을 좌시하
지 않겠다고 선언했으며, 6월
에는 유럽 사회주의에 대항해
유럽 자본주의 국가의 경제 부
흥을 지원하겠다는 마셜 플랜
을 마련하고, 7월에는 대소 봉
쇄 정책으로 나아갔다.

결국 남북한 총선거가 불가능해지자, 미국은 '선거가 가능한 지역만의 총선거', 즉 남한만의 총선거 안을 유엔에 제출했다. 남한만의 단독 정부 수립 안은 미국의 우호적인 지지를 받고 있던 이승만이 이미 1946년부터 주장하던 내용이었다. 결국 남한만의 단독 정부 수립을 위한 총선거 안이 1948년 2월 유엔 소총회를 통과했다.

해방 후 3년여에 걸친 기간 동안 자주적인 통일 독립 국가의 수립을 위한 한민족의 열망이 대단했음에도 불구하고, 결국 단독 정부 수립 안이 통과된 것은 분단의 길을 향한 발걸음을 내딛은 셈이었다.

남한만의 단독 정부 수립이 결정되자, 이승만과 반공을 중시한 한국 민주당은 이를 적극 찬성하고 선거 준비에 들어갔다. 반면에 김구가 이끄는 한국 독립당●과 김규식● 등의 중도파, 그리고 좌익 세력은 남한만의 선거는 민족 분단의 길이며, 이후 민족상잔을 초래할 것이라며 반대했다.

남북 협상과 제주 4·3 사건

남한만의 단독 정부를 수립을 위한 움직임이 구체화되어 분단의 가능성이 높아지자, 김구와 김규식 등은 통일 독립 국가를 세우기 위한 노력을 계속했다. 김구와 김규식은 북한의 김일성과 김두봉에게 남북 정치 협상을 제의했다. 이에 따라 1948년 4월 평양에서 남북 47개 단체 대표 545명이 참석한 '남북 제정당 사회단체 연석회의'가 열렸다.

이어서 김구, 김규식, 김일성, 김두봉의 4자 회담이 열려 남북 정치 지도자 간에 남북 협상이 본격화되었으며, 김규식과 김일성의 2자 회담이 열리기도 했다. 그 결과 '전조선 제정당·사회단체 지도자 협의회'의 이름으로 공동 성명이 발표되어, 외국 군대의 즉시 철수, 총선거를 통한 통일 정부 수립, 남한만의 단독 선거 반대 등을 주장했다.

이는 해방 후 남과 북의 지도자들이 통일 정부의 수립을 위해 처음으로 한자리에 모여 이룬 소중한 성과였다. 그러나 이미 한민족의 국가 수립 문제가 유엔과 강대국의 손에 넘어간 만큼 실질적인 성과를 기대하기는 어려웠다. 그럼에도 서울에 돌아온 김구와 김규식 일행은 남한만의 총선거 반대와 통일 정부 수립을 위한 운동을 계속했다.

한편, 단독 정부 수립 반대 운동이 치열한 가운데, 1948년 4월 3일 제주도에서는 남로당● 당원들을 중심으로 단독 선거 반대와 통일 정부

● **한국 독립당**
해방 전 대한민국 임시 정부의 여당으로 활동했던 한국 독립당은 환국한 뒤에도 김구가 중심이 되어 활동을 계속했다. 단독 정부 수립에 반대하여 5·10 총선에 불참하고, 김구가 암살되면서 세력이 약화되었다.

● **김규식(1881~1950)**
임시 정부 대표로 파리 강화 회의에 참여했으며, 중국에서 민족 운동 단체의 통합을 위해 노력했다. 해방 후 좌우 합작과 남북 협상을 주도했다.

● **남로당**
박헌영이 해방 직후에 재건한 조선 공산당이 중심이 되어, 1946년 11월 남한에서 좌익 정당을 재정비하기 위해 결성한 남조선 노동당을 줄여 부르는 말이다. 미군정에 의해 당이 불법화되자 지하 활동을 계속했다.

김구의 '3천만 동포에게 눈물로 고함'
"나는 통일된 조국을 건설하려다가 38선을 베고 쓰러질지언정 일신의 구차한 안위를 위해서 단독 정부를 세우는 일에는 가담하지 않겠노라."

제주 4·3 사건
1947년 제주도의 3·1 운동 기념 시위에서 경찰의 발포로 사상자가 발생하자, 이를 규탄하는 시위와 총파업이 일어났다. 미군정은 경찰과 서북 청년회 등의 극우 청년 단체를 파견하여 이를 진압했다. 이 과정에서 많은 주민이 가혹한 탄압을 받자, 미군정에 대한 반감이 높아졌다. 이런 가운데 1948년 4월 3일 350여 명의 남로당 제주도당의 무장대가 봉기를 일으켰다. 이들은 경찰과 서북 청년회의 무자비한 탄압 중지, 남한만의 단독 선거 반대, 통일 정부의 수립 등을 촉구했다. 이 사건으로 희생된 사람은 2만 5,000∼3만 명으로 추산되고 있다.
미군정 시기부터 시작된 제주 4·3 사건에서 민간인 학살이 일어난 시기는 대부분 대한민국 정부 수립 후인 1948년 11월에서 1949년 3월 사이로, 이때에는 미군이 한국군의 작전권을 가지고 있었다. 따라서 최근에는 미국의 책임론이 제기되고 있다.

백조일손지묘
제주 4·3 사건 막바지에 한국 전쟁이 일어나자, 제주도 송악산 섯알오름에서는 적에 동조할 가능성이 있는 자를 미리 잡아 가두는 경찰의 예비 검속이 있었다. 이 과정에서 252명이 대량 학살되었다. 백조일손이란 100명이 넘는 사람들이 한날한시에 죽어 시신이 엉겨 하나가 되었으니 후손은 모두 한 자손이라는 의미다. 제주 서귀포 소재

수립을 주장하는 무장봉기가 일어났다. 이에 미군정은 즉시 극우 청년들과 경찰, 군대를 파견하여 진압에 나섰다. 이 과정에서 수만 명의 무고한 제주도민이 희생되었다(제주 4·3 사건).

대한민국 정부의 수립

전국 각지의 단독 선거 반대 운동과 통일 정부 수립 요구에도 불구하고, 유엔의 결정대로 1948년 5월 10일 남한만의 단독 선거가 실시되었다. 선거는 우리 역사상 최초로 직접·평등·비밀·보통 선거의 원칙에 따라 이루어졌다. 그러나 김구, 김규식 등 남북 협상을 추진했던 세력과 좌익 세력은 통일 정부 수립을 요구하며 선거에 불참했다.

5·10 총선거의 결과 198명의 제헌 국회의원이 선출되었다. 본래 정원은 300명이었으나, 38도선 이북 지역 대표 100여 명은 추후 선출하기로 했고, 제주 4·3 사건으로 제주도 2개 선거구에서는 선거가 실시되지 못했다. 선거 결과 무소속이 85석을 차지했으며, 이승만의 대한

독립 촉성 국민회는 55석을 차지했다.

제헌 국회는 국호를 대한민국으로 정하고, 7월 17일에 헌법을 공포했다. 제헌 헌법 전문에는 "3·1 운동으로 대한민국을 건립하여 세계에 선포한 위대한 독립 정신을 계승하여 이제 독립 국가를 재건"한다고 명시했다.

헌법에 따라 국회에서 대통령에 이승만, 부통령에 이시영을 선출했다. 이승만은 국무총리를 이범석으로 하는 행정부를 구성했다. 그리하여 정확히 해방 3년째인 1948년 8월 15일 38도선 이남만의 분단 정부로서 대한민국이 수립되었다.

이후 12월에 열린 유엔 총회에서는 대한민국 정부를 유엔 감시하의 선거에 따른 유일한 합법 정부라고 선언하고, 대한민국 정부의 관할권을 선거가 가능했던 38도선 이남이라고 명시한 결의안을 통과시켰다.

5·10 총선 홍보 포스터
총선거에 참여하여 중앙 정부 수립에 참여하자는 내용의 홍보 포스터다. 서울 종로구 대한민국 역사 박물관 전시

김구 묘
김구는 단독 정부의 수립을 반대하며 통일 정부의 수립을 위해 힘썼으나, 1949년 경교장에서 현역 육군 소위였던 안두희에게 암살당했다. 서울 용산구 효창 공원 소재

유엔 결의안 제195호 중 한국
정부 승인 부분
Declares that there has
been established a lawful
government (the Govern-
ment of Republic of Korea)
having effective control
and jurisdiction over that
part of Korea where the
Temporary Commission
was able to observe and
consult and in which the
great majority of the
people of all Korean reside
: that this government is
based on elections which
were a valid expression of
the free will of the
electorate of that part of
Korea and which were
observed by the Tem-
porary Commission : and
that this is the only such
Government in Korea :

●국회 프락치 사건
1949년 제헌 국회 의원 중 진
보 정치인들이 외국 군대 철
수, 남북통일 협상 등을 제안
했다. 북진 통일만을 강조하
던 이승만은 이들이 남로당과
접촉했다며 당시 국회 부의장
김약수 등 모두 15명의 국회
의원을 세 차례에 걸쳐 검거
했다. 이들 상당수는 반민 특
위 활동에 앞장선 국회의원들
이었다.

이 결정은 대한민국의 영토를 한반도와 부속 도서로 한 제헌 헌법의 내
용과 상충되는 것이었다.

친일파 처벌 노력과 농지 개혁

1948년 8월 15일 수립된 대한민국 정부는 비록 38도선 이남만의 분단
정부로 출발했지만, 우리 역사상 최초의 민주 공화국으로 출발한 만큼
그 기대와 의의는 매우 컸다. 이와 함께 친일파 처리 문제를 비롯해 경
제 문제 등 해결해야 할 과제도 너무나 많았다.

시급히 해결해야 할 민족적 과제는 무엇보다 친일파 민족 반역자를
처벌하여, 민족정기를 바로 세우고 사회 정의를 바로잡는 일이었다. 친
일파 청산 문제는 제헌 국회의 소장파 의원들이 먼저 제기했다. 이에
국회에서 1948년 9월 '반민족 행위 처벌법(반민법)'이 제정되었다.

반민법이 국회를 통과하자 친일파들은 친일파의 처단은 공산당이 주
장하는 것이라며 전단을 뿌리는 등 국회를 협박했다. 반민법이 공포되
자 친일파들은 반공 구국 궐기 대회를 열기도 했다.

반민법에 따라 반민족 행위 특별 조사 위원회(반민 특위)와 특경대가
설치되었다. 반민 특위는 이광수, 최남선 등 친일파를 체포하는 등 본
격적인 활동을 시작했다. 그러나 반민 특위에서 독립 운동가를 고문했
던 친일 경찰 노덕술을 검거하자 이승만 정부는 크게 반발했다.

이승만 정부는 일부 위원을 북한의 간첩으로 몰아 구속하는(국회 프
락치 사건)● 한편, 경찰을 동원하여 특경대를 강제 해산했다. 대통령 이
승만은 자신이 습격을 지시했다고 밝힐 정도로 노골적으로 친일파 처
벌을 방해했다.

이승만 정부가 친일파 청산을 방해한 것은 그의 세력 기반인 행정 관
료 및 경찰의 다수가 친일 경력이 있는 자들이어서, 자신의 세력 기반
이 무너질 것을 두려워했기 때문이다. 결국 이승만 정부는 민족정기를

바로 세울 수 있는 소중한 기회를 무너뜨렸다. 민족정기가 바로 서지 못함으로써, 친일 경력자가 다수 포함된 이승만 정부가 내세운 민주주의도 바람직한 길을 걷기 어려웠다.

한편, 8·15 해방 후 남한의 경제는 미군정의 미숙한 정책 시행 등으로 어려움을 겪었다. 물가가 폭등하고, 국외 동포의 귀환으로 대량의 실업자가 발생했으며, 식량 수급도 원활하지 못했다. 정부 수립 후 이 같은 경제 문제는 반드시 해결되어야 할 과제였다.

당시의 가장 큰 경제 문제는 토지 문제로, 절대 다수의 농민이 자신의 땅을 갖지 못한 상태였다. 조선 후기 이래 지속된 이 문제를 해결하기 위해 1949년 6월 '농지 개혁법'이 제정, 공포되었다. 1946년 실시되었던 북한의 토지 개혁은 여기에 큰 자극이 되었으며, 북한의 토지 개혁과는 달리 남한의 농지 개혁은 유상 매수, 유상 분배의 원칙에

이승만 기념관
이승만의 유품 등을 전시하는 작은 기념관이 화진포의 이승만 별장 뒤에 있다. 강원 고성 소재

체포되어 끌려가는 친일파
반민법에 의해 체포되어 끌려가는 친일파 김연수(왼쪽)와 최린(오른쪽)의 모습이다.

따라 추진되었다.

농지 개혁으로 1945년 말 전체 농지의 65%가 소작지였는데, 1951년에는 8%로 줄어들었다. 이로써 지주 계층은 사실상 소멸되었다. 농지 개혁은 자신의 토지를 갖게 된 농민들이 새 국가에 대한 참여 의지와 희망을 갖게 되었다는 데 그 의의가 있다.

신탁 통치는 소련이 먼저 제의했다?

한국의 분단에 커다란 영향을 끼친 직접적인 계기가 된 것이 바로 신탁 통치 문제였다. 이로 인해 한민족 내부의 분열이 가속화되었기 때문이다.

흔히 신탁 통치는 소련이 먼저 제의한 것으로 알려져 있다. 이런 내용의 시작은 1945년 12월 27일 '소련은 신탁 통치 주장, 미국은 즉시 독립 주장'이라는 제목의 〈동아일보〉 1면 기사로부터 출발했다. 그러나 이는 사실이 아닌 악의적인 왜곡 보도였으며, 더구나 모스크바 3상 회의 결의 사항의 전부도 아니었다.

사실 처음 신탁 통치 문제를 제기한 것은 미국이었다. 제2차 세계 대전 말 전쟁 후에 미국 주도의 세계 질서를 수립하는 것이 목표였던 미국은, 식민지와 종속국 처리 문제에 대해 기본적으로 신탁 통치의 전략을 가지고 있었다.

1943년 미국 대통령 루스벨트는 처음으로 한국의 신탁 통치 문제에 대해 언급했다. 카이로 회담을 주도한 루스벨트는 40년간의 신탁 통치를 생각하고 있었다. 이는 이후 카이로 선언에서 '적절한 과정을 거쳐in due course' 한국을 독립시킨다는 완곡한 외교적 수사로 표현되었다. 이 사실이 알려지자 김구 등 대한민국 임시 정부 세력은 연합국의 정책이 한국으로서는 수치스러운 것이라며 비판했다.

1945년 얄타 회담에서 한국의 신탁 통치에 대한 미소 정상의 구두 양해가 있었다. 루스벨트는 20~30년간의 신탁 통치를 제안했고, 스탈린은 짧을수록 좋을 것이라고 했다. 전쟁이 끝나 갈 무렵 신탁 통치 문제에 대한 미·영·중·소 4개국의 합의가 이루어졌다. 이것이 구체화되어 1945년 12월 모스크바 3상 회의에서 '조선 문제에 관한 결정'으로 발표되었으며, 소련의 주장에 따라 신탁 통치 기간이 5년으로 축소되어 결정되었다. 신탁 통치 문제는 이렇듯 미국이 기본적인 틀을 구상하고, 소련 등에 양해를 구함으로써 합의된 것이었다.

03

조선 민주주의 인민 공화국
정부의 수립

해방 후 한민족은 자주적인 통일 독립 국가를 세우고자 했지만, 미군과 소련군이 각각 남과 북에 진주하면서 어려움에 직면하게 되었다. 결국 정부 수립 문제가 강대국의 손에 넘어간 뒤, 유엔의 결의에 따라 38도선 이남에서 대한민국 정부가 수립되었다.

38도선 이북에서는 미국의 직접 통치와는 달리 소련이 간접 통치의 형식을 취했다. 이로 인해 일찍부터 조직된 인민 위원회의 활동이 활발해지고, 결국은 정부의 수립으로 이어졌다. 북한에서는 어떤 과정을 거쳐 정부가 수립되었을까?

북조선 임시 인민 위원회의 조직

8·15 해방 직후 북한 지역에서는 남한 지역에서와 마찬가지로 건국 준비 위원회와 인민 위원회 등이 조직되어 치안 유지를 비롯한 활동을 전개하고 있었다. 미군이 남한 지역에 들어온 후 이들의 활동을 전면 부

김일성 환영 대회 기념물
1946년 10월 14일 평양에서
열린 '김일성 장군 개선 환영 군
중 대회'의 모습을 그린 홍보 기
념물이다. 북한 평양 소재

인하고 군정을 실시한 것과는 달리, 소련군은 좌우익이 함께 참여한 각
지방 인민 위원회의 활동을 인정하고 행정권을 이양했다.

소련군은 이들 조직 내부의 좌익 세력을 후원하며 영향력을 행사했
다. 이에 따라 각 지방에 설치된 인민 위원회는 소련군의 지원을 받은
사회주의 세력이 주도적인 역할을 하게 되었다. 38도선 이북 지역에서
활동하던 여러 정치 세력 중에서 특히 김일성은 소련의 적극적인 후원
을 받았다. 만주에서 항일 유격대 활동을 벌이던 김일성은 일제 통치
말기에는 소련으로 후퇴하여 활동하다가 해방 직후에 귀국했다.

북쪽의 사회주의 세력과 김일성은 1945년 10월 조선 공산당 북조선
분국을 조직해 활동하며 정치적인 영향력을 키워 갔다. 1945년 12월
조만식●이 이끄는 조선 민주당 등 우익 세력이 신탁 통치 반대 운동을
벌이며 모스크바 3상 회의 결정에 반대하자 소련군은 조만식을 연금했
다. 그래서 남쪽과는 달리 모스크바 3상 회의 결정안을 둘러싼 격렬한
대립은 일어나지 않았다.

1946년 2월에는 각급 인민 위원회를 총괄하는 북조선 임시 인민 위
원회가 조직되어, 위원장에 김일성이 선출되었다.

소련군의 통치 방식
소련군은 좌익 세력이 주도하
는 인민 위원회는 그대로 두
고, 우익 세력이 주도하는 인
민 위원회는 좌익 세력과 우
익 세력이 같은 비율이 되도
록 조절하는 등, 좌익 세력이
주도권을 잡을 수 있도록 후
원했다.

● 조만식(1883~1950)
일제 통치 아래에서 조선 물
산 장려회, 민립 대학 기성회
를 조직했고, 해방 후에는 평
안남도 건국 준비 위원회를
결성해 위원장으로 활동했다.
1945년 11월 조선 민주당을
창당해 당수가 되었다.

북조선 임시 인민 위원회의 활동

북조선 임시 인민 위원회는 통일 정부가 수립될 때까지라는 단서 아래 조직되었으나, 사실상 38도선 이북의 행정을 담당하는 정부와 같은 역할을 수행했다. 남한 지역에서 정부 형태의 조직이 인정되지 않고, 단지 장차 정부 수립을 위한 정당과 사회단체의 활동만이 인정되던 것과는 달랐다.

북조선 임시 인민 위원회는 '친일파 숙청'을 제1항으로 내건 20개조 정강을 발표하고, 이른바 '민주 개혁'을 실시했다. 이에 따라 먼저 '북조선 토지 개혁에 관한 법령'을 발표하고 약 1개월 만에 토지 개혁을 끝마쳤다.

토지 개혁은 일본인 소유지와 5정보(1정보는 3,000평으로 약 9,917.4m²)이상의 지주 소유지를 몰수하여 농민에게 무상으로 재분배하는 무상 몰수, 무상 분배의 원칙에 따라 이루어졌다. 지주제의 부활을 막기 위해 분배받은 토지는 매매나 소작, 저당 등이 금지되었다. 토지 개혁으로 농민들은 조선 공산당을 크게 지지했으며, 토지 개혁을 거부한 지주들은 상당수가 38도선 이남을

토지 개혁 홍보 포스터
북한의 토지 개혁은 '토지는 밭갈이 하는 농민의 것'이란 구호 아래 추진되었다.

택해 월남했다.

북조선 임시 인민 위원회는 토지 개혁에 이어 '노동법', '남녀평등법*' 등을 제정하고, 중요 산업에 대한 국유화 조치를 단행하여 장차 사회주의 국가를 건설하기 위한 토대를 마련했다. 북조선 임시 인민 위원회는 1947년 2월 '임시'라는 딱지를 떼고 북조선 인민 위원회로 개편하여, 38도선 이북 지역에서 사실상 정부의 역할을 하고 있음을 감추지 않았다.

● 남녀평등법
첩을 두는 행위와 성을 사고파는 행위뿐만 아니라, 여성에 대한 부당한 착취도 금지했다.

조선 민주주의 인민 공화국 정부의 수립

1948년 미국이 남한만의 단독 정부 수립 정책을 제기한 이후, 북조선 인민 위원회는 조선 인민군을 창설(1948. 2.)하는 등 북한 지역의 정부 수립에 박차를 가했다. 이미 남북한 총선거를 감시하기 위한 유엔 한국 임시 위원단의 입북을 거부하면서부터 사실상 제 갈 길을 가는 수순이었다.

김일성 별장
한국 전쟁 전에는 북한 지역이었던 화진포에는 김일성이 가족들과 쉬어 갔다고 해서 김일성 별장으로 이름 붙은 건물이 남아 있다. 강원 고성 소재

남한의 국회가 통일을 염두에 두고 북한 지역 의석으로 100석을 남겨 둔 데 비해, 북한에서는 북한 지역을 대표하는 대의원 212명을 선출하고, 남한에서의 비밀 선거를 통해 뽑힌 대표들이 해주에 모여 남한을 대표하는 대의원으로 360명을 선출하여, 모두 572명의 최고인민회의 대의원이 선출되었다.

남한에서 대한민국 정부가 수립되자, 북한에서는 8월 25일 남한의 국회에 해당하는 최고인민회의 대의원 선출을 마무리했다. 최고인민회의는 헌법을 제정하고, 이에 따라 9월 9일 김일성을 수상으로 하는 조선 민주주의 인민 공화국 정부의 수립이 선포되었다.

조선 민주주의 인민 공화국은 수도를 서울로 정하고 평양을 임시 수도로 삼았으며, 국기와 국가는 독자적으로 제정했다. 소련은 곧바로 조선 민주주의 인민 공화국을 승인했으며, 동구권의 사회주의 국가도 뒤따라 승인했다.

이로써 한반도에는 사상과 이념을 달리하는 두 개의 정부가 수립되었다. 한민족의 새 시대의 출발점이 되었어야 할 해방이 결국은 분단으로 이어지고 만 것이다. 스스로의 힘으로 독립을 이루지 못한 것이 가져온 결과였다.

북한에 주둔한 소련군 스티코프의 포고문

북한에 주둔한 소련군은 1945년 8월 15일 해방 당일에 포고문 제1호를 발표했다. 자료에 따라 약간의 차이가 있으나, 위압적이었던 미군의 포고문에 비하면 대체로 장밋빛 일색으로 이루어져 있다. 소련군의 포고문은 해방 당일에 발표되었던 만큼 그들은 한반도의 해방만 생각했을 뿐, 아직 38도선 이북의 점령 정책을 구체화하지 않았기 때문이다. 즉, 일종의 격려 메시지로 이해하는 견해가 있다.

조선 인민들에게!

조선 인민들이여! 붉은 군대와 연합국 군대들은 조선에서 일본 약탈자들을 구축했다. 조선은 자유국이 되었다. 그러나 이것은 오직 신조선 역사의 첫 페이지가 될 뿐이다. 화려한 과수원은 사람의 땀과 노력의 결과다. 이와 같이 조선의 행복도 조선 인민이 영웅적으로 투쟁하며 꾸준히 노력해야만 달성할 수 있다. 일제의 통치하에서 살던 고통의 시일을 추억하자! (중략)

조선 사람들이여! 기억하라! 행복은 당신들의 수중에 있다. 당신들은 자유와 독립을 찾았다. 이제는 모든 것이 죄다 당신들에게 달렸다. 붉은 군대는 조선 인민이 자유롭게 창조적 노력에 착수할 만한 모든 조건을 지어 주었다. 조선 인민 자체가 반드시 자기의 행복을 창조하는 자가 되어야 할 것이다.

공장, 제조소 및 공작소 주인들과 상업가 또는 기업가들이여! 왜놈들이 파괴한 공장과 제조소들을 회복시켜라! 새 생산 기업체를 개시하라! 붉은 군대 사령부는 모든 조선 기업소의 재산 보호를 담보하며 그 기업소들의 정상적 작업을 보장함에 백방으로 도울 것이다. 조선 노동자들이여! 노력에서의 영웅심과 창작적 노력을 발휘하라! (하략)

해방된 조선 인민 만세

붉은 군대 사령부

04

민족의 비극, 한국 전쟁

해방 후 미국과 소련이 한국을 분할 점령하고 각각의 점령 정책을 펴면서, 한민족의 주체적인 통일 독립 국가 수립 노력은 결국 물거품이 되었다. 미소의 냉전과 대립이 심화됨에 따라 한민족의 분열도 커졌고, 마침내 남북에 각각 이념을 달리하는 두 개의 정부가 수립되었다.

대한민국과 조선 민주주의 인민 공화국으로 국토가 분열된 지 채 2년도 되지 않아, 한반도는 민족사적 비극인 전쟁의 소용돌이에 휘말렸다. 이 전쟁은 미국과 소련의 대리전 성격을 띠고 진행되었다. 한민족은 무엇 때문에 같은 민족끼리 총부리를 겨누고 싸웠으며, 그것이 남긴 상처는 얼마나 깊었을까?

전쟁의 배경

해방 후 한반도가 둘로 나뉘어 두 개의 정부가 수립된 것은 불행의 시작이었다. 서로의 이념과 체제가 다른 데다 서로를 적대시했기 때문에, 두

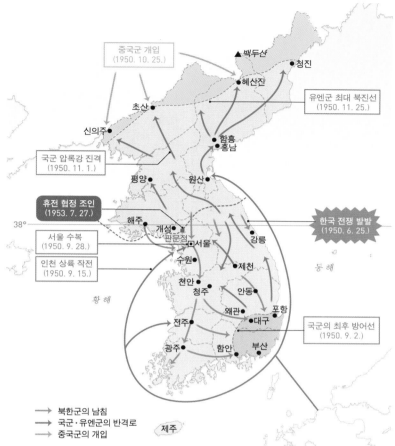

중국군 개입
(1950. 10. 25.)

▲백두산

●청진

●혜산진

유엔군 최대 북진선
(1950. 11. 25.)

초산●

신의주●

함흥
흥남

국군 압록강 진격
(1950. 11. 1.)

평양●

원산●

휴전 협정 조인
(1953. 7. 27.)

38°

해주●

개성
판문점

서울 수복
(1950. 9. 28.)

인천 상륙 작전
(1950. 9. 15.)

□서울

강릉

한국 전쟁 발발
(1950. 6. 25.)

동 해

수원●

제천

천안●

청주●

안동

왜관

포항

황 해

전주●

대구●

국군의 최후 방어선
(1950. 9. 2.)

광주●

함안

부산

➜ 북한군의 남침
➜ 국군·유엔군의 반격로
➜ 중국군의 개입

제주

개의 정부가 수립되면서부터 전운이 감돌았다. 그러면서 두 정부는
통일을 입버릇처럼 앞세웠으며, 서로에 대한 비난의 강도는 커져만
갔다.

이런 가운데 나라 안팎의 정세는 남과 북의 대립을 부추겼다.
미국과 소련의 냉전이 본격화되었고, 남과 북은 각각의 이념을 바탕
으로 체제를 강화하기 위해 애썼다. 이런 가운데 전쟁을 예고하는
사건들이 곳곳에서 발생했다.

북한이
쳐들어왔대요!

압록강 물을 뜨는 국군 병사
국군이 압록강까지 북진했을
때 통일의 증표로 물을 수통에
담고 있는 모습이다. 서울 용산
구 전쟁 기념관 전시 모형

특히 남북의 경계선인 38도선 부근에서는 크고 작은 충돌이 계속되고 있었다. 때로는 전쟁이라고 표현해도 과언이 아닐 정도의 큰 전투가 벌어지곤 했다. 그럴 때마다 남북은 서로에게 불법 도발이라며 책임을 전가했다.

한편, 남한에서는 이미 불법화된 좌익 세력이 지하 활동을 계속하고 있었다. 특히 지리산 등 산악 지대를 중심으로 한 빨치산[*]의 유격 투쟁으로 경찰서와 관공서가 습격을 받는 일이 끊이질 않았다.

그러는 사이 남과 북의 군사력의 균형이 붕괴되기 시작했다. 1948년부터 시작된 미군과 소련군의 철수로 북한에 유리한 상황이 조성되었다. 소련의 적극적인 지원을 받으며 조직된 북한의 조선 인민군은 20여만의 병력과 전차 242대, 항공기 200여 대 등을 보유하게 되었다. 국군의 두 배에 달하는 병력이었고, 남한에는 아직 전차는 없었으며 비행기는 연습용뿐이었다.

군사력 불균형에 못지않게 북한으로 하여금 남침을 할 수 있게 자극했던 외교적인 사건이 계속되었다. 맥아더는 한반도가 미국의 방어선

● 빨치산
대한민국 정부 수립 2개월 뒤인 1948년 10월 전남 여수에 주둔하고 있던 국방 경비대 제14연대 소속의 일부 군인들이 제주 4·3 사건의 진압을 거부해 봉기했다(여수·순천 사건). 이들은 대대적인 진압 작전에 밀려 지리산 등으로 들어간 후 본격적으로 유격 투쟁에 나섰는데, 이로부터 빨치산 활동이 시작되었다.

밖에 있음을 암시하는 기자 회견을 했다. 또 애치슨 미국 국무 장관은 동북아시아에서의 미국 방어선에서 한반도를 제외한다는 이른바 '애치슨 라인'을 발표했다. 이는 한반도에서 전쟁이 일어날 경우 미국이 개입하지 않을 것으로 받아들여질 수 있었다.

북한군의 남침

이런 상황에서 무력 통일의 기회를 엿보던 북한군이 1950년 6월 25일 기습적인 남침을 감행함으로써 전쟁이 시작되었다.

전쟁이 발발하자 미국은 예상과는 달리 즉각 유엔 안전 보장 이사회에 침략 문제를 제기했다. 곧바로 소집된 유엔 안전 보장 이사회는 소련 대표가 불참한 가운데 북한의 남침을 평화의 파괴 행위이자 침략 행위로 규정하여, 북한은 즉시 전투 행위를 중지하고 군대를 철군시킬 것을 요청하는 결의를 채택했다.

전쟁이 시작된 후 국군은 전투력의 열세로 북한군에 완전히 압도되어, 저항다운 저항을 해 보지도 못하고 계속 퇴각했다. 결국 북한군은

태국군 참전 기념비
한국 전쟁 때 태국은 지상군 1개 대대, 함정 3척, 의료 지원반 3개 반을 파견해, 전투 중에 1,296명이 전사했다. 태국 수상이 방문하여 작은 태국식 사찰을 이곳에 지었다. 경기 포천 소재

사흘 만에 서울을 점령했다. 유엔의 요청에도 불구하고 북한이 전투 행위를 계속하자, 미국 대통령 트루먼은 미군을 투입했다.

7월 7일 열린 유엔 안전 보장 이사회는 이 같은 미국의 군사 조치를 사후 승인하고, 아울러 유엔군의 파견과 유엔군의 최고 지휘권을 미국에 위임하는 결의를 채택했다. 이로써 맥아더를 사령관으로 하는 유엔군이 역사상 처음으로 구성되고, 이후 미국, 영국, 프랑스 등 16개국이 육·해·공군의 병력과 장비를 지원하게 되었다.

그러나 북한군은 유엔군으로 투입된 미군을 잇달아 격파하며 7월 말에는 낙동강까지 남하했다. 이 과정에서 이승만은 국군의 작전 지휘권을 유엔군 사령관에게 이양했다. 이후 8월에는 유엔군과 국군이 낙동강을 경계로 하는 방어선을 구축하여 체계적인 방어를 하게 되었다.

전세를 역전시키기 위해 유엔군은 제2차 세계 대전 때의 경험을 토대로 상륙 작전을 계획했다. 1950년 9월 15일 맥아더의 지휘하에 1개 군단 병력이 투입된 인천 상륙 작전에 성공함으로써 유엔군은 방어에서 공세로 전환했다. 드디어 전세가 역전되기 시작한 것이다.

9월 28일에는 유엔군과 국군이 서울을 탈환했고, 이후 남쪽의 북한군은 보급로와 후퇴로를 차단당했다. 후퇴하지 못한 북한군은 산악 지대로 도피하여 유격 활동을 전개했다. 이로써 북한군 주력은 거의 흩어졌으며, 국군과 유엔군은 빠른 속도로 북진을 계속했다. 이 무렵 중국은 중국의 안보를 위해 유엔군이 38도선을 넘어 북진하는 것을 보고만 있지는 않겠다고 거듭 경고했다.

유엔군의 반격과 후퇴, 그리고 휴전
10월 1일, 국군이 처음으로 38선을 넘어 북진을 시작했다. 국군의 날이 10월 1일로 정해진 것은 이를 기념하기 위해서다. 유엔군과 국군은 평양을 거쳐 10월 말에는 압록강에까지 도달했다. 평안도 북부와 함경도 북부 일부를 제외하고는 한반도 대부분의 지역을 장악함으로써 전쟁은 곧 끝날 것처럼 보였다.

그러나 대규모의 중국군이 '중국 인민 지원군'이란 이름으로 개입함으로써 전쟁은 새로운 양상을 띠게 되었다. 이로써 한국 전쟁은 자본주의 진영과 사회주의 진영이 맞붙은 세계 최초의 전쟁으로 발전했다. 대규모의 중국군에 압도당한 유엔군은 북한 지역에서 철수해, 1951년 1월 4일 서울을 또다시 빼앗기고 한강 남쪽으로 밀려났다(1·4 후퇴).

중국군의 개입으로 전쟁은 국제전의 양상을 띠게 되고 전쟁이 더욱 확대될 상황이 전개되었다. 이 무렵 유엔군 사령관 맥아더는 중국군의 개입을 구실로 만주에 대한 핵공격과 화학 무기 사용을 공공연히 주장했다. 이에 전쟁 확대를 원치 않았던 트루먼 미국 대통령은 맥아더를 전격 해임했다.

한편, 전열을 가다듬은 유엔군과 국군은 곧바로 공세를 시작하여 서

자유의 다리
왼쪽 철교는 경의선 철도가 북으로 향하는 곳이며, 앞쪽에 가로로 된 다리는 국군 포로가 이 다리를 통해 남으로 넘어왔다고 하여 '자유의 다리'라고 이름 붙여졌다. 경기도 파주 임진각 소재

한국 전쟁 때 뿌려진 삐라
삐라는 선전이나 비판의 내용을 담은 전단을 일컫는 말이다. 한국 전쟁 중에 남북 양측은 수많은 삐라를 뿌렸다. 서울 용산구 전쟁 기념관 전시

울을 다시 탈환하고, 5월 중순 무렵에는 38도선 근처까지 진격했다. 이후로는 뚜렷한 전세의 변화 없이 38도선 근처에서 밀고 밀리는 공방전이 거듭되어 전쟁은 교착 상태에 빠졌다.

1951년 6월 소련은 교전 당사자들이 38도선을 경계로 전쟁 이전의 위치로 복귀할 것을 주장함으로써 정전 회담을 제의했다. 미국도 이를 수락함으로써 전쟁 1년 만인 7월 10일부터 개성에서 정전 회담이 시작되고 이후 회담 장소를 판문점으로 옮겨 회담을 계속했다. 정전 회담은 한국 대표는 제외된 채, 유엔군 대표와 북한 및 중국 대표 사이에서 이루어졌다.

그러나 회담에 임하는 양측의 의견 대립으로 회담은 순조롭지 못했다. 외국군의 철수 문제와 휴전선 문제, 포로 교환 문제로 북한 및 중국 측의 주장과 유엔군 측의 주장이 맞섰다. 서로의 주장을 반복하며 회담은 2년간이나 지속되었다.

이 기간 동안에도 한 치의 땅이라도 더 차지하기 위한 전투는 계속되었으며, 더 유리한 조건을 얻기 위한 북한에 대한 유엔군의 폭격 또한 계속되었다. 이 때문에 정전 회담 시작 전보다 더 많은 인명 피해가 발생했다. 양측은 결국 1953년 7월 27일 정전 협정에 서명함으로써 길고 긴 전쟁은 막을 내렸다.

전쟁의 결과

3년 1개월간 계속된 전쟁으로 인한 피해는 실로 엄청났다. 인명 피해는 군인과 민간인을 포함하여 약 500만 명에 달했다. 또한 수많은 전쟁고아와 이산가족이 생겼다.

경제적인 피해 또한 극심했다. 전쟁 기간 중 남한은 산업 시설 42%가량이 파괴되었으며, 폭격을 많이 당한 북한은 60% 정도가 파괴되는 등 피해가 더욱 컸다. 또한 양측 모두 농토가 황폐화되어 극심한 식량

철원 노동당사
이곳은 한국 전쟁 전에는 북한
지역이었다. 이 건물은 1946년
에 러시아식으로 지었으며 철
원군의 조선 노동당사로 사용
되었다. 전쟁의 흔적이 그대로
남아 있다. 강원 철원 소재

난에 시달려야 했다.

전쟁 과정에서 이루어진 민간인 학살은 남북 모두에게 씻기 어려운 적대감과 상처를 주었다. 전쟁 초기 북한군은 지주, 경찰, 공무원 등과 그들 가족에 대한 숙청을 자행했으며, 후퇴하던 북한군은 곳곳에서 학살을 저지르기도 했다.

반대로 전쟁 초기 남한에서는 과거 사회주의 활동을 하다가 전향한 보도 연맹*원들을 전국 각지에서 대거 처형했으며, 또한 국군은 수복한 지역에서 북한에 협력한 부역자를 찾아내 처형했다. 점령과 수복이 반복되는 가운데 경남 거창, 충북 영동 노근리, 황해도 신천 등지에서 많은 민간인이 학살되었다.

전쟁으로 서로에 대한 적대감이 깊어 가는 가운데, 이후의 남북 관계는 회복하기 어려운 지경에 처해 한반도의 분단 체제는 더욱 굳어져 갔

● 보도 연맹(국민보도연맹)
좌익 활동 경험이 있는 사람들을 전향시켜 자유 민주주의로 인도한다는 명분으로 조직된 반공 단체다. 한국 전쟁 때 보도 연맹원의 상당수가 군경에게 죽임을 당했다.

다. 남한에서는 반공이 무엇보다 중요한 가치로 대두되었고, 북한에서는 반미 의식이 깊어졌다. 전쟁 후 한국과 미국은 '한미 상호 방위 조약'을 체결하여 미군이 한국에 계속 주둔하게 되었다. 북한에서는 전쟁에 직접 개입한 중국의 영향력이 소련보다 강화되었다.

이와 함께 전쟁은 주변국에도 큰 변화를 가져왔다. 전쟁 기간 중 미군의 군사 거점이 되었던 일본은 전쟁 특수로 인해 경제가 발전했으며, 아시아의 반공 거점 국가로서의 역할을 하게 되었다. 전쟁에 개입한 중국은 최강대국인 미국과 맞섬으로써 사회주의권에서의 위상이 높아졌다.

중국은 왜 한국 전쟁에 **참전**했나?

한국 전쟁이 발발하고 북한이 수세에 몰리자, 중국은 '중국 인민 지원군'이란 이름으로 참전했다. 중국이 내건 명분은 미국에 대항하여 북한을 돕는다는 '항미원조抗美援朝'였다. 중국이 사회주의 형제국인 북한을 돕기 위해 참전했다는 것이다.

1949년 4년간의 국공 내전을 거쳐 탄생한 중국이 건국한 지 1년도 되지 않은 시점에서 한국 전쟁에 참여한 실제 이유는 무엇일까? 그것도 당시 세계 최강인 미국을 상대로 한 전쟁에 개입한 이유가 단지 북한을 돕기 위해서라기엔 언뜻 납득이 되지 않는다.

중국이 참전한 것은 당시 중국이 안고 있는 안팎의 여러 문제를 해결하기 위해서였다. 그중 하나는 자국의 안보를 위한 것이었다. 미군이 38도선을 넘어 북으로 진격하고 맥아더가 공공연하게 만주에 대한 폭격을 언급한 것을 그들은 중국의 안전을 위협하는 것으로 받아들였다.

나아가 한국·미국·일본으로 이어지는 반공 세력과 직접 국경을 마주하기보다는 완충 지역이 필요하다는 계산이 깔려 있었다. 또 소련과의 관계에서 볼 때 스탈린의 참전 권유를 거부하기 어려웠을 것이라는 점도 이유로 거론되고 있다.

또 안으로는 아직 여전히 남아 있는 미국을 비롯한 서구 열강의 영향력을 없애고, 반공 세력 및 자본주의의 잔재를 청산하여 사회주의 개혁을 완성하려는 의도가 있었다.

북한군과 중국군의 묘지
한국 전쟁 때 희생된 북한군과 중국군의 유해와 전쟁 이후에 수습된 북한군의 유해를 안장한 묘지다. 경기 파주 소재

05

이승만 독재 체제의 수립

인간의 자유와 평등을 기본으로 하는 민주주의 사상이 조선에 들어온 것은 19세기 후반이었다. 개화파는 새로 들어온 서양의 근대 사상을 수용하고 근대 국민 국가의 수립을 추구했으나 성공하지 못했다.

일제에 의해 식민지가 된 후 독립 운동가들은 점차 왕조의 부활이 아닌 민주 국가의 수립을 목표로 하게 되었다. 대한민국 임시 정부는 이 같은 배경 아래 세워진 민주적인 정부였다. 이후 독립운동 단체 대부분도 해방 후 수립될 국가의 정치 체제로 민주주의를 추구했다. 1948년 대한민국 역시 민주주의를 바탕으로 하여 수립되었다.

이승만의 재선을 위한 '발췌 개헌'

신생 대한민국의 중요한 과제 중의 하나는 민주주의라는 제도를 이 땅에 뿌리내리게 하는 것이었다. 그러나 친일파 처리를 무력으로 방해한 이승만 정부의 각료 중 상당수는 친일 경력의 소유자였다. 이런 자들이 민주주의 발전에 기여하기를 기대하는 것은 애초부터 무리였을 것이다.

이승만 정부는 건국 초기부터 반공주의를 내세워 야당과 반대 세력을 억누르고 독재 권력을 구축했다. 특히 여수·순천 사건을 계기로 일제의 치안 유지법을 모방한 국가 보안법을 제정하여, 극우 반공주의를 확산시키는 유력한 무기로 사용했다. 국가 보안법에 따라 북한은 더 이상 같은 민족이 아닌 괴뢰 집단으로 규정되었으며, 타도해야 할 대상으로 전락했다. 이후 이승만 정부는 국가 보안법을 무기로 삼아 다른 정치 세력이나 정적을 탄압했다.

1950년 5월 2대 국회의원 선거에는 5·10 총선에 불참했던 중도파 민족주의자들이 대거 출마했다. 선거 결과 무소속 및 야당이 승리하여 대통령 이승만의 재선이 어려워졌다. 제헌 헌법에는 국회에서 대통령을 선출하도록 되어 있었기 때문이다.

한국 전쟁으로 피난 중이던 부산에서 이승만은 자신의 재선을 위해 대통령 직선제 개헌안을 국회에 제출하고, 자신을 지지할 여당으로 자유당을 창당했다. 국회가 직선제 개헌안을 부결하자, 이승만과 국회 간의 갈등이 시작되었다.

이에 이승만은 '백골단', '땃벌떼' 등의 폭력 조직을 동원한 관제 시위를 벌여 국회를 위협했다. 또한 공비 출현을 구실로 부산과 경남 일원에 계엄령을 선포하고 국회의원들을 헌병대에 강제 연행했다(부산 정치 파동●, 1952). 그리고 '국제 공산당 사건'이라는 것을 급조해 일부 국회의원들을 구속하는 등 온갖 방법을 동원해 직선제 개헌을 추진했다.

개헌을 위한 억압적인 공포 분위기를 조성한 이승만 정부는 대통령 직선제 안을 뼈대로 하고 야당의 내각 책임제 안의 일부 조항을 합쳐

이승만 동상
이승만의 동상은 4·19 혁명 이후에 대부분 파괴되었으나, 최근 한국 자유 총연맹에서는 동상을 새로 만들어 세웠다. 손에 헌법을 들고 있으나, 이승만은 헌법을 유린했다가 결국 쫓겨났다. 서울 중구 소재

● 부산 정치 파동
비상계엄을 선포한 이승만은 국제 공산당에 관련되었다는 이유를 들어 국회에 출근하던 국회의원 40여 명이 탄 통근 버스를 크레인으로 끌어 헌병대에 연행하는 폭거를 저질렀다.

만든 발췌 개헌안을 국회에 제출했다. 결국 경찰과 군인들이 국회 의사당을 포위한 강압적인 분위기 속에서 기립 투표 방식으로 표결이 진행되었다. 그 결과 출석 의원 166명 중 찬성 163표, 반대 0표, 기권 3표로 발췌 개헌안이 통과되었다(발췌 개헌, 1952. 7.). 의회 민주주의가 폭력에 의해 유린당하는 가운데, 헌정 사상 첫 번째 개헌이 이루어진 것이다.

이승만의 장기 집권을 꾀한 '사사오입 개헌'

새 헌법에 따라 직선제에 의해 이승만은 제2대 대통령에 당선되었다. 이승만과 자유당은 영구 집권을 꾀했으나, 새 헌법에 따르면 이승만은 1956년 임기가 끝나면 더 이상 대통령에 출마할 수 없었다. 헌법에는 대통령의 임기는 4년제이며, 1차에 한해 중임할 수 있다고 제한하고 있었기 때문이다.

영구 집권을 꾀하는 이승만의 권력욕은 집요했다. 1954년 국회의원 선거에서 자유당 의원을 대거 당선시켜 개헌을 꾀하고자 했다. 선거를 앞둔 이승만은 악질 친일파라도 일을 잘하면 애국자라며 등용할 뜻을 밝혔으며, 자신에 대한 복종의 의사와 당선 후 개헌에 찬성한다는 서약서를 쓰고 공천했다. 투표 결과 자유당이 압승하여 개헌 정족수를 확보했다.

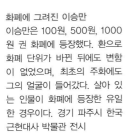

화폐에 그려진 이승만
이승만은 100원, 500원, 1000원 권 화폐에 등장했다. 환으로 화폐 단위가 바뀐 뒤에도 변함이 없었으며, 최초의 주화에도 그의 얼굴이 들어갔다. 살아 있는 인물이 화폐에 등장한 유일한 경우이다. 경기 파주시 한국 근현대사 박물관 전시

기회를 엿보던 이승만과 자유당은 초대 대통령에 대한 중임 제한 철폐를 골자로 한 개헌안을 국회에 상정했다. 투표 결과 예상과는 달리 재적 의원 203명 중 찬성이 135표였다. 개헌 가능 의결 정족수는 재적 의원의 3분의 2(135.333…) 이상인 136표이었으므로 1표가 부족하여 이 개헌안은 부결되었다.

그러나 이승만 정부와 자유당은 수학의 사사오입(반올림)을 적용하여 소수점 이하를 삭제하면 135표는 가결된 것이라고 주장했다. 야당 의원들이 의사당에서 퇴장한 가운데 자유당 의원들은 개헌안을 통과된 것으로 번복하고, 이를 정부로 이송하여 결국 개헌안을 공표했다(사사오입 개헌, 1954. 11.). 이는 명백히 헌법 조항을 위배한 위헌 행위였다.

발췌 개헌에 이은 사사오입 개헌으로 공정한 경쟁을 바탕으로 한 민주주의의 기본 원칙은 크게 손상되었으며, 이를 통해 이승만은 영구 집권을 위한 기반을 마련했다. 야당 측은 자유당의 횡포에 맞서기 위해 1955년 민주당을 창당하여 결집했다. 또한 전쟁 이후 위축되었던 혁신 세력도 조봉암을 주축으로 하여 진보당 추진 위원회를 결성했다.

독재 정치의 강화

1956년 정·부통령 선거에서 야당 후보 신익희의 갑작스런 죽음에도 불구하고 이승만은 힘들게 대통령에 당선되었다. 총 투표수의 20%에 이르는 표가 신익희를 지지하는 추모표였으며, 진보 성향의 조봉암은 총 투표수의 23.9%인 216만여 표를 얻어 돌풍을 일으켰다. 더구나 부통령에는 자유당 부통령 후보가 낙선하고 야당인 민주당의 장면이 당선되었다.

선거에서 선전한 조봉암은 평화 통일을 내세우며 진보당을 창당했으나, 이승만 정부는 정적인 조봉암을 간첩 혐의를 씌워 처형했다(진보당

무죄가 선고된 진보당 사건
이승만과 자유당은 조봉암을 제거하기 위해 간첩 사건을 조작해 정치 재판을 진행했는데, 이를 진보당 사건이라 한다. 조봉암이 사형 선고를 받은 지 52년 만인 2011년, 대법원은 대법관 전원 일치 의견으로 조봉암에게 적용되었던 간첩죄와 국가 변란죄에 대해 무죄를 선고했다

사건, 1958). 조봉암이 평화 통일을 주장하며 이승만의 북진 통일론을 공격하고 그 허구성을 폭로한 것은, 이승만이 조봉암을 탄압한 중요한 이유였다.

이를 계기로 이승만 정부는 야당과 언론에 대한 탄압을 강화할 속셈으로 국가 보안법의 개정을 추진했다. 국가 보안법의 적용 대상과 이적 행위에 대한 개념을 확대하여 사회에 대한 통제를 강화하기 위해서였다. 야당은 강력히 저항했으나, 자유당은 무술 경관을 동원해 야당 의원들을 끌어낸 후 국가 보안법 개정안을 처리했다.

이후 이승만 정권은 정치 현실에 비판적이던 〈경향신문〉을 폐간하는 등 야당과 언론에 대한 탄압을 계속했다. 이 같은 독재 정치 아래에서 권력층의 부정부패가 더욱 심해져 국민들의 고통은 커져 갔다.

전후 복구와 경제의 재건

한국 전쟁이 끝난 후, 정부는 파괴된 사회 기반 시설과 산업 시설을 재건하고 복구하는 데 집중했다. 그 결과 1957년에 이르러 주요 산업 시설과 공장 등이 대부분 복구되었다.

전후 복구 사업은 주로 미국의 원조에 의존했다. 원조로 들어온 물자는 원면, 밀, 보리 같은 농산물과 소비재가 대부분이었다. 정부는 이 물자를 국내 시장에 팔아 자금을 마련해 복구 사업에 사용했다. 이 자금을 대충자금이라 하는데, 대충자금은 한미 합동 경제 위원회의 통제를 받아 정부 재정으로 활용되었다. 이것의 상당 부분은 주한 미군 유지비와 무기 구입비 등 국방비에 충당해야 했으므로 산업 시설에 재투자하는 데는 한계가 있었다.

원조 물자 대부분이 농산물과 소비재였기 때문에, 국내에서는 원조 물자를 가공하기 위한 제분, 제당, 면방직 공업 등 이른바 삼백 산업●을 중심으로 한 소비재 산업이 발달했다. 기계나 철강 같은 생산재 공업은 상대적으로 저조했다. 그럼에도 이 같은 원조 경제는 철도나 발전소 같은 기간산업을 복구하는 데 중요한 역할을 했다.

정부는 주로 기업체에 원조 물자를 배정하여 민간에 의한 경제 발전을 추구했다. 그러나 이 과정에서 정치권력과 기업의 결탁과 같은 정경유착 문제나 독점의 폐해가 나타나기도 했다. 또한 미국은 대충자금의 사용을 통해 한국의 정치와 경제에 관여했다. 아울러 미국의 농산물이 유입되어 밀과 면화 농업이 몰락하는 등 우리 농촌이 큰 타격을 입었다. 결국 이러한 변화로 사람들이 농촌을 떠나 도시로 갔고, 실업자가 크게 늘어나는 주요 원인이 되었다.

1950년대 후반 들어 미국의 무상 원조가 줄고 유상 차관 형식으로 바뀌었다. 이에 따라 원조에 의존하고 있던 한국 경제는 경제 성장률이 하락하는 등 위기에 처하게 되었다. 그러나 권력 유지에만 집착한 이승만 정부는 이에 효과적으로 대처하지 못했다.

●삼백 산업
제분, 제당, 면방직 공업의 원료인 밀가루, 설탕, 면화 등이 모두 흰색이어서, 이 세 가지 산업을 삼백 산업이라고 했다.

원조와 재건 홍보 포스터
미국의 원조에 감사하고 힘을 합해 재건하자는 내용의 포스터다. 서울 종로구 대한민국 역사 박물관 전시

'못 살겠다 갈아 보자'

사사오입 개헌을 통해 영구 집권의 기반을 마련한 이승만은 1956년 제3대 대통령 선거에 출마했다. 선거 전 이승만은 두 번 대통령을 했으니 출마하지 않겠다는 내용의 서한을 자유당에 보냈다. 이는 고도의 전략이었다.

이승만의 예상대로 불출마 선언을 철회하라는 시위가 계속되고, 전국에서 자유당을 비롯한 친위 단체들의 주최로 '이승만 대통령 3선 출마 호소 궐기 대회'까지 열렸다. 심지어 우마차 조합에서 우마차 800대를 동원하여, 소와 말까지 이승만의 출마를 원한다는 행사를 개최했다. 결국 이승만은 본심을 드러내 출마를 선언했다.

야당의 후보는 민주당의 신익희와 무소속의 조봉암이었다. 선거 운동이 진행되는 가운데, 유력한 야당 후보였던 신익희가 호남 지방을 다니며 유세하던 도중 뇌일혈로 사망하는 일이 발생했다. 이로 인해 선거는 이승만 대 조봉암의 구도가 되었으나, 민주당은 조봉암이 좌익 노선을 추구한다며 조봉암을 지지하지 않았다.

당시에는 재미있는 선거 구호들로 인해 선거전 열기가 뜨겁게 달아올랐다. 민주당에서 '못 살겠다 갈아 보자'는 구호를 내걸자, 자유당에서는 '갈아 봤자 별 수 없다', '구관이 명관이다', '갈아 봤자 더 못 산다'는 구호로 맞섰다. 조봉암은 '갈지 못하면 살 수 없다', '이것저것 다 보았다, 혁신밖에 살 길 없다'는 구호를 내걸었다.

결국 이승만 후보가 504만 표(55.7%)를 얻어 당선되었다. 조봉암 후보는 216만 표(23.9%), 무효는 185만 표(20.5%), 기권은 53만 표였다. 총 투표수의 20.5%에 이를 정도로 무효표가 유난히 많았던 것은 신익희 후보에 대한 추모 투표 때문이었다. 서울은 투표자 수 60만 명 중에 28만 명이나 무효표를 던졌다. 또 무소속 조봉암 후보가 크게 약진하여 23.9%의 득표를 기록했다. 이에 부담을 느낀 자유당 정부는 이후 조봉암을 간첩으로 몰아 사형시켰다.

06

김일성 1인 체제의 성립

한국 전쟁으로 북한은 산업 시설의 대부분이 붕괴되고 많은 도시가 폐허가 되었다. 대중들의 생활이 몹시 어려워진 상황에서 북한은 이를 극복하기 위해 다양한 노력을 전개했다. 이 과정에서 중국, 소련을 비롯해 동유럽의 사회주의 국가들은 북한에 큰 도움이 되었다.

아울러 한국 전쟁 과정에서 북한 정권에 반대하는 세력들이 대거 월남하여 전후 복구와 사회주의 건설 작업은 비교적 순조롭게 진행되었다. 정치적으로는 권력 투쟁이 다양하게 전개됐지만, 점차 김일성을 중심으로 한 1인 통치 체제가 자리를 잡아가게 되었다.

김일성 단일 지도 체제의 성립

북한의 정부 수립에는 다양한 사회주의 세력이 참여했다. 김일성을 비롯한 만주의 항일 유격대 세력, 박헌영 같은 국내 사회주의 세력(남로당계), 허가이를 비롯한 소련에서 귀국한 세력(소련계), 김두봉과 무정 같

김일성 홍보 그림
김일성 선집을 들고 있는 것으로 보아 김일성 선집의 발간을 홍보하는 그림으로 보인다.

은 중국 연안에서 활동하던 세력(연안계) 등이 주요 세력이었다.

한국 전쟁으로 북한의 정치 지형에도 큰 변동이 일어났다. 통일의 명분을 내세워 전쟁을 일으켰지만, 극심한 피해를 입고 전쟁이 마무리되자 이에 대한 책임 문제가 대두되었다.

전쟁 중에 연안계의 무정과 소련계의 허가이가 전쟁 수행과 관련된 책임을 지고 권력에서 밀려났다. 아울러 1953년에는 김일성에게 위협의 대상이었던 박헌영과 옛 남로당 세력이 미국의 간첩 혐의를 받고 숙청되었다. 이 같은 과정을 통해 북한의 권력 구도는 김일성 중심으로 자리를 잡아 갔다.

이후 김일성의 권력 독점 문제와 사회주의 건설 노선을 두고 다시 권력 투쟁이 벌어졌다. 1956년 8월 연안계의 주요 인물들이 조선 노동당 중앙 위원회 전원 회의에서 김일성 권력 독점과 중공업 우선 정책을 비판했다.● 그러나 중앙 위원들 대부분이 김일성을 옹호함으로써 연안계의 김일성 제거 시도는 실패했다(8월 종파● 사건). 이후 연안계와 일부

● 김일성 비판
1953년 소련에서 스탈린이 사망한 뒤 등장한 흐루쇼프는 스탈린의 권력 집중을 개인 숭배로 보고 비판했다. 이를 계기로 북한에서도 김일성에 대한 비판이 커져 갔다.

● 종파
북한에서 종파란 정치적 야심을 가지고 당에 도전하며 당의 노선과 정책을 무턱대고 반대하는 무리를 가리키는 말이다.

남아 있던 소련계가 대대적으로 숙청되었다.

이 같은 과정을 거치며 북한에서는 남로당계와 연안계, 소련계가 모두 몰락함으로써 만주의 항일 유격대 세력이 권력을 독점하게 되었다. 이로써 김일성을 중심으로 한 단일 지도 체제가 성립되었다. 김일성은 '주체'를 내세우며 중국과 소련 사이에서 독자 노선을 강화하기 시작했다.

전후 복구와 사회주의 경제 체제 수립을 위한 노력

한국 전쟁으로 남한과 북한이 다 같이 큰 피해를 입었지만, 전쟁 기간 내내 제공권을 장악한 유엔군의 폭격으로 북한은 거의 폐허 지경에 이르렀다. 특히 도시의 파괴는 매우 심각한 상황이었다.

남한의 전후 복구에 미국의 원조가 도움이 되었던

김일성 장군의 노래
〈김일성 장군의 노래〉는 해방 후 김일성에게 바치는 헌시에 곡을 붙인 것이다. 금강산 구룡 폭포 가는 길에 새겨져 있다. 북한에서는 공식적인 행사 때마다 불리고 있다. 북한 금강산 소재

것처럼, 북한의 전후 복구에는 소련과 중국, 동유럽 사회주의 국가들이 원조를 통해 적극적으로 후원했다. 1954년부터 1956년 사이 사회주의 국가의 원조액은 당시 북한 예산의 약 23%에 이르렀다.

북한 정부는 이 같은 원조를 바탕으로 전후 복구와 사회주의 기초 건설이라는 목표를 내세우고, 1954년부터 인민 경제 복구 발전 3개년 계획을 세워 전후 복구를 독려했다. 특히 폐허가 된 평양을 새로운 계획 도시로 재건하기 위해 힘썼으며, 또 중공업을 중심으로 하여 농업과 경공업에도 투자했다. 그 결과 공업 생산이 크게 증가했으며, 1956년에는 거의 전쟁 이전의 경제 수준을 회복했다.

북한은 전후 복구를 추진하는 한편, 전쟁으로 개인의 경제 활동이 힘들어진 상황을 이용하여 사회주의의 토대를 건설하는 데 초점을 맞추었다.

천리마 운동 포스터
천리마 운동에 적극 동참할 것
을 홍보하는 포스터. 천리마
운동을 통해 주민들에게 혁명
의식을 불어넣어 적극적인 참
여를 이끌어 내려 했다.

그중 가장 주안점을 두었던 것이 농업 협동화를 통해 농촌 사회를 재
편하는 것이었다. 이는 토지를 비롯한 모든 생산 수단을 통합하여 노동
에 의해서만 분배하는 협동 농장 체제를 수립하는 것으로, 농
촌을 사회주의화하는 정책이었다.

1953년부터 농업 협동화가 추진되어 1958년에는 이를 거의
끝마쳤는데, 1953년 전체 총면적의 0.6%만이 협동 농장에 속
해 있던 것이, 1958년에는 100%가 되었다. 이와 함께 상공업 부
분에서도 사회주의 개조가 급속히 진행되어, 1946년에 사회 총
생산의 20%를 차지하던 개인 상공업은 거의 사라지고 1958년
에는 협동화가 완료되었다.

이와 함께 북한은 경제의 사회주의화를 앞당기기 위해 1956년에
는 천리마 운동을 제창했다. 1958년부터 본격적으로 추진된 천리
마 운동은 하루에 천리를 달리는 천리마와 같은 속도로 사회주의
경제를 건설하자는 운동이었다. 여러 가지가 낙후된 상황에서

대중의 힘을 바탕으로 사회주의 건설을 앞당기려는 것이었다.

북한 정부는 생산 활동을 독려하기 위해 모범적인 노동자들에게 '노력 영웅*'이라는 칭호를 부여하고, 상금과 상품을 지급했다. 또한 김일성을 비롯한 지도층이 직접 생산 현장으로 내려가 대중의 증산 의욕을 고취했다.

천리마 운동으로 대중적 열기가 크게 높아져 주요 공업 부문에서 1957년에 시작된 경제 개발 5개년 계획의 목표가 2년 6개월 만에 달성되는 등 큰 성과를 거두었다. 천리마 운동은 북한이 소련과 중국으로부터 벗어나 자주 노선을 내세우는 가운데, 사회주의적 공업화의 토대를 마련한 중요한 원동력이 되었다. 이후 북한의 헌법에서는 "천리마 운동은 사회주의 건설의 총노선이다."라고 규정했다.

●노력 영웅
경제 및 건설 등 사회 각 분야에서 위훈을 떨친 사람에게 수여하는 명예 칭호이다. 노력 영웅은 북한 최고의 영예인 '공화국 영웅' 칭호보다 한 단계 아래다.

북한 농업의 사회주의화

북한은 1946년 실시한 토지 개혁을 통해 모든 농민에게 토지를 분배했다. '토지는 밭갈이 하는 농민에게!'라는 구호 아래 추진된 토지 개혁 덕분에, 농민들은 집집마다 1.63정보(약 4,980평)의 땅을 갖게 되었다. 토지 개혁으로 북한의 사회주의 세력은 막대한 지지 세력을 얻게 되었다.

그러나 3년간의 한국 전쟁으로 북한의 농촌은 엄청난 피해를 입었다. 젊은 남자들은 군대에 가야 했기 때문에 여성과 노인들이 농촌을 지켜야 했다. 이로 인해 가족 단위의 농사가 어려웠다.

북한 정부는 이 같은 상황을 농촌 복구와 농업의 사회주의 개조의 기회로 삼았다. 이를 위해 1954년 북한은 토지와 노동 수단을 조직화하는 농업 협동화를 추진했다. 농민들은 분배받은 지 얼마 되지 않은 토지를 다시 협동조합에 내놓고 통합해야 할 처지가 되었다.

그러나 예상외로 농업 협동화는 순조롭게 진행되었다. 토지 개혁으로 빈농의 발언권이 강화되고, 한국 전쟁을 전후해 지주와 자본가, 반공주의자들 대부분이 월남해서 이를 반대할 세력이 거의 없었기 때문이다. 또한, 전쟁으로 철저히 파괴된 농업 생산 기반을 개인의 힘으로 복구하는 것 자체가 어려웠기 때문에, 농민들로서는 국가의 지원과 상호 협동이 필요했다. 북한 정부는 개인 소유의 소와 농기구 등에 대한 보상을 통해 반발을 최소화할 수 있었다.

그러나 모든 농민이 적극 찬성한 것은 아니었다. 자기 토지와 소 등을 다시 내놓아야 하는 만큼 반발도 있었다. 협동조합에 가입하기 전 소를 시장에 내다 팔거나, 토지 일부를 텃밭으로 떼어 놓기도 했다. 그러나 대세를 거스를 수 없었기에 1958년에는 모든 농가가 협동조합원이 되었다. 이로써 북한 농촌의 사회주의 개조가 이루어지게 되었다.

07

4·19 혁명과 장면 정부

신생 대한민국은 해결해야 할 과제가 많았으나, 정부 수립 후 10여 년이 지나는 동안 오히려 어려움에 직면했다. 특히 초대 대통령 이승만은 친일파 처벌을 방해했다. 이에 따라 친일 경력이 있는 이들이 정치, 경제, 사회, 문화 등 다양한 분야에서 여전히 영향력을 행사하는 등 민족정기를 바로 세우는 데 실패했다.

아울러 이승만은 의회 민주주의를 짓밟은 강압적인 개헌을 통해 영구 집권을 꾀했다. 이에 따라 민주주의 확립이라는 과제도 또다시 미루어졌다. 이 과정에서 자유당 정부의 부정부패는 극에 달해 국민적 반발을 불러왔다.

3·15 부정 선거와 마산 시위의 시작

이승만과 자유당 정권은 민족정기를 바로 세우기는 커녕 민주주의 원칙마저 짓밟았다. 강압적인 독재 정치 아래에서 사회의 부정부패는 극에

자유당 선거 포스터
3·15 부정 선거 때 자유당의 정·부통령 후보를 홍보하는 선거 포스터. 서울 종로구 대한민국 역사 박물관 전시

달했고, 이는 국민적 저항을 불러일으켰다.

1960년 4대 정·부통령 선거에서 야당 후보인 조병옥[●]이 사망하면서 이승만의 당선은 확실시되었다. 그렇지만 이승만 정부는 대통령 승계권을 가진 부통령에 자유당 후보인 이기붕을 당선시키기 위해 대대적인 부정 선거를 감행했다.

이승만과 자유당은 내무부 장관을 중심으로 공무원과 경찰을 총동원해 온갖 부정한 짓을 저질렀다. 흔히 3·15 부정 선거로 일컬어지는 이 선거에서는 4할 사전 투표, 3인조·5인조 투표, 유권자 명부 조작, 완장 부대를 동원한 위협, 야당 참관인 축출, 투표함 바꿔치기 등 갖가지 부정한 선거 수단이 동원되었다.

많은 국민이 3·15 부정 선거에 분노했다. 이에 선거 당일 오후 마산의 시민과 학생들은 부정 선거를 규탄하고 선거 무효를 외치는 평화적인 시위를 벌였다(3·15 마산 의거). 강제 해산에 나선 경찰은 총을 쏘는 등의 무자비한 진압에 나서 10여 명의 사망자가 발생했다. 이때의 발포가 중대 문제가 되어 내무장관이 해임되었다.

이후 4월 11일, 시위에 가담했다가 행방불명되었던 김주열 학생의 시신이 눈에 최루탄 파편이 박힌 채 바다에서 떠올랐다. 분노한 마산 시민들은 경찰의 만행과 부정 선거를 규탄하는 시위를 다시 시작했다. 이 과정에서 경찰이 쏜 총에 또 2명의 사망자가 발생하자 시위는 급격히 확산되었다. 이승만 정권은 이 시위를 공산당의 사주에 의한 폭동으로 몰고 가 반발이 더욱 커졌다.

4·19 혁명과 이승만 정권의 몰락

이승만 정부가 전국에 등교 중지령을 내리는 등 강경 대응에 나선 가운데, 4월 18일 고려 대학교 학생들이 국회 앞에서 평화적인 시위를

●**조병옥**
1960년 민주당의 공천을 받아 대통령 선거에 입후보했으나 선거를 한 달 앞두고 미국의 월터리드 육군 병원에서 수술 끝에 심장 마비로 사망했다.

벌였다. 그러나 학교로 돌아가던 학생들이 정치 깡패인 반공청년단의
습격을 받아 200여 명이 부상을 당했다.

이 소식이 전해지자, 4월 19일 서울에서 수많은 대학생과 시민은
물론 심지어 고등학생들까지 시위에 가세했다. 시위에 참가한 사람들
은 10만여 명에 이르렀다. 일부 시위대가 대통령 관저인 경무대 앞까
지 행진해 가자, 경찰은 시위대를 향해 총을 쏘아 21명이 목숨을 잃
었다. 이른바 '피의 화요일'이 시작된 것이다.

이승만 정부의 강경 대응에도 불구하고 시위가 전국으로 확산되
자, 정부는 전국에 비상계엄령을 선포했다. 4월 19일의 시위로 전국
적으로 115명의 사망자가 발생했다. 결국 국무 위원과 부통령이 사퇴
하고, 이기붕 부통령 당선자도 사퇴를 고려하겠다고 했다. 그러나 이승
만은 자유당 총재직만 사임하겠다고 했다.

이 같은 미온적인 태도에 국민들은 또다시 분노했다. 4월 25일 대학
교수단이 시위에 참여하고, 심지어 초등학생까지 시위에 가세했다. 이
때부터 시위는 부정선거 규탄을 넘어 이승만 퇴진 운동으로 발전해, 이

이기붕의 최후
부정 선거의 중심이었던 이기
붕은 결국 부통령 당선을 사퇴
하고 경무대에 피신해 있다가,
4월 28일 새벽 당시 육군 장교
이던 장남 이강석이 권총을 쏘
아 온 가족이 자살했다.

국민이 원한다면 물러나야지

승만의 동상이 철거되기도 했다.

이에 국회에서는 '대통령의 하야', '내각 책임제 개헌' 등을 결의했다. 일부 각료들은 물론 심지어 미국에서도 이승만의 하야를 설득했다. 결국 4월 26일 이승만은 "국민이 원한다면 물러나겠다."라는 내용의 하야 성명을 발표하고, 이후 미국으로 망명했다.

이로써 12년간 유지되던 이승만의 독재 정치는 막을 내리게 되었다. 우리 역사상 최초로 민중 시위에 의해 독재 권력이 무너진 이 사건을 4·19 혁명이라고 한다.

장면 정부의 출범

이승만이 물러나고 장면 부통령마저 사임하자, 외무부 장관인 허정이 대통령의 권한을 대행하는 과도 정부가 구성되었다. 과도 정부는 헌법 개정을 추진하여 내각 책임제 개헌이 이루어졌다. 새 헌법은 대통령은 상징적인 국가 원수일 뿐 국무총리가 정부를 운영하는 실질적인 권한을 갖게 했으며, 국회는 양원제로 구성하기로 되어 있었다.

새 헌법에 따라 1961년 7월 실시된 총선거에서 민주당이 압승을 거두었다. 이에 따라 대통령에는 윤보선이 선출되었으며, 장면을 국무총리로 하는 내각제 정부가 수립되었다.

장면 정부는 경제 제일주의 정책을 내걸어 경제 개발 5개년 계획을 수립하고, 도로와 교량 등 국토 건설 사업을 추진했다. 경제 계획 추진 자금은 미국의 원조와 군대의 축소를 통해 마련하려 했다. 또, 지방 자치 단체장 선거를 실시하여 실질적인 지방 자치 시대를 열었다. 각계각층의 민주화 요구에 따라 노동조합이 결성되고 학생회가 조직되는 등 사회의 민주화도 이루어져 가고 있었다.

그러나 장면 정부는 이승만·자유당 독재를 청산하여 4·19 혁명을 완수해야 했으나 이를 속 시원히 해결하지 못했다. 민주당 내부의 파벌

다툼으로 강력한 지도력을 발휘하지 못했으며, 3·15 부정 선거 관련자
와 부정 축재자의 처벌 등 과거 청산에 소극적이어서 국민들의 반발을
샀다. 장면 정부는 나름대로 민주적인 방법으로 개혁을 시도했으나, 격
렬한 사회 변동기에 터져 나온 국민적 요구를 충족시키기에는 역부족
이었다.

　이런 가운데 4·19 혁명에 참가한 학생, 시민 들의 관심은 통일 운동
으로 발전했다. 4·19 혁명으로 극우 반공 체제가 약화되자 통일에 대한
논의가 가능해졌기 때문이다. 특히 학생들은 '가자 북으로, 오라 남으
로'를 외치며 판문점에서의 남북 학생 회담 개최를 결의하기도 했다.

　이처럼 민주화 운동과 통일 운동이 계속되는 가운데, 일부 군부 세력
은 이를 사회 혼란으로 규정하고 권력을 장악하려는 음모를 구체화했
다. 그리하여 5·16 군사 쿠데타가 발생함으로써, 장면 정권은 불과 9
개월 만에 무너지고 말았다. 이로써 4·19 혁명은 완성되지 못한 혁명
으로 막을 내리게 되었다.

오빠와 **언니**는 왜 **총**에 맞았나요

아! 슬퍼요

아침 하늘이 밝아 오며는

달음박질 소리가 들려옵니다.

저녁노을이 사라질 때면

탕탕탕탕 총소리가 들려옵니다.

아침 하늘과 저녁노을을

오빠와 언니들은 피로 물들였어요.

오빠 언니들은

책가방을 안고서

왜 총에 맞았나요.

도둑질을 했나요.

강도질을 했나요.

무슨 나쁜 짓을 했기에

점심도 안 먹고

초등학생들의 시위 모습
4·19 혁명 때에는 중·고등학생은 물론 초등학생들까지 불의에 항거했다. 학생들이 "부모 형제들에게 총부리를 대지 말라"라고 쓴 현수막을 들고 있다. 서울 강북구 4·19 혁명 기념관 전시

저녁도 안 먹고

말 없이 쓰러졌나요.

자꾸만 자꾸만 눈물이 납니다.

잊을 수 없는 4월 19일

그리고 25일과 26일

학교에서 파하는 길에

총알은 날아오고

피는 길을 덮는데

외로이 남은 책가방

무겁기도 하더군요.

나는 알아요. 우리는 알아요.

엄마 아빠 아무 말 안 해도

오빠와 언니들이 왜 피를 흘렸는지를……

오빠와 언니들이

배우다 남은 학교에서

배우다 남은 책상에서

우리는 오빠와 언니들의

뒤를 따르렵니다.

　

— 강명희(4·19 혁명 당시 수송 초등학교 4학년),

〈오빠와 언니는 왜 총에 맞았나요〉

08

5·16 군사 쿠데타와
박정희 정부

4·19 혁명으로 장기 독재 제체를 유지해 온 이승만 정권이 무너지자, 국민들 사이에서는 민주화에 대한 열망이 커져 갔다. 나아가 이승만의 북진 통일론에 대신하여 평화적 통일을 주장하는 통일 운동이 다양하게 전개되었다.

그런 가운데 박정희를 비롯한 일부 군인 세력은 권력을 찬탈하기 위한 음모를 꾸미고 있었다. 이들은 각계각층에서 쏟아져 나오는 민주화 운동을 사회 혼란으로 규정하고, 통일 운동조차 위험한 것으로 보았다. 결국, 박정희 등 군인 세력은 쿠데타를 일으켜 권력을 장악했다. 박정희의 쿠데타는 군인의 정치 개입이라는 좋지 않은 선례가 되었다.

5·16 군사 쿠데타

1961년 5월 16일 박정희를 중심으로 한 일부 군인들이 군대를 이끌고 서울로 진격하여, 장면 정부를 무너뜨리고 권력을 장악했다. 이들은 장면 정부의 무능력과 사회의 무질서와 혼란 등을 이유로 내

박정희 흉상
박정희의 쿠데타군이 집결했던 서울의 문래동에는 '5·16 혁명 발상지'라는 표시와 함께 군인 박정희의 흉상이 전자 장비의 감시 속에 세워져 있다. 서울 영등포구 소재

세웠으나, 장면 정부의 군대 축소 계획과 진급 적체에 대한 불만이 쿠데타를 일으킨 배경의 하나였다.

쿠데타 세력은 반공을 국시로 내건 '혁명 공약'을 발표하고 정부와 국회를 무력화한 후, 국가 재건 최고 회의*를 만들어 최고 통치 기관으로 삼고 군정을 실시했다. 정부와 지자체의 중요 직책은 대부분 군인이 차지했다. 이에 따라 4·19 혁명 이후의 민주화 운동과 통일 운동은 모두 숨죽일 수밖에 없었다.

군사 정부는 사회 정화를 구호로 내걸고 부정 축재자를 처벌하고 폭력배를 소탕하는 한편, 농가 부채를 탕감하고 농산물 가격 안정 정책을 실시하여 민심을 수습하려 했다. 이와 함께 정보기관인 중앙정보부를 신설하여, 정치인과 통일 운동 세력 등 각계의 주요 인물을 감시하고 비판적인 언론을 탄압했다. 특히 '반공'을 국시로 내건 데서 알 수 있듯이 진보적인 혁신계 인물들이 대거 탄압을 받았다.

박정희는 이미 '혁명 공약'을 통해 사회가 안정되면 정권을 민간에 이양하기로 약속했다. 그러나 그는 중앙정보부를 동원해 민주 공화당을 창당하고 불법적인 방법을 동원해 정치 자금을 조성했다. 그리고 정치 활동 정화법을 만들어 주요 정치인들의 정치 활동을 규제하는 등, 이후 자신이 권력을 계속 장악하기 위한 준비를 해 나갔다.

이미 예정되어 있던 대로 군사 정부는 대통령 중심제와 직선제를 바탕으로 한 새 헌법을 마련했다. 이후에도 박정희는 민정 참여를 하지 않겠다고 발표하고 군의 중립화를 선언하기도 했으나, 이는 모두 눈가림에 불과했다.

결국 박정희가 군복을 벗고 제5대 대통령 선거에 민주 공화당 후보로 출마하여 당선되었다(1963. 10.). 형식적으로는 군정이 막을 내렸지만, 이후 30여 년간 군인 출신이 권력을 장악하여 통치하는 군사 정권 시대가 열리게 되었다.

●국가 재건 최고 회의
박정희는 군사 쿠데타 후 국가 재건 최고 회의를 설치하고, 이른바 '혁명 내각'을 발표했다. 이로써 군사 정부가 수립되었으며, 국가 재건 최고 회의는 군사 정부의 최고 통치 의결 기관이 되었다.

한일 국교 정상화

박정희는 정권의 정당성을 확보하기 위해 특히 경제 개발의 추진에 주력했다. 그러나 민주적 정치 질서가 아닌 강력한 권위주의적 질서를 바탕으로 근대화를 이루려고 했다. 그리고 경제 개발에 필요한 자금의 일부를 일본과의 국교 정상화를 통해 마련하고자 했다.

당시 미국은 북한과 소련, 중국의 사회주의권에 대응하여 한국과 미국, 일본을 축으로 하는 반공 진영 구축 정책을 추진하고 있었기 때문에, 한일 간의 수교를 강력히 요구하고 있었다. 또한 한국과 일본의 국교 정상화를 위한 한일 회담은 이미 이승만 정권 때부터 추진되었으나 성과를 내지 못하고 있었다.

박정희는 5·16 군사 쿠데타 직후 한일 회담을 다시 추진했다. 1962년 중앙정보부장 김종필과 일본 외무대신 오히라는 비밀 회담을 열어, 그동안의 회담 과정에서 논란이 되었던 일본의 식민 지배에 대한 배상 문제인 청구권 문제를 무상으로 자금을 지원하는 것과 차관을 제공하는 등의 경제 협력 방식으로 타결했다.

그러나 식민 지배에 대한 사과와 배상 등에 대한 구체적인 내용이 빠졌다는 사실이 알려지자, 굴욕 외교라는 비난과 함께 국민들의 거센 반대를 불러일으켰다. 특히 1964년 들어 한일 회담 반대 투쟁이 대학생들을 중심으로 거세게 전개되었다. 서울의 주요 대학 학생들이 대규모의 시위를 벌이자, 정부는 비상 계엄령을 선포하고 이를 진압했다 (6·3 시위).

박정희는 이 같은 심각한 반대 여론에도 불구하고 1965년 6월 '한일 기본 조약'을 체결했다. 이로써 한국과 일본의 국교는 정상화되었

6·3 시위 보도 기사
'학생 데모 확대 일로'라는 제목과 '무단 박정권 물러나라 외쳐'라는 제목으로 보도되었다.
〈동아일보〉 1964. 6. 4.

지만, 일본의 식민 지배에 대한 사과를 명문화하지 못함으로써 이후 일본이 법적인 책임을 회피하는 수단이 되는 문제를 남겼다.

베트남 파병

박정희는 5·16 군사 쿠데타 직후 미국을 방문하여 케네디 대통령에게 한국군의 베트남 파병을 제안했다. 미국으로부터 쿠데타를 추인받음으로써 자신의 정통성을 확보하려는 노력의 하나였다.

그 후 미국이 아시아의 반공 전선을 강화하기 위해 베트남 전쟁에 적극 개입하면서, 존슨 대통령은 한국군을 베트남에 파병해 줄 것을 요청했다. 당시 미국의 베트남 전쟁 개입은 유엔을 비롯해 국제 사회로부터 지지를 받지 못하고 있었다. 이에 야당 일부에서는 베트남 파병을 반대했으나, 박정희는 파병을 결정했다.

한국군은 1964년부터 1973년까지 약 9년 동안 미국 다음으로 많은 32만 명의 병력을 베트남에 파병했다. 베트남 파병이 본격화되면서 한

'한일 기본 조약'의 한계
식민지 지배를 합법으로 주장하는 일본의 주장을 애매하게 처리하고, 식민지 지배에 대한 사과를 명문화하지 않았다. 그리고 당시에는 언급조차 되지 않았던 일본군 위안부나 강제 동원 희생자 등 개인의 피해에 대한 배상 문제를 다루지 못한 한계를 드러냈다.

베트남 전쟁 참전 기념탑
베트남 전쟁 참전을 기념하고 희생자의 넋을 기리는 이 같은 기념탑이 하남을 비롯해 부여, 함양, 고성 등 여러 지역에 세워져 있다. 경기 하남 소재

1998년 베트남을 방문한 김대중 대통령은 베트남의 '국부'로 추앙받는 호찌민의 묘소를 참배함으로써 베트남 사람들에게 신선한 충격을 주었다. 또한, 정상 회담에서 한국과 베트남 사이의 과거사 문제에 대해 유감을 표명했다. 이후 양국 관계는 포괄적 동반자 관계를 구축해 오고 있다.

'내 고장 내 마을 내가 지킨다', '싸우면서 일하고 일하면서 싸운다'는 구호 아래 향토 예비군이 창설되었다.

'3선 개헌안 전격 통과'라는 제목으로, 야당이 농성하는 중에 여당 의원만 국회 3별관에 모여 개헌안을 전격적으로 통과시켰다는 내용을 담고 있다.
〈경향신문〉 1969. 9. 15.

국은 미국과의 협의를 통해 한국군의 현대화와 군사 원조 및 차관 제공을 약속받았다.

베트남 파병으로 한국은 전쟁 특수를 누릴 수 있었다. 미국의 지원으로 한국군의 장비가 현대화되었으며, 또한 한국은 베트남 현지의 건설 사업에도 참여했다. 베트남으로의 수출도 늘어나 외화 획득과 경제 성장에 기여했다.

그러나 베트남 파병은 참전 명분이 설득력을 얻기가 어려워 국제적으로 적지 않은 비판을 받았으며, 미국에 종속된 국가라는 이미지를 국제 사회에 남겼다. 5,000여 명의 젊은 장병이 전쟁터에서 희생되었으며, 지금도 많은 참전 병사가 부상과 고엽제 후유증으로 고통받고 있다. 또한 베트남에서 제기한 한국군에 의한 민간인 학살 문제에 대해서는 깊이 있는 반성이 필요하다.

장기 집권을 위한 3선 개헌

박정희 정권은 한일 국교 정상화, 베트남 파병 등의 문제로 국민적 저항을 받았다. 그러나 근대화를 목표로 실시한 경제 개발 정책은 그동안 가난에 시달리던 국민들의 지지를 받았다. 이에 1967년 선거에서는 박정희가 무난히 당선될 수 있었다.

1968년 1월 21일 북한의 무장 게릴라들이 청와대 습격을 위해 서울에 침투하고(1·21 사태), 곧이어 미국의 정찰함 푸에블로호가 북한에 나포되는 사건이 발생했다. 이로 인해 한반도의 긴장이 고조되었다. 박정희는 반공과 국가 안보를 내세우며 향토 예비군을 창설하고(1968), 대학에서부터 군사 교육을 확대해 갔다.

1969년 박정희는 경제 발전과 국가 안보 강

3選改憲案 電擊통과

화를 구실로 장기 집권을 꾀하여, 3선을 가능케 하는 헌법 개정을 추진했다. 야당과 재야 세력, 학생들을 비롯한 국민적인 저항이 거세지는 가운데, 국회 별관에서 여당 의원들만 모여 3선 개헌안을 변칙으로 통과시켰다(3선 개헌). 이로써 박정희의 장기 집권이 가능해지게 되었다.

그 후 1971년 대통령 선거에서 박정희는 야당 후보인 김대중에게 근소한 차로 승리하여 대통령에 당선되었다. 박정희가 1인 장기 독재 체제를 구축해 가는 동안 민주화의 열망이 곳곳에서 표출되었다. 그럼에도 박정희는 반공을 내세워 국민을 통제하고 반정부 민주화 운동을 탄압했다. 나아가 1971년에는 대통령에게 비상대권을 부여한 '국가 보위에 관한 특별 조치법'을 통과시켜 자신의 권한을 강화했다.

기2호 신민당
10년세도 썩은정치
못참겠다 갈아치자!
金大中
김 대 중

김대중의 선거 벽보
김대중은 야당 후보로 출마하여 40대 기수론을 내걸고 돌풍을 일으켰으나 낙선했다. 여전히 '못 참겠다, 갈아치자'라는 구호가 유효했던 선거였다.

3선 개헌 반대 운동(1969)
3선 개헌에 맞서 야당과 재야 세력은 3선 개헌 반대 범국민 투쟁 위원회를 결성했다. 학생들의 반대 시위는 전국으로 확산되었다.

만주국 군관이 되기를 원했던 박정희

박정희는 1917년 경북 선산에서 태어나 1937년 3월 대구 사범학교를 졸업했다. 졸업 후 경북 문경의 문경 공립 보통학교 교사로 부임해 1940년 2월까지 근무했다. 그는 만주 사변 후 일본의 괴뢰국이었던 만주국의 군관으로 지원했으나 탈락하자 다시 응모했다. 박정희가 만주국의 군관에 지원한 내용이 만주 지역 일본어 신문인 〈만주신문滿洲新聞〉 1939년 3월 31일자에, '혈서 군관지원, 반도의 젊은 훈도로부터'라는 제목으로 상세히 보도되었다. 이 기사에 따르면, 박정희는 '한 번 죽음으로써 충성함 박정희一死以テ御奉公 朴正熙'라고 혈서로 쓰고, 채용을 요청하는 편지에 다음과 같이 썼다.

"(전략) 일계日系 군관 모집 요강을 받들어 읽은 소생은 일반적인 조건에 부적합한 것 같습니다. 심히 분수에 넘치고 두렵지만 무리가 있더라도 아무쪼록 국군에 채용시켜 주실 수 없겠습니까. ……
일본인으로서 수치스럽지 않을 만큼의 정신과 기백으로써 일사봉공一死奉公의 굳건한

박정희의 혈서 보도 기사
박정희가 만주국 군관을 지원하며 충성을 맹세하는 내용이 실려 있다. 〈만주신문〉 1939. 3. 31.

결심입니다. 확실히 하겠습니다. 목숨을 다해 충성을 다할 각오입니다. …… 한 명의 만주국군으로서 만주국을 위해, 나아가 조국(일본)을 위해 어떠한 일신의 영달을 바라지 않겠습니다. 멸사봉공滅私奉公, 견마犬馬의 충성을 다할 결심입니다. (후략)"

박정희는 이미 결혼한 데다 당시 스물세 살로 연령이 초과되어 문제가 되었으나, 만주국 초급 장교 양성 기관인 육군 군관 학교(신경 군관 학교) 제2기생 선발 입학시험에 합격했다. 이후 일본 육군 사관 학교에 편입해 졸업한 뒤, 일본 관동군 및 만주국군 장교로 복무했다. 복무 중 팔로군(국민 혁명군 제8로군)과의 전투에 참여했으며, 한중 연합 독립군 부대인 동북 항일 연군과 소련에 대한 작전을 수행했다. 이 같은 이유로 박정희는 《친일 인명사전》에 이름이 올라 있다.

09

유신 체제와 민주화 운동

5·16 군사 쿠데타를 통해 권력을 장악한 박정희는 민간인에게 권력을 이양하겠다는 '혁명 공약'을 저버리고 군복을 벗은 후 계속 권력을 장악했다. 그는 중앙정보부를 설치해 정치권과 민간인에 대한 감시와 통제를 계속하며 권력을 유지했다.

두 차례 대통령에 선출된 박정희는 경제 개발 정책을 추진하며 국민의 지지를 얻으려 했다. 그러나 그는 장기 집권을 하기 위해 강압적으로 3선 개헌을 추진하고, 세 번이나 대통령에 당선되었다. 그럼에도 그는 또다시 헌법을 개정해 영구 집권을 꾀했다.

유신 체제의 성립

장기 집권을 원했던 박정희는 선거를 통한 권력 장악은 더 이상 어렵다고 보았다. 그리하여 그는 형식적 민주주의마저 버렸다. 1972년 10월 17일, 박정희는 비상계엄령을 선포하여 국회를 해산하고 모든 정치 활동을 금지하는 이른바 '10월 유신'을 단행해 헌법 기능을 정지시켰다. 이는 박정희 개인의 권력욕을 위한 친위 쿠데타로, '10·17 쿠데타'라고도 한다.

박정희는 비상 국무 회의를 거쳐 국민 투표로 헌법을 개정했다. 유신 헌법은 대통령을 통일 주체 국민회의에서 간접 선거로 선출하도록 하고, 대통령의 임기를 6년으로 늘려 연임 제한을 두지 않았다. 또 대통령이 국회의원의 3분의 1을 추천하도록 했으며, 대통령에게 국민의 기본권마저 제한할 수 있는 긴급 조치권이라는 초헌법적 권한을 부여했다. 유신 헌법은 형식에서조차도 민주주의의 기본 원리를 짓밟은 것이었다.

이 과정에서 박정희는 서구의 민주주의가 한국 상황에 맞지 않는다며 이른바 '한국적 민주주의'를 표방했다. 그러나 그가 내세운 한국적 민주주의는 자신이 영구 집권을 하고 모든 권력을 박정희 개인에게 집중시키는 것과 다름없었다.

유신 헌법에 따라 장충 체육관에서 간접 선거로 치러진 대통령 선거에서 박정희는 단독 출마해, 2,359명의 대의원 중 2명의 무효표를 제외하고는 전원이 찬성하여 또다시 대통령이 되었다. 실로 민주주의 국가에서는 있을 수 없는 선거 결과였다. 이로써 유신 체제가 성립되었다.

유신 반대 운동의 전개

1973년 중앙정보부는 일본에 머물며 유신 반대 운동을 하던 김대중을 납치했다. 이 사건을 계기로 유신 반대 운동이 더욱 활발해져 학생들의 시위가 본격화되었다.

10월 유신 보도 기사
1972년 10월 17일, 박정희는 영구 집권을 위해 비상계엄령을 선포하여 모든 정치 활동을 금지하는 한편, 간접 선거 방식에 의한 대통령 선출 등의 헌법 개정을 꾀하는 이른바 '10월 유신'을 단행했다. 〈서울신문〉 1972. 10. 18.

김대중 납치 사건
1973년 일본 도쿄의 한 호텔에서 김대중이 한국 중앙정보부 요원들에 의해 납치된 사건이다. 일본이 주권 침해라며 항의해 외교 문제로 비화하자, 박정희는 일본 수상에게 유감의 뜻을 전했다. 또한 북한은 이 사건을 구실로 남북 회담 중단을 발표해 남북 관계에도 영향을 미쳤다. 박정희 정권의 사악한 폭력성을 보여 주는 대표적인 사례다.

● 인혁당 재건위 사건
제2차 인민 혁명당 사건이라고도 하며, 흔히 말하는 '인혁당 사건'은 이 사건을 가리킨다. 1975년 4월 8일 대법원에서 사형이 확정된 후 20여 시간 만에 사형이 집행되어, 국제적으로 사법 살인이라는 비난을 받았다. 이 사건은 2007년 재심 결과 관련자 전원에게 무죄가 선고되었다.

장준하 등 민주 인사들은 개헌을 위한 청원 서명 운동을, 학생들은 전국 민주 청년 학생 총연합(민청학련)을 조직하여 유신 반대 운동을 전개했다. 민주화 운동은 각계각층으로 확산되어 천주교 신부들은 정의구현 사제단을 조직하여 투쟁했으며, 해직된 언론인들은 언론 자유 수호 투쟁을 벌여 나갔다.

민주화 운동이 확산되자 박정희는 긴급 조치를 잇달아 선포하여, 유신 헌법을 반대하고 개정을 요구하거나 이를 보도하면 영장 없이 체포해 민간인이라도 비상 군법 회의에서 심판하도록 했다. 또한 민청학련의 배후에 인민 혁명당 재건 위원회가 있다고 조작하여 관련자를 체포하고, 그중 8명을 사형에 처했다(인혁당 재건위 사건●, 1974).

1975년 유신 반대 운동을 탄압하고자 또다시 선포된 긴급 조치 9호는 유신 체제가 무너질 때까지 4년 이상 유지되었다. 이 기간 동안 무

려 8백여 명이 긴급 조치 9호에 의해 구속되는 등 국민의 기본권이 심하게 제약되었다.

이런 탄압 속에서도 1976년 함석헌, 김대중 등 재야인사들은 유신 체제에 맞서 '3·1 민주 구국 선언[●]'을 발표했다. 이들은 재판 과정에서도 유신 체제의 부당성을 비판하는 투쟁을 계속했다. 그러나 박정희는 국내외의 비판에도 불구하고 강압적인 방법으로 권력을 유지했다.

●3·1 민주 구국 선언
3·1절 기념 미사를 위해 명동 성당에 모인 재야인사들은 3·1 민주 구국 선언을 발표하고, 유신 반대를 넘어 유신 정권의 퇴진을 요구했다. 명동 성당에서 발표되었다고 하여 명동 사건이라고도 한다.

유신 체제의 몰락

유신 체제에 반대하는 민주화 운동이 계속되는 가운데, 1978년에 치러진 국회의원 선거에서 야당인 신민당의 득표율이 여당을 1.1% 앞지르는 이변이 일어났다. 국민들의 유신 체제에 대한 불만이 표출되었기 때문이다. 이 같은 반대 여론에도 불구하고, 얼마 뒤 박정희는 통일 주체 국민 회의에서 99.99%의 찬성표로 제9대 대통령에 당선되었다.

그러나 박정희 정권은 안팎으로 어려움에 처해 있었다. 박정희의 독재와 인권 탄압에 대한 국제 사회의 비판이 커져 가고 있었으며, 제2차 석유 파동의 영향으로 국내의 경제도 불황에 빠져들고 있었다.

이런 가운데 야당인 신민당사에서 농성하던 YH 무역의 여성 노동자가 경찰의 강제 진압 과정에서 숨지는 사건이 발생했다. 이를 계기로 신민당 총재인 김영삼이 농성을 벌이며 반독재 투쟁을 강화하자, 여당은 그를 국회의원직에서 제명했다.

이 사건은 김영삼의 정치적 근거지인 부산 지역에서 대규모 반정부 시위가 일어나게 하는 계기가 되었다. 학생들은 물론 시

김재규 현장 검증 보도 기사
박정희를 살해한 범인으로 체포된 김재규가 현장 검증을 하는 내용의 기사로 사건 당시의 모습을 재연하고 있다. 〈동아일보〉 1979. 11. 9.

박정희 묘
중앙정보부장 김재규에 의해
피살된 박정희와 그의 부인 육
영수의 묘다. 서울 동작구 국립
현충원 소재

민들까지 가세한 시위대는 유신 정권 타도 등을 외치며 파출소, 경찰서, 방송국 등을 파괴했으며, 시위는 마산 및 창원 지역으로 확산되었다. 이에 정부는 부산 지역과 마산, 창원 일대에 각각 비상계엄령과 위수령●을 선포하고 군대를 동원해 시위를 진압했다(부·마 민주 항쟁, 1979. 10).

억압 속에서 분출된 민주화 운동의 열기는 유신 정권의 몰락을 예고하고 있었다. 정권 내부에서는 향후 정국 운영 방안을 둘러싸고 갈등이 일어났다. 박정희와 경호실장 차지철은 부·마 민주 항쟁에 대해 강경 진압을 주장했다. 반면, 중앙정보부장 김재규는 온건책을 내세웠으나 받아들여지지 않자, 박정희를 향해 권총을 쏘았다(10·26 사태, 1979). 결국 박정희가 중앙정보부장 김재규에게 피살됨으로써 유신 체제가 끝나고, 19년간의 1인 독재 정치도 막을 내렸다.

●위수령
육군 부대가 계속적으로 일정한 지역에 주둔하여 그 지역의 경비, 질서 유지를 담당하고, 군대의 규율 감시와 군에 딸린 건축물과 시설물을 보호하도록 규정한 대통령령이다.

'막걸리 보안법'

반국가 활동을 규제한다는 명분으로 1948년 탄생한 국가 보안법은 여러 번의 개정을 거쳐 현재에 이르고 있다. 박정희는 쿠데타 후 처벌 범위나 대상이 강화된 '반공법'을 만들어 시행했다. 이승만 정부 때 막걸리를 마시면서 이승만을 욕하다가 처벌을 받은 사람이 생기면서, 등장한 말이 '막걸리 보안법'이었다. 박정희의 유신 시절은 '막걸리 보안법'과 '막걸리 반공법'의 전성시대였다. 수많은 사람이 입을 잘못 놀린 죄로 처벌을 받아야 했다.

한 도시 빈민은 철거반원들이 강제로 집을 뜯어내자 극도로 흥분한 상태서 욕을 퍼부었다. '김일성보다 더한 놈들', 그는 이 말 한마디 때문에 북한을 이롭게 했다는 죄목으로 국가 보안법 위반 혐의로 기소되었다.

북한이 고향인 한 노동자는 음식점에서 동료들과 술을 마시며 '세금 때문에 못 살겠다. 남한은 10년이 걸려도 북한 정권을 못 따라 간다'고 불평을 털어놓았다가, 북한을 대한민국보다 우월한 것으로 찬양했다며 국가 보안법 위반 유죄를 선고받았다.

'막걸리 보안법'의 대상이 됐던 사건들은 대체로 술기운에 자제력을 잃고 우발적으로 말한 것이 대부분이었다. 그 내용도 단순하고 유치해 사회적으로 아무런 피해를 주지 않은 것임에도 국민 통제를 강화하여 정권 안보에 이용하려는 목적이 있었기에 처벌한 것이다.

10

5·18 민주화 운동과
전두환 정권

박정희는 유신 체제를 통해 영구 집권을 꾀했다. 국내외의 많은 비판에도 불구하고, 그는 유신 헌법에 반대하는 민주화 운동에 대해서는 단호하게 탄압하며 강권 통치를 행했다. 이 과정에서 정보기관인 중앙정보부는 반대 세력을 통제하고 권력을 유지하는 기반이 되었다.

활발히 일어난 민주화 운동으로 박정희의 유신 체제가 동요하는 가운데, 유신 정권은 내부로부터 파국을 맞았다. 1979년 10월 26일, 19년 동안 장기 집권하던 박정희가 자신의 권력 기반이었던 중앙정보부장 김재규에게 피살되면서 결국 유신 정권은 무너졌다.

독재 가고
독재 오네…

12·12 사태와 신군부의 쿠데타

10·26 사태로 강압적인 독재 정치로 사회를 통제하던 박정희가 죽자, 사회 곳곳에서 민주화를 위한 논의가 활발하게 이루어졌다. 이런 가운데 국무총리였던 최규하가 통일 주체 국민 회의를 통해 대통령직을 승

계하고 유신 헌법의 개헌 논의가 오가는 등 민주화에 대한 기대가 커지고 있었다.

그 사이 신군부라 불리는 전두환, 노태우 등의 정치군인들은 권력에 대한 야욕을 드러냈다. 이들은 박정희가 키워 온 군 내부 사조직인 '하나회'의 중심인물들로, 유신 체제의 큰 틀을 유지하려는 자들이었다. 신군부 세력은 1979년 12월 12일 군사 반란을 일으켜 계엄 사령관을 제거하고 군통수권을 장악했다(12·12 사태●). 군부를 장악한 신군부 세력은 아직 권력의 전면에 나서지는 않았다.

또다시 군사 정권이 들어설 것을 우려한 학생과 시민들의 민주화에 대한 열망은 1980년 봄 절정에 이르러 전국적으로 시위가 확대되었다. 5월 15일 서울역 광장에는 학생과 시민 10만여 명이 모여 유신 철폐와 신군부의 퇴진 등을 외치며 민주화를 요구했다(서울의 봄).

그러나 신군부 세력은 이를 구실로 5월 17일 비상계엄을 전국으로 확대하고 모든 정치권력을 장악했다. 이와 함께 김대중과 문익환 등 민주 인사들을 시위 배후 혐의로 체포했다. 아울러 모든 정치인의 정치 활동 금지, 신문·방송의 사전 검열, 대학교 휴교 등의 조치가 취해졌다.

전두환을 비롯한 신군부 세력은 12·12 군사 반란으로 군권을 장악한 후, 5·17 계엄 확대를 통해 모든 권력을 장악한 쿠데타에 성공한 것이다(5·17 쿠데타). 이로써 민주화 열기는 수그러들고 또다시 총검을 든 군인들이 사회를 통제하게 되었다.

5·18 민주화 운동

비상계엄이 확대되어 군이 전국을 통제하는 가운데, 신군부의 권력 장악에 맞선 학

● 12·12 사태
12·12 쿠데타라고도 한다. 전두환과 노태우 등 정치군인들이 반란을 일으켜, 무력으로 계엄 사령관을 체포하고 군 내부의 반대 세력을 제거하여 군의 실권을 장악한 사건이다. 12·12 사태의 주역들은 대부분 군 내부의 비밀 사조직인 하나회 회원이었으며, 이후 군부와 권력의 요직을 독차지했다.

5·17 쿠데타 보도 기사
12·12 군사 반란으로 군 내부의 실권을 장악한 전두환이 5·17 쿠데타로 모든 권력을 장악하고 정치의 전면에 등장했다. 〈한국일보〉 1980. 5. 18.

5·18 민주화 운동 부조
5·18 국립묘지에는 5·18 민주화 운동의 처참했던 상황을 보여 주는 조각들이 새겨져 있다. 광주 북구 소재

생들의 시위가 5월 18일 광주에서 일어났다. 신군부는 자신의 권력 장악에 반대하는 세력에 대해서는 폭력적으로 억누르려 했고, 결국 '본때'를 보이기 위해 공수 부대를 투입했다.

시위 진압을 위해 투입된 공수 부대는 시위에 직접 참가하지 않은 사람까지 무차별적으로 폭행했다. 시내 중심가에서 학생과 청년, 심지어 여성도 마구 구타하고 짓밟으며 찌르는 등의 잔혹한 행동으로 부상자가 속출했다. 공수 부대원들의 유혈 과잉 진압은 시위를 광주 전체로 확산시키는 요인이 되었다. 분노한 시민들은 거리로 뛰쳐나와 시위에 참여했다.

5월 20일 밤 공수 부대의 발포로 희생자가 발생한 가운데, 5월 21일 전남도청 앞에서 대규모 시위대가 집결하여 계엄군과 대치했다. 이때 계엄군이 시위대를 향해 발포하여 많은 사상자가 발생했다. 이에 시위대도 파출소 등에서 무기를 가져와 무장함으로써 자발적으로 '시민군'이 결성되었다.

결국 계엄군이 시 외곽으로 철수하면서 시민군이 광주를 장악했다. 계엄군이 광주 외곽을 철저히 봉쇄하는 가운데 광주는 외부와 완전히 고립되었다. 그럼에도 광주 시민은 스스로 질서를 유지하고 치안을 확보함으로써 성숙한 시민 의식과 공동체 정신을 보여 주었다.

계엄군이 광주에서 철수한 후 시민 수습 대책 위원회가 구성되어, 자발적으로 무기를 회수하고 계엄군과 협상을 시작하는 등 평화로운 해결을 위해 노력했다. 그러나 신군부 세력은 5월 27일 새벽에 헬기와 탱크까지 동원하여 시민군을 무자비하게 진압했으며, 이 과정에서도 많은 희생자가 발생했다.

당시 정부에서 발표한 5 · 18 민주화 운동의 사망자는 모두 163명이었으나 희생자는 이보다 더 많았을 것으로 추정되고 있다. 5 · 18 민주화 운동이 무력으로 진압되자, 이후 한국군의 작전 통제권을 가진 미국의 책임이 제기되었으며, 이는 반미 운동이 일어나는 하나의 배경이 되기도 했다. 또한 신군부 및 이후 신군부 세력이 세운 전두환 정부의 도덕성과 정통성은 큰 타격을 입었다.

신군부의 집권과 전두환 정부

신군부는 5 · 18 민주화 운동을 무력으로 진압하고 나서, 국가 보위 비상 대책 위원회(국보위)를 설치하여 입법, 사법, 행정 등 국정 전반에 대한 실권을 장악했다. 전두환은 국보위 상임 위원장이 되어 집권을 위한 기반을 다졌다.

신군부는 국보위를 통해 정치 활동 정화 조치라는 명분으로 대부분의 국회의원과 민주 인사의 정치 활동을 금지하고, 언론을 강제로 통폐합하는 한편, 사회악을 없앤다는 구실로 삼청 교육대*를 설치하여 공포 분위기를 조성했다. 또한 민주화를 주장하던 교수와 언론인, 교사 등을 대거 해직했다. 이 모든 일은 법적인 근거 없이 이루어졌다.

반대 세력을 제거하고 집권 준비를 마친 전두환은 1980년 8월, 유신 헌법에 의해 통일 주체 국민 회의에서 대통령으로 선출되었다. 이후 전

● 삼청 교육대
신군부는 사회악을 없앤다는 명분으로 일제 검거령을 내려 수만 명을 영장 없이 체포하고, 이들을 군부대 안에 설치한 삼청 교육대에 보내 가혹한 군사 훈련을 받게 했다. 이 중에는 무고하게 끌려간 사람도 있었으며, 삼청 교육대 현장 및 후유증으로 사망한 사람이 수백 명에 달했다. 이는 전두환 정권 초기의 대표적인 인권 탄압 사례로 꼽힌다.

전두환 당선 보도 기사
쿠데타를 통해 권력을 장악한 전두환은 1980년 8월 27일 유신 헌법에 따라 치러진 제11대 대통령 선거에서 당선되었다. 당시 전두환은 민주주의 국가에서는 상상하기 어려운 만장일치의 지지를 받았다. 투표수 2,525표 중 무효표 1표를 제외하고는 모두 전두환을 지지했다. 〈서울신문〉 1980. 8. 27.

두환은 대통령의 비상 조치권과 국회 해산권 등 유신 헌법의 독소 조항을 그대로 둔 새로운 헌법을 국민 투표로 통과시켰다. 새 헌법은 대통령 임기를 7년 단임으로 하고, 선거인단을 통한 간접 선거로 대통령을 선출하도록 했다.

1981년 2월, 단일 후보로 나선 전두환이 다시 대통령에 당선되었다. 광주에서의 피를 바탕으로 권력을 장악한 전두환 정권은 역대 독재 정권 가운데에서도 가장 출발이 떳떳하지 못한 정권이라는 비난에 시달려야 했다. 전두환은 사회 각 부문에 대한 통제를 강화하여 민주주의를 억압하고 독재 체제를 강화했다.

전두환 정권은 과외를 금지하고, 중·고등학생의 두발과 교복을 자율화했으며, 야간 통행금지를 해제했다. 또 대학의 학생회를 부활하는가 하면, 대학 입학의 문호를 넓혀 졸업생의 30%를 더 입학시키는 졸업 정원제를 시행하기도 했다. 아울러 프로 스포츠 도입 등의 정책을 통해 국민의 저항을 약화시키려 했다.

그럼에도 불구하고 집권 과정의 부도덕성, 강압적인 사회 통제, 각종 권력형 부정부패 사건 등으로 국민의 저항이 커져 반독재 민주화 운동이 활발하게 일어났다. 청년 활동가들은 민주화 운동 청년 연합(민청련,

1983)을 결성했고, 민주 인사들은 민주화 추진 위원회(1984)를 조직했으며, 대학생들의 학생 운동도 점차 조직화되어 전국 학생 연합(1985)이 결성되었다.

또한, 학생 운동 세력은 노동 운동 등 민중 운동과의 결합을 모색하기 시작했으며, 5 · 18 민주화 운동 진압에 대한 미국의 책임을 묻기 위해 부산과 서울의 미문화원을 방화하거나 점거하기도 했다. 이처럼 전두환 정권에 대한 반발과 저항은 점점 커져 갔다.

보도 지침과 땡전 뉴스

쿠데타로 권력을 빼앗은 전두환은 폭력적인 방법으로 언론 장악에 나섰다. 전두환은 언론계 구조 개선이라는 명목하에 신문, 방송, 통신사를 포함해 국내의 언론을 강압적으로 통폐합했다.

중앙 일간지를 비롯해 지방 신문 등 많은 신문사가 사라졌으며, 동아방송, 동양방송을 KBS에 통합해 KBS와 MBC 두 공영 방송만 남겼다. 이로써 전두환은 통제가 가능한 '체제 언론'을 구축했다.

여기에 그치지 않고 전두환 정권은 거의 매일 기사 보도를 위한 가이드라인인 '보도 지침'을 작성해 각 언론사에 내려보냈다. 보도 지침에서는 '가', '불가', '절대 불가' 등의 구분을 통해 보도 여부는 물론 보도 내용과 형식까지 구체적으로 지시했다. 즉, 어떤 기사를 어떤 내용으로 어느 면 어느 위치에 싣고, 제목도 어떻게 해야 하며, 사진을 사용해야 하고 또 사용해서는 안 된다는 등의 내용이었다.

사실상 정부 기관이 언론의 제작까지 맡아서 하는 현상이 벌어진 것이다. 이런 내용은 1986년 월간 《말》지를 통해 보도되면서 알려졌다. 물론 보도 지침을 폭로한 기자들은 모두 구속되었다. 이 같은 방법으로 전두환 정권은 언론을 통제하고 대중 조작을 끊임없이 되풀이했다.

또한, 독재 정권의 통제 아래 들어간 방송이 어떻게 정권의 나팔수 역할을 했는지 보여주는 대표적인 사례가 '땡전 뉴스'다. 전두환 정권 때 유행한 이 말은 저녁 9시를 알리는 시보가 '땡' 하고 울리고 9시 뉴스가 시작되면, 앵커가 전하는 첫 소식이 "오늘 전두환 대통령께서는……"으로 시작되는 전두환의 동정에 관한 뉴스였다. 뉴스의 중요도와 관계없이 항상 '땡' 소리와 함께 가장 먼저 '전두환'이 나왔기 때문에 '땡전 뉴스'라는 말이 생겨났다.

11

6월 민주 항쟁과
노태우, 김영삼 정부

전두환은 12 · 12 군사 반란을 일으킨 후, 5 · 17 계엄 확대를 통해 쿠데타를 마무리하고 권력을 장악했다. 이로써 박정희 이후 민주화에 대한 국민의 열망은 좌절되고, 또다시 군사 정권이 수립되었다. 전두환은 사회 각 부문에 대한 통제를 강화하여 민주주의를 억압하고 독재 체제를 강화했다.

결국 각종 권력형 부정부패 사건과 민주화를 억압하는 과정에서의 여러 사건으로 전두환 정권은 위기를 맞았다. 그런 가운데 사실상 전두환 정권을 무너뜨리고 한국의 민주주의를 발전시킨 것은 1987년에 일어난 6월 민주 항쟁이었다.

6월 민주 항쟁

전두환 정권이 각종 권력형 부정부패 사건을 일으키고, 강압적인 통치를 이어 가자 국민적인 저항이 더욱 커져 갔다. 그런 가운데 1985년 치러진 국회의원 선거에서 야당 정치인들이 대거 당선되어 정치권의 변

6월 민주 항쟁 진원지 표지석
6월 10일 오후 6시 '박종철군 고문 살인 은폐 조작 규탄 및 민주 헌법 쟁취를 위한 범국민 대회'를 선포하는 애국가와 종소리가 성공회 서울 대성당에서 울려 퍼지면서 6월 민주 항쟁이 시작되었다. 서울 중구 성공회 대성당 소재

박종철 고문치사 사건
1987년 1월 14일 서울대생 박종철이 치안 본부 남영동 대공 분실에서 조사를 받던 중 사망했다. 경찰은 처음에는 "책상을 탁 치자, '억' 하고 죽었다"라며 단순 쇼크사로 발표했으나, 폭행과 물고문, 전기 고문으로 사망한 사실이 밝혀졌다. 이 사건은 공안 당국의 조직적인 은폐 시도에도 불구하고 그 진상이 폭로되어, 1987년 6월 민주 항쟁의 중요한 계기가 되었다.

화가 시작되었다. 김대중, 김영삼이 중심이 된 야당 정치인들은 대통령 직선제 개헌을 요구하며 1,000만 명 서명 운동을 전개했다.

그럼에도 전두환은 1987년 개헌 논의 중지와 기존 헌법에 의한 정부 이양을 골자로 하는 이른바 '4·13 호헌 조치'를 발표했다. 이에 각계각층에서 개헌 수용과 민주화를 요구하는 성명서를 발표하는 등 비난 여론이 거세졌다. 더구나 서울 대학교 학생 박종철이 경찰의 고문을 받다 사망한 사건을 숨기려던 음모가 드러나면서 시민들의 분노가 폭발했다.

야당과 민주화 운동 세력은 '민주 헌법 쟁취 국민운동 본부'를 조직하여 '직선제 개헌'과 '고문 살인 정권 퇴진'을 요구했다. 그러던 중 연세대에서 민주화 시위를 벌이던 이한열 학생이 최루탄에 맞고 쓰러져 반죽음 상태에 빠지는(이후 사망) 사건이 발생하여 학생들을 더욱 결집시켰다.

민주 헌법 쟁취 국민운동 본부는 대대적인 항쟁을 선언하고, 6월 10

일 '박종철군 고문 살인 은폐 조작 규탄 및 민주 헌법 쟁취를 위한 범국민 대회'를 전국 각지에서 동시에 개최했다. 경찰의 원천 봉쇄에도 불구하고 전국 18개 도시에서 일제히 시위가 일어났다. 밤늦게까지 계속된 서울의 시위는 '명동 성당 농성 투쟁'으로 이어졌고, 농성은 15일까지 계속되었다. 이후 26일 '민주 헌법 쟁취 대행진'에 이르기까지 20여 일간 계속된 6월 민주 항쟁은, 사무직 노동자 등 일반 시민을 포함해 전국적으로 500여 만 명이 참가한 대규모 민주화 운동이었다.

마침내 전두환 정부는 이에 굴복하여, 여당의 차기 대통령 후보로 내정된 노태우의 이름으로 대통령 직선제 수용을 주요 내용으로 하는 '6·29 선언'을 발표했다. 국민의 뜨거운 민주화 운동의 열기를 드러낸 6월 민주 항쟁으로 전두환 독재 정권은 사실상 종말을 맞게 되었다. 이해 10월, 결국 직선제 개헌이 이루어졌다.

계속되는 신군부의 권력, 노태우 정부

1987년 6월 민주 항쟁으로 결국 대통령 직선제와 5년 단임제를 기본으로 하는 개헌이 이루어졌다. 이로써 유신 헌법 이후 간접 선거 방식으로 대통령을 선출하던 방식에서 벗어나 국민이 직접 대통령을 선출할 수 있게 되었다.

1987년 말에 실시된 대통령 선거에는 여당 후보로는 전두환과 함께 쿠데타를 일으켰던 노태우, 야당 후보로는 김영삼과 김대중 등이 출마했다. 민주화 운동을 펼친 두 야당 후보가 단일화해야 한다는 목소리가 거셌지만, 끝내 단일화를 이루지 못한 채 선거가 치러졌다. 결국 노태우가 36.6%라는 낮은 득표율로 대통령에 당선되었다.

하지만 1988년의 국회의원 선거에서는 야당이 과반수를 넘는 의석을 차지해 여소 야대의 국회가 구성되었다. 야당

노태우 홍보 책자
노태우는 선거 과정에서 '보통 사람'을 내세웠다. 경기 파주시 한국 근현대사 박물관 전시

이 우세한 국회에서 정치 자금 문제 등 전두환의 비리 문제, 5·18 민주화 운동의 진상 등을 규명하는 청문회가 열렸다. TV로 생중계된 청문회를 통해 전두환의 부정과 비리가 밝혀지고, 전두환 정부가 북한의 사주에 의한 폭동이라고 주장했던 5·18 민주화 운동이 정당한 평가를 받게 되었다.

전두환을 구속하라는 국민적인 요구가 거세지자, 노태우 정부는 결국 전두환을 비리 혐의로 구속했다. 이후 전두환은 국민에게 사과문을 발표하고, 설악산 백담사로 거처를 옮겨 유배나 다름없는 생활을 해야 했다.

국회를 야당이 장악한 상황에서 국정 운영이 어렵다고 판단한 노태우는 3당 합당을 통해 위기를 극복하려 했다. 결국 1990년 김영삼과 김종필이 이끄는 두 야당을 끌어들여 민주 자유당을 창당함으로써 여대 야소로 정치 구도를 바꾸어 놓았다. 민주화 운동을 했던 김영삼에게는 신군부 세력과 결탁했다는 비난이 쏟아졌다. 정치인 개인의 욕망 때문에 정치 구도가 바뀌게 되자 권위주의 제도의 청산을 위한 국민적인 민주화의 열기도 더욱 커지게 되었다.

또한, 6월 민주 항쟁의 영향으로 각 분야에서 민주주의의 진전을 위한 다양한 움직임이 일어났다. 노동 운동이 점차 활발해졌으며, 경제, 환경, 여성 등 각 분야에서 시민 단체들이 조직되어 활발한 활동을 벌여 나갔다. 이와 함께 문익환 목사의 방북● 등 민간 차원의 통일 운동도 활발히 전개되었다.

노태우 정권은 1988년 서울 올림픽 대회를 성공적으로 치르고, 북방 외교를 추진하여 소련과 중국 및 사회주의 국가들과 외교 관계를 수립

● 문익환 목사 방북
1989년 문익환 목사가 정부의 허가 없이 북한을 방문했다. 문익환 목사는 김일성 주석과 두 차례 회담을 하고 통일 문제 등을 논의했다. 귀환 즉시 문익환 목사는 국가 보안법상의 '반국가 단체 잠입죄'로 구속되었다.

했다. 또한 북한과는 이념적 대결에서 벗어나 화해와 협력을 바탕으로 한 외교를 모색하여, '남북 사이의 화해와 불가침 및 교류·협력에 관한 합의서(남북 기본 합의서)'와 비핵화 선언*에 합의했다. 그리고 1991년에는 남북한이 동시에 유엔에 가입했다.

민간인 출신의 김영삼 정부

1992년 실시된 대통령 선거에서는 여당 후보로 나온 김영삼이 41.4%의 표를 얻어 당선되었다. 김영삼 정권의 출범이 한국의 민주주의 발전 과정에서 갖는 의미는 매우 컸다. 더구나 오랜 민주화 투쟁의 경력이 있는 김영삼이 정권을 장악한 것은 한국의 민주주의가 한층 진전했음을 보여 주었다.

김영삼 정부가 비록 신군부 세력과의 연합을 바탕으로 탄생했다고 할지라도, 군인 출신이 아닌 민간인 출신이 대통령이 되었다고 하는 점 때문이었다. 이로써 박정희 이후 계속되어 온 군사 정권은 막을 내렸다. 민주주의를 향한 국민들의 오랜 투쟁이 낳은 결과이기도 했다.

● 비핵화 선언
'한반도 비핵화와 평화 구축을 위한 선언'이라고도 한다. 1991년 12월 31일 남북 양측 대표는 한반도의 비핵화를 통해 핵전쟁의 위험을 없애고, 조국의 평화와 평화 통일에 유리한 조건과 환경을 만들며, 아시아와 세계의 평화와 안전에 이바지하자는 공통된 취지에서 비핵화 선언을 채택했다.

김영삼 당선 보도 기사
1992년 실시된 대통령 선거에서는 3당 합당을 통해 여당 후보로 변신한 김영삼이 당선되었다. 김영삼은 31년 만에 집권한 민간인 출신 대통령이었다. 〈동아일보〉 1992. 12. 19.

'문민정부'를 표방한 김영삼 정부는 5·16 군사 쿠데타 이후 31년 만에 들어선 민간 정부임을 강조하고, 군사 독재 정부 시절의 불합리한 잔재와 비민주적인 제도를 개혁했다.

김영삼 정부는 공직자 윤리법을 개정하여 고위직의 부정부패를 엄히 다스렸다. 경제의 암적 존재인 검은돈을 투명하게 하기 위해 '금융실명제'를 도입했다. 그리고 그동안 유보했던 지방 자치 단체장 선거를 실시하여 전면적인 지방 자치 시대를 열었다. 한편, 선진국으로 나아가기 위한 열망으로 선진국 경제 협력 단체인 OECD(경제 협력 개발 기구)에 가입하여 국제적 위상을 높였다(1996).

또한, 신군부 세력 쿠데타의 기반이 되었던 군 내부의 사조직 하나회를 해체하여 군의 정치적 중립을 확보하려 했다. 아울러 '역사 바로 세

철거된 조선 총독부 건물의 첨탑
김영삼 정부는 과거 청산의 일환으로 일제가 경복궁에 세운 조선 총독부 건물을 철거했다. 독립 기념관에 그 잔해의 일부가 보관되어 있다. 일부러 땅을 파고 지하 공간에 세워 놓아 홀대하는 방식으로 전시하고 있다. 충남 천안 독립 기념관 전시

우기'를 내세워 두 전직 대통령인 전두환과 노태우를 군사 반란과 비리 혐의로 처벌함으로써 민주주의의 발전에 기여했다. 과거 청산 일환으로 식민 통치의 상징이던 옛 조선 총독부 건물을 철거하기도 했다.

그러나 김영삼 정부 말기인 1997년 말, 국제 경제의 여건 악화와 함께 국내 경제의 부실이 커져 국가의 파산 위기(외환 위기)를 맞았고, 결국 IMF(국제 통화 기금)의 지원을 받아야 했다. 이로 인해 김영삼 정부는 국가의 재정을 바닥낸 정부라는 비난을 받았으며, OECD의 가입이 성급하게 이루어졌다는 비판도 받았다.

전두환, 노태우 처벌
1995년 노태우가 거액을 받은 혐의로, 전두환이 12·12와 5·17 군사 반란 주도 혐의 등으로 각각 구속 수감되었다. 재판 결과 대법원 상고심에서 전두환은 무기 징역, 노태우는 징역 17년의 형량이 확정되었으나, 김영삼은 국민 대화합의 명분으로 이들을 특별 사면했다.

1987년 **제13대 대통령** 선거

1987년 10월 직선제 개헌이 이루어졌다. 이는 6월 민주 항쟁에 신군부 세력이 굴복해 이루어진 것이었지만, 신군부 세력이 이를 수용한 것은 야당이 분열되면 자신들이 계속 집권할 수 있다는 계산이 깔려 있었기 때문이다.

1987년 12월 새 헌법에 의해 제13대 대통령 선거가 실시되었다. 이 선거는 1972년 10월 유신 이후 최초로 치러진 국민들의 직접 선거에 의한 대통령 선거였다. 이 선거는 12 · 12 군사 반란의 주역인 노태우 여당 후보에 대항하여 민주화 운동 세력인 김영삼, 김대중 및 5 · 16 군사 쿠데타의 주역 중 한 명인 김종필이 맞서는 4파전으로 이루어졌다.

민주화 운동 세력은 김영삼과 김대중의 후보 단일화를 촉구했다. 그러나 김영삼과 김대중은 후보 단일화를 위해 담판을 벌였으나 성과를 거두지 못했다. 이런 가운데 일부 민

광역시 · 도별 우세 지역
■ 민주정의당 노태우
■ 통일민주당 김영삼
■ 평화민주당 김대중
■ 신민주공화당 김종필

제13대 대선 시도별 우세 지역
이 선거에서는 각 후보자들이 연고지에서 최다 득표를 보여 지역 대립적인 선거 구도가 나타났다.

주화 운동 세력은 범국민 대통령 후보로 김대중 후보를 지지한다고 발표했으며, 또 일부는 후보 단일화가 이루어지지 않으면 선거에서 이길 수 없다며 단일화를 촉구했다. 그러나 끝내 단일화는 이루어지지 못한 채 선거가 치러졌다.

선거를 불과 며칠 앞두고 KAL(대한항공)기 858편 폭파 사건이 일어나고, 선거일 바로 전날 용의자 김현희가 서울로 압송되었다. 이 사건은 야당의 김영삼 후보와 김대중 후보에게는 불리하게 작용했고, 이로 인해 여당의 노태우 후보는 크게 유리해졌다.

결국 노태우 후보가 36.6%의 역대 선거 사상 가장 낮은 득표율로 대통령에 당선되었다. 김영삼은 28%, 김대중은 27%, 김종필은 8.1%를 차지했다. 이 선거는 각 후보들이 자신의 지역 기반에서 압도적 지지표를 받은 철저한 지역 분할 선거였다.

국민의 민주화 열망에도 불구하고 신군부 세력의 정권이 연장된 배경으로는, 양김의 단일화 실패에 따른 야권의 분열이 첫째 요인으로 꼽히며, 그 외 KAL기 폭파 사건, 국가 기관에 의한 선거 공작, 방송의 편파적 선거 보도, 지역 대립적 선거 구도 등이 언급되었다. 또한, 개표 부정 등 부정 선거의 의혹도 제기되었다.

12

민주주의의 진전과
새로운 위기

1987년 6월 민주 항쟁으로 한국의 민주주의는 한층 더 성장했다. 대통령을
국민의 손으로 직접 선출하는 직선제에 의해 대통령 선거가 치러졌다. 그
러나 민주화 세력이 후보 단일화에 실패함으로써 또다시 신군부 세력이었
던 노태우가 권력을 차지했다.

1992년 김영삼은 노태우와 연합하여 여당의 후보로 대통령에 당선되었
다. 군 출신이 아닌 민간인 출신 대통령의 등장은 30여 년에 걸친 군사 정
권의 종말을 뜻하는 것이었다. 그는 전두환과 노태우를 비리와 반란죄로
처벌하는 등 개혁 정책을 실시했다. 그러나 1997년 외환 위기를 맞아 IMF
의 재정 지원을 받아야 했다. 이는 여야 정권 교체의 배경이 되었다.

평화적 정권 교체를 이룬 김대중 정부

외환 위기 속에서 치러진 1997년 대통령 선거에서는 야당 후보인 김대
중*이 여당 후보인 이회창을 근소한 차이로 꺾고 당선되었다. 김대중

● 김대중
유신 체제에 반대한 민주화 투
쟁은 물론 전두환 정권 때에도
지속적인 민주화 투쟁을 벌였
다. 1971년, 1987년, 1992년
대통령 선거에서 실패했으며,
1997년 대통령 선거에서 네
번째 도전 끝에 당선되었다.
1999년 아시아에서 가장 영향
력 있는 지도자 50인 중 공동
1위에 선정되었으며, 2000년
북한과의 평화와 화해를 위해
노력한 공로로 노벨 평화상을
받았다.

김대중 당선 보도 기사
야당 후보인 김대중의 당선으로 우리 역사상 처음으로 정권 교체가 이루어졌다. 이는 한국 민주주의의 역사를 진일보시킨 엄청난 사건이었다. 〈경향신문〉 1997. 12. 19.

정부의 출범은 우리 역사상 처음으로 정권 교체가 이루어진 것이어서 한국 민주주의 역사를 진일보시킨 엄청난 사건이었다. 또한 군사 정권에 저항하며 타협하지 않고 일관되게 민주화 운동을 벌인 세력의 정권이었다는 점에서 그 의의는 매우 컸다.

김대중 정부의 첫 번째 과제는 IMF 경제 위기의 극복이었다. 2001년에는 IMF 지원 자금 195억 불을 당초 계획보다 3년 앞당겨 전액 상환했으며, 외환 위기 당시 40억 불 이하로 떨어졌던 외환 보유액이 2002년 1,183억 불로 늘어 세계 4대 외환 보유국으로 부상했다. 이로써 외환 위기 당시 마이너스 성장을 기록했던 한국 경제는 빠른 속도로 회복되어 국민적 자신감을 되찾고 외환 위기에서 벗어나게 되었다.

외환 위기의 극복과 함께 김대중 정부가 추진한 가장 중요한 목표의 하나는 민주화를 실천하는 것이었다. 이미 김영삼 정부를 거치면서 군사 정권이 끝나고 민주화는 순항을 하고 있었지만, 정통 민주화 세력이 집권한 만큼 그에 대한 국민적인 기대 또한 매우 컸다.

김대중 정부는 먼저 막강한 대통령의 권한과 지도력만으로 운영되던 정부의 체제에 변화를 주었다. 국무 회의를 대통령이 직접 주재하여 활발한 토론과 국정 운영의 방향을 설정하는 최고 의결 기구로 운영함으로써 이전과는 분명히 다른 면모를 보여 주었다. 정부의 정책에 다양한

2000. 6. 15.

민간 전문가들의 의견이 반영되었던 것도 이전에는 보기 힘든 것이었다.

김대중 정부는 출범 후 대북 포용 정책을 일관되게 추진하여 2000년에는 분단 이후 처음으로 역사적인 남북 정상 회담을 개최했다. 남북의 두 정상은 전쟁 재발 방지와 평화 정착에 대한 확고한 공감대를 바탕으로 '6·15 남북 공동 선언'을 발표했다. 이로써 반세기에 걸친 반목과 대결 관계를 청산하고 화해와 협력 시대를 여는 토대를 마련했다. 그해 김대중은 남북 화해 협력과 민주화 투쟁의 업적을 높게 평가받아 한국인 최초로 노벨 평화상을 받았다.

남북 정상 회담으로 남북 간에 신뢰가 회복되자, 이후 정상 회담 후속 조치를 위한 여덟 차례의 남북 장관급 회담과 특사 회담, 남북 국방 장관 회담 등이 잇달아 개최되었다. 이에 따라 경의선 철도, 도로 연결과 관련된 군사적 보장 합의서를 타결하고, 한반도의 군사적 긴장 완화를 위한 노력에 합의했다. 또 남북 간 협력 사업의 추진과 한국 기업의 안정적인 북한 진출을 위한 각종 회담이 개최되었다.

남북 정상 회담에서 인도적 문제를 빠르게 해결하자고 합의한 만큼 이산가족 상봉이 정기적으로 이루어졌다. 남북 간 인적 왕래도 급증했으며, 민족 통일 대토론회 등 사회·문화 교류가 확대되었다. 시드니 올림픽 개폐회식에서는 남북한 선수단이 동시 입장했고, 금강산 관광 사업으로 많은 사람이 금강산에 다녀왔다. 아울러 인도적 차원의 대북 지원이 추진되어, 식량난 등으로 어려운 처지에 있는 북한을 동포애의 차원에서 성의껏 돕는다는 입장을 견지했다.

김대중 정부는 한국 민주주의의 발전과 한반도 화해의 새로운 분위기를 조성했다. 이에 따라 한국은 평화적 정권 교체를 통해 민주주의가 성숙했음을 보여 주었다는 평가를 받았다. 그러나 김대중 정부는 여당이 국회의 다수 의석을 차지하지 못함으로써 소신 있는 정책을 펴 나가는 데 어려움을 겪었다.

특히 정권을 빼앗겼다고 생각하는 보수 세력들의 끊임없는 견제를 받았다. 보수 세력은 김대중 정부가 추진한 인도적 차원에서의 대북 지원을 바탕으로 한 '햇볕 정책'을 집중 견제했으며, 이를 '퍼 주기'라고 비난했다. 그리하여 외환 위기의 극복과 민주주의의 성장, 남북 관계의 새로운 진전이라는 큰 성과에도 불구하고 정치권은 늘 불안했다.

권위주의를 청산한 노무현 정부

2002년 16대 대통령 선거가 있었다. 새천년민주당의 노무현 후보와 한나라당의 이회창 후보가 격돌한 이 선거에서 노무현● 후보가 근소한 차이로 승리하여 여당은 정권을 유지할 수 있었다. 당시 새천년민주당은 국민 경선이라는 이벤트를 통해 지지층을 확대하고 결집해 결국 정권을 재창출하게 되었다.

김대중 정부를 거치면서 민주주의가 한층 성숙되어 가고 있었지만, 노무현은 오랫동안 민주화 투쟁을 거쳐 오며 민주주의의 토대는 마련되었지만, 아직 완성되지 않았다고 보았다. 그는 성숙한 민주주의, 내실 있는 민주주의가 필요하다고 주장했다.

노무현은 자유와 평등을 대립적인 개념이라고 보지 않는다면서, 평등한 사회만이 자유가 있다고 했다. 평등이 근본이며 이를 실천하는 것이 민주주의의 중요한 가치의 실현이라 본 것이다. 그의 이런 민주주의에 대한 철학은 정책을 통해 나타났다.

노무현 정부는 제왕적 대통령을 거부하고 권위주의와 특권을 청산함으로써 공정하고 투명한 민주주의의 싹을 내리고자 했다. 집권 초기에 국민과의 대화의 장을 마련하여 격의 없는 대화를 나눔으로써 이를 보여 주었다. 그동안 정권의 안보를 위해 동원되었던 검찰, 국정원, 경찰

● 노무현

인권 변호사 출신으로 1988년 국회의원에 당선되어 정치에 입문한 뒤, 전두환 비리를 조사하는 청문회를 통해 두각을 나타냈다. 해양 수산부 장관을 거쳐 16대 대통령에 당선되었다.

노무현 선거 홍보 포스터(부분)
민주당에서 만든 노무현 홍보
포스터에 실린 노무현의 모습이
다. 경기 파주시 한국 근현대사
박물관 전시

등의 기관을 제자리에 돌려놓아 소신껏 일할 수 있는 풍토를 마련하기 위해 노력했다. 또한, 그동안 추진되어 왔던 성장 제일주의에서 벗어나 복지와 분배를 중심으로 하는 정책 기조를 잡음으로써, 분명히 권위주의 시대의 정부와는 다르다는 것을 보여 주었다.

아울러 노무현 정부는 정경 유착과 관치 경제를 청산함으로써 건전한 시장 경제가 발전할 수 있는 기반을 닦으려 했다. 그러나 그동안 관치에 길들여진 시장의 분위기는 이에 적응하는 데 오히려 많은 시간이 걸렸다.

노무현 정부의 대북 정책은 김대중 정부의 기조에서 그 틀을 유지하며 추진되었다. 2003년 미국은 북한 폭격을 고려하기도 했지만, 대화와 평화적 원칙을 고수한 노무현 정부는 미국과 북한을 동시에 설득함으로써 문제를 해결하고 신뢰를 쌓기 위해 노력했다.

노무현 정부의 대북 사업에서의 또 다른 성과는 2007년 두 번째로 이루어진 남북 정상 회담이었다. 노무현과 김정일 두 남북 정상이 발표한 '남북 관계 발전과 평화 번영을 위한 선언(10·4 선언)'은 남북 관계에 새로운 평화의 시대를 여는 계기가 되었다. 이는 1991년의 '남북 기본 합의서'를 되살리고, 2000년 '6·15 공동 선언'으로 이룩된 남북 관계를 한 단계 발전시킬 수 있는 합의였다.

또한, 노무현은 미국에 의존하는 하는 것은 자주 국가로서의 자세가 아니라면서, 전시 작전 통제권의 환수를 통해 군사 주권을 가진 자주 국가로 거듭나야 한다고 주장했다. 결국 노무현 정부는 미국과 합의하여 전시 작전 통제권을 2012년까지 환수하기로 했다. 이로 인해 노무현은 역대 대통령 중 가장 자주적인 대통령이라는 평가를 받기도 했다.

노무현의 정책은 보수 세력의 끊임없는 반발과 보수 언론의 견제를 받았다. 노무현이 취임한 지 1년이 지난 2004년 초, 야당인 한나라당은 대통령의 선거 중립 의무 위반과 측근 비리 등을 내세워 대통령 탄핵 소추안을 국회에 제출했다. 야당이 다수를 점한 국회는 여당을 배제한 채 탄핵 소추안을 가결시킴으로써 노무현의 직무가 정지되었다.

이를 반대하는 국민들의 비난이 빗발치고, 전국 각지에서 탄핵 반대 촛불 시위가 계속되었다. 결국 헌법 재판소의 기각 결정으로 노무현은 두 달 만에 대통령직에 복귀했다. 그러나 노무현 정부는 선거 공약인 행정수도 이전 문제가 헌법재판소에서 위헌 판결을 받음으로써 큰 타격을 입었다.

노무현 정부는 국정 운영에 미숙했으며, 말이 앞서는 통치 방식 때문에 불필요한 마찰과 반발을 불러일으켰다. 특히 노무현 정부의 대북 정책에 대해 반대 세력은 '친북 좌파', '퍼 주기', '안보 무능' 등의 비난을 계속했다. 보수 세력과 보수 언론의 공격은 거셌고, 노무현 정부는 끝내 이를 극복하지 못했다.

결국 그는 인기 없는 대통령으로서 자리매김되고 말았다. 특히 복지

노무현 묘
노무현은 한국의 민주주의를 실현하는 데 중요한 역할을 했다. 대통령 임기를 마치고 고향인 봉하마을에 귀향했으나, 정치 보복성 수사가 계속되자 2009년 사저 뒷산의 부엉이 바위에서 투신했다. 경남 김해 소재

와 분배에 치중하다 보니 일부 부유층의 세금 부담은 커지게 되었고, 결국 여론 주도층을 자신의 적대 세력으로 만듦으로써 마지막 임기를 매우 어렵게 보내야 했다.

권위주의로 회귀한 이명박 정부

2007년 17대 대통령 선거에서는 한나라당의 이명박 후보와 민주당의 정동영 후보가 맞붙었다. 이미 지지도가 떨어진 여당인 민주당으로서는 힘겨운 싸움이었다. 이명박 후보의 도덕성에 문제가 되는 자료들이 속속 발표되었지만, 국민들은 '경제를 살리자'는 그를 선택했다. 결국 압도적인 표 차이로 이명박 후보가 당선되었다.

경제 개발 시대 성장 신화의 주역이었던 이명박이 경제를 하루아침에 다시 일으킬 것이라는 환상이 국민들의 가슴에 있었던 것이다. 이어 실시된 국회의원 선거에서도 한나라당이 압도적인 다수당이 되어, 정부와 국회는 대통령과 여당이 차지하게 되었다. '잃어버린 10년'을 외

치던 이명박과 한나라당이 결국 정권 교체에 성공한 것이다.

'잃어버린 10년'이란 표현에서 알 수 있듯이 이명박은 대통령직을 인수하는 과정에서부터 김대중 정부와 노무현 정부의 모든 정책을 부정하는 방향으로 정책을 폈다. 그러나 대통령 인수 위원회에서 섣부르게 내놓은 정책들은 국민의 저항을 받았고 국민의 기대는 점차 실망으로 바뀌게 되었다.

대통령 취임 후 불거진 문제는 미국과의 소고기 협상이었다. 광우병 위험 물질이 포함될 수 있는 소고기까지도 수입할 수 있도록 하자 국민들은 거세게 저항했다. 그러나 이명박 정부는 국민의 소리에 귀를 기울이지 않았으며, 남녀노소가 촛불을 들고 참여한 평화적 시위를 폭도로 몰아 진압하는 사태까지 벌어지게 되었다.

국민들의 저항은 더욱 거세져 1987년 6월 민주 항쟁에서처럼 100만 인파가 모인 촛불 시위가 벌어졌다. 그러나 이명박 정부는 여전히 국민의 소리를 외면했으며, 결국 시위대는 겨우 임기 몇 달을 보낸 대통령에게 '아웃(out)'을 외쳤다.

오직 실용주의와 경제만을 외쳤던 이명박은 많은 반대에도 불구하고 자신의 정책을 불도저처럼 밀고 나갔다. 그 과정에서 경찰과 검찰, 감사원까지 동원하여 언론의 수장을 몰아내는 방법으로 언론까지 장악했다. 민주주의가 다시 권위주의로 회귀하고 지난 10여 년의 성과가 부정되는 사태가 벌어졌다. 이미 성취했다고 생각하고 있었던 민주주의의 회복이 이명박 정부 들어 또다시 과제로 떠오르게 되었다.

이명박 정부가 심혈을 기울여 추진한 것은 이른바 4대강(한강, 낙동강, 금강, 영산강) 사업이었다. 이명박 정부는 한반도 대운하를 건설할 계획으로 4대강 사업을 추진했다. 야당과 시민 단체의 강력한 반대로 대운하는 무산되었지만, 4대강 살리기 사업이란 이름으로 강하게 밀어붙였다.

4대강 사업 반대 사진전
이명박 정부는 야당을 비롯해 많은 시민 단체의 반대에도 불구하고 4대강 사업을 강력히 추진했다.

4대강 사업은 총사업비 약 22조 원을 들여 4대강 외에도 섬진강 등에 보와 댐, 저수지 등을 만들어 2013년 초에 공사가 마무리되었다. 그러나 엄청난 재정이 투입된 4대강 사업은 설계부터 부실해 보의 내구성이 떨어지고, 수질이 악화되고, 공사 입찰 과정에서 담합이 드러나는 등 총체적 부실 사업이었다는 주장이 끊이지 않고 있어 논란이 계속되고 있다.

또한 이명박 정부는 자원 외교에 치중하여, 원유 등 에너지 자원을 장기적으로 확보할 수 있는 기반을 마련하려는 정책을 추진했다. 수십조 원이 들어간 이 사업 역시 부실한 추진으로 많은 외화 낭비를 가져왔다는 비판이 계속되면서, 진상을 구명해야 한다는 주장이 나오고 있다.

박근혜 정부의 출범
2013년 대통령 선거에서는 여당의 박근혜 후보와 야당의 문재인 후보

가 맞붙었다. 이 선거에서는 '복지 확대와 경제 민주화'를 내세운 박근
혜 후보가 51.6%의 지지를 받아 문재인 후보를 근소한 차이로 누르고
제17대 대통령에 당선되었다.

박근혜는 우리 역사상 첫 여성 대통령이며, 유신 독재를 이끌었던 박
정희의 딸로 아버지와 딸이 대를 이어 대통령에 취임하는 첫 사례가 되
었다. 이는 한국의 정치 모습이 크게 변화했다는 것을 보여 주었다.

박근혜 정부는 취임 초기부터 정치적인 논란에 휩싸였다. 국가 정보
원(국정원)이 선거에 개입한 것으로 보이는 '국정원 댓글 사건'을 비롯
해 노무현과 김정일의 정상 회담 대화록 공개 등의 문제에 대해 야당과
시민 단체는 거세게 반발했다. 특히 이런 사건들을 처리하는 과정에서
국정원을 동원하여 권위주의적인 방법으로 문제를 해결하려 한다는 비
판을 받기도 했다.

나아가 총리와 장관 등의 인사 문제도 집권 초기부터 계속 제기되었
으며, 이 과정에서 대통령이 '소통 부재'에서 벗어나야 한다는 주장이 나
오기도 했다. 그 외 복지 공약의 후퇴, 전국 교직원 노동조합의 승인 취
소, 통합진보당의 해산 등도 국내외로부터 많은 논란을 불러일으켰다.

한국학을 전공한 일부 해외의 학자들은 "한국이 힘들게 성취한 민주주의가 위험에 처했다는 우려가 높아지고 있다."라는 성명을 발표하기도 했다. 심지어 천주교 정의구현사제단을 비롯해 개신교, 불교 등 종교 단체에서는 대통령의 사퇴를 요구하기까지 했다.

2014년에는 300명이 넘는 희생자가 발생한 세월호 침몰 사건이 일어났고, 2015년에는 중동 호흡기 증후군(메르스)이 전파되어 30명 넘는 희생자가 발생했다. 그러나 박근혜 정부는 이 두 사건에 효과적으로 대처하지 못해 위기 관리 능력에 대한 비판을 받았다. 이에 박근혜 정부에 대한 반대 여론이 커져, 한때 지지율이 30% 이하로 떨어지기도 했다.

그럼에도 많은 국민은 박근혜 정부가 국민과 소통하고, 국민의 소리에 귀를 기울이는 민주적인 정부로 거듭나기를 기대하고 있다.

한국군의 작전 통제권 문제

주권 국가에서 해당 국가의 군 통수권자가 작전 통제권을 행사하는 것은 너무나 당연한 기본적인 일이다. 그러나 한국은 그렇지 못하다.

한국 전쟁이 발발하자 1950년 7월 17일 대통령 이승만은 최소한의 외교적 절차도 거치지 않고 구두로, 유엔군 사령관 맥아더Douglas MacArthur에게 작전 지휘권Operational commands을 넘겨주었다. 이후 1954년 '한미 상호 방위 조약'이 발효되면서 작전 지휘권은 작전 통제권Operational control으로 명칭이 바뀌었다.

1978년 한미 연합 사령부가 창설되면서 한국군의 작전 통제권은 유엔군 사령관에서 한미 연합 사령관으로 위임되었다. 그러나 한미 연합 사령관을 미군이 맡고 있기 때문에 한국군의 작전 통제권은 사실상 미국에 있는 것이나 마찬가지였다.

작전 통제권이 미국에 있기 때문에 한국군은 구조 개편이나 국방 개혁도 미국이 승인하지 않으면 할 수 없었다. 더구나 헌법상 군 통수권자인 한국의 대통령이 한국군의 작전 통제권을 행사하지 못함으로써 주권 국가로서 위상이 실추될 수밖에 없었다.

1994년 김영삼 정부는 미국과 협의를 통해 평시 작전 통제권은 한국군에 환수했다. 그러나 여전히 전시 작전 통제권은 한미 연합 사령관이 행사하고 있다. 만약 전쟁이 일어나게 되면 한미 연합 사령관이 수도 방위 사령부 예하 부대를 뺀 한국군 모든 부대의 작전 통제권을 행사하게 되어 있는 것이다.

이후 노무현 정부는 군사 주권을 가진 자주 국가로 거듭나기 위해 전시 작전 통제권을 2012년까지 환수하기로 미국과 합의했다. 그러나 이후 이명박 정부는 전시 작전 통제권 환수를 2015년으로 연기했다. 전시 작전 통제권 환수를 앞둔 2014년 박근혜 정부는 전시 작전 통제권 환수를 확정적 시기가 아닌 한반도의 안보 상황 등을 평가해 시기를 결정하기로 합의해 사실상 무기 연기했다.

13

북한 정치의 변화

북한의 정부 수립에는 다양한 세력이 참여했지만, 한국 전쟁을 거치면서 연안계와 소련계, 그리고 남로당계가 숙청되면서 권력 구도는 김일성 중심으로 재편되었다. 전쟁 후에도 권력 투쟁은 계속되어 남아 있던 연안계와 소련계가 대대적으로 숙청되었다.

　이로써 북한의 정치는 만주의 항일 유격대 세력이 권력을 독점하여, 김일성을 중심으로 한 단일 지도 체제가 성립되었다. 김일성은 전후 복구 사업을 마무리하고, 농업의 협동화 등을 통해 사회주의 체제의 기초를 건설했다. 이 과정에서 전개된 천리마 운동은 경제 성장에 큰 도움이 되었다. 이후 북한의 정치는 어떻게 변화했을까?

주체사상과 수령 유일 체제의 성립

북한은 1950년대 후반 반대 세력 대부분을 제거하고 김일성 중심의 정치 체제를 수립했다. 이 무렵 김일성은 '주체'를 내세우며, 북한의 문제는 북한의 실정에 맞게 풀어야 한다고 강조했다.

1960년대 들어 북한은 점차 정치·사상적으로 중국과 소련으로부터의 자주 노선을 추구하기 시작했다. 북한은 중소 분쟁●을 계기로 소련과 중국을 비판했다. 소련 흐루쇼프의 평화 공존 정책에 대해서는 제국주의의 앞잡이인 수정주의 노선이라며 비판했다. 중국에 대해서는 미국이 베트남 전쟁에 개입했는데도 북베트남의 지원에 소극적이라고 비판했으며, 문화 대혁명●을 좌파 기회주의라고 비판했다. 소련과의 관계는 1964년 흐루쇼프가 물러나면서 점차 개선되었다.

소련과 중국으로부터 독자 노선을 걷기 시작한 북한은 비동맹 중립주의를 선언한 제3세계와의 외교에 치중했다. 이는 고립을 피하고 한일 국교 정상화를 통해 강화된 한·미·일 삼각 안보 체제에 대응하여, 반제·반미 연대를 강화하려는 데 그 목적이 있었다.

한편, 자주 외교와 사회주의의 전면적인 건설을 모색하던 북한은 주체사상을 확립하여 이 같은 상황에 대처했다. 1965년 김일성은 '사상

●중소 분쟁
중국과 소련은 1950년대 후반부터 시작하여 1960년대에 내내 격렬하게 대립하고 갈등했는데, 이를 중소 분쟁이라고 한다. 1956년 소련의 흐루쇼프는 스탈린을 비판했고, 미국과의 평화 공존 정책을 추구했다. 중국은 소련의 평화 공존론을 수정주의라고 공격했고, 소련은 중국에 대해 교조주의라고 맞섰다.

●문화 대혁명(1966~1976)
마오쩌둥을 지지하는 급진 세력이 홍위병을 조직하여 일으킨 대중 운동이자 중국 공산당 내부의 권력 투쟁이었다. 수많은 당 간부와 지식인이 수정주의자로 몰려 추방당했다.

김일성 생가
김일성이 태어나 어린 시절을 보낸 곳이다. 북한에서는 흔히 만경대라고 부르며, '혁명의 요람' 또는 '태양의 성지'로 떠받들고 있다. 북한 평양 소재

수령의 지위
1980년대 북한에서 이론화된 내용에 따르면, 수령의 지위는 "인민대중의 최고 뇌수이며, 통일 단결의 중심이며, 자주성을 위한 혁명 투쟁의 최고 영도자"로 규정된다. 수령의 '영도의 유일성'이 보장되고 있다는 것이 북한식 사회주의 고유의 특성이다.

주체탑
주체탑은 높이 170m에 달하는 거대한 탑으로, 평양 어느 곳에서나 보인다고 한다. 앞에 보이는 광장은 김일성 광장이다. 주체탑의 비문에는 "사람이 모든 것의 주인이며 사람이 모든 것을 결정한다는 것이 주체사상의 기초입니다"라고 주체사상을 정리하고 있다. 북한 평양 소재

에서의 주체, 정치에서의 자주, 경제에서의 자립, 국방에서의 자위'라는 주체사상의 핵심 내용을 발표했다. 1955년 '주체'를 처음 내세운 후 체계를 갖춘 새로운 사상으로 선언한 것이었다. 주체사상은 '혁명과 건설의 주인은 인민대중이며 혁명과 건설을 해 나가는 힘도 인민에게 있다는 사상'으로 정의되고 있다.

1967년 주체사상이 조선 노동당의 이념으로 확정됨으로써, 사실상 통치 이념으로 자리 잡게 되었다. 이를 바탕으로 북한은 수령 중심의 유일사상 체계를 확립해 나갔다. 수령을 찬양하고 수령 중심으로 단결할 것을 강조하는 가운데, '수령' 김일성에 대한 개인숭배가 강화되었다.

이를 위해 북한은 김일성의 항일 유격대 활동을 강조하여 거대한 기념물을 세우고 김일성 생가를 성역화했다. 김일성의 장남 김정일은 이런 활동을 주도하며, 김일성 유일사상 체계를 확립하는 과정에서 큰 역할을 했다. 또한 이 과정에서 항일 유격대 세력이라 하더라도 김일성 유일사상 체계에 걸림돌이 될 만한 견제 세력은 대부분 숙청되었다.

이처럼 북한은 1960년대 후반을 거치면서 주체사상과 '수령'의 지도 아래 획일화되었고, 그 과정에서 김일성과 김정일의 권위는 더욱 강화되어 갔다.

사회주의 헌법 제정과 김정일의 등장

유일사상 체계가 확립된 후 북한에는 더 이상 권력 갈등은 존재하지 않게 되었다. 이를 바탕으로 북한은 사회주의 경제 건설과 '남조선 혁명'을 통한 통일의 달성에 힘을 모았다. 1970년 조선 노동당은 사회주의의 완성을 위해 사상 혁명, 기술 혁명, 문화 혁명의 3대 혁명을 추진하는 것을 목표로 내세웠다.

북한은 1950년대 말 사실상 사회주의 제도가 성립했으나, 통일 이후의 문제 등을 고려하여 이를 뒷받침하는 헌법은 마련하지 않고 있었다. 그러나 사회주의 발전의 성과를 법적으로 체계화하기 위해 1972년 사회주의 헌법을 채택했다. 사회주의 헌법에서는 주체사상을 국가 활동의 지도적 지침으로 공식화하고 주석제를 새로 만들었다. 이로써 주석에 추대된 김일성의 절대 권력을 보장하는 1인 독재 체제가 완성되었다.

주체사상이 뿌리내리도록 하기 위해 제기된 3대 혁명은 3대 혁명 소조 운동으로 뒷받침되었다. 김정일은 1973년부터 3대 혁명 소조 운동을 조직하고 직접 지도했다. 이 운동은 당원, 대학생 등 젊은 남녀로 구성된 3대 혁명 소조원들이 생산 시설, 행정 기관, 학교 등에 파견되어 당 정책을 실현하는 데 선도적인 역할을 하도록 한 운동이었다.

이 운동은 1975년에는 천리마 운동을 발전시킨 3대 혁명 붉은기 쟁취 운동●으로 발전했다. 주체사상이 전 사회적으로 파급되면서 1970년대 말에는 '우리 식대로 살아나가자'라는 구호가 일반화되었다.

이 같은 과정을 통해 유일사상 체계가 확립되면서 김일성에 대한 개

● 3대 혁명 붉은기 쟁취 운동
3대 혁명 소조 운동이 젊은 남녀로 구성된 3대 혁명 소조원들이 중심이 되었다면, 3대 혁명 붉은기 쟁취 운동은 3대 혁명을 대중 속에서 강력하게 추진하기 위해 제창된 운동이다. 북한은 이 운동을 천리마 운동을 발전시킨 전인민의 대진군 운동이라고 했다.

김일성, 김정일 동상
남한의 국회 의사당 격인 최고
인민회의 건물인 만수대 의사
당에 세워져 있다. 북한 평양
소재

인숭배는 더욱 심해졌다. 이 무렵 '인민의 위대한 어버이', '수령님의 사랑과 배려' 등의 표현이 점차 자연스럽게 정착해 갔다. 김일성은 현지 지도를 통해 지속적으로 대중과 접촉하여 자신의 권위에 맞게 활동하려 했다.

한편, 김정일은 1974년 당 중앙위원회에서 수령의 유일한 후계자로 공식 추대되었다. 이후 김정일은 자신의 이름을 전면에 내세우지 않고 '당중앙'으로 불리며 여러 사업에서 큰 권한을 행사했다. 특히 그는 주체사상을 체계화하는 데 앞장섰으며, '김일성주의'란 용어를 정식으로 사용했다.

김정일은 1980년 당 중앙 위원회 비서, 당 중앙 군사 위원회 위원 등으로 추대되면서 공식적인 후계자로 대중에게 모습을 드러냈다. 이때부터 김정일의 호칭은 '친애하는 지도자 동지'로 바뀌었고, 북한의 주요 정책을 실질적으로 지휘하게 되었다.

공식 후계자가 된 김정일은 1982년 〈주체사상에 대하여〉라는 논문을 발표하여, 주체사상의 구성, 철학적 원리, 지도적 원칙 등을 체계적으로 정리했다. 이후 김정일은 이를 바탕으로 수령의 지위를 절대적인 상징으로 격상시켰다. 이로써 북한은 수령과 당의 권위에 의해 움직이는 사회가 되었으며, 이를 대신하는 어떤 정치 세력도 존재하지 않게 되었다.

김정일의 선군 정치

1980년대 중반 이후 북한은 안팎의 여러 요인에 의해 한계에 부딪히게 되었다. 소련을 비롯한 사회주의 국가의 침체 등이 중요한 배경이었으며, 자력갱생 경제의 한계, 계획 경제의 비효율성 등으로 북한 경제는 침체에 허덕였다. 북한은 사상적 단결이나 대중 동원 등의 방식으로 어려움을 극복하려 했으나 큰 효과는 거두지 못했다.

1990년을 전후하여 소련과 동유럽 사회주의권이 붕괴되자 북한은 심각한 위기의식을 느꼈다. 김정일은 '우리식 사회주의'를 제창하며, 사회주의 체제를 끝까지 지켜나가겠다는 입장을 안팎에 선언했다.

이런 상황에서 김정일은 1993년 국방위원장이 되어 당권과 군사권을 장악했다. 수령인 김일성의 지위는 변함이 없었으나, 대부분의 정책은 김정일이 직접 수행했다. 1994년 반세기 동안 북한을 이끌던 김일성 주석이 사망하자, 김정일은 김일성을 계승하여 북한의 최고 권력자가 되었다.

김정일은 주석 자리는 비워 두고 국방위원장의 지위를 통해 북한을

영생탑
북한에는 마을마다 영생탑이라 불리는 탑이 세워져 있다. 김정일의 유훈 통치 시기의 흔적으로 보인다. 최근에 세운 영생탑에는 김정일의 이름도 들어가 있다. 북한 금강산 소재

●유훈 통치
1994년 김일성이 사망한 뒤, 김정일이 국방위원장으로서 김일성의 유훈을 내세우며 통치하던 것을 말한다. 김정일은 당시 "위대한 수령 김일성 동지는 영원히 우리와 함께 계신다"라는 표어를 내걸었다.

이끌어 나갔다. 이때 그는 자신의 정책을 제시하지 않고 김일성이 생전에 실시한 정책을 이어받아 통치하는 '유훈 통치●'를 실시했다.

1990년대 중반 들어 홍수와 가뭄 등 극심한 자연재해와 계속되는 경제난으로 북한은 큰 위기에 봉착했다. 식량 생산이 크게 줄어들어 주민들은 극심한 굶주림을 겪어야 했고, 석유 등 에너지 부족으로 전력난이 심각했으며, 공장의 가동률도 크게 떨어졌다. 소련 및 동유럽 사회주의권의 붕괴와 미국의 경제 봉쇄 정책으로 에너지와 식량 수입, 외화 획득이 어려웠기 때문이다. 이에 극심한 식량난과 경제난을 피해 많은 사람이 중국 등 해외로 도피하는 '탈북' 사태가 벌어졌다.

북한은 김일성의 유훈을 내세우면서 대중에게 '고난의 행군'으로 이겨 나갈 것을 당부했다. 이 같은 상황에서 경제 복구에 앞장선 것은 잘 조직화된 군대와 청년들이었다. 1998년 최악의 상황에서 벗어나자, 북한은 유훈 통치를 끝내고 김정일 체제를 정비했다. 북한은 헌법을 개정하여 주석제를 폐지하고 국방위원장을 최고 직책으로 격상시켰다. 여기에 김정일이 재추대됨으로써 권력 승계 작업은 김일성 사후 4년 만에 마무리되었다.

김정일은 북한이 마주한 총체적 위기를 돌파하기 위해 '사회주의 강성 대국'을 목표로 삼고 경제와 과학 기술 분야의 발전을 꾀했다. 또 '선군 정치'를 내세웠는데, 이는 안팎의 여러 위협을 군대를 강화함으로써 대처하고, 군대가 중심이 되어 극심한 경제난을 극복하겠다는 것이었다.

이후 북한은 그동안의 어려움을 극복한 것은 선군 정치의 위력이라

북한의 행정 구역
- 도
- 지구
- 직할시, 특별시

라선특별시
함경북도
량강도
자강도
신의주특별행정구
함경남도
평안북도
평안남도
평양직할사
남포특별시
황해북도
강원도
금강산국제관광특별구
황해남도
개성공업지구

북한의 행정 구역
북한의 행정 구역은 자주 바뀌었으며, 남한에서는 1945년 이전의 명칭으로 부르는 경우가 많다.

고 선전했으며, 강대국 미국과의 대립 속에서 체제를 지킨 것도 선군 정치 덕분이라고 강조했다. 북한은 선군 정치의 방침에 따라 강성 대국을 목표로 내걸고 핵무기 개발에 나섰으며, 미사일을 개발하는 등 군사력 강화에 국력을 집중했다.

이런 가운데 2000년에는 김정일 국방위원장과 김대중 대통령 사이에 첫 남북 정상 회담이 평양에서 열렸으며, 2007년에는 노무현 대통령과 두 번째 정상 회담이 성사되었다. 이는 남북 대립의 긴장 상태를 완화시키는 데 기여했다.

그러나 북한은 1999년과 2002년의 서해 교전(연평 해전), 2006년과 2009년 두 차례에 걸친 핵 실험, 2010년의 연평도 포격 사건 등으로 한반도의 위기를 고조시키기도 했다.

군비 증강

먹고
살기도
어려운데…

김정은 체제의 성립

2009년 김정일의 건강 악화 문제가 대두될 무렵 북한 언론은 김정은을 '청년 대장'으로 소개했다. 이 무렵에 김정은이 김정일의 후계자로 내정된 것으로 보인다. 이어 그는 2010년 노동당 중앙 군사 위원회 부위원장을 맡으며 공개 석상에 처음 등장했다.

특히 할아버지인 김일성의 젊은 시절과 닮은 외모로 큰 관심을 끌었다. 이후 김정은은 노동당 중앙 위원회 위원, 인민군 대장에 올랐으며, 북한 언론에서는 '존경하는 동지'로 찬양했다. 이로써 김정은은 후계자의 지위를 확실히 구축했다.

2011년 12월 김정일이 갑작스럽게 사망하자 김정은이 권력을 이어받았다. 중국과 러시아는 김정은 체제를 공식 인정함으로써, 김일성, 김정일, 김정은으로 이어지는 3대 세습이 공식화되었다. 나이 어린 김

김정은
김일성, 김정일에 이어 김정은이 3대째 세습하여 북한의 권력을 장악하고 있다. 그는 체제 안정을 위해 강권 통치를 펴고 있다는 비판을 받고 있다.

정은이 북한의 권력을 이어받자 일부에서는 이후의 사태를 우려하기도 했으나, 점차 자신의 권력 기반을 다져가고 있는 것으로 확인되고 있다.

북한의 헌법에 따르면, 최고인민회의 상임 위원장이 명목상 국가를 대표하며, 내각 총리가 행정을 담당하게 되어 있다. 그러나 실질적 권한은 당과 국방 위원회를 장악한 김정은에게 집중되어 있다. 2012년에는 헌법을 개정하고 국방 위원회 제1위원장* 직제를 신설해 김정은을 추대함으로써 최고 영도자인 국방위원장의 권한을 그대로 승계했다. 또한 김정은이 당 제1비서, 당 중앙 군사 위원회 위원장 등에 올라 본격적으로 김정은 체제가 출범했다.

2013년부터 김정은은 '경제 건설과 핵무력 병진 노선'을 내세우며 경제 위기와 국제적 고립에서 벗어나려하고 있으나, 핵 문제를 두고 국제 사회의 우려는 더욱 커지게 되었다. 이런 가운데 북한은 김정은의 고모부로서 후견인 역할을 하던 장성택을 '국가 전복 음모 혐의'로 숙청함으로써 김정은 1인 체제를 공고히했다.

● 국방위원회 제1위원장
김정일 사후 국방위원장은 공석으로 하고, 헌법을 개정하여 국방위원회 제1위원장 직제를 신설하여 김정은이 국방위원회 제1위원장의 자리에 올랐다. 이는 김일성 사후 주석을 공석으로 하고, 이후 헌법을 고쳐 국방위원장을 최고 직책으로 격상시킨 후 김정일이 재추대된 것과 같은 방식이다. 북한은 2012 개정 헌법의 서문에서 김일성을 '영원한 주석'으로, 김정일을 '영원한 국방위원장'으로 명문화했다.

'고난의 행군'

만주에서 동북 항일 연군의 조선인 부대를 이끌고 활동하던 김일성은, 1937년 국내 진입 작전을 펼쳐 보천보를 공격했다. 이 사실은 당시 국내 신문에 크게 보도되어 주목을 받았다. 만주에 독립군이 사라졌다고 장담하던 일제에 보천보 전투는 큰 충격을 주었고, 이후 김일성의 항일 유격대는 일제의 집요한 추격을 받아 몹시 어려운 처지에 놓였다.

이들은 일제의 추격을 피하고 역량을 보존하기 위해, 1938년 12월부터 1939년 3월까지 100여 일 간, 지린 성 몽강현 남패자에서 압록강 연안 국경 지대인 장백현 북대정자까지 행군해야 했다. 계속되는 전투와 영하 40도를 오르내리는 모진 추위를 뚫고 감행한 행군으로 이들은 결국 살아남았다.

이후 이 사건은 '고난의 행군'이라 불리게 되었다. 항일 유격대 정신을 이념으로 삼고 있는 북한에서 '고난의 행군'은 중요한 역사적 기억이다. 아울러 이는 '어떠한 어려운 역경 속에서도 패배주의와 동요를 모르는 불굴의 혁명 정신'으로 정의되고 있다.

고난의 행군에 대한 역사적 기억이 정치적인 구호로 등장한 것은, 1956년의 '8월 종파 사건'에서부터 천리마 운동이 추진된 시기였다. '8월 종파 사건'은 연안계가 소련계와 함께 김일성의 권력에 도전했다 실패한 사건이었다. 이때 처음으로 '고난의 행군' 정신이 국가적 난국을 헤쳐 나가기 위한 구호로 등장했다. 북한에서는 이 시기를 두 번째 '고난의 행군' 시기라고 칭한다.

'고난의 행군' 정신이 다시 등장한 것은 1990년대 중반이었다. 김일성 사망(1994)과 뒤이은 자연재해, 그로 인한 극심한 식량난 등 경제난 심화에 따른 체제 위기를 극복하기 위해서였다. 이때 북한은 또다시 "고난의 행군 정신으로 어려움을 헤쳐 나가자"라고 호소했다.

북한은 2000년 들어 경제난이 다소 완화됨에 따라 "고난의 행군의 어려운 시련을 이겨냈다"라고 주장하며, 공식적으로 세 번째 '고난의 행군'의 종료를 선언했다.

14

한국 경제의 성장

한국 전쟁 후 한국 경제는 미국의 원조에 크게 의존했다. 전후 복구 사업 과정에서 미국의 원조로 들여온 물자를 국내 시장에 팔아 그 자금의 일부를 경제 재건에 사용했다. 이 과정에서 원조 물자를 가공하기 위한 제분, 제당, 면방직 등 소비재 산업이 발달하게 되었다.

한편, 원조 물자가 민간 기업에 배당되는 과정에서 정경 유착 문제나 독점의 폐해가 나타나기도 했다. 또한 미국 농산물이 중심이 된 원조 물자가 들어옴으로써 밀과 면화 농업이 몰락하는 등 우리 농촌이 큰 타격을 받았다. 1950년대 후반 들어 미국의 무상 원조가 줄고 유상 차관 형식으로 바뀌면서 한국 경제는 경제 성장률이 하락하는 등 어려움에 처하게 되었다.

경제 개발 5개년 계획

쿠데타로 집권한 박정희의 군사 정부는 쿠데타의 성공 여부는 경제 개발에 달려 있다고 여겨 적극적인 경제 개발에 나섰다. 당시 한국은 많

● 베트남 특수
한국은 베트남 전쟁에 참전함으로써, 미국으로부터 군사 원조의 삭감이 중지되고, 1억 5천만 달러의 장기 차관이 들어왔다. 또 베트남에 파견된 전투 요원과 노무자, 기술자가 송금한 달러가 들어와 새로운 무역외 수입이 생겼으며, 베트남으로의 군수품, 건설, 생필품 수출이 증가했다. 이는 경제 발전의 밑거름이 되었다.

은 사람이 극심한 가난에 시달리고 있었고 경제 상황이 어려웠다.

미국의 무상 원조 정책이 유산 차관 형식으로 바뀌게 된 것도 경제 개발의 필요성을 자극했다. 또한 박정희 정부의 경제 개발 정책에는 미국의 정책도 큰 영향을 끼쳤다. 미국은 북한에 비해 뒤처진 한국 경제를 살리는 것이 사회주의권과의 체제 경쟁에서 승리하는 길이라는 생각을 가지고 박정희 정부에 경제 개발을 적극 요구했다.

박정희 정부는 장면 정부가 수립해 놓았던 경제 개발 정책을 바탕으로 1962년 제1차 경제 개발 5개년 계획을 실시했다. 주요 목표는 국내 자본으로 시멘트와 비료 등 수입을 대체할 수 있는 산업을 육성하여 자립 경제를 달성하려는 것이었다. 그러나 자금 부족 등으로 어려움에 직면하자 계획을 수정하여, 의류, 신발, 합판 등 노동 집약적 산업을 육성하여 수출을 늘리는 정책을 추진했다.

정부는 자금 조달을 위해 적극적인 외자 유치에 나섰으며, 한일 회담이 타결되어 일본 자본이 유입되고, 베트남 전쟁 참전으로 달러가 들어왔다. 이후 빠르게 경제가 성장하여 1964년부터 1966년까지 수출은 연 44%의 성장률을 기록했다. 특히 베트남 특수●는 이후 한국 경제의 발전에 크게 기여했다.

1967년 시작된 제2차 경제 개발 5개년 계획에서는 경부 고속 도로를 건설하여 사회 간접 시설을 늘리고, 비료, 시멘트, 정유 산업 육성을 통한 산업 구조 개편에 주력했다. 1970년 완공된 경부 고속 도로는 수출 물량의 이동에 큰 역할을 했고, 서울을 중심으로 한 전국 시장권의 형성에 도움에 되었다.

제1차, 제2차 경제 개발 5개년 계획을 거치면서 한국 경제는 각각 연평균 8.5%와 9.7%에 달하는 높은 경제 성장률을 기록했다. 이에 따라 경공업 부문에서 물자를 수입하지 않아도 대체가 어느 정도 이루어졌고, 중화학 공업 분야에도 진출하기 시작했다.

젊은이의 희생이 경제 개발의 밑거름이 되었어.

이처럼 경제 성장에 힘입어 1970년대 들어 한국 경제는 북한을 앞지르게 되었다.

그러나 경제가 성장하면서 이루어진 대규모 차관 도입은 결국 외채의 증가로 이어졌으며, 기업은 사채 상환 부담이 증가하면서 어려움에 처하게 되었다. 이에 정부는 대기업에 파격적인 금리 혜택 등 특혜를 제공하고, 또 마산, 창원 등지에 수출 자유 지역을 설정하여 외국인 투자를 유치해 고도성장을 유지하려 했다.

한국 경제의 고도성장

1972년부터 추진된 제3차 경제 개발 5개년 계획과 1977년 추진된 제4차 경제 개발 5개년 계획에서는 중화학 공업의 육성에 초점이 맞춰졌다. 1973년 포항 제철소가 준공되었으며, 경상도 해안 지역에 대규모의 조선, 자동차, 정유, 전자 단지가 들어섰다.

그 결과 경제 구조에 큰 변화가 나타나 중공업이 중요한 비중을 차지하게 되었다. 이에 따라 1980년에는 전체 제조업 중에서 중화학 공업이 차지하는 비중은 54%로 확대되어 중화학 공업의 비중이 경공업을 앞질렀다.

1973년에서 1979년 사이 한국 경제는 연평균 16.6%라는 고도성장을 이루었다. 1973년 4차 중동 전쟁으로 국제 유가가 4배 이상 급등하는 제1차 석유 파동(오일 쇼크)*이 있었지만, 중동 산유국의 건설 사업에 한국 기업이 대거 참여하면서 벌어들인 달러로 이를 극복할 수 있었다. 1977년 말에는 100억 달러 수출 목표를 4년 앞당겨 달성했다. 이 같은 급속한 경제 발전은 '한강의 기적'이라 불리기도 했다.

경부 고속 도로 홍보 포스터 1968년 시작되어 1970년에 개통된 경부 고속 도로 공사는 단군 이래 최대의 토목 공사라고 일컬어졌다. 경부 고속 도로가 개통되어 전국이 일일 생활권으로 좁혀졌으며, 경제 발전의 큰 계기가 되었다. 서울 종로구 대한민국 역사 박물관 전시

● 오일 쇼크
1973년 아랍 산유국의 석유 무기화 정책과, 1978년 이란 혁명 이후 석유 공급 부족과 석유 가격 폭등으로 세계 경제가 큰 혼란과 위기를 겪은 일을 말한다.

한국 경제 성장을 소개한 《뉴스위크》
한국의 경제 성장을 소개한 1977년 6월 《뉴스위크》지의 표지로 "한국인이 오고 있다"라는 제목이다. 서울 종로구 대한민국 역사 박물관 전시

그러나 1970년대 말의 제2차 석유 파동으로 중화학 공업에 대한 과잉 투자와 수출 위주의 산업 구조를 가진 한국 경제는 심각한 위기 상황에 직면했다. 이러한 경제 위기는 박정희 유신 체제의 정치적 위기로까지 이어졌다.

성장 위주 정책의 문제점

한국 경제가 1960~1970년대에 고도성장을 이룰 수 있었던 것은 정부가 외자를 도입하여 수출 산업을 적극 육성했기 때문이었다. 또 하나는 높은 교육열에 힘입은 우수한 노동력과 성실하게 일하는 노동자의 근면성과 열정 때문이었다.

그러나 박정희 정부의 경제 정책은 분배를 고려하지 않은 성장 제일주의, 근대화 지상주의 정책이었다. 이에 따라 높은 경제 성장에도 불구하고 노동자들은 저임금에 시달렸고, 소득 분배가 제대로 이루어지지 않아 빈부의 격차가 커졌다.

또, 영남 지역 위주로 개발되어 영·호남간의 불균등 개발 때문에 지역 차별 문제가 나타났다. 이는 이후 정치에까지 영향을 끼쳐 현재까지도 큰 문제가 되고 있다. 아울러 노동자의 저임금 유지를 위해 저농산물 가격 정책을 폄으로써 농촌의 피폐를 가져와, 도시와 농촌간의 소득 격차가 커지게 되어 이농 현상이 발생하는 문제점을 안게 되었다.

또한, 수출 주도형의 경제 성장 전략이 국내의 기반 시설이나 원자재가 부족한 상태에서 추진되었기 때문에, 원자재나 중간재의 수입이 증가할 수밖에 없었다. 이로 인해 만성적인 무역 적자 현상이 나타났으며, 내수보다 수출의 비중이 커지면서 한국 경제의 대외 의존도가 심화되었다. 더구나 무리한 외국 자본의 도입으로 외채가 급속히 증가했다.

이 같은 한국 경제의 구조적인 문제는 1990년대 말에 겪은 외환 위기의 한 원인이 되었다.

한편, 정부가 경제 성장 정책을 주도하면서 외국에서 들여온 자본을 주로 수출을 주도하는 일부 대기업에 지원하여, 대기업이 정부의 특혜를 받아 크게 성장했다. 대기업은 여러 개의 계열사를 거느리며 다양한 업종에 진출하여, 재벌이라고 하는 독특한 한국식 기업 문화가 형성되었다. 이는 중소기업의 육성을 가로막아 재벌 중심의 불균형한 산업 구조를 만들어 냈다. 또한 정치인과 기업 사이에 부적절한 밀착 관계인 정경 유착의 문제가 커지게 되었다.

한국 경제의 시련과 극복

1970년대 말 제2차 석유 파동의 영향으로 위기를 겪은 한국 경제는, 1980년대 들어 전두환 정부가 내세운 부실기업 정리와 중소기업 육성을 통한 산업 구조 조정, 금융 시장의 일부 개방 등을 통해 점차 회복되어 갔다. 그러나 권력에 의한 인위적인 구조 재편은 오히려 정부와 재벌 간의 정경 유착을 더욱 강화시키는 계기가 되었다.

1980년대 중반 저유가, 저금리, 저달러(저환율)의 3저 현상으로 수출이 늘고 물가가 안정되면서, 한국 경제는 다시 한 번 크게 성장했다. 이에 따라 1989년 1인당 국민 소득은 5천 달러를 넘어섰으며, 1995년에는 1만 달러를 넘었다.

1990년대 들어 세계 경제는 국가 권력의 시장 개입을 비판하고 자유 경쟁에 따른 발전을 추구하는 이른바 신자유주의 이념이 중심이 되었다. 이에 따라 세계화가 급속히 진행되어 국가 간의 교역이 늘고 상호 의존도가 높아지게 되었다. 1995년 세계 125개국이 참여하여 출범한 WTO(세계 무역 기구)는 신자유주의를 바탕으로 원활한 무역을 위해 각

수출의 여인상
여성 근로자의 희생과 헌신을 상징하는 수출의 여인상은 1974년 한국 수출 산업 공단(구로 공단) 창립 10주년을 기념해 세웠다. 이후 몇 차례 이전을 거쳐 최근 본래 자리 근처에 다시 세웠다. 정식 명칭은 '한국 수출 산업 공업 단지 근로 여인상'이다. 서울 구로구 소재

● OECD
서방 세계 전체의 경제 성장
과 세계 경제 발전을 목적으
로 조직되었으며, 경제협력
개발 기구라고 한다. 초기에
는 선진국 위주였으나, 1989
년 이후 비선진국권으로 회원
국 및 협력 관계를 확대했다.
한국은 1996년에 가입했다.

국에 시장 개방을 강력히 촉구했다.

김영삼 정부는 이러한 세계 경제의 추세에 따라 공기업의 민영화, 금융 규제 완화, OECD(경제 협력 개발 기구)⁰ 가입과 같은 신자유주의 경제 정책을 폈다. 그런 가운데 1997년 한보 철강의 부도를 시작으로 여러 대기업이 도산했다. 이는 재벌이 지나치게 많은 은행 빚과 외자를 빌려 외형 확대에 치중해 온 결과였다. 이를 계기로 외국 투자자들이 한국에서 투자한 자금을 거두어가기 시작해, 외환 보유고가 줄고 외환 차입이 어려워짐에 따라 한국 경제는 치명적인 타격을 입게 되었다(외환 위기, 1997).

정부는 외환 위기를 극복하기 위해 IMF(국제 통화 기금)에 구제 금융 지원을 요청했다. IMF는 자금을 지원하는 대신, 재정 긴축과 금융권 구조 조정 등을 요구했다. 외환 위기 속에서 출범한 김대중 정부는 예상

금모으기 운동
국민들은 집에 잠자고 있던 금
붙이를 가지고 나와 금 모으기
운동에 적극 참여하여 외환 위
기를 극복하는 데 동참했다.

보다 빠른 2001년 IMF로부터 지원받은 자금을 모두 갚았다. 이 과정에서 국민들은 금 모으기 운동에 적극 참여하는 등 외환 위기 극복에 동참했다.

하지만 그 사이 한국 경제가 받은 대가는 혹독했다. 일부 은행과 기업이 외국 자본의 손으로 넘어갔으며, 대량 해고로 많은 실업자가 생겨나고 비정규직 노동자가 증가하여 빈부 격차가 더욱 심화되었다.

외환 위기를 거치면서 2000년대에 들어 한국 경제는 고도의 기술을 요구하는 산업 중심으로 재편되었다. 특히 반도체와 LCD, 휴대 전화, 자동차, 조선 등이 세계적 경쟁력을 갖춘 산업으로 성장했다. 이후 한국은 1인당 국민소득이 2만 달러를 넘게 되었다.

세계화와 개방화의 흐름이 계속되는 가운데, 한국은 미국에 이어 인도, EU(유럽 연합) 등과 FTA(자유 무역 협정)를 체결하는 등 대외 개방의 흐름은 더욱 확대되었다. 이 같은 세계화의 흐름 속에서 앞으로 한국 경제는 국제 경쟁력의 강화, 국가 이익의 극대화, 사회적 격차의 해소, 복지의 확대 등의 과제를 해결해야 한다. 국민의 지혜와 노력이 필요하다.

(주)새빛기획 총무팀

같은 일을 하는데…

정규직

비정규직

월급

월급

독일로 간 광부와 간호사

5·16 군사 쿠데타 후 박정희 군사 정권은 극심한 빈곤을 해결하기 위해 경제 개발을 추진했으나 외화 부족에 시달려야 했다. 군사 정권은 외화 벌이를 위해 해외 노동력 파견을 추진하기 시작했다. 이에 서독과 교섭하여 차관을 빌리는 조건으로 광부와 간호사를 파견했다.

당시 독일은 제2차 세계 대전 이후 급속한 경제 성장으로 노동력 부족 사태를 겪고 있었다. 특히 광부나 간병인 같은 힘든 육체노동이 요구되는 일자리는 현지인이 꺼려 인력 부족 상황이 심각했기 때문에 외국인 노동자들을 받아들이기 시작했다.

1963년 파독 광부 500명을 처음 모집하는 데 무려 4만 6,000여 명이 지원했으며, 그중에는 대학 졸업자도 많았다. 그만큼 높은 수입이 보장되었기 때문에 많은 한국인이 독일로 가기를 희망했다. 광부는 1963년부터 파견이 시작되어 1977년까지 모두 7,900여 명이 파견되었다. 간호사의 경우는 파독 광부를 결정하기 이전부터 민간 교류의 형식으로 일부가 독일에 파견되고 있었다. 1966년부터는 대규모로 파견되어 1977년까지 모두 1만 723명이 독일에 파견되었다.

파견된 광부와 간호사들은 독일 사람이 기피하는 힘든 일부터 시작했다. 광부는 지하 갱도에서 하루 8시간 이상의 고된 노동을 이겨 내야 했고, 간호사는 시신을 닦거나 거동이 불편한 환자의 간병 등 병원의 힘든 일을 도맡아 했다. 한국인 광부와 간호사는 특유의 성실함과 책임감으로 독일 사회에서 좋은 평가를 받았다.

대다수 간호사는 계약 연장을 통해 현지에 남았으며, 광부 역시 60%가량은 독일에 남아 새로운 삶을 개척했다. 파독 광부와 간호사의 월급은 한국에 송금되어 가족의 생계비와 학비로 쓰였으며, 외화 부족에 허덕이던 한국의 경제 성장에 적지 않게 기여했다.

15

북한 사회주의 경제의 변화

한국 전쟁 후 북한은 전후 복구 사업을 통해 폐허나 다름없었던 경제가 회복되자, 사회주의의 토대를 건설하는 데 초점을 맞추었다. 농업 협동화를 통해 농촌 사회를 재편하고, 상공업 분야에서도 사회주의적 개조가 진행되어 협동화가 완료되었다.

이처럼 북한에서는 각 부문에서 사회주의화가 급속히 진행되어 1950년대 후반에는 사회주의 경제의 기초가 마련되었다. 이 과정에서 '속도전'을 내세우며 전국적으로 번져 나간 천리마 운동은 대중적 경쟁 운동으로 이후 북한 사회주의의 주요한 특징이 되었다.

경제 개발 계획의 추진(1960년대)

1960년대에 들어 김일성은 사회주의의 기초가 완전히 건설되었음을 선언하고, 이후에는 사회주의의 전면적인 건설을 위해 노력해야 한다고 강조했다. 그리고 경제 개발 7개년 계획을 수립해 추진했다. 7개년 계획에서는 사회주의 공업화의 실현, 경제의 현대화, 생활 수준의 향상을 목표로 내걸었다.

7개년 계획은 초기에는 성과가 있었으나, 1960년대 중반 들어 점차 경제 성장의 한계가 드러나기 시작했다. 미군이 주둔하고 있는 남한과 달리 스스로 국방을 책임져야 하는 북한은 증가하는 군사비 때문에 경제 건설에 어려움을 겪었다. 1967년도에는 군사비가 전체 세출액의 30%를 넘을 정도였다. 또한 소련을 비판하며 독자 노선을 걷자 소련으로부터의 원조가 감소할 수밖에 없었다.

이에 7개년 계획에 차질이 생기게 되어, 7개년 계획의 목표는 3년 뒤인 1970년에 가서야 마무리되었다. 그럼에도 북한은 1960년대를 거치면서 사회주의 공업 국가로 들어섰으며, 생활 수준도 이전에 비해 크게 향상되었다. 이는 여러 여건이 어려운 가운데 전 국가적 차원의 경제 건설 독려와 노력 경쟁 등이 그 배경이 되었다.

현재의 평양
중앙에 보이는 곳이 김일성 광장으로 중요한 정치 행사나 문화 행사, 군중집회가 이곳에서 열린다.

자력갱생과 대외 교류(1970년대)

북한은 경제 성장 정책을 계속 추진하여 1971년 인민 경제 발전 6개년 계획을 실시했다. 지속적인 노력 경쟁과 사상적 독려를 바탕으로 6개년 계획은 비교적 성과를 거두어, 공업 생산이 1976년에는 1970년에 비해 2.5배나 증가했다.

계속되는 경제 성장으로 생활 수준도 더욱 향상되어 1974년에는 세금이 완전히 폐지되었으며, 1975년에는 11년제 의무 교육이 실시되었다. 무상 교육과 일찍부터 시행된 무상 치료제는 사회주의 국가 북한이 대외적으로 내세울 만한 성과였다.

1970년대 북한의 경제 성장의 배경에는 천리마 운동의 뒤를 이은 3대 혁명 소조 운동과 3대 혁명 붉은기 쟁취 운동이 있었다. 이들 운동도 대중들의 노력을 기반으로 경제 성장을 추진하려는 것이었다.

이를 바탕으로 북한은 1978년부터 제2차 7개년 계획을 추진했다. 7개년 계획의 목표는 인민 경제의 주체화, 현대화, 과학화를 통해 사회주의의 토대를 강화하는 데 맞춰졌다. 이와 함께 조선 노동당은 자력갱생의 원칙을 더욱 강조했다.

그러나 자체의 힘에 의한 주체화만으로는 발전하는 세계 기술 수준을 따라 잡기 어려웠다. 이는 이후 북한의 경제 성장이 제자리걸음하는 중요한 이유 중 하나가 되었다.

자력갱생을 바탕으로 한 북한 경제에서 대외 교류는 보완적인 정도로만 여겨졌다. 국내에서 구할 수 없는 것만 대외 교류를 통해 충당했고, 그나마도 소련 및 동구 사회주의권에 한정되어 있었다.

여기에 한계를 느낀 북한은 1970년대 들어 서방 국가들과 경제 협력을 추진했다. 그러나 교류 경험의 부족과 1973년의 석유 파동(오일 쇼크)을 겪으면서, 1970년대 후반에는 채무 불이행 사태를 맞기도 했다. 결국, 북한은 만성적인 외화 부족 사태로 대외 교류와 선진 기술 도입에 어려움을 겪어야 했다.

한계에 부딪힌 자력갱생(1980년대)

1980년대 들어 북한은 경제 성장과 사회주의의 성과를 과시하기 위해 대규모 건축물을 세웠다. 김정일의 지도 아래 주체사상탑을 비롯해 대규모 병원과 호텔이 지어졌고, 20리 바닷길을 막은 서해 갑문*이 완성되었다.

그러나 1978년에 시작된 제2차 7개년 계획에서 공업 생산은 계획된 목표를 달성했으나, 소득은 목표에 훨씬 미치지 못했다. 이 때문에 북한은 새로운 계획을 추진하지 못하고 1985년부터 2년간을 조절기로 설정해야만 했다. 북한의 경제가 극심한 어려움에 처한 것은 아니었으나 성장은 점차 둔화되기 시작했으며, 중공업에 비해 뒤처진 경공업으로 대중의 소비 생활은 점차 어려워져 갔다.

북한은 이를 극복하기 위해 1984년 합영법*을 제정하여 본격적으로 대외 교류를 추진하고, 해외 자본의 유치를 시도했다. 그렇지만 이 같은 시도는 체제 개방에 대한 두려움으로 인한 소극적 자세 때문에, 일부 재일 동포들의 자본만을 유치하는 데 그치고 말아 거의 성과를 거두지 못했다.

1987년부터는 제3차 7개년 계획을 추진했으나 경제 건설 속도는 현저히 둔화되었다. 북한 경제가 중공업 위주의 경제 구조였기 때문에, 경공업과 농업 생산성은 끌어올리지 못해 만성적인 물자 부족을 겪으며 대중의 어려움은 커져 갔다.

결국 북한이 추진한 자력갱생 경제가 한계에 부딪혀 더 이상의 발전을 기대하기 어려운 상황이 전개된 것이다. 과중한 군사비 부담, 사회주의 계획 경제의 생산력 저하, 낮은 기술 수준 등은 북한 경제의 심각한 문제점이었다. 이런 가운데 1990년을 전후하여 사회주의권이 붕괴

●서해 갑문
대동강 하구의 바다를 가로막아 건설한 길이 8km에 달하는 세계적 규모의 북한 최대 갑문으로 1981년 착공해 1986년 완공했다. 서해 갑문의 건설로 농업용수 및 공업용수의 공급, 평안남도와 황해도 사이의 교통 시간 단축 등의 효과를 얻었다. 완공 후에는 이른바 '노동당 시대의 대기념비'로 선전하며 주민과 외국인 관광객의 주요 참관 코스로 활용하고 있다.

●합영법
북한이 서방의 자본과 기술을 도입하기 위해 제정한 법으로, 북한이 외국 자본과의 합작을 공식적으로 법제화한 최초의 법이다.

평양 지하철
1973년 개통되었으며, 비상사
태가 발생할 경우 대피 장소로
활용할 목적으로 지하 100~
150m에 깊숙이 건설되었다.
북한 평양 소재

되자, 북한 경제는 그 한계를 명백히 드러내게 되었다.

위기에 처한 북한 경제(1990년대)

소련과 동유럽 사회주의권이 붕괴함으로써 북한의 경제는 크게 위축되
었다. 사회주의권의 붕괴로 석유를 비롯한 원자재 공급이 사실상 중단
되었기 때문이었다. 북한 경제는 산업 전반에 걸쳐 후퇴하여 국내 생산
이 급격히 무너지기 시작했다.

북한은 대외 무역의 확대를 통해 경제 위기를 극복하려 했다. 나아가
1991년 중국과 러시아 국경에 인접한 나진, 선봉 지역을 경제특구로
선포하고, 외국인과의 합작 및 직접 투자를 적극 유치하여 국제 교류의
거점으로 육성하려 했다. 하지만 기대한 만큼의 성과는 없었다.

1993년 제3차 7개년 계획이 실패로 끝나자, 3년간의 완충기를 설정
하고 농업과 경공업, 무역의 활성화를 강조했다. 그러나 위기를 이겨
내기는 역부족이었으며, 마이너스 성장은 계속되었다.

여성 노동 홍보 그림
여성의 노동 참여를 독려하고,
일하는 여성을 강조하는 홍보
그림이다.

1995년부터 3년에 걸쳐 홍수와 가뭄 등 자연재해가 발생하자 북한의 농업은 엄청난 타격을 받았다. 각지에서 식량 배급이 중단되어 굶주린 사람이 늘어났으며, 식량난이 가중되자 다른 산업도 커다란 어려움에 처했다. 석유 등 에너지의 부족으로 전력난이 발생하고, 곳곳에서 생산 설비의 가동이 중단되었다. 북한은 이 시기를 '고난의 행군'으로 극복하려 했다.

'고난의 행군' 시기는 북한 경제가 겪은 최악의 위기였으며, 북한은 국제 사회에 인도적 지원을 요청하기까지 했다. 이런 위기는 자립 경제의 한계, 사회주의 계획 경제의 한계, 미국의 경제 제재, 과중한 군사비 부담, 극심한 자연재해 등 여러 요인이 복합적으로 작용한 것이었다.

그럼에도 북한은 여전히 자력갱생을 강조하며 이를 해결하려 했다. 1998년 식량난 해결을 위해 전국적인 토지 정리 사업을 추진하고, 에너지난 해결을 위해 중소형 수력 발전소 건설을 독려했다. 이 무렵 김대중 정부의 대북 화해 협력 정책에 힘입어 남한과의

참으로
이것 밖에
안 줌메?

배급소

거 참,
에미나이!
흉년이라니까.

경제 교류가 확대되면서, 남한 자본의 북한 투자도 허용하기 시작했다. 2000년 이후 북한의 경제 상황은 조금씩 나아졌으나, 경제 회복을 위해서는 획기적인 정책 변화가 필요했다.

경제 정책의 변화(2000년대)

북한은 2002년 경제 개혁을 위해 '7·1 경제 관리 개선 조치'를 발표했다. 이 조치는 기업소 경영의 자율성을 확대하고, 생필품 교류를 위해 시장을 허용하며, 생산을 늘리기 위해 인센티브를 제공하는 것 등이었다. 이는 이후 북한의 경제 체제에 상당한 변화를 가져올 수 있는 내용이었다. 이로써 배급제가 사실상 폐지되어 식량 배급소가 식량 판매소로 바뀌는 등 부분적으로 시장 경제가 도입되었다.

또한 북한은 적극적인 대외 개방을 통해 위기를 극복하려 했다. 2002년 신의주 행정 특구, 개성 공업 지구, 금강산 관광 지구 등을 지정하여 대외 개방 지역을 확대해 나갔다. 신의주 행정 특구는 중국의 비협조로 성과를 거두지 못했지만, 금강산과 개성 특구는 남한 자본의 투자로 본격적으로 개발되었다. 개성 공단은 2002년 착공하여 이후 남한 업체들

개성 공업 지구
개성 공단 조성 사업은 2000년 정몽헌 현대아산 회장과 김정일 국방위원장이 건설에 합의한 사업으로, 2004년 개성 공단 시범 단지에서 첫 제품이 생산됐다. 북한 개성 소재

아리랑 공연
2002년부터 시작된 북한의 대
집단 체조와 예술 공연 작품으
로 총출연 인물이 10만 명에
달한다. 사진은 공연 중 카드
섹션으로 연출한 김일성과 김
정일의 모습이다.

이 입주하여 가동을 시작했다.

북한은 여전히 "우리 식대로 살아 나가자"라는 구호 아래 사회주의 강성 대국을 목표로 하고 있다. 그러나 생산성이 떨어지는 계획 경제의 지속, 식량난과 에너지난, 원자재와 외화 부족 등의 문제가 여전히 계속되고 있어 경제 재건에 어려움을 겪고 있다.

북한은 사회주의 계획 경제의 기본 틀은 유지하면서도 대외 개방과 시장 도입을 통한 변화를 모색하고 있다. 하지만 북한의 경제 문제는 남북 관계, 대미 관계 등 여러 가지 정치적 요소들과 맞물려 있으며, 특히 핵 개발로 인한 국제 사회의 제재 조치로 해결이 쉽지 않은 상황이다.

시장 기능을 허용한 '7·1 경제 관리 개선 조치'

북한의 계획 경제는 1990년대 중반 이후 한계에 부딪히기 시작했다. 생산은 대폭 줄어들고, 배급 체제는 붕괴되어 갔으며, 주민들 사이에서는 암시장이 확산되었다. 더구나 재정 부족으로 국가 재원이 중요 산업에 집중됨에 따라, 나머지 경제 부문은 불가피하게 자력 성장, 또는 시장 경제 논리에 맡겨야 하는 현실에 처하게 되었다.

이러한 상황을 극복하기 위해 2002년 7월 1일 시장 기능의 부분 활용을 시도한 '7·1 경제 관리 개선 조치'가 본격적으로 실시되었다. 이는 군수 생산 부분은 계획 경제 시스템을 통해 국가적으로 관리하고, 민수 생산 부문은 분권화 조치와 일부 시장 경제 기능의 도입을 통해 활성화하려는 것으로, '실리 사회주의 노선'을 표명한 것이다. '실리 사회주의'란 사회주의 원칙을 지키면서 경제 활동의 성과에 있어서 최대의 실리를 획득해야 한다는 논리였다.

'7·1 경제 관리 개선 조치'를 통해 공장 및 기업소의 책임 경영이 강화되어 경제 활동의 분권화가 이루어졌다. 또 원자재 거래를 위해 '사회주의 물자 공급 시장'을 개설하고 거래할 수 있도록 했다. 또 시장 가격 수준으로 국정 가격을 현실화하여 가격과 임금(생활비)을 인상했다. 쌀 가격의 경우 1kg에 8전에서 44원으로 550배가량 대폭 인상되었으며, 분배의 평등 대신 차등 임금을 공식화했다. 농업 부문에서는 생산 의욕을 자극하기 위해 개인 경작지를 확대하고 잉여 농산물은 농민 재량으로 처분할 수 있도록 했다.

그러나 만성적인 물자의 부족 상태에서 가격과 임금을 급속하게 인상하다 보니, 엄청난 인플레이션이 나타나는 등 문제점이 드러났다. 더구나 시장 경제가 확대되어 계획 경제 부문에서조차 시장에 의존하게 되는 현상이 나타났다. 이에 북한은 2005년 이후 이런 조치들을 후퇴시키고 시장 통제 정책을 펴는 등 계획 경제를 강화하는 방향으로 다시 정책을 변화시켰으나, 어려움은 계속되고 있다.

16

산업화에 따른
사회와 문화의 변화

해방 후 한국 사회는 정치적으로는 민주화를 이루어 가는 과정이었다. 강압적인 독재 정치에 대한 국민의 저항은 결국 민주주의의 진전을 가져왔다. 경제적으로도 극심한 가난을 극복하고 일어나 엄청난 성장을 이루었다.

이 같은 정치, 경제의 변화와 발전은 사회와 문화 각 분야에도 크게 영향을 끼쳤다. 도시화가 진행되고 농촌도 변화했다. 또한 노동 운동을 비롯한 각종 사회 운동이 활발히 전개되었다. 일상생활의 모습도 급격히 변화했으며 대중문화가 크게 발달했다.

이농 현상과 도시화의 전개

1960년대 이후 경제가 성장하면서 한국 사회는 공업과 서비스업의 비중이 높은 산업 사회로 변화해 갔다. 이에 따라 도시가 발달하여 급속한 도시화가 이루어졌다.

상업이 발달한 수도권과 대도시를 중심으로 공업이 발달함에 따라

달동네
이농 현상으로 도시 인구가 급
증하면서 도시 변두리에는 '달
동네'라 불리는 빈민촌이 형성
되었다.

많은 노동력이 필요하게 되었다. 특히 박정희 정부는 노동자의 저임금
을 유지하기 위한 저농산물 가격 정책을 폈다. 이에 따라 농촌의 젊은
이들은 무작정 피폐해진 농촌을 떠나 일자리를 찾기 위해 도시로 몰려
들기 시작했다. 이에 따라 농촌의 인구는 줄고 도시의 인구는 급격히
늘어났다.

　도시 인구가 급격히 증가하면서 대도시에는 주거 문제가 발생했다.
도시에 몰려든 사람들이 거주할 공간이 부족해, 대도시의 주변부에는
'달동네'라 불리는 빈민촌이 형성되었다. 이들은 도시 계획에 따라
도시가 정비되는 과정에서 주거지를 잃고 쫓겨나 생존권의 위협을
받기도 했다.

　또한, 도시에는 주거 문제 외에도 교통, 공해, 쓰레기, 교육 시설,
상하수도 등과 관련된 여러 문제가 발생했다. 경제가 발달하면서 이런
문제들은 점차 해결되었으나, 주거 문제와 환경 문제 등을 둘러싼 갈등
은 지금도 계속되고 있다.

젊은이들이 다들
도시로 떠나는구나.

새마을 운동과 농촌의 변화

경제 개발 정책을 추진하는 과정에서 도시와 농촌 사이의 소득 격차와 문화 격차는 갈수록 커졌다. 더구나 1960년대 말까지 농촌은 절대적으로 낙후되어 있었다.

이에 박정희 정부는 중앙정부와 관청의 주도로 1970년부터 농가의 소득 증대와 농촌의 환경 개선에 역점을 둔 새마을 운동을 추진했다. 새마을 운동의 3대 정신으로 근면, 자조, 협동 정신이 강조되었으며, 〈새마을 노래〉가 제작되어 마을마다 울려 퍼졌다.

새마을 운동은 초기에는 도로 정비, 주택 개량 등 농촌의 생활 환경 개선에 초점이 맞춰 이루어졌다. 이에 따라 초가집이 점차 사라지고 마을 길도 넓어졌다. 이후 새마을 운동은 점차 소득 증대, 복지 후생 등으로 확장되었고 도시와 직장으로 확대되면서, 전국적인 의식 개혁 운동으로 발전했다.

새마을 운동은 농어촌의 근대화에 대체로 기여했다는 평가를 받는다. 그러나 농민의 실질적인 생활 수준을 높이기보다는 농촌의 겉모양을 바꾸는 데 치중하여, 획일적인 농촌의 모습을 가져왔으며, 이농 현상을 막는 데는 도움이 되지 못했다. 또한 유신 정권의 농촌 장악과 유

새마을 운동 포스터
박정희 정부는 새마을 운동을 강도 높게 추진했다. 홍보 포스터는 물론 〈새마을 노래〉까지 제작해 보급했다. 서울 종로구 대한민국 역사 박물관 전시

새마을 운동 관련 책자
새마을 운동을 홍보하기 위해 만들어진 책자들이다. 경기도 파주 한국 근현대사 박물관 전시

신 체제의 정당화에 이용되었다는 비판을 받기도 했다.

1990년대 이후 농촌은 쌀 시장의 개방과 FTA의 체결로 외국 농산물과 경쟁해야 하는 상황에 놓이게 되었다. 그런 가운데 농촌 인구의 감소와 고령화 등이 심각한 문제로 대두되고 있다.

노동 운동의 발전

1960년대 이후의 경제 성장은 어려운 여건 아래에서 땀 흘려 일한 노동자의 희생이 밑거름이 되어 일군 것이다. 수출 주도의 경제 정책에 따라 국제 시장의 가격 경쟁력을 확보하기 위해, 정부는 노동자의 권리를 제한하고 저임금 정책을 고수했다. 노동자들은 낮은 임금과 장시간 노동에 시달려야만 했다.

그러나 1960년대까지는 박정희 정부의 강력한 통제로 노동조합은 매우 적은 수였으며, 노동 쟁의는 거의 일어나지 않았다. 한국 노동조합 총연맹(한국노총)이 결성되어 활동하고 있었으나 노동자의 권익에는 소극적인 자세로 일관했으며, 유신이 선포되자 도리어 유신 체제를 적극 지지하는 등 어용 단체에 불과했다.

노동 운동 발전에 큰 영향을 끼친 것은 전태일의 분신 사건이었다. 1970년 동대문 평화 시장에서 재단사로 일하던 전태일이 근로 기준법의 준수를 요구하며 분신했다. 이 사건을 계기로 노동자의 처우에 대한 사회적 관심이 높아져 노동 운동이 본격화되었다. 특히 이 사건은 정치 문제에만 치중했던 학생들을 깨우쳐 노동 문제에 관심을 갖게 만든 계기가 되었다.

이에 따라 노동자의 생존권 보장을 요구하는 투쟁이 늘어나고, 노동조합을 설립하려는 움직임도 활발하게 전개되었다. 그러나 박정희 정부는 노동자의 단체 행동권과 단체 교섭권을 제한하여 노동 운동을 탄압했다. 이 과정에서 많은 노동조합이 어용화하는 경향이 나타났다.

노동 운동은 1980년대 전두환 정부 때도 어려움을 겪었다. 전두환 정부는 노동조합의 설립 조건을 강화하고 노동 쟁의에 대한 3자 개입 금지 조항을 추가하는 등 노동 운동을 탄압했다.

그러나 1987년 6월 민주 항쟁을 계기로 노동 운동은 폭발적으로 성장했다. 6월 민주 항쟁 직후 전국에서 그동안 억눌렸던 노동자들의 시위와 파업이 줄을 이었으며, 대부분의 직장에서 노동조합이 결성되었다.

이 무렵부터 생산직 노동자뿐만 아니라 학교, 금융 기관, 병원 등의 사무직 노동자도 노동조합을 결성하여 노동 운동에 적극 참여하기 시작했다. 특히 교사들은 1989년에 전국 교직원 노동조합(전교조)을 결성했다. 전교조는 김대중 정부 때인 1999년에야 비로소 합법화될 수 있었다. 그러나 전교조는 2013년 박근혜 정부에 의해 또다시 법외 노동조합으로 전락하는 어려움을 겪기도 했다.

전태일 동상
동대문 평화 시장의 재단사였던 전태일은 노동자의 열악한 근로 조건에 항거하여 "근로 기준법을 준수하라"라는 구호와 함께 자기 몸을 불살랐다. 그의 죽음은 한국 노동 운동 발전에 중요한 계기가 되었다. 서울 종로구 청계천 전태일 다리 소재

노동 운동이 활발해지면서 노동자들은 전국 규모의 조직을 새로이 만들어 단결과 연대를 강화했다. 일부 노동조합들은 1995년 전국 민주 노동조합 총연맹(민주노총)을 결성하여, 이전의 한국 노동조합 총연맹 과 함께 양대 노총 시대를 열었다.

한편, 1990년대 말 IMF 경제 위기 이후 경제 상황의 변화로 새로운 노동 문제들이 대두되었다. 특히 비정규직 노동자 문제와 청년 실업 등의 문제는 한국 경제가 해결해야 할 노동 문제의 중요한 과제로 남 아 있다.

사회 운동과 시민운동의 전개

1987년 6월 민주 항쟁 이후 여러 분야에서 많은 시민 단체가 결성되었 다. 시민 단체들은 민주화는 물론, 주로 경제 정의 문제, 환경 문제, 여 성 문제 등에 관심을 가지고 활발한 활동을 펼쳤다. 1989년에는 경제 정의 실천 시민 연합(경실련)이 조직되어 빈곤의 탈피와 경제적 기회 균 등, 금권 정치와 정경 유착의 척결 등을 내세우고 활동했다.

1990년대 들어 페놀 사고 등 수질 오염 사고가 자주 발생하자, 이를 계기로 환경 문제에 대한 관심이 크게 높아졌다. 이후 환경 운동이 활발하게 전개되면서, 1993년을 전후하여 환경 운동 연합, 녹색 연합 등 전국 규모의 환경 운동 단체가 결성되었다.

여성 운동도 활발하게 전개되어, 1987년 여러 여성 단체가 모여 한국 여성 단체 연합을 결성했다. 한국 여성 단체 연합은 호주제 폐지, 성매매 금지, 가정 폭력 방지 등의 운동을 펼쳤 으며, 성차별적인 법과 제도의 개선 운동을 펼쳤다. 그 결과 여성도 법률적으로 남성과 동등한 지위를 갖게 되었다. 이에 따라 2008년에는 호주제가 폐지되고 호적 대신 개인을 중심으로 한 가족 관계 등록부가 만들어지게 되었다.

가족계획 포스터
박정희 정부는 경제 개발 정책의 일환으로 가족계획 사업을 추진했다. 처음에는 "알맞게 낳아 훌륭하게 기르자"라는 구호로 시작했으나, 1970년대 들어서는 "아들 딸 구별 말고 둘만 낳아 잘 기르자"라는 구호로, 1980년대에는 "하나만 낳아도 삼천리는 초만원"이라는 구호로 추진되었다. 2000년대 이후로는 저출산이 심화됨에 따라 출산 장려 정책을 펼치고 있다. 서울 종로구 대한민국 역사 박물관 전시

일상생활의 변화

1960년대 이후 경제 성장으로 도시화가 진행되면서 한국 사회의 모습은 크게 달라졌다. 1960년대 이후 과잉 인구가 사회적으로 큰 문제가 되어 가족계획 운동을 적극 추진했고 이는 큰 성과를 거두기도 했다. 이 과정에서 전통적인 대가족 제도는 점차 해체되어 핵가족 문화 중심으로 바뀌었다.

경제가 발전하면서 건강 보험, 국민 연금 등 사회 보장 제도가 확대 실시되었으며, 중학교까지는 의무 교육이 되었다. 특히 1977년부터 시작된 건강 보험 제도는 많은 사람의 의료비 부담을 줄여 주었다.

주거 문화도 크게 바뀌어 전통적인 한옥을 대신하여 아파트와 연립 주택 등 공동 주택 중심의 새로운 주거 형태가 나타났다. 도시는 물론 농촌에까지 대규모 아파트 단지가 들어서면서, 2000년대 들어서는 전 국민 가운데 아파트에 거주하는 인구가 절반을 넘어섰다.

교통에도 큰 변화가 있었다. 1990년대에 들어서면서 자가용 구입이

KTX
2004년부터 영업 운행이 시작되었으며, 최고 속도 300km/h로 달리는 고속 철도다.

폭발적으로 늘어나 이른바 '마이카' 시대가 열렸다. 2004년에는 KTX(한국 고속 철도)가 처음 개통되어 장거리 교통에 혁명을 가져왔다. 새로운 노선의 고속도로도 계속 건설되어 도로 교통은 한결 편리해졌고, 주요 도시에는 지하철이 건설되어 중요한 대중교통 수단으로 자리 잡아가고 있다.

통신 생활에도 커다란 변화가 나타났다. 컴퓨터와 인터넷, 휴대 전화 사용이 크게 늘어나고, 휴대 전화의 기능이 다양해지면서 일상생활에 커다란 변화가 생겼다. 최근에는 스마트폰이 널리 보급되면서, 여러 가지 휴대용 전자 기기의 역할을 스마트폰 하나가 대신하고 있다.

대중문화의 발달

1960년 4·19 혁명을 거치면서 자유와 민주주의의 가치를 문학과 예술을 통해 실현하려는 움직임이 활발해졌다. 한편, 1961년 TV 방송이 처음 시작되면서 TV가 급속도로 보급되었다. TV는 이후 대중문화 보급의 핵심 매체가 되었다.

1970년대 강압적인 유신 체제 아래에서는 사회 통제가 강화되면서, 음악과 영화, 문학 등 예술 활동 전반에 대한 검열이 강화되었다. 그럼에도 작가들은 작품을 통해 노동 문제, 빈민 문제와 같은 사회 문제를 비판했으며, 일부 가수들은 노래를 통해 저항 의식을 표현했다. 이에 따라 수많은 금서와 금지곡이 생겨났다.

1980년대에는 진보적인 문화 운동이 문학과 예술 전 분야에 걸쳐 활발히 전개되었다. 문학가들은 민족

TV 방송국 개국
1961년 12월 31일부터 매일 4시간씩 TV 프로그램이 방송됨으로써 한국의 대중문화는 새로운 단계로 접어들었다. 이 무렵 전국에 2만여 대의 TV가 보급되었다. 당시 TV는 동네에 한두 대밖에 없는 귀중품이었다.

유신 체제 아래에서의 금지곡
박정희의 유신 체제는 문화와 예술의 영역까지도 국가가 관리하려 했다. 이 같은 정책 중의 하나가 무더기로 금지곡을 지정한 것이다. 이장희의 노래 여러 곡이 금지곡이 되었는데, 최근 한 신문과의 인터뷰에서 그는, "〈그건 너〉는 책임을 남한테 전가한다는 이유, 〈불꺼진 창〉은 불륜을 조장하고, 〈한잔의 추억〉은 음주를 권장한다는 이유에서 금지됐다. 시대가 만들어 낸 우스꽝스러운 일이었다."라고 회고했다.

신성일과 엄앵란
1950년대부터 한국에서 제작된 영화가 인기를 끌기 시작했다. 신성일과 엄앵란은 1960년~1970년대 한국을 대표하는 배우였고 실제 부부가 되었다. 경기 남양주 남양주 종합 촬영소 전시

문학 작가 회의를 결성해 암울했던 한국 현대사를 문학적으로 형상화
시키는 데 노력했다. 1984년 출범한 민중 문화 운동 협의회는 민주화
와 사회 경제적 평등을 지향하며 민중 문화 운동을 전개했다.

한편, 이 시기에는 대학가를 중심으로 탈춤, 사물놀이, 마당극 등 전
통문화에 대한 관심이 크게 증가했다. 또한 1980년대에는 프로 야구를

비롯한 프로 스포츠가 등장했으며, 한국의 스포츠가 크게 성장했다. 1986년 아시안 게임과 1988년 서울 올림픽이 성공적으로 개최되어 한국의 위상이 높아졌다. 2002년에는 한일 월드컵을 성공적으로 개최했고, 4강에 올라 스포츠 강국으로의 면모를 발휘했다.

1990년대 후반부터는 한국 문화가 세계에 알려지기 시작하여 드라마와 영화 등이 여러 나라에 수출되었다. 특히 대중 가수들은 아시아는 물론 세계 무대에 진출하여 '한류●'라는 이름의 문화 현상을 일으키고 있다.

● 한류
1996년 중국에 한국 드라마가 처음 수출되었다. 이후 중국에서는 한국 드라마와 가요, 그리고 한국 문화 전반에 대한 열풍이 불기 시작했다. 중국 언론들이 이러한 현상을 '한류'라고 이름 붙였다. 한류 열풍은 중국과 일본에 이어 아시아 각국으로 확산되었다.

세계가 열광한 '강남 스타일'
2012년 공개된 싸이(PSY)의 노래 〈강남 스타일(Gangnam style)〉은 누구나 따라 추기 쉬운 말춤과 리듬으로 전 세계적으로 엄청난 인기를 얻었다. 사진은 세계인들이 함께 말춤을 추는 모습이다. 유튜브(YouTube)에 공개된 뮤직 비디오는 2015년 8월 현재 24억 건의 조회수로 유튜브 사상 최고를 기록하고 있다.

장발 단속과 미니스커트 단속

국가가 개인의 일상은 물론이고 사람들의 용모까지 단속하던 것이 바로 1970년대 유신 체제였다. 당시 치안 본부장(현 경찰청장)은 무분별한 장발 풍조가 만연하여 민족의 주체 의식과 국민 기강이 문란해지고 있다는 기자 회견을 했다. 장발이 민족의 주체 의식과 무슨 관련 있는지 이해하기 어렵지만, 그때는 그랬다.

한편, 1960년대 말 가수 윤복희가 처음 선보인 이후 미니스커트가 크게 유행하면서 미풍 양속을 해친다고 하여 단속이 시작되었다. 이는 이른바 '퇴폐 행위 단속'의 빌미가 되었다. 1973년 개정된 '경범죄 처벌법'에는 '신체의 과도한 노출, 안까지 투시되는 옷을 착용하는 행위'와 '성별을 알아볼 수 없을 정도의 장발을 한 남자'를 처벌 대상으로 명시했다. 이 시절 경찰들은 한 손엔 가위, 다른 손엔 30cm 자를 들고 다녔다. 장발을 단속하고 미니스커트를 단속하기 위해서였다. 미니스커트를 입은 여성을 보면 그 자리에서 치마가 무릎 위 몇 cm까지 올라가는지 자로 쟀다. 17cm가 넘으면 단속 대상이 되어 치마 속단을 뜯어 내리도록 했다.

장발 단속을 피해 도망치는 사람과 경찰의 쫓고 쫓기는 추격전은 서울 거리에서 늘 볼 수 있는 풍경이었다. 심지어 장발 연예인은 머리를 깎지 않으면 TV 출연이 금지되기도 했다. 장발 단속은 1979년 유신 체제 말까지 계속되다 1980년 중지되었다.

미니스커트 단속
미니스커트가 무릎 위 17cm를 넘을 정도로 짧아서 구류 3일에 처해졌다는 내용이다. 〈경향신문〉 1970. 9. 11.

17

남북 관계의 변화와
통일을 위한 노력

해방 후 38도선을 경계로 미국과 소련이 남북에 주둔함으로써 한민족이
주체가 되는 자주적인 통일 국가 수립은 무산되었다. 이후 미국과 소련의
이해관계의 대립 때문에 38도선은 분단선으로 고착화되어 갔다.

결국 남과 북에서 체제와 이념을 달리하는 두 개의 정부가 들어서게 되
어 민족이 분열되자, 당연히 이루어야 할 다음 과제는 통일이었다. 그러나
남북 두 정부의 통일 방식은 차이가 있었고, 결국 북한은 전쟁을 통해 이를
해결하려 했다. 한국 전쟁 후 남북의 관계는 어떻게 변화해 왔으며, 한민족
의 통일을 위한 노력은 어떻게 전개되었을까?

남북 분단과 북한의 무력 통일 시도

정부 수립 후 남한의 이승만 정부는 사회주의화된 북한을 통일하기 위
해서는 무력에 의한 북진 통일이 필요하다고 주장했다. 정부 각료의 입
을 통해 "점심은 평양에서, 저녁은 신의주에서"라는 말이 공공연히 나

체포된 빨치산
여수·순천 사건 이후 지리산을 중심으로 한 빨치산 활동이 본격적으로 시작되어 한국 전쟁이 끝난 후까지 계속되었다.

오고 있었다.

한편, 북한은 이승만 정부를 붕괴시키고 통일하는 것을 목표로 삼았다. 이를 위해 조국 통일 민주주의 전선을 조직하여 평화 통일의 공세를 취했다. 물론 이는 이승만 정부의 붕괴를 전제로 한 것이었다. 따라서 남한에서 1948년 10월 여수·순천 사건 이후 지리산을 중심으로 한 빨치산 활동이 본격화되기 시작하자, 북한은 이들을 지원하여 이승만 정부의 붕괴를 꾀했다.

이승만 정부의 토벌 작전으로 빨치산의 활동이 약화되는 가운데, 북한은 다른 한편으로는 본격적으로 무력 통일을 준비했다. 이는 김일성과 박헌영이 중심이 된 조선 노동당의 핵심 인사들이 추진한 통일 방안이었다.

북한은 소련과 중국의 동의를 얻어 '조국 해방과 조국 통일'이라는 명분을 내걸고 결국 전쟁을 일으켰다. 한국 전쟁은 남과 북에 지울 수 없는 상처를 남기고 멈추었지만, 남북의 적대감이 더욱 커져 통일은 한층 더 달성하기 어려운 과제가 되고 말았다.

1950년대의 통일 정책

전쟁이 끝난 후 북한은 1956년 제3차 노동당 대회를 개최하고, 남북 교류와 군비 축소, 총선거를 통한 통일 등을 주요 내용으로 하는 평화 통일 선언을 발표하여, 남한에 평화 공세를 강화했다.

또한, 한국 전쟁 때 납북되거나 월북한 남한 출신 인사들이 모여 1956년 재북 평화 통일 촉진 협의회라는 단체를 결성했다. 이 단체는 조소앙, 안재홍 등 임시 정부 요인들과 민족주의자들이 주도했다. 이들은 남북의 체제를 상호 인정하는 가운데 남북 교류를 통한 통일을 주장했지만 별다른 성과를 거두지 못했다.

조봉암 추모비
조봉암은 간첩 혐의 등 억울한 누명으로 사법 살인의 희생양이 되었다. 사진은 2011년 대법원의 무죄 판결로 복권된 조봉암을 기리는 비이다. 인천 강화 소재

남한에서는 한국 전쟁을 거치면서 이승만의 북진 통일론이 거부할 수 없는 통일 정책으로 자리 잡아 갔다. 이승만은 이미 전쟁이 끝나기 전부터 대중을 동원하여 북진 통일 궐기 운동을 벌였다.

그러나 한국군의 작전 통제권은 미국이 가지고 있었고, 1953년 체결된 '한미 상호 방위 조약'에서 무력에 의한 한국 문제의 해결을 금지하고 있었기 때문에, 북진 통일은 현실적으로 불가능했다. 따라서 북진 통일 운동은 이승만의 권력을 강화하고 극우 반공 체제를 공고히하는 역할에 이용되었다고 볼 수 있다.

북진 통일론과는 다른 통일론을 제기하는 것이 불가능한 상황에서, 전부터 북진 통일론을 반대했던 조봉암은 1956년 대통령 선거가 다가오자 평화 통일을 주장했다. 조봉암은 북진 통일의 허구성을 폭로하고, 남북에서 전쟁의 재발을 꾀하는 세력을 억제하여 유엔 보장 아래 평화 통일을 이루겠다고 약속하기도 했다. 그러나 그는 이승만 정부가 조작한 간첩 혐의로 체포되어 사형당하고 말았다.

4·19 혁명 후의 통일 운동

4·19 혁명으로 이승만 정권이 무너진 후, 극우 반공 체제가 약화되고 민주주의에 대한 열기가 높아가는 가운데 점차 통일 운동도 활발해졌다. 이 무렵 이승만 정부의 탄압으로 일본으로 망명한 김삼규 등이 주장한 중립화 통일론이 소개되면서 통일 운동이 본격적으로 전개되었다.

장면 정부의 국회에서는 대한민국 헌법 절차에 따른 남북 자유선거의 실시를 결의하기도 했다. 한편, 북한에서는 남북 간의 경제와 문화를 통일적으로 조절하는 느슨한 형태의 연방제를 제의했다. 이는 남한의 통일 운동에도 일부 영향을 주었다.

1961년 들어 혁신 정당을 비롯한 진보적인 세력은 통일 운동을 주도하기 위한 단체로 민족 자주 통일 협의회(민자통)를 결성했다. 민자통은 자주, 평화, 민주를 통일 원칙으로 내세우고 활동했다. 이때부터 통일을 위해 남북이 협상해야 한다는 주장이 커지기 시작했다.

이와 함께 대학생들의 통일 운동도 활발하게 전개되었다. 학생들은 "가자 북으로 오라 남으로", "이 땅이 뉘 땅인데 오도 가도 못하느냐" 등의 구호를 내걸고 남북 학생 회담 개최를 요구했다. 회담 장소로는 판문점을 제안했으며, 정부는 모든 편의를 제공하라고 요구했다. 그러나 이들 통일 운동은 5·16 군사 쿠데타와 함께 모두 중단되었다.

위기의 1960년대 남북 관계

쿠데타로 집권한 박정희 정부는 반공을 국시로 내걸고 자신의 권력 기반을 다지는 데 주력했다. 이에 박정희는 먼저 경제를 건설하고 그 뒤에 통일 문제를 고려하자는 '선 건설 후 통일론'을 내세워 통일 문제에 소극적인 자세를 보였다.

북한은 남한에서 5·16 군사 쿠데타가 일어나자 좌익 참여 경력이 있는 박정희에 기대를 걸고, 박정희 셋째 형의 옛 동지였던 황태성을 밀사로 파견했다. 그러나 박정희는 반공과 친미의 자세를 분명히하고 있었기 때문에, 황태성은 체포되어 사형 당하고 말았다.

이 무렵 북한은 '남조선 혁명론'을 내세웠다. 남쪽 내의 혁명가들이 스스로의 힘으로 박정희 정부를 전복시킨 후에 통일을 추진하겠다는 전략이었다. 이것이 남한에 파급되면서 지하 혁명 조직인 통일 혁명당이 조직되어 활동했는데, 이들은 1968년 조직이 발각되어 와해되었다.

박정희의 좌익 활동
박정희는 1948년 여수·순천 사건이 일어난 후 군 내부의 남로당 프락치(첩자) 혐의로 체포되었다. 박정희는 좌익 혐의 사실을 순순히 시인하고 군 내부 남로당 조직원들의 명단을 제공하여 사형을 면했다. 이 과정에서 만주국군 출신과 일본 육사 인맥들이 적극 구명 운동을 했으며, 한국 전쟁이 일어나자 현역으로 복귀했다. 5·16 군사 쿠데타에 주도적으로 참여한 김종필은 최근에 "5·16 혁명 공약의 제1항 '반공을 국시의 제1의로 삼는다'는 조항은 당시 박정희에게 쏠린 좌익 의혹을 씻어 내기 위한 것이었다."라고 증언했다.

이승복 동상
이승복은 1968년에 발생한 울진·삼척 무장 공비 침투 사건에서 희생된 어린이다. "나는 공산당이 싫어요."라고 말한 것으로 널리 알려져 있다. 이후 이 사건이 도덕 교과서에 실리고, 초등학교마다 이승복의 동상이 세워지는 등 반공정신의 상징처럼 되었다. 그러나 후에 오보 또는 작문이라는 주장이 제기되었다. 인천 강화 교동 초등학교 소재

1·21 사태 때 총 맞은 소나무
1968년 1월 21일 북한 무장 게릴라 31명이 청와대를 기습하기 위해 서울의 북악산까지 침투해 총격전이 벌어졌다. 유일한 생존자인 김신조는 생포되어 대한민국으로 귀순했다. 서울 종로구 북악산 소재

반공 포스터
박정희 정부는 5·16 군사 쿠데타 후 반공을 국시로 내걸었다. 이후 반공, 멸공, 승공 등의 구호와 포스터가 각지에 게시되거나 조형물이 만들어졌다. 서울 종로구 대한민국 역사 박물관 전시

1960년대 말 북한은 대남 공세를 강화하여 특수 부대원을 남파했다. 1968년에는 청와대 습격을 목표로 한 무장 부대가 서울까지 침투하기도 했다(1·21 사태). 이어 울진, 삼척 지역에 무장 부대를 침투시켰다. 이는 군부 강경파들이 당권 장악을 위해 벌인 일로 뒤에 모두 숙청되었다. 이후 김일성은 남한에 이를 사과했다.

1·21 사태로 충격을 받은 남한 정부는 인천의 실미도에서 북파 공작원 훈련을 실시했다. 그러나 계획이 취소되자 부대원들이 탈주하여 군경과 교전 끝에 대부분 사살되는 사건이 발생하기도 했다. 이처럼 1960년대 말 이후 한반도에는 전운이 감도는 위기 상황이 계속되었다.

7·4 남북 공동 성명의 발표

1970년대에 들어와서 남북한 당국은 한국 전쟁 후 처음으로 공식적인 대화를 시작했다. 1960년대 말부터 시작된 동서 화해(데탕트)의 분위기가 서서히 한반도에까지 영향을 미치기 시작했고, 대화의 물꼬를 트는 중요한 배경이 되었다.

1971년 이산가족 문제를 협의하기 위해 남북 적십자 예비회담이 열리면서 대화가 시작되었다. 1972년에는 남한의 중앙정보부장 이후락이 북한을 방문해 김일성과 면담하고, 북한에서는 부주석 박성철이 남한을 방문하여 박정희 대통령과 비밀 회담을 가졌다. 마침내 남북한은 '7·4 남북 공동 성명'을 발표하기에 이르렀다.

'7·4 남북 공동 성명'에서 남북한은 자주적 원칙, 평화적 원칙, 민족 대단결의 원칙 등 조국 통일 3대 원칙에 합의했다. 이는 비밀 회담에 의해 이루어졌다는 한계가 있었으나, 남북이 자주적으로 통일에 대한

7·4 남북 공동 성명
첫째, 통일은 외세에 의존하거나 외세의 간섭을 받음이 없이 자주적으로 해결한다.
둘째, 통일은 서로 상대방을 반대하는 무력행사에 의거하지 않고 평화적으로 실현한다.
셋째, 사상과 이념·제도의 차이를 초월하여 하나의 민족으로서 민족적 대단결을 도모한다.

판문점
1953년 7월 27일 정전 협정이 판문점에서 조인되면서 이곳 명칭은 UN 측과 북한 측의 '공동 경비 구역(JSA)'으로 결정되었다. 포로 교환과 남북 적십자 예비회담 등 남북 간의 회담이 열렸던 곳이다. 경기 파주 소재

●판문점 도끼 사건
1976년 판문점 공동 경비 구역 안에서 미군과 한국군이 미루나무 가지치기 작업을 하자 북한군이 중단을 요구했다. 이를 무시하고 작업을 계속하자, 북한군 30여 명이 몰려와 도끼와 몽둥이를 휘둘러 미군 장교 2명이 사망했다.

원칙에 합의했다는 데 그 의의가 있었다. 이후 남북은 남북 조절 위원회와 적십자 회담 등 여러 갈래의 대화를 진행했다.

그러나 이 시기의 남북 대화는 국제 정세의 변화에 따른 것으로 처음부터 그 한계가 분명했다. 남북의 권력자 모두 통일 문제를 체제 강화에 이용하려는 의도가 있었다. 남한의 박정희는 국내 정치 문제를 회피하기 위해 통일 문제를 활용하고, 결국은 유신 체제를 수립했다. 북한은 유신 체제의 성립을 빌미로 대화를 중단하고, 곧이어 사회주의 헌법을 제정함으로써 자신의 체제를 더욱 강화했다.

그러던 중 1976년 북한군과 미군의 충돌로 빚어진 '판문점 도끼 사건●'이 일어나 한반도의 위기가 증폭되면서 결국 남북 관계는 더욱 악화되었다.

남북 간 화해와 교류의 시작

남북 간의 적대적 태도가 강화되어 가는 가운데, 1980년 북한은 '고려 민주 공화국' 창설 안을 제의했다. 이는 서로의 사상과 이념을 인정하고, 남북의 지역 정부를 지도하는 연방 정부를 수립하여 통일을 실현하자는 것이었다. 그러나 북한은 여전히 국가 보안법 폐지, 주한 미군 철수를 전제로 내세웠기 때문에, 남한이 이를 인정하지 않는 한 현실적으로 실현되기 어려운 방안이었다.

이런 가운데에도 남북 당국은 관계 진전을 위한 물밑 접촉을 시도했다. 쿠데타로 집권한 전두환 정부는 이를 통해 정통성을 보완할 필요가 있었고, 북한은 연방제 통일 방안에 대한 성과가 필요했기 때문이었다.

1984년 남한이 수재를 당하여 북한이 구호물자 제공을 제안하자, 남한이 이를 수용했다. 이를 시작으로 남북 간에 적십자 회담, 경제 회담 등이 잇달아 열리고 대화를 하게 되었다. 이런 노력으로 1985년에는 남북 예술단의 상호 방문과 이산가족의 고향 방문이 이루어졌다.

金日成 사망

金正日承계 시사… 「체제」굳힐

北 "8일 새벽 2시 심근경색으로" 방송

25일 南北정상회담 사

17일 장례식… "外國조

北·美 제네바회담 일단 중

갈루치 데이상무의미·속개여부 추

지난 4월 평양 주석궁에서 외신기자들에게 北韓대문제를 설명하던 金日成북한주석, 金주석은 8일 사망했다.

김일성 사망 보도 기사
북한 정부 수립 후 장기 집권해
온 김일성은 심근 경색으로 갑
자기 사망했다. 〈동아일보〉
1994.7.10.

이후 노태우 정부는 1988년 남북 간 화해와 교류 방침을 표명하는 '7·7 선언●'을 발표하여 남북 간의 대화와 교류에 적극적으로 임하려 했다. 이 무렵 국제 정세는 소련과 동유럽 사회주의권의 붕괴, 독일의 통일 등 새로운 세계 질서를 향해 나아가고 있었다.

이 같은 정세 변화에 따라 남북한은 서로 회담을 제의했고, 결국 1990년 서울과 평양에서 남북 고위급 회담이 개최되었다. 1991년 서울에서 열린 회담에서 양측은 '남북 기본 합의서(남북 사이의 화해와 불가침 및 교류·협력에 관한 합의서)'를 채택했다. 이로 인해 남북한이 서로를 인정하고 협력을 통해 발전할 수 있는 기틀이 마련되는 듯했다. 이 과정에서 남북은 유엔에 동시 가입했다(1991).

그러나 남한과 미국이 팀스피리트 훈련●을 다시 시작하고 북한의 핵 개발 의혹이 국제 문제가 되면서, 남북 관계는 또다시 긴장 상태에 놓였다. 김영삼 정부 들어 북한 핵 문제로 미국과 북한의 관계가 전쟁 일보 전까지 치달은 가운데, 1994년 카터 전 미국 대통령의 중재로 남

●7·7 선언
노태우 정부는 7·7 선언을 통해 남북 동포 간의 상호 교류, 이산가족의 서신 왕래 및 상호 방문 적극 추진, 남북 간 교역의 민족 내부 교역 간주, 민족 경제의 균형적 발전 등의 방침을 표명했다.

●팀스피리트 훈련
연례적으로 실시되었던 한미 양국군의 대규모 합동 군사 훈련으로, 이후 '키리졸브·독수리 연습'으로 이름이 바뀌어 계속되고 있다.

금수산 태양궁전
1994년 김일성이 사망하기 전까지 사용한 관저로서 주석궁 등으로 불렸으며, 김일성 사후에는 그의 시신을 안치하고 있다. 북한 평양 소재

쪽의 김영삼 대통령과 북쪽의 김일성 주석이 정상 회담을 갖기로 합의했다.

그러나 1994년 7월 북한의 김일성 주석이 갑자기 사망함으로써 정상 회담은 무산되었다. 특히 남한에서 김일성 조문에 대한 논란이 일어나 결국 정부 차원의 조문이 이루어지지 않게 되자(조문 파동), 북한이 이를 격하게 비난하면서 남북 관계는 또다시 경색되었다.

남북 정상 회담과 남북 교류의 진전

1998년 출범한 김대중 정부는 적극적인 대북 포용 정책인 '햇볕 정책'을 추진했다. 당시 극심한 경제난을 겪던 북한으로서는 외부의 지원과 대외 교류가 필요했으며, 특히 남한과의 관계 개선이 필요했다.

그런 가운데 1998년 현대그룹의 정주영 명예 회장은 소 500마리를 이끌고 판문점을 넘어 북한을 방문했다. 그해 11월 민간 기업인 현대의 주도 아래 해로를 통한 금강산 관광 사업이 시작되었다. 이는 남북 간의 분단 장벽을 허무는 중요한 계기가 되었다. 1999년에는 남북 해군 사이의 군사적 충돌인 '서해 교전'이 일어나는 등 남북의 긴장이 고조 되었으나, 전반적인 화해의 흐름은 계속되었다.

2000년 3월 대북 경제 회복 지원 확대, 한반도 냉전 종식과 평화 정착 추구 등을 담은 김대중의 '베를린 선언'을 계기로 남북 정상 회담이 추진되었다. 2000년 6월 김대중 대통령은 평양을 방문하여 김정일 국방위원장을 만났다.

분단 55년 만에 처음으로 만난 남북 정상은 '6·15 남북 공동 선언'을 발표해 전면적인 남북 화해와 교류 협력의 시대가 열렸음을 알렸다. '6·15 남북 공동 선언'에서는 통일은 민족이 자주적으로 해결해 나가기로 했으며, 북한의 연방제 안과 남한의 연합제 안을 토대로 1국가 2체제의 통일 방안에 합의했다. 그 외 이산가족 문제의 빠른 해결, 경제 협력 등의 내용을 담고 있었다.

이후 남북 교류는 크게 진전되어 남북 장관급 회담, 군사 회담, 경제 회담이 차례로 열렸고, 남북 간의 이산가족 상봉도 이루어졌다. 또 민간 차원의 교류와 협력 사업도 크게 활성화되어 문화, 예술, 언론 등 전 분야에 걸친 교류가 진행되었다. 특히 2002년에는 남북 간 철도와 도로 연결 사업이 착공되고, 개성 공단 건설 사업, 금강산 관광 사업 등이 추진되어 새로운 협력의 시대를 열었다.

2003년 출범한 노무현 정부도 김대중 정부의 대북 포용 정책을 이어 나갔다. 이에 따라 남북 간의 정부, 민간 차원의 교류는 더욱 확대되었고, 2007년 10월에는 제2차 남북 정상 회담이 평양에서 열렸다. 남북 정상은 '10·4 선언(남북 관계 발전과 평화 번영을 위한 선언)'을 발표하여 '6·15 남북 공동 선언'을 재확인하고, 남북 간에 서로 신뢰를 증진하

이 물건은 남북이 함께 만들어서 품질이 좋습니다.

노무현과 김정일
2007년 열린 제2차 남북 정상 회담에서, 두 정상은 '10·4 선언(남북 관계 발전과 평화 번영을 위한 선언)'을 발표했다.

고, 군사적 대결 관계의 종식과 평화 체제의 정착을 위해 협력한다는 뜻을 분명히했다.

그러나 2007년 이명박 정부가 들어서면서 앞선 김대중, 노무현 정부 와는 대북 정책이 크게 변화했다. 이명박 정부는 두 정부의 대북 포용 정책을 '퍼 주기'라고 비난하며, 대북 강경 정책으로 돌아섰다. 이에 따라 남북 관계는 또다시 경색되었으며, 이는 박근혜 정부 들어서도 큰 변함없이 유지되고 있다.

또한, 이미 1992년부터 제기된 북한의 핵 개발 의혹도 남북 관계 경색의 중요한 요인이 되고 있다. 북한 핵 문제의 해결을 위해 2003년부 터는 6자 회담이 개최되었으나, 북한과 미국 간에 갈등이 계속되면서 북한이 두 차례의 핵 실험을 하는 등 북한의 핵 문제 해결은 여전히 어려움에 직면해 있다.

남북 관계의 진전을 보여 주는 자료

1980년대 중반부터 남북 간의 화해와 교류가 시작되면서, 남북은 점차 진전된 합의서와 공동 선언을 만들어 냈다. 그러나 이명박 정부 이후 남북 관계는 또다시 경색되었다.

● 남북 기본 합의서(1991)

제1조 남과 북은 서로 상대방의 체제를 인정하고 존중한다.

제2조 남과 북은 상대방의 내부 문제에 간섭하지 아니한다.

제9조 남과 북은 상대방에 대하여 무력을 사용하지 않으며, 상대방을 무력으로 침략하지 아니한다.

제15조 남과 북은 민족 경제의 통일적이며 균형적인 발전과 민족 전체의 복리 향상을 도모하기 위하여 자원의 공동 개발, 민족 내부 교류로서의 물자 교류, 합작 투자 등 경제 교류와 협력을 실시한다.

● 6·15 남북 공동 선언(2000)

1. 남과 북은 나라의 통일 문제를 그 주인인 우리 민족끼리 서로 힘을 합쳐 자주적으로 해결해 나가기로 했다.

2. 남과 북은 나라의 통일을 위한 남측의 연합제와 북측의 낮은 단계의 연방제 안이 공통성이 있다고 인정하고 앞으로 이 방향에서 통일을 지향시켜 나가기로 했다.

3. 남과 북은 올해 8·15에 즈음하여 흩어진 가족·친척 방문단을 교환하며 비전향 장기수 문제를 해결하는 등 인도적 문제를 조속히 풀어 나가기로 했다.

4. 남과 북은 경제 협력을 통하여 민족 경제를 균형적으로 발전시키고, 사회·문화·체육·보건·환경 제반 분야에서 협력과 교류를 활성화하여 서로의 신뢰를 다져 나가기로 했다.

● 10 · 4 선언(2007)

1. 남과 북은 6 · 15 공동 선언을 고수하고 적극 구현해 나간다.

4. 남과 북은 현 정전 체제를 종식시키고 항구적인 평화 체제를 구축해 나가야 한다는 데 인식을 같이하고 …… 종전을 선언하는 문제를 추진하기 위해 협력해 나가기로 했다.

5. 남과 북은 해주 지역과 주변 해역을 포괄하는 서해 평화 협력 특별 지대를 설치하고 …… 개성 공업 지구 1단계 건설을 빠른 시일 안에 완공하고, 2단계 개발에 착수하기로 했다.

8. 남과 북은 남북 관계 발전을 위해 정상들이 수시로 만나 현안 문제들을 협의하기로 했다.

참 고 문 헌

- 강동진, 《일제의 한국침략 정책사》, 한길사, 1980
- 강만길 외, 《우리민족해방운동사》, 역사비평사, 2000
- 강만길 외, 《한국사》11~27, 한길사, 1995
- 강만길, 《고쳐 쓴 한국근대사》, 창작과비평사, 1994
- 강만길, 《고쳐 쓴 한국현대사》, 창작과비평사, 1994
- 강인덕, 《공산주의와 통일전선》, 극동문제연구소, 1980
- 강재언 외, 《식민지시대 한국의 사회와 저항》, 백산서당, 1983
- 고려 대학교 한국사연구소 편, 《한국사》, 새문사, 2014
- 吉野成 외, 《갑신갑오기의 근대변혁과 민족운동》, 청아, 1983
- 김기협, 《밖에서 본 한국사》, 돌베개, 2008
- 김무진, 박경안, 신숙정 편, 《신편 한국사의 길잡이》, 혜안, 1995
- 김삼웅, 《한국현대사 다이제스트100》, 가람기획, 2010
- 김성보 외, 《사진과 그림으로 보는 북한 현대사》(개정 증보판), 웅진지식하우스, 2014
- 김용만, 김준수, 《지도로 본 한국사》, 수막새, 2004
- 김정원, 《분단 한국사》, 동녘, 1985
- 김준엽, 김창순, 《한국공산주의운동사》1~5, 고려대출판부, 1967~1976
- 김한길, 《현대조선역사》, 사회과학원역사연구소, 1983(일송정 복간, 1988)
- 김한종 외, 《고등학교 한국근현대사》, 금성출판사, 2003
- 김흥식 기획, 고지훈 해설, 《1면으로 보는 근현대사》1, 서해문집, 2009
- 김흥식 기획, 김성희 해설, 《1면으로 보는 근현대사》2, 서해문집, 2009
- 대한민국 역사 박물관, 《대한민국역사박물관》, 디자인인트로, 2012
- 동아일보사 편, 《3·1운동과 민족통일》, 동아일보사, 1989
- 동아일보사 편, 《원자료로 본 북한 1945~1988》, 동아일보사, 1989
- 로버트 스칼라피노, 이정식(한홍구 역), 《한국 공산주의 운동사》1~3, 돌베개, 1986
- 박성수, 《독립운동사 연구》, 창작과비평사, 1980

- 박은숙, 《김옥균 역사의 혁명가 시대의 이단아》, 너머북스, 2011
- 백유선, 《한국사 콘서트》, 두리미디어, 2008
- 브루스 커밍스(김주환 역), 《한국전쟁의 기원》상·하, 청사, 1986
- 브루스 커밍스, 존 할리데이(차성수, 양동주 역), 《한국전쟁의 전개과정》, 태암, 1989
- 사회과학원 역사연구소, 《역사사전》1~2, 사회과학출판사, 1972
- 사회과학원 역사연구소, 《조선전사》13~33, 과학백과출판사, 1979~1983
- 서중석, 《사진과 그림으로 보는 한국현대사》(개정 증보판), 웅진지식하우스, 2013
- 서중석, 《한국현대사 60년》 역사비평사, 2007
- 세계편집부 편, 《공안사건기록》, 세계, 1987
- 송건호, 강만길 편, 《한국 민족주의론》1~2, 창작과비평사, 1982~1983
- 송찬섭 외, 《한국사의 이해》, 한국방송통신대학교출판부, 2011
- 심지연, 《조선 혁명론 연구》, 실천문학사, 1987
- 아틀라스 한국사 편찬위원회, 《아틀라스 한국사》, 사계절, 2004
- 야마베 겐타로(까치 편집부 역), 《한국근대사》, 까치, 1982
- 양상현 편, 《한국 근대 정치사 연구》, 사계절, 1985
- 엄수현, 《북한의 인민민주주의 혁명론》, 병학사, 1986
- 역사문제연구소, 《미래를 여는 한국의 역사》3~5, 웅진지식하우스, 2011
- 역사문제연구소, 《사진과 그림으로 보는 한국의 역사》2~3, 웅진출판, 1993
- 역사비평 편집위원회, 《역사용어 바로쓰기》, 역사비평사, 2006
- 이광린, 신용하 편, 《사료로 본 한국문화사》(근대 편), 일지사, 1984
- 이기백, 《한국사신론 개정판》, 일조각, 1983
- 이덕일, 《근대를 말하다》, 역사의아침, 2012
- 이덕일, 《한국사 그들이 숨긴 진실》, 역사의아침, 2009
- 이이화, 《한국사 이야기》17~22, 한길사, 2003~2004
- 이재화, 《한국 근현대민족해방운동사》, 백산서당, 1988
- 이종석, 김성보, 《북한의 역사》1~2, 역사비평사, 2011
- 이홍구 외, 《분단과 통일 그리고 민족주의》, 박영사, 1984
- 임영태, 《대한민국사 1945~2008》, 들녘, 2008
- 조동걸, 《한국 민족주의의 발전과 독립운동사 연구》, 지식산업사, 1993
- 주진오 외, 《고등학교 한국사》(2007개정교육과정 교과서), 천재교육, 2011
- 주진오, 백유선 외, 《고등학교 한국사》(2009개정교육과정 교과서), 천재교육, 2014

- 통일부 통일교육원, 《북한이해 2009》, 통일부 통일교육원, 2009
- 통일부 통일교육원, 《북한이해 2014》, 통일부 통일교육원, 2014
- 한국독립운동사편찬위원회, 《한국 독립운동의 역사》1~60, 독립기념관, 2008
- 한국민중사연구회, 《한국 민중사》2, 풀빛, 1986
- 한국사연구회, 《새로운 한국사 길잡이》하, 지식산업사, 2008
- 한국사연구회, 《한국사연구입문 제2판》, 지식산업사, 1987
- 한국역사연구회, 《한국사 강의》, 한울, 1989
- 한국정치연구회, 《키워드로 읽는 한국 현대사》1, 이매진, 2007
- 한영우 외, 《한국사 특강》, 서울대출판부, 1990
- 한영우, 《다시 찾는 우리 역사》, 경세원 1997
- 한중일3국공동역사편찬위원회, 《한중일이 함께 쓴 동아시아 근현대사》1~2, 휴머니스트, 2012
- 한홍구, 《대한민국사》1~4, 한겨레신문사, 2003~2006
- 和田春樹(이종석 역), 《김일성과 만주항일전쟁》, 창작과비평사, 1992
- 황현(허경진 역), 《매천야록》, 서해문집, 2006

자 료 제 공 및 소 장 처

- 국립 중앙 박물관 · 위키 백과 · 한국 기독교회사
- 눈빛 출판사 〈지울 수 없는 이미지 1〉 NB아카이브 〈격동기의 현장〉(개정증보판) 이경모
- 백유선

- **일러스트** 김형연
- **지도** 임근선

찾아보기

ㄱ

간도 참변 · 215
갑신정변 · 60~63, 66~68, 71, 86~88, 99, 105, 133, 142, 145
갑오개혁 · 63, 86, 90, 91, 93, 94, 98, 105, 108, 131, 134
강화도 조약 · 44~46, 49, 53, 145
개화파 · 59, 60, 86, 87, 93, 128, 130, 133
거문도 사건 · 68, 69, 73
경제 개발 5개년 계획 · 326, 383~385
경학사 · 165
고부 농민 봉기 · 75, 77
고종 · 17, 24, 35, 47, 50, 53~55, 59, 60, 68, 71, 81, 85, 88, 90~93, 96~98, 100, 102~108, 115~117, 122, 125, 131, 147, 148, 153, 162, 171, 173
관동 대지진 · 192
광주 학생 항일 운동 · 208~210
국가 보안법 · 311, 314, 343, 418
국공 합작 · 206
국채 보상 운동 · 126, 127, 134
군국기무처 · 86, 87, 89
근로 기준법 · 403
근우회 · 211
김구 · 184, 235~238, 245, 249, 276, 280, 283, 285, 287, 288

김규식 · 182, 285, 287, 288
김대중 · 335, 339, 341, 345, 352, 353, 360~364, 367, 379, 388, 397, 404, 420~422
김두봉 · 246, 287, 317
김연수 · 269
김옥균 · 40, 59, 60, 62, 65, 70
김원봉 · 218, 237~239, 245
김일성 · 244, 279, 287, 295, 298, 317, 318, 372~378, 382, 391, 412, 416, 417, 419
김재규 · 341, 342
김정일 · 364, 369, 374~380, 394, 421
김홍집 · 40, 46, 50, 59, 81, 85, 86, 88, 91~94, 98, 143

ㄴ

나석주 · 218
나운규 · 254
나혜석 · 254, 263, 264
남북 기본 합의서 · 355, 419, 423
내선일체 · 222
냉전 · 286, 301, 421
노동 쟁의 · 196, 197, 230, 231, 403, 404
노무현 · 363~367, 369, 421, 422
노태우 · 345, 353, 354, 357, 419

ㄷ

대동단결 선언 · 167
대한민국 임시 정부 · 167, 177, 179~181, 185, 194, 216, 233, 235, 238, 239, 244, 247, 248, 277,

279

대한 제국 · 102, 104, 106, 108, 109, 113, 115~119, 126, 133, 143~146, 153, 167, 267

〈대한매일신보〉· 127, 133, 154

독립 협회 · 100, 104~106, 125, 128, 147

〈독립신문〉· 99, 100, 133, 134, 181

동북 항일 연군 · 242~244, 279

동양 척식 주식회사 · 157

동학 농민 운동 · 74, 76, 81, 83, 86~88, 138, 249

ㄹ

러일 전쟁 · 112, 113, 115, 133, 143

ㅁ

만민 공동회 · 104, 105

메이지 유신 · 41, 59

명성 황후 · 36, 90, 91

모스크바 3상 회의 · 282~286, 295

문익환 · 345, 354

문화 정치 · 177, 186~188, 198, 203

물산 장려 운동 · 199~201

미소 공동 위원회 · 283~286

민족 대학 설립 운동 · 199, 200

민영환 · 71, 116

민족 유일당 운동 · 206, 216

민족 혁명당 · 236~238

민족주의 · 53, 135, 188, 195, 199, 203~207, 237, 252

민주주의 · 105, 181, 248, 278, 310~312, 323,

338, 339, 348, 354, 355, 357, 361~363, 367, 407, 414

ㅂ

박규수 · 32, 40

박영효 · 40, 57, 59, 60, 88, 90, 94, 133

박은식 · 135, 175, 252

박정희 · 330~345, 355, 383, 384, 386, 401~403, 415, 417, 418

박헌영 · 229, 230, 275, 285, 317, 318, 412

반민족 행위 특별 조사 위원회 · 290

방곡령 · 72

방정환 · 198, 199

베델 · 127, 133

베트남 파병 · 333, 334

별기군 · 51, 54, 55

병인박해 · 28

병인양요 · 28, 29, 31, 32, 34, 52

보도 연맹 · 307

보천보 전투 · 243

봉오동 전투 · 166, 212~214

부·마 민주 항쟁 · 342

북조선 임시 인민 위원회 · 294, 296, 297

브나로드 운동 · 231, 232

ㅅ

4·3 사건 · 287, 288

4·19 혁명 · 326, 327, 331, 407, 414

사회주의 · 193~195, 198, 199, 204~207, 209,

228, 230~232, 237, 246, 248, 253, 277, 278, 297, 298, 305, 307, 317~321, 373, 375, 377, 392~394

사회주의 헌법 · 375, 418

산미 증식 계획 · 189, 190, 197

삼국 간섭 · 90

3부 통합 운동 · 216

3·1 운동 · 167, 170~172, 174~180, 188, 193, 198, 203~210, 212, 253, 256, 289

서재필 · 60, 62, 99~101, 133

순종 · 91, 116, 153, 205

〈시일야방성대곡〉 · 116, 133

신간회 · 206~210, 228, 231

신채호 · 134, 252

신탁 통치 · 283~285, 293, 295

신흥 무관 학교 · 164, 165

12·12 군사 반란 · 345

10·26 사태 · 342, 344

ㅇ

아관 파천 · 93, 96~100, 102

안중근 · 124

암태도 소작 쟁의 · 197, 198

양기탁 · 125, 127, 133

양무운동 · 50, 51, 59

양세봉 · 217, 242, 243

여수·순천 사건 · 311, 412

여운형 · 171, 182, 232, 234, 275, 285, 286

연통제 · 181

5·16 군사 쿠데타 · 327, 330, 332, 333, 356, 415

5·18 민주화 운동 · 347, 349, 354

운요호 사건 · 41~43

원산 총파업 · 196

유관순 · 174, 175

유길준 · 70, 94, 134

유신 헌법 · 339, 340, 345, 347, 348, 353

6·10 만세 운동 · 205, 206

을미사변 · 85, 90~93, 121

을사조약 · 108, 114~116, 121, 124~126, 132, 133, 135, 139, 266, 267

이완용 · 96~98, 100, 116, 117, 126, 154, 267

이토 히로부미 · 115

인혁당 재건위 사건 · 340

임오군란 · 54, 55, 59, 66, 68

의열단 · 218, 237

ㅈ

자유시 참변 · 214, 215

장준하 · 340

전두환 · 345, 347, 348, 350~354, 357, 387, 404, 418

전봉준 · 76~83

전주 화약 · 79~81

전태일 · 403, 404

제너럴 셔먼호 · 33

조선 건국 동맹 · 248, 275, 232, 233

조선 건국 준비 위원회 · 275

조선어 학회 · 251

조선 민주주의 인민 공화국 · 294, 297, 298

조소앙 · 235, 237, 238, 413

좌우 합작 위원회 · 285

주체사상 · 372~375

ㅊ

척화비 · 34, 53
천주교 · 26~29, 31, 75, 137, 256, 340, 370
청산리 전투 · 166, 212, 214
청일 전쟁 · 81, 87, 88, 90, 142, 144
최린 · 171, 206, 264, 268
최익현 · 35, 41, 53, 92, 122, 163
최제우 · 75
치안 유지법 · 187, 311
7·4 남북 공동 성명 · 417

ㅋ

카이로 회담 · 293

ㅌ

태극기 · 57, 172, 174, 205,
태평양 전쟁 · 225, 232, 245, 277
톈진 조약 · 64, 79
토지 조사 사업 · 157, 170, 197
통리기무아문 · 51

ㅍ

판문점 · 306, 327, 415, 417, 418
폐정 개혁안 · 80
포츠머스 강화 조약 · 115
푸에블로호 사건 · 334

ㅎ

한국광복군 · 217, 239, 244~247, 279
한국 전쟁 · 305, 309, 311, 314, 318, 319, 413,
    414, 417
한성 은행 · 108, 110, 111
한성 정부 · 180
한미 상호 방위 조약 · 371
한일 병합 조약 · 115, 117, 152, 267
한일 의정서 · 113
한인 애국단 · 236
홍범 14조 · 88, 89
홍범도 · 124, 165, 213, 214
회사령 · 158, 159, 195, 200
흥선 대원군 · 16~27, 29, 31, 33~36, 39~41, 43,
    52, 53, 55, 67, 86, 88, 118

청소년을 위한 한국 근현대사

1판 1쇄 발행일 2015년 10월 19일
1판 11쇄 발행일 2024년 12월 23일

지은이 백유선

발행인 김학원
발행처 (주)휴머니스트출판그룹
출판등록 제313-2007-000007호(2007년 1월 5일)
주소 (03991) 서울시 마포구 동교로23길 76(연남동)
전화 02-335-4422 **팩스** 02-334-3427
저자·독자 서비스 humanist@humanistbooks.com
홈페이지 www.humanistbooks.com
유튜브 youtube.com/user/humanistma **포스트** post.naver.com/hmcv
페이스북 facebook.com/hmcv2001 **인스타그램** @humanist_insta
편집주간 황서현 **편집** 최윤영 이영란 **디자인** 민진기디자인 **지도** 임근선 **일러스트레이션** 김형연
용지 화인페이퍼 **인쇄** 청아디앤피 **제본** 민성사

ⓒ 백유선, 2015

ISBN 978-89-5862-957-3 03900